Formularbibliothek Zivilprozess

herausgegeben von
Dr. Ludwig Kroiß,
Vorsitzender Richter am Landgericht

Arbeitsrecht

Dr. Hans-Jochem Mayer,
Rechtsanwalt und Fachanwalt für Arbeitsrecht
und Fachanwalt für Verwaltungsrecht, Bühl

FormularBibliothek Zivilprozess

Die Deutsche Bibliothek – CIP-Einheitsaufnahme

Die Deutsche Bibliothek verzeichnet diese Publikation in der Deutschen Nationalbibliografie; detaillierte bibliografische Daten sind im Internet über http://dnb.ddb.de abrufbar.

FormularBibliothek Zivilprozess
ISBN 3-8329-1098-0

Einzelband Arbeitsrecht
ISBN 3-8329-1313-0

1. Auflage 2005
© Nomos Verlagsgesellschaft, Baden-Baden 2005. Printed in Germany. Alle Rechte, auch die des Nachdrucks von Auszügen, der fotomechanischen Wiedergabe und der Übersetzung, vorbehalten.

Hinweis:
Die Muster der FormularBibliothek Zivilprozess sollen dem Benutzer als Beispiele und Arbeitshilfen für die Erstellung eigener Schriftsätze dienen. Sie wurden mit größter Sorgfalt von den Autoren erstellt. Gleichwohl bitten Autoren und Verlag um Verständnis dafür, dass sie keinerlei Haftung für die Vollständigkeit und Richtigkeit der Muster übernehmen.

INHALT

Verweise erfolgen auf Randnummern

§ 1 Mandatsübernahme ... 1
A. Besonderheiten des arbeitsrechtlichen Mandats ... 1
I. Das Arbeitsrecht in der anwaltlichen Praxis ... 1
II. Kosten ... 4
 1. Belehrung über die Kostentragungspflicht nach § 12a Abs. 1 ArbGG ... 5
 2. Hinweispflicht nach § 49b Abs. 5 BRAO ... 6
 3. Prozesskostenhilfe und Beiordnung eines Rechtsanwalts nach § 11a ArbGG ... 13
III. Sachverhaltsaufklärung und rechtliche Würdigung ... 17
IV. Rechtsschutzversicherung ... 25
 1. Allgemeines ... 25
 2. Rechtsschutzformen mit Arbeits-Rechtsschutz ... 27
  a) ARB 75 ... 29
   aa) für Arbeitgeber und bb) als Arbeitgeber und Arbeitnehmer ... 29
   Arbeitnehmer ... 30
   cc) für Arbeitnehmer ... 31
  b) ARB 1994 ... 33
   aa) für Arbeitgeber und bb) Personen in ihrer eigenschaft als Arbeitgeber und/oder Arbeitnehmer ... 33
   mer ... 33
   cc) für Arbeitnehmer ... 33
  c) ARB 2000 ... 34
   aa) für Arbeitgeber bb) für Personen in ihrer Eigenschaft als Arbeitgeber und/oder Arbeitnehmer ... 34
   nehmer ... 34
   cc) für Arbeitnehmer ... 34
 3. Überprüfung der Deckungsvoraussetzungen ... 40
 4. Versicherungsfall ... 41

5. Typische Rechtsschutzprobleme bei Kündigungen im Arbeitsrecht ... 47
 a) Verhaltensbedingte Kündigung ... 48
 b) Betriebsbedingte Kündigung ... 51
 c) Krankheitsbedingte Kündigung ... 52
 d) Verdachtskündigung und Kündigung wegen einer Straftat ... 53
 e) Fristlose Kündigung ... 56
 f) Verfahren vor dem Integrationsamt ... 57
 g) Arbeitgeberdarlehen ... 58
 h) Statusklärung ... 59
 i) Geschäftstätigkeit vor Klageerhebung ... 61
 j) Stichentscheid, Schiedsgutachterverfahren und Vorstandsbeschwerde ... 64
V. Anwaltsgebühren ... 71
 1. Allgemeines ... 71
 2. Einstiegsberatung ... 73
 3. Prüfung der Erfolgsaussicht eines Rechtsmittels ... 91
 4. Nicht angerechneter Teil der Geschäftsgebühr ... 94

B. Muster ... 111
I. *Muster*: Belehrung über die Kostentragungspflicht nach § 12a Abs. 1 ArbGG ... 111
II. *Muster*: Wertgebührenhinweis nach § 49 b Abs. 5 BRAO ... 112
 1. Kurzfassung ... 112
 2. Ausführliche Fassung ... 113
III. Anträge auf Beiordnung eines Rechtsanwalts nach § 11a ArbGG und auf Bewilligung von Prozesskostenhilfe ... 113
 1. *Muster*: Antrag auf Beiordnung eines Rechtsanwalts nach § 11a ArbGG ... 113

5

INHALT

2. *Muster*: Antrag auf Prozesskostenhilfebewilligung mit hilfsweise gestelltem Antrag nach § 114 ArbGG 114
3. Korrespondenz mit der Rechtsschutzversicherung bei Mandatsannahme 115
   a) *Muster*: Einfache Deckungsanfrage 115
   b) *Muster*: Deckungsanfrage bei Vorliegen einer in den Anwendungsbereich des Kündigungsschutzgesetzes fallenden Kündigung und der Absicht, zunächst außergerichtlich zu einem Aufhebungsvertrag mit Abfindung zu gelangen 116
   c) *Muster*: Schreiben an die Rechtsschutzversicherung wegen eines Verfahrens vor dem Integrationsamt 117
   d) *Muster*: Schreiben an die Rechtsschutzversicherung wegen Kürzung der Geschäftsgebühr und Androhung der Vorstandsbeschwerde. 118

§ 2 Gerichtliche Verfahren 1. Instanz... 119

A. Allgemeine Erläuterungen 120

1. Allgemeines. 120
   I. Rubrum auf Klägerseite 120
2. *Muster*: Rubrum auf Kläger- seite 123
   II. Rubrum auf Beklagtenseite .. 124
1. Richtiger Klagegegner 125
   a) Stationierungsstreitkräfte 127
   Muster: Beklagtenrubrum bei Prozessstandschaft nach Art. 56 Abs. 8 S. 2 NTS-ZA. 130
   b) Kündigung des Insolvenzverwalters. 131
2. Richtige Beklagtenbezeichnung. 133
   a) Einzelperson 133
   Muster: Beklagtenbezeichnung Einzelperson . 134
   b) GmbH 135
   Muster: Beklagtenbezeichnung GmbH 137
   c) GbR 138
   Muster: Beklagtenbezeichnung der Arbeitgebereigenschaft der GbR 139
   Muster: Beklagtenbezeichnung bei subjektiver Klagehäufung. 140
   Muster: Beklagtenbezeichnung bei der Inanspruchnahme der GbR und der Gesellschafter als Gesamtschuldner. 141
   d) OHG 142
   Muster: Beklagtenbezeichnung bei Klage nur gegen die OHG. 143
   Muster: Klage gegen OHG und die Gesellschafter in subjektiver Klagehäufung 144
   Muster: Klage gegen OHG und gegen die nach § 128 HGB persönlich haftenden Gesellschafter in subjektiver, evtl. Klagehäufung. 145
   e) GmbH & Co. KG 146
   Muster: Rubrum auf Beklagtenseite bei GmbH & Co. KG als Beklagte 147
   f) Partnerschaftsgesellschaft 148
   Muster: Beklagtenrubrum bei der Partnerschaftsgesellschaft 149
   g) AG 150
   Muster: Rubrum bei AG als Beklagte 151
   h) Kommanditgesellschaft . 152
   Muster: Rubrum bei Klage nur gegen die KG 154
   i) Eingetragener Verein 156

9

Muster: Beklagtenrubrum bei eingetragenem Verein 157
j) Nicht eingetragener Verein 158
Muster: Rubrum bei nicht eingetragenem Verein als Beklagter 159
k) Öffentlicher Dienst 160
Muster: Beklagtenrubrum bei Klage gegen eine Gemeinde (Baden-Württemberg)............ 161
l) Gewerkschaft............. 162
Muster: Beklagtenrubrum bei Klage gegen Gewerkschaft............. 164
B. Verhaltensbedingte Kündigung aus Sicht des Arbeitnehmervertreters 165
I. Vorprozessuale Situation 165
1. Erster Mandatenkontakt und Terminsvergabe 165
2. Mandatsannahme 167
  a) Hinweis nach § 49b Abs. 5 BRAO sowie Belehrung über die Kostentragungspflicht.................. 168
  b) Fristberechnung 169
  aa) Übermittlung der Kündigung per Boten 174
  bb) Übermittlung der Kündigung als einfache Briefsendung................ 175
  cc) Kündigung durch Einschreibebrief 176
  dd) Ersatzzustellung......... 178
  ee) Kündigung per Telefax ... 179
  ff) Kündigung per E-Mail oder SMS 180
  c) Prüfung der Kündigungserklärung auf mögliche Mängel.................. 181
  aa) Gesetzliches Schriftformerfordernis 182
  bb) Inhalt des Kündigungsschreibens............... 188
  cc) Vollmacht 193
  (1) Vollmachtsvorlage 195

(2) Zurückweisung 198
(3) Unverzüglich............. 199
(4) *Muster:* Zurückweisung einer Kündigung wegen fehlender Vollmachtsvorlage 200
d) Fristgebundene Maßnahmen zur Wahrung der Rechte besonderer Personengruppen 201
aa) Mutterschutzrechtlicher Kündigungsschutz   202
(1) Grundlagen.............. 202
(2) *Muster:* Nachträgliche Mitteilung einer bestehenden Schwangerschaft an den Arbeitgeber nach § 9 Abs. 1 Satz 1 MuSchG .. 206
bb) Kündigungsschutz bei Schwerbehinderten 207
(1) Grundlagen.............. 207
(2) *Muster:* Mitteilung der erfolgten Antragstellung als Schwerbehinderter ... 213
3. Weitere Mandatsführung... 214
  a) Einholung der Deckungszusage durch die Rechtsschutzversicherung 215
  b) Auftragserteilung zunächst auf außergerichtliche Tätigkeit beschränkt............... 217
  c) Zeugnis.................. 219
  d) Ausschlussfrist........... 220
  aa) Grundlagen.............. 220
  bb) *Muster:* Anfrage an den Arbeitgeber wegen Ausschlussfrist 225
II. Klage...................... 226
1. Klagefrist 226
  a) Fristberechnung 227
  b) Geltungsbereich der Klagefrist 228
  Muster: Feststellungsantrag bei formnichtiger Kündigung............... 229
  c) Geltungsbereich des Kündigungsschutzgesetzes .. 231
  aa) Schwellenwert........... 231

bb) Wartefrist 232
cc) Darlegungs- und Beweislast 233
dd) Prüfungsschema 234
2. Inhalt der Klage 235
   a) Minimum 235
   aa) Richtige Bezeichnung des Beklagten 236
   bb) Örtliche Zuständigkeit . . . 237
   Muster: Klageantrag Kündigungsschutzklage 240
   Muster: Angriff mehrerer Kündigungen 243
   b) Schleppnetzantrag 245
   Muster: Schleppnetzantrag 247
   Muster: Darlegung des besonderen Feststellungsinteresses 249
   c) Weiterbeschäftigungsantrag 250
   Muster: Weiterbeschäftigungsantrag 257
   d) Sonstige im Zusammenhang mit einer Kündigungsschutzklage bedeutsame Anträge 259
   Muster: Antrag auf Zahlung von Annahmeverzugsvergütung 261
3. Taktik 262
4. Muster 266
   a) *Muster:* Kündigungsschutzklage (Grundform) 266
   b) *Muster:* Kündigungsschutzklage bei mehreren Kündigungen 267
   c) *Muster:* Kündigungsschutzklage mit Schleppnetzantrag 268
   d) *Muster:* Kündigungsschutzklage bei mehreren Kündigungen, Schleppnetzantrag und Weiterbeschäftigungsantrag . . . 269
   e) *Muster:* Kündigungsschutzklage mit Schleppnetzantrag, Geltendmachung des Weiterbeschäftigungsanspruchs und Geltendmachung von Annahmeverzugsvergütungsansprüchen 270
III. Verfahren bis zur Güteverhandlung 271
   1. Ladung und Anordnung des persönlichen Erscheinens der Partei 271
      a) Terminsladung 271
      b) Anordnung des persönlichen Erscheinens 272
   2. Muster 275
      a) *Muster:* Terminsverlegungsantrag des Prozessbevollmächtigten 275
      b) *Muster:* Antrag auf Entbindung von der Verpflichtung zum persönlichen Erscheinen 276
      c) *Muster:* Prozessbevollmächtigter als Vertreter nach § 141 Abs. 3 Satz 2 ZPO 277
IV. Gütetermin 278
   1. Bedeutung des Gütetermins 278
   2. *Muster:* Prozessvergleich in der Güteverhandlung   289
V. Weiteres Verfahren und Kammertermin 290
   1. Vorbereitung des Kammertermins 290
   2. Kammertermin 294
      a) Beweisaufnahme 294
      b) Taktik in der Kammerverhandlung 295
      c) Urteilsverkündung 297
      aa) Grundlagen 297
      bb) Muster 300
      (1) *Muster:* Übersendung des Sitzungsprotokolls mit am Ende des Terminstages verkündeter Entscheidung 300
      (2) *Muster:* Übersendung des in vollständiger Form abgefassten Urteils 301
VI. Vollstreckung 302

1. Besonderheiten im Arbeits-
   recht 302
   a) Vorläufige Vollstreckbar-
      keit. 302
   b) Ausschluss der vorläufi-
      gen Vollstreckbarkeit, § 62
      Abs. 1 Satz 2 ArbGG 303
2. Vollstreckung des Weiterbeschäftigungsanspruchs des
   Arbeitnehmers gegen den
   Arbeitgeber. 305
   a) Ausschluss der vorläufi-
      gen Vollstreckbarkeit nach
      § 62 Abs. 1 ArbGG 306
   b) Bestimmtheit des Voll-
      streckungstitels 307
   c) Unmöglichkeit der
      Weiterbeschäftigung 309
   d) Verfahren 314
3. Muster 316
   a) *Muster:* Außergerichtli-
      che Aufforderung nach
      erstinstanzlichem Urteil . 316
   b) *Muster:* Antrag nach § 888
      ZPO zur Vollstreckung
      eines Weiterbeschäfti-
      gungstitels 317
VII. Kostenfestsetzung 318
   1. Grundlagen. 318
   2. *Muster:* Kostenfestset-
      zungsantrag bei hypothe-
      tisch berechneten Reise-
      kosten 319
VIII. Anwaltsgebühren 320
   1. Streitwert. 320
      a) Vierteljahresverdienst. . . . 321
      aa) Regelstreitwert oder
         Obergrenze. 321
      bb) Bezugspunkt der Berech-
         nung 322
      cc) Einzelheiten der Berech-
         nung 323
      dd) Muster 325
         Muster: Streitwert, Kündi-
         gungsschutzklage 325
         Muster: Kündigungs-
         schutzklage – Streitwert
         durch Sachbezug mitge-
         prägt 326
   b) Mehrere Kündigungen . . . 327
   aa) Grundlagen. 327
   bb) *Muster:* Streitwertfestset-
      zungen bei mehreren Kün-
      digungen 328
   c) Kündigungsschutzklage
      und Schleppnetzantrag . . 329
   aa) Grundlagen. 329
   bb) *Muster:* Streitwertfestset-
      zungen bei Kündigungs-
      schutzklage mit Schlepp-
      netzantrag. 330
   d) Kündigungsschutzklage
      kombiniert mit Weiterbe-
      schäftigungsantrag 331
   aa) Grundlagen. 331
   bb) *Muster:* Streitwertfestset-
      zung bei Weiterbeschäfti-
      gungsantrag als Hauptan-
      trag. 334
   cc) *Muster:* Streitwertfestset-
      zung bei Weiterbeschäfti-
      gungsantrag als unechter
      Hilfsantrag. 335
   e) Kündigungsschutzklage
      und Vergütungsansprü-
      che 336
   aa) Vergütungsforderung ist
      unabhängig vom Ausgang
      des Kündigungsschutz-
      verfahrens 337
   bb) Vergütungsforderung ist
      vom Ausgang des Kündi-
      gungsschutzverfahrens
      abhängig 338
   cc) *Muster:* Streitwertfestset-
      zung bei Kündigungs-
      schutzantrag in Kombina-
      tion mit Zahlungsantrag   339
2. Anwaltsgebühren 340
   aa) Anrechnung bei
      anderweitiger
      Rechtshängigkeit 349
   a) Terminsgebühr Nr. 3104
      VV. 360
   b) Verminderte Terminsge-
      bühr Nr. 3105 VV 371
   c) Einigungsgebühr VV
      Nr. 1000 und VV Nr. 1003   377

C. Verhaltensbedingte Kündigung aus Sicht des Arbeitgebervertreters 381
  I. Vorprozessuale Situation 381
    1. Mandatsannahme 381
      a) Allgemeines 381
      b) Hinweis nach § 49 b Abs. 5 BRAO sowie Belehrung über die Kostentragungspflicht nach § 12 a Abs. 1 Satz 2 ArbGG 382
    2. Beurteilung der Prozessaussichten des Arbeitgebers 383
      a) Prüfung der Kündigung auf irreparable Mängel . . 384
        aa) Mangelnde Schriftform . . 385
        bb) Inhaltliche Mängel des Kündigungsschreibens . . 387
        cc) Kündigung durch Vertreter ohne Vorlage der Originalvollmacht (Kündigung durch einen Vertreter des Arbeitgebers?) 389
        dd) Mängel bei der Betriebsratsanhörung 390
        ee) Fehlende Zustimmung des Integrationsamtes zur Kündigung eines schwerbehinderten Arbeitnehmers 391
        ff) Kündigung bei Verstoß gegen das Kündigungsverbot des § 9 MuSchG 392
        gg) Kündigung während der Elternzeit 393
      b) Beurteilung der Rechtslage 394
        aa) Bewertung der Kündigungsgründe 395
        bb) Beurteilung des Annahmeverzugsrisikos 396
    3. Rechtsschutzversicherung 406
  II. Verhalten im Rechtsstreit 407
    1. Prüfung, ob die deutsche Gerichtsbarkeit gegeben ist 407
      a) Grundlagen 407
      b) *Muster:* Rüge bei Kündigungsschutzklage unter Missachtung der gesetzlichen Prozessstandschaft der Bundesrepublik Deutschland nach dem Zusatzabkommen zum NATO-Truppenstatut 410
    2. Prüfung der Internationalen Zuständigkeit 411
      a) Grundlagen 411
      b) *Muster:* Rüge der fehlenden internationalen Zuständigkeit 418
    3. Prüfung der örtlichen Zuständigkeit 419
      a) Grundlagen 419
      b) *Muster:* Rüge der örtlichen Unzuständigkeit . . . 422
    4. Verfahren bis zum Gütetermin 423
      a) Vertretungsanzeige 423
        aa) Grundlagen 423
        bb) *Muster:* Vertretungsanzeige 424
      b) Verlegungsantrag 425
        aa) Grundlagen 425
        bb) *Muster:* Verlegungsantrag 426
      c) Schriftsätzlicher Vortrag . 427
    5. Gütetermin 430
    6. Weiteres Verfahren und Kammertermin 434
      a) Grundlagen 434
      b) *Muster:* Klageerwiderung bei ordentlicher Kündigung aus verhaltensbedingten Gründen 443
      c) Antrag auf Ausschluss der vorläufigen Vollstreckbarkeit nach § 62 Abs. 1 Satz 2 ArbGG wegen nicht zu ersetzenden Nachteils . . . 444
        aa) Grundlagen 444
        bb) *Muster:* Antrag auf Ausschluss der vorläufigen Vollstreckbarkeit nach § 62 Abs. 1 Satz 2 ArbGG wegen nicht zu ersetzenden Nachteils 449
    7. Urteilsverkündung 450
    8. Kostenfestsetzung und Anwaltsgebühren 451

D. Betriebsbedingte Kündigung aus Sicht des Arbeitnehmervertreters 452
   I. Vorprozessuale Situation 452
      1. Allgemeine Grundsätze (Mandantenkontakt, Terminsvergabe, Mandatsannahme und weitere Mandatsführung) 452
      2. Besonderheiten bei der betriebsbedingten Kündigung 453
         a) Grundlagen 453
         b) *Muster:* Außergerichtliches Auskunftsverlangen an den Arbeitgeber nach § 1 Abs. 3 Satz 1 2. Hs KSchG 455
      3. Sonstige vorprozessuale Überlegungen 456
   II. Klage 457
      1. Klagefrist, Klageanträge und Verfahren.................. 457
      2. Darlegungs- und Beweislast 458
         a) Dringendes betriebliches Erfordernis im Sinne von § 1 Abs. 2 Satz 1 3. Alternative KSchG............... 460
         b) Weiterbeschäftigungsmöglichkeit auf einem freien Arbeitsplatz 467
         c) Sozialauswahl 468
      3. Zeitpunkt des Vortrags und Taktik..................... 470
      4. Muster 472
         a) *Muster:* Klage bei betriebsbedingter Kündigung 472
         b) *Muster:* Replik bei mangelhafter sozialer Auswahl 473
         c) Schreiben und Schriftsätze im Zusammenhang mit der Möglichkeit der Weiterbeschäftigung und der geänderten Arbeitsbedingungen 474
         aa) *Muster:* Änderungsangebot des Arbeitgebers..... 475
         bb) *Muster:* Replik bei Verletzung des Grundsatzes des Vorrangs der Änderungskündigung vor der Beendigungskündigung......... 476
      5. Urteilsverkündung 477
      6. Anwaltsgebühren 478
      7. Kostenfestsetzung 479
E. Betriebsbedingte Kündigung aus Sicht des Arbeitgebervertreters .. 480
   I. Vorprozessuale Situation...... 480
   II. Verhalten im Rechtsstreit 483
      1. Zuständigkeit 483
      2. Verfahren bis zum Gütetermin 484
      3. Weiteres Verfahren bis zum Kammertermin............. 485
      4. Urteilsverkündung 487
      5. Anwaltsgebühren 488
      6. Kostenfestsetzung 489
      7. *Muster:* Klageerwiderung bei betriebsbedingter Kündigung...................... 490
      8. *Muster:* Klageerwiderung bei betriebsbedingter Kündigung wegen Betriebsstilllegung...................... 491
F. Personenbedingte Kündigung aus Sicht des Arbeitnehmervertreters 492
   I. Vorprozessuale Situation...... 492
      1. Erster Mandantenkontakt, Terminsvergabe, Mandatsannahme und weitere Mandatsführung 492
      2. Besonderheiten bei der personenbedingten Kündigung 493
         a) Grundlagen.............. 493
         b) Voraussetzungen der personenbedingten Kündigung 494
         aa) Negativprognose......... 495
         bb) Erhebliche Beeinträchtigung betrieblicher Interessen 496
         cc) Weiterbeschäftigung auf einem freien Arbeitsplatz oder sonstige mildere Mittel.................... 497
         dd) Interessenabwägung..... 499

3. Krankheitsbedingte Kündigung 500
   a) Grundlagen 500
   b) Vorprozessuale Maßnahmen 509
4. Sonstige vorprozessuale Überlegungen 510
II. Klage 511
   1. Klagefrist, Klageanträge und Verfahren 511
   2. Darlegungs- und Beweislast 512
   3. Zeitpunkt des Vortrags und Taktik 513
   4. Muster 514
      a) *Muster:* Klage bei krankheitsbedingter Kündigung. 514
      b) *Muster:* Replik bei krankheitsbedingter Kündigung (unschlüssige negative Gesundheitsprognose) . . 515
      c) *Muster:* Replik bei Beschäftigungsmöglichkeit auf leidensgerechtem Arbeitsplatz 516
      d) *Muster:* Replik bei fehlerhafter Interessenabwägung 517
   5. Urteilsverkündung 518
   6. Anwaltsgebühren 519
   7. Kostenfestsetzung 520
G. Personenbedingte Kündigung aus Sicht des Arbeitgebervertreters . 521
   I. Vorprozessuale Situation 521
   II. Verhalten im Rechtsstreit 526
     1. Zuständigkeit 526
     2. Verfahren bis zum Gütetermin 527
     3. Weiteres Verfahren bis zum Kammertermin 528
     4. Urteilsverkündung 529
     5. Anwaltsgebühren 530
     6. Kostenfestsetzung 531
     7. *Muster:* Außergerichtliches Anschreiben an einen erkrankten Arbeitnehmer . . 532
     8. *Muster:* Klagebegründung bei krankheitsbedingter Kündigung mit negativer Gesundheitsprognose 533
     9. *Muster:* Personenbedingte Kündigung bei lang anhaltender Krankheit 534
     10. *Muster:* Replik bei erstmaliger Behauptung einer positiven Gesundheitsprognose durch den Kläger im Prozess 535
H. Änderungskündigung 536
   I. Vorprozessuale Situation 536
     1. Grundlagen 536
     2. Erster Mandantenkontakt, Terminsvergabe, Mandatsannahme und weitere Mandatsführung 544
     3. Anwaltsgebühren und Streitwert 545
   II. Klage 550
     1. Grundlagen 550
     2. Muster 551
       a) *Muster:* Annahme der Änderungskündigung unter Vorbehalt 551
       b) *Muster:* Klage gegen Änderungskündigung . . . 552
       c) *Muster:* Klage gegen Änderungskündigung bei Lohnkürzung 553
     3. Urteilsverkündung 554
     4. Anwaltsgebühren 555
     5. Kostenfestsetzung 556
I. Nachträgliche Zulassung der Kündigungsschutzklage nach § 5 KSchG 557
   I. Grundlagen 557
     1. Allgemeines 557
     2. Anwendungsbereich 558
     3. Voraussetzungen für die nachträgliche Zulassung 559
       a) Verspätete Klageerhebung 559
       b) Schlüssigkeit des Vortrags hinsichtlich § 1 Abs. 1 und § 23 KSchG 560
       c) Rechtsschutzinteresse . . . 561
     4. Schuldlose Verhinderung an der rechtzeitigen Klageerhebung 562

5. Einzelfälle der Versäumung der Klagefrist des § 4 KSchG 564
   a) Arbeitgeber 564
   b) Ausländische Arbeitnehmer 565
   c) Betriebsrat 566
   d) Bevollmächtigter 567
   e) Krankheit 568
   f) Urlaub, Ortsabwesenheit oder Haft 570
6. Antrag auf nachträgliche Zulassung 573
   a) Form des Antrags 573
   b) Inhalt des Antrags 574
   c) Antragsfrist 576
   d) Darlegungs- und Beweislast 579
7. Entscheidung über den Antrag 580
8. Streitwert 582
II. *Muster:* Antrag auf nachträgliche Zulassung der Klage 583

J. Klage auf Entfernung einer Abmahnung aus der Personalakte 584
   I. Vorprozessuale Situation 584
      1. Allgemeines 584
      2. Grundlagen 585
      3. Anspruch auf Entfernung der Abmahnung aus der Personalakte 593
      4. Widerrufsanspruch 595
      5. Mandatsannahme 596
      6. Weitere Mandatsführung 597
   II. Klage 598
      1. Inhalt der Klage 598
      2. Gütetermin 599
      3. *Muster:* Vergleich – zeitliche Befristung des Verbleibs der Abmahnung in der Personalakte 601
      4. Vollstreckung 602
      5. Streitwert und Anwaltsgebühren 603
      6. *Muster:* Klage auf Entfernung der Abmahnung aus der Personalakte 605
      7. *Muster:* Klage auf Entfernung einer Abmahnung aus der Personalakte bei mehreren Rügen 606

K. Überstundenvergütung 607
   I. Vorprozessuale Situation 607
      1. Allgemeines 607
      2. Begriffsdefinition 608
      3. Mandatsannahme und weitere Mandatsführung 609
   II. Klage 610
      1. Klageantrag 610
      2. Darlegungs- und Beweislast 613
      3. Verfahren, Güte- und Kammertermin 615
      4. Streitwert und Anwaltsgebühren 617
      5. Vollstreckung 618
      6. *Muster:* Klage auf Überstundenvergütung 619

L. Zeugnis 620
   I. Vorprozessuale Situation 620
      1. Allgemeines 620
      2. Mandatsannahme und weitere Mandatsführung 622
   II. Klage 624
      1. *Muster:* Klage auf Zeugniserteilung 626
      2. *Muster:* Klage auf Berichtigung eines Zeugnisses 627
      3. Vollstreckung 628
   III. Streitwert 629
   IV. Anwaltsgebühren 630

§ 3 Gerichtliche Verfahren 2. Instanz und Anhörungsrüge 631
A. Anhörungsrüge 631
   I. Allgemeines 631
   II. Tatbestandsvoraussetzungen 632
   III. Verfahren 634
   IV. Anwaltsgebühren 640
   V. *Muster:* Anhörungsrüge 641
B. Berufung 642
   I. Allgemeines 642
   II. Einlegung der Berufung 645
      1. Allgemeines 645
      2. Berufungsfrist 646
      3. Form der Berufungseinlegung 648
      4. *Muster:* Berufungsschrift 650
   III. Berufungsbegründungsfrist 651

1. Dauer ... 651
2. Verlängerung ... 652
3. *Muster:* Antrag auf Verlängerung der Berufungsbegründungsfrist ... 655
IV. Frist zur Beantwortung der Berufung ... 656
1. Dauer ... 656
2. *Muster:* Antrag auf Verlängerung der Frist zur Berufungsbeantwortung ... 659
V. Berufungsbegründung ... 660
1. Inhalt ... 660
a. Berufungsanträge ... 660
b. Begründung im engeren Sinn ... 661
2. *Muster:* Berufungsbegründung bei Begründung der Berufung mit späterem, gesondertem Schriftsatz und Berufung der Beklagten 666
3. *Muster:* Berufungsbegründung bei Begründung mit späterem Schriftsatz und Berufung des Klägers/der Klägerin ... 667
VI. Anschlussberufung ... 668
VII. Anwaltsgebühren im Berufungsverfahren ... 669
VIII. Kostenfestsetzung ... 674
1. Grundlagen ... 674
2. *Muster:* Kostenfestsetzungsantrag ... 675
IX. Sofortige Beschwerde wegen verspäteter Absetzung des Berufungsurteils nach § 72 b ArbGG ... 676
1. Allgemeines ... 676
2. Tatbestandsvoraussetzungen ... 678
3. Verfahren ... 679
4. *Muster:* Sofortige Beschwerde nach § 72 b ArbGG ... 683

§ 4 Urteilsverfahren 3. Instanz ... 684
A. Revision ... 684
I. Allgemeines ... 684
II. Frist ... 686
III. Muster ... 687
1. *Muster:* Revisionsschrift ... 687
2. *Muster:* Revisionsbegründung ... 688
3. *Muster:* Antrag auf kostenpflichtige Zurückweisung der Revision ... 689
4. *Muster:* Schriftsatz mit Erwiderung auf die Revision ... 690
IV. Anwaltsgebühren ... 691
B. Nichtzulassungsbeschwerde ... 694
I. Allgemeines ... 694
II. Fristen ... 695
III. Muster ... 702
1. *Muster:* Nichtzulassungsbeschwerdeschrift ... 702
2. *Muster:* Nichtzulassungsbeschwerdebegründung bei Divergenz ... 703
IV. Anwaltsgebühren ... 704

MUSTERVERZEICHNIS

		Rn.
§ 1	**Mandatsübernahme**	1
1	Belehrung über die Kostentragungspflicht nach § 12a Abs. 1 ArbGG	111
2	Wertgebührenhinweis nach § 49b Abs. 5 BRAO	112
3	Ausführliche Fassung	113
4	Antrag auf Beiordnung eines Rechtsanwalts nach § 11a ArbGG	113
5	Antrag auf Prozesskostenhilfebewilligung mit hilfsweise gestelltem Antrag nach § 11a ArbGG	114
6	Einfache Deckungsanfrage	115
7	Deckungsanfrage bei Vorliegen einer in den Anwendungsbereich des Kündigungsschutzgesetzes fallenden Kündigung und der Absicht, zunächst außergerichtlich zu einem Aufhebungsvertrag mit Abfindung zu gelangen	116
8	Schreiben an die Rechtsschutzversicherung wegen eines Verfahrens vor dem Integrationsamt	117
9	Schreiben an die Rechtsschutzversicherung wegen Kürzung der Geschäftsgebühr und Androhung der Vorstandsbeschwerde	118
§ 2	**Gerichtliche Verfahren 1. Instanz**	119
10	Rubrum auf Klägerseite	123
11	Beklagtenrubrum bei Prozessstandschaft nach Art. 56 Abs. 8 S. 2 NTS-ZA	130
12	Beklagtenbezeichnung Einzelperson	134
13	Beklagtenbezeichnung GmbH	137
14	Beklagtenrubrum bei Zuerkennung der Arbeitgebereigenschaft der GbR	139
15	Beklagtenrubrum bei subjektiver Klagehäufung	140
16	Beklagtenrubrum bei der Inanspruchnahme der GbR und der Gesellschafter als Gesamtschuldner	141
17	Beklagtenrubrum bei Klage nur gegen die OHG	143
18	Beklagtenrubrum bei Klage gegen die OHG und gegen die nach § 128 HGB persönlich haftenden Gesellschafter in subjektiver Klagehäufung	144
19	Klage gegen OHG und die Gesellschafter in subjektiver, evtl. Klagehäufung	145

Musterverzeichnis

20	Rubrum auf Beklagtenseite bei GmbH & Co. KG als Beklagte	147
21	Beklagtenrubrum bei der Partnerschaftsgesellschaft	149
22	Rubrum bei AG als Beklagte	151
23	Rubrum bei Klage nur gegen die KG	154
24	Abwandlung: Klage gegen Kommanditgesellschaft und Komplementärin	155
25	Beklagtenrubrum bei eingetragenem Verein	157
26	Rubrum bei nicht eingetragenem Verein als Beklagter	159
27	Beklagtenrubrum bei Klage gegen eine Gemeinde (Baden-Württemberg)	161
28	Beklagtenrubrum bei Klage gegen Gewerkschaft	164
29	Zurückweisung einer Kündigung wegen fehlender Vollmachtsvorlage	200
30	Nachträgliche Mitteilung einer bestehenden Schwangerschaft an den Arbeitgeber nach § 9 Abs. 1 Satz 1 MuSchG	206
31	Mitteilung der erfolgten Antragstellung als Schwerbehinderter	213
32	Anfrage an den Arbeitgeber wegen Ausschlussfrist	225
33	Feststellungsantrag bei formnichtiger Kündigung	229
34	Klageantrag Kündigungsschutzklage	240
35	Angriff mehrerer Kündigungen	243
36	Schleppnetzantrag	247
37	Darlegung des besonderen Feststellungsinteresses	249
38	Weiterbeschäftigungsantrag	257
39	Antrag auf Zahlung von Annahmeverzugsvergütung	261
40	Kündigungsschutzklage (Grundform)	266
41	Kündigungsschutzklage bei mehreren Kündigungen	267
42	Kündigungsschutzklage mit Schleppnetzantrag	268
43	Kündigungsschutzklage bei mehreren Kündigungen, Schleppnetzantrag und Weiterbeschäftigungsantrag	269
44	Kündigungsschutzklage mit Schleppnetzantrag, Geltendmachung des Weiterbeschäftigungsanspruchs und Geltendmachung von Annahmeverzugsvergütungsansprüchen	270
45	Terminsverlegungsantrag des Prozessbevollmächtigten	275
46	Antrag auf Entbindung von der Verpflichtung zum persönlichen Erscheinen	276

47	Prozessbevollmächtigter als Vertreter nach § 141 Abs. 3 Satz 2 ZPO	277
48	Prozessvergleich in der Güteverhandlung	289
49	Übersendung des Sitzungsprotokolls mit am Ende des Terminstages verkündeter Entscheidung	300
50	Übersendung des in vollständiger Form abgefassten Urteils	301
51	Außergerichtliche Aufforderung nach erstinstanzlichem Urteil	316
52	Antrag nach § 888 ZPO zur Vollstreckung eines Weiterbeschäftigungstitels	317
53	Kostenfestsetzungsantrag bei hypothetisch berechneten Reisekosten	319
54	Streitwert, Kündigungsschutzklage	325
55	Kündigungsschutzklage – Streitwert durch Sachbezug mitgeprägt	326
56	Streitwertfestsetzung bei mehreren Kündigungen	328
57	Streitwertfestsetzung bei Kündigungsschutzklage mit Schleppnetzantrag	330
58	Streitwertfestsetzung bei Weiterbeschäftigungsantrag als Hauptantrag	334
59	Streitwertfestsetzung bei Weiterbeschäftigungsantrag als unechter Hilfsantrag	335
60	Streitwertfestsetzung bei Kündigungsschutzantrag in Kombination mit Zahlungsantrag	339
61	Rüge bei Kündigungsschutzklage unter Missachtung der gesetzlichen Prozessstandschaft der Bundesrepublik Deutschland nach dem Zusatzabkommen zum NATO-Truppenstatut	410
62	Rüge der fehlenden internationalen Zuständigkeit	418
63	Rüge der örtlichen Unzuständigkeit	422
64	Vertretungsanzeige	424
65	Verlegungsantrag	426
66	Klageerwiderung bei ordentlicher Kündigung aus verhaltensbedingten Gründen	443
67	Antrag auf Ausschluss der vorläufigen Vollstreckbarkeit nach § 62 Abs. 1 Satz 2 ArbGG wegen nicht zu ersetzenden Nachteils	449
68	Außergerichtliches Auskunftsverlangen an den Arbeitgeber nach § 1 Abs. 3 Satz 1 2. Hs KSchG	455
69	Klage bei betriebsbedingter Kündigung	472
70	Replik bei mangelhafter sozialer Auswahl	473
71	Änderungsangebot des Arbeitgebers	475

72	Replik bei Verletzung des Grundsatzes des Vorrangs der Änderungskündigung vor der Beendigungskündigung	476
73	Klageerwiderung bei betriebsbedingter Kündigung	490
74	Klageerwiderung bei betriebsbedingter Kündigung wegen Betriebsstilllegung	491
75	Klage bei krankheitsbedingter Kündigung	514
76	Replik bei krankheitsbedingter Kündigung (unschlüssige negative Gesundheitsprognose)	515
77	Replik bei Beschäftigungsmöglichkeit auf leidensgerechtem Arbeitsplatz	516
78	Replik bei fehlerhafter Interessenabwägung	517
79	Außergerichtliches Anschreiben an einen erkrankten Arbeitnehmer	532
80	Klagebegründung bei krankheitsbedingter Kündigung mit negativer Gesundheitsprognose	533
81	Personenbedingte Kündigung bei lang anhaltender Krankheit	534
82	Replik bei erstmaliger Behauptung einer positiven Gesundheitsprognose durch den Kläger im Prozess	535
83	Annahme der Änderungskündigung unter Vorbehalt	551
84	Klage gegen Änderungskündigung	552
85	Klage gegen Änderungskündigung bei Lohnkürzung	553
86	Antrag auf nachträgliche Zulassung der Klage	583
87	Vergleich – zeitliche Befristung des Verbleibs der Abmahnung in der Personalakte	601
88	Klage auf Entfernung der Abmahnung aus der Personalakte	605
89	Klage auf Entfernung einer Abmahnung aus der Personalakte bei mehreren Rügen	606
90	Klage auf Überstundenvergütung	619
91	Klage auf Zeugniserteilung	626
92	Klage auf Berichtigung eines Zeugnisses	627

§ 3 Gerichtliche Verfahren 2. Instanz und Anhörungsrüge — 631

93	Anhörungsrüge	641
94	Berufungsschrift	650
95	Antrag auf Verlängerung der Berufungsbegründungsfrist	655

96	Antrag auf Verlängerung der Frist zur Berufungsbeantwortung	659
97	Berufungsbegründung bei Begründung der Berufung mit späterem, gesondertem Schriftsatz und Berufung der Beklagten	666
98	Berufungsbegründung bei Begründung mit späterem Schriftsatz und Berufung des Klägers/der Klägerin	667
99	Kostenfestsetzungsantrag	675
100	Sofortige Beschwerde nach § 72b ArbGG	683

§ 4 Urteilsverfahren 3. Instanz 684

101	Revisionsschrift	687
102	Revisionsbegründung	688
103	Antrag auf kostenpflichtige Zurückweisung der Revision	689
104	Schriftsatz mit Erwiderung auf die Revision	690
105	Nichtzulassungsbeschwerdeschrift	702
106	Nichtzulassungsbeschwerdebegründung bei Divergenz	703

Literatur:

Kommentare: Ascheid/Preis/Schmidt, Kündigungsrecht 2004; Baumbach/Hopt, HGB, 31. Auflage 2003; Bischof, Jungbauer, Podlech-Trappmann, RVG 2004; Burhoff, RVG Straf- und Bußgeldsachen, 2004; Däubler, Tarifvertragsgesetz 2003; Erfurter Kommentar zum Arbeitsrecht, 5. Auflage 2005; Fiebig/Gallner/Griebeling/Mestwerdt/Nägele/Pfeiffer, Kündigungsschutzgesetz, 2. Auflage 2004; Gebauer/Schneider, Rechtsanwaltsvergütungsgesetz, 2. Auflage 2004; Germelmann, Matthes, Prütting, Müller-Glöge, Arbeitsgerichtsgesetz, 5. Auflage 2004; Gerold/Schmidt/v. Eicken/Madert/Müller-Rabe, Rechtsanwaltsvergütungsgesetz, 16. Auflage 2004; Harbauer, Rechtsschutzversicherung, 7. Auflage München 2004; Hartmann, Kostengesetze, 34. Auflage 2004; Hartung/Römermann, RVG 2004; KR Gemeinschaftskommentar zum Kündigungsschutzgesetz und zu sonstigen kündigungsschutzrechtlichen Vorschriften, 5. Auflage 1998; Mayer/Kroiß, Rechtsanwaltsvergütungsgesetz 2004; Münchner Kommentar zum Bürgerlichen Gesetzbuch, 4. Auflage 2001; Musielak, Kommentar zur ZPO, 4. Auflage 2005; Schulze/Dörner/Ebert/Eckert/Hören/Kemper/Saenger/Schulte-Mölke/Staudinger, BGB, 3. Auflage 2003; Zöller, Zivilprozessordnung, 25. Auflage 2005.

Monografien: Braun, Gebührenabrechnung nach dem neuen Rechtsanwaltsvergütungsgesetz, 2004; Enders, RVG für Anfänger, 12. Auflage 2004; Hansens/Braun/Schneider, Praxis des Vergütungsrechts, 2004; Lutje, RVG von A bis Z 2004; Mayer/Kroiß/Teubel, Das neue Gebührenrecht 2004; Pauly/Osnabrügge, Handbuch Kündigungsrecht 2004; Schaefer, Anwaltsgebühren im Arbeitsrecht 2000; Schaub, Arbeitsrechtshandbuch, 11. Auflage 2005 ; Schneider/Mock, Das neue Gebührenrecht für Anwälte 2004; Schubert, Der Anwalt im Arbeitsrecht, 2. Auflage 2004; Van Bühren, Handbuch Versicherungsrecht, 2. Auflage 2003.

Formularbücher: Bauer/Lingemann/Diller/Haussmann, Anwaltsformularbuch Arbeitsrecht, 2. Auflage 2004; Meixner, Formularbuch Arbeitsgerichtsprozess, 2004; Münchner Prozessformularbuch Band 6 Arbeitsrecht (Herausgeber Zirnbauer), 2. Auflage 2004.

Aufsätze: Bader, Das Gesetz zu Reformen am Arbeitsmarkt: Neues im Kündigungsschutzgesetz und im Befristungsrecht, NZA 2004, 65 ff.; Bauer, Vom Umgang mit dem arbeitsrechtlichen Mandat – Erfahrungen eines Kollegen, NZA 1999, 11 ff.; Bender, Schmidt, KSchG 2004: Neuer Schwellenwert und einheitliche Klagefrist, NZA 2004, 358 ff.; Berkowsky, Die personenbedingte Kündigung – Teil 1, NZA-RR 2001, 393 ff.; Cramer, Die Neuerungen im Schwerbehindertenrecht des SGB IX – Gesetz zur Förderung der Ausbildung und Beschäftigung schwerbehinderter Menschen, NZA 2004, 698 ff.; Däubler, Die internationale Zuständigkeit der deutschen Arbeitsgerichte – neue Regeln durch die Verordnung (EG) Nr. 44/2001, NZA 2003, 1297 ff.; Diller, Der Arbeitnehmer der GbR!? – Neue und alte Fallen im Prozess, NZA 2003, 401 ff.; Ganz/Schrader, Das Regressrisiko bei Ausschlussfristen, NZA 1999, 570 ff.; Gilberg, Die Unternehmerentscheidung vor Gericht, NZA 2003, 817 ff.; Groeger, Die Geltendmachung des Annahmeverzugslohnanspruchs, NZA 2000, 793 ff.; Groeger, Die vorläufige Vollstreckbarkeit arbeitsgerichtlicher Urteile, NZA 1994. 251 ff.; Hansens, Die außergerichtliche Vertretung in Zivilsachen Teil 1, RVGreport 2004, 57 ff.; Hansens,

Die Gebührenbestimmung der Geschäftsgebühr nach Nr. 2400 VV RVG, RVGreport 2004, 209ff.; Henke, Anmerkung, Anwaltsblatt 2004, 593ff., 594; Holthaus, Koch, Auswirkungen der Reform des Zivilprozessrechts auf arbeitsgerichtliche Verfahren, RdA 2002, 140ff.; Hümmerich, Die Streitwertrechtsprechung der Arbeitsgerichte im Urteilsverfahren, NZA-RR 2000, 225ff.; Klein, Die Kündigung „i. A." – Kennzeichen mangelnder Schriftform, NZA 2004, 1198ff.; Küttner, Rechtsschutzversicherung und Arbeitsrecht, NZA 1996, 453ff.; Madert, Die Mittelgebühr nach Nr. 2400 VV, AGS 185ff.; Mayer, Die Anrechnungsvorschriften bei der Verfahrens- und Terminsgebühr im RVG, RVG-Letter 2004, 54ff.; Mayer, Die Einstiegsberatung im RVG, RVG-Letter 2004, 111ff.; Mayer, Die Geschäftsgebühr nach Nr. 2400 VV jenseits der Schwellengebühr, RVG-Letter 2004, 98ff.; Mayer, Die neue Terminsgebühr im RVG, RVG-Letter 2004, 2 f.; Mayer, Vergleichsabschluss nach § 278 Abs. 6 ZPO und Terminsgebühr nach Nr. 3104 VV, RVG-Letter 2005, 26 f.; Mock, Die Gebühren des Rechtsanwalts in bürgerlichen Rechtsstreitigkeiten, AGS 2004, 45ff.; Nägele, Probleme beim Einsatz von Dienstfahrzeugen, NZA 1997, 1196ff.; Natter, Die Auswirkungen des Gesetzes zur Modernisierung des Kostenrechts auf das arbeitsgerichtliche Verfahren, NZA 2004, 686ff.; Neuvians, Menzler, Die Kündigung durch Einschreiben nach Einführung der neuen Briefzusatzleistungen, BB 1998, 1206 f.; Otto, Die neue Geschäftsgebühr mit Kappungsgrenze nach dem Rechtsanwaltsvergütungsgesetz, NJW 2004, 1420f.; Reiter, Anwendbare Rechtsnormen bei der Kündigung ins Ausland entsandter Arbeitnehmer, NZA 2004, 1246ff.; Richardi/Annuß, Der neue § 623 BGB – eine Falle im Arbeitsrecht, NJW 2000, 1231ff.; Schrader, Neues zu den Ausschlussfristen, NZA 2003, 345ff.; Schmidt, § 4 Satz 4 KSchG und Gesetz zu Reformen am Arbeitsmarkt, NZA 2004, 79ff.

§ 1 Mandatsübernahme

A. Besonderheiten des arbeitsrechtlichen Mandats

I. Das Arbeitsrecht in der anwaltlichen Praxis

Das Arbeitsrecht gehört zu den beliebtesten und am meisten verbreiteten anwaltlichen Tätigkeitsfeldern. Dies spiegelt sich nicht nur in der Anzahl der Fachanwälte für Arbeitsrecht wider, die am 01.01.2005 den „Spitzenreiter" des Fachanwalts für Familienrecht knapp überholt hatte,[1] sondern auch zahlreiche Rechtsanwälte mit Tätigkeits- oder Interessenschwerpunkt Arbeitsrecht oder auch der klassische „Allgemeinanwalt" werden im Arbeitsrecht tätig, letztere zumeist lediglich im **Individualarbeitsrecht.** Arbeitsrechtliche Mandate erfordern häufig ein rasches anwaltliches Handeln, das zügige Erkennen der wirtschaftlichen Interessenlagen der Beteiligten, Verhandlungsgeschick gepaart mit Einfühlungsvermögen für den Mandanten und den Blick für einen realistischen Kompromiss.

Die Rechtsmaterie Arbeitsrecht ist dadurch gekennzeichnet, dass der Gesetzgeber das Arbeitsrecht häufig dazu benutzt, wirtschaftspolitische Zielsetzungen zu verfolgen. Dies führt – gerade in gesellschaftlichen Umbruchlagen wie in den vergangenen Jahren – zu überaus häufigen und teilweise kurzlebigen Rechtsänderungen, die teilweise noch vor dem Erscheinen erläuternder oder kommentierender Literatur bereits vom Anwalt in seiner alltäglichen Praxis umgesetzt und angewandt werden müssen. Neben diesen raschen Rechtsänderungen verleihen zusätzlich die Wechselwirkungen und Überschneidungen mit anderen Rechtsgebieten wie insbesondere dem Steuer- und Sozialrecht dem Arbeitsrecht weiteren juristischen Charme.[2]

Diese vielfältigen und teilweise auch gegensätzlichen Anforderungen, welche das Tätigkeitsgebiet des Arbeitsrechts an den Anwalt stellt, wirken sich bereits bei der Mandatsannahme aus.

II. Kosten

Wie jedes Mandat erfordert auch der Arbeitsrechtsfall, dass der Anwalt bei der Mandatsannahme zunächst eine **Kostenprognose** erstellt. Es muss geklärt werden, ob die Rechtssache des Mandanten diesem auch unter Berücksichtigung der anfallenden Kosten und des Kostenrisikos wirtschaftliche Vorteile bringt.[3] Doch auch der Anwalt muss eine Kostenprognose für sich selbst stellen, um entscheiden zu können, ob er das Mandat zu den gesetzlichen Gebühren kostendeckend bearbeiten kann oder ob er stattdessen dem potentiellen Mandanten eine Vergütungsvereinbarung vorschlagen muss. Darüber hinaus erfordern spezielle gesetzliche Erfordernisse und auch die Gebührenstruktur des

---

[1] 5948 Fachanwälte für Arbeitsrecht und 5943 für Familienrecht nach Pressemitteilung Nr. 11 vom 13.04.2005 der Bundesrechtsanwaltskammer, zu finden unter www.brak.de.
[2] S. hierzu auch Bauer, Vom Umgang mit dem arbeitsrechtlichen Mandat – Erfahrungen eines Kollegen, NZA 1999, 11ff.
[3] Schäfer, Anwaltsgebühren im Arbeitsrecht, Kapitel A Rn. 3f.

§ 1 Mandatsübernahme

RVG eine Beschäftigung mit dem Thema Kosten bereits schon bei der Mandatsannahme:

1. Belehrung über die Kostentragungspflicht nach § 12a Abs. 1 ArbGG

5   Nach § 12a Abs. 1 Satz 1 ArbGG besteht in Urteilsverfahren des ersten Rechtszugs kein Anspruch der obsiegenden Partei auf Entschädigung wegen Zeitversäumnis und auf Erstattung der Kosten für die Zuziehung eines Prozessbevollmächtigten oder Beistandes. § 12a Abs. 1 Satz 2 ArbGG bestimmt ferner, dass vor Abschluss der Vereinbarung über die Vertretung auf den **Ausschluss der Kostenerstattung** nach § 12a Abs. 1 Satz 1 ArbGG hinzuweisen ist. Anders als im „normalen Zivilprozess werden auch bei vollem Obsiegen in 1. Instanz die der obsiegenden Partei in 1. Instanz entstandenen Anwaltskosten nicht vom unterlegenen Gegner erstattet. Zweck der Regelung ist eine „Verbilligung" des erstinstanzlichen Verfahrens vor den Gerichten für Arbeitssachen, keine Partei soll damit rechnen können und müssen, dass ihr im Falle des Obsiegens die eigenen Kosten ihres Prozessbevollmächtigten erstattet werden, oder dass ihr im Falle des Unterliegens die Kosten des Prozessbevollmächtigten des Gegners auferlegt werden könnten. Aus diesem Normzweck folgt ferner, dass § 12a Abs. 1 Satz 1 ArbGG nicht nur den **prozessualen Kostenerstattungsanspruch** einschränkt, sondern zugleich **materiell-rechtliche Wirkungen** entfaltet, so dass jeder Kostenerstattungsanspruch unabhängig von seiner Anspruchsgrundlage (beispielsweise auch allgemein auf § 826 BGB oder § 823 BGB gestützte Schadensersatzansprüche) durch § 12a Abs. 1 Satz 1 ArbGG ausgeschlossen sind; die Grenze liegt erst dort, wenn festzustellen ist, dass die Regelung des § 12a Abs. 1 Satz 1 ArbGG bewusst missbraucht wurde, um dem Gegner konkreten Schaden zuzufügen, der Rechtsstreit also in der Absicht geführt worden ist, dem Gegner die Kosten seines Prozessbevollmächtigten aufzubürden.[4]

6   Geht das Verfahren in die 2. Instanz, so bleibt es beim Ausschluss der Kostenerstattung für die 1. Instanz. Die im Berufungsverfahren unterlegene Partei hat dann der Gegenseite nur die Kosten des Berufungsverfahrens zu erstatten, während es hinsichtlich der 1. Instanz beim Ausschluss der Kostenerstattung für die Zuziehung eines Prozessbevollmächtigten bleibt. § 12a ArbGG gilt auch für die außergerichtliche Auseinandersetzung, so dass auch für außergerichtlich aufgewendete Anwaltskosten kein Erstattungsanspruch besteht, dagegen ist § 12a ArbGG in **Zwangsvollstreckungsverfahren** nicht anwendbar.[5]

7   Da somit jeder erstinstanzliche Rechtsstreit und sogar auch jede außergerichtliche Tätigkeit zu Kosten des Mandanten führt, die – von Sonderfällen abgesehen – von der Gegenseite nicht zu erstatten sind, ist der Mandant auf diese Rechtslage vor Abschluss der Vereinbarung über die gerichtliche Vertretung und – bei außergerichtlicher Tätigkeit vor Übernahme des Mandats – auf den Ausschluss der Kostenerstattung hinzuweisen. Der Partei sind auf Verlangen die voraussichtlichen Kosten mitzuteilen. Unterbleibt die **Belehrung**, kann ein Schadensersatzanspruch aus Verschulden bei Vertragsschluss gegen den Prozessbevollmächtigten bestehen, der auf das negative Inter-

---

4   BAG vom 30.04.1992, AP Nr. 6 zu § 12a ArbGG.
5   Bauer/Lingemann/Diller/Haussmann, Anwaltsformularbuch Arbeitsrecht, S. 877 m.w.N.

esse gerichtet ist, also auf den Betrag, der nicht entstanden wäre, wäre die Belehrung rechtzeitig erfolgt. Mit ihm kann gegen die Gebührenforderung aufgerechnet werden.[6]

Die Belehrung kann jedoch unterbleiben, wenn feststeht, dass die Partei kein Kostenrisiko treffen kann, weil eine **Rechtsschutzversicherung** in vollem Umfang eintritt.[7] Die mögliche Bewilligung von Prozesskostenhilfe hingegen schließt die Belehrungspflicht nicht aus.[8] Wendet die Partei im Vergütungsfestsetzungsverfahren nach § 11 RVG ein, vor Mandatsübernahme von ihrem Prozessbevollmächtigten nicht auf den Ausschluss der Kostenerstattung gemäß § 12a Abs. 1 Satz 2 ArbGG hingewiesen worden zu sein, handelt es sich zwar um eine außergebührenrechtliche Einwendung im Sinne von § 11 Abs. 5 Satz 1 RVG, die jedoch erfolglos bleibt, wenn die Partei bereits zuvor vom Arbeitsgericht mit einem Merkblatt auf die Kostenregelung des § 12a Abs. 1 ArbGG hingewiesen worden war oder in sonstiger Weise positive Kenntnis hat.[9]

2. Hinweispflicht nach § 49b Abs. 5 BRAO

Die durch das Kostenrechtsmodernisierungsgesetz[10] mit § 49b Abs. 5 BRAO neu eingeführte **Hinweispflicht** des Anwalts gilt zwar für alle Rechtsgebiete, hat aber auch im Arbeitsrecht eminente Bedeutung, da sich dort die Gebühren nach **Gegenstandswert** richten und der Ausschluss der Kostenerstattung nach § 12a Abs. 1 Satz 1 ArbGG das Kostenrisiko der Partei im Arbeitsrecht erhöht.

Nach § 49b Abs. 5 BRAO hat der Rechtsanwalt, wenn sich die zu erhebenden Gebühren nach dem Gegenstandswert richten, **vor Übernahme des Auftrags** darauf hinzuweisen. Nach der Gesetzesbegründung wollte der Gesetzgeber mit dieser Regelung die in der Vergangenheit immer wieder aufgetretenen Unzuträglichkeiten vermeiden, wenn Mandanten vor allem bei hohen Gegenstandswerten von der Abrechnung „überrascht" sind. Allerdings ist nach der Gesetzesbegründung eine solche allgemeine Hinweispflicht auch als ausreichend anzusehen, nach einem entsprechenden Hinweis werde ein Mandant, der die Folgen dieser Form der Gebührenberechnung nicht abschätzen könne, den Anwalt hierzu befragen.[11]

Hieraus wird gefolgert, dass dann, wenn der Mandant sich mit dem Hinweis des Anwalts begnügt, dass sich die zu erhebenden Gebühren nach dem Gegenstandswert berechnen, der Anwalt von sich aus keine weiteren **Erläuterungen** geben muss, erst wenn der Mandant nachfrage, müsse der Rechtsanwalt weitere Hinweise erteilen und uU je nach Frage soweit als möglich überschlägig die zu erwartenden Kosten abschätzen.[12] Berücksichtigt man jedoch den Zweck des neu eingeführten § 49b Abs. 5 BRAO, zu verhindern, dass Mandanten von einer Gebührenabrechnung „überrascht" werden, so sind Zweifel durchaus angebracht, ob der bloße Hinweis des Anwalts, dass sich in

---

6 ErfKoArbR-Koch, § 12a ArbGG Rn. 6.
7 GMP/Germelmann, § 12a Rn. 30.
8 ErfKoArbR-Koch, § 12a ArbGG Rn. 6.
9 LAG Düsseldorf NZA-RR 2004, 433 zu dem insoweit inhaltlich unveränderten § 19 BRAGO a.F.
10 BGBl. I 2004 S. 718.
11 BT-Drucks. 15/1971, 232.
12 Gerold/Schmidt-Madert, § 4 RVG, Rn. 222.

einer bestimmten Rechtssache die Gebühren nach Gegenstandswert richten, ausreicht, um die Hinweispflicht des § 49b Abs. 5 BRAO in vollem Umfang zu erfüllen. Selbst wenn der Mandant weiß, dass sich in seinem Fall die Gebühren nach dem Gegenstandswert richten, weiß er noch lange nicht, welche Kosten auf ihn durch die in Auftrag gegebene anwaltliche Tätigkeit zukommen. Hinzu kommt ferner, dass häufig weniger das Verhältnis der Gebühr zum Streitwert, sondern die Art der **Streitwertberechnung** den juristischen Laien überrascht. Da der Wortlaut des § 49b Abs. 5 BRAO durchaus auch eine weitergehende Auslegung zulässt, ist es sicherlich ratsam – zumindest so lange der Umfang der Hinweispflicht in § 49b Abs. 5 BRAO nicht verbindlich höchstrichterlich geklärt ist – nicht lediglich darauf hinzuweisen, dass sich die zu erhebenden Gebühren nach Gegenstandswert richten, sondern soweit abschätzbar zumindest auch die Höhe des Gegenstandswertes dem Mandanten mitzuteilen. Eine bestimmte **Form** für die Belehrung schreibt das Gesetz nicht vor. Allerdings sollte die Belehrung aus Gründen der Beweisbarkeit zumindest immer schriftlich dokumentiert werden.[13]

12 Kommt der Anwalt der Hinweispflicht nach § 49b Abs. 5 BRAO nicht nach, sind **berufsrechtliche Folgen** wie Verweis oder Rüge denkbar. Ein **Schadensersatzanspruch** des Auftraggebers aus c.i.c. i.V.m. § 278 BGB kommt in Betracht.[14] Der Auftraggeber müsste dann im Einzelnen darlegen, wie er sich verhalten hätte, wenn der Rechtsanwalt die gebotene Belehrung über die Berechnung seiner Gebühren nach dem Gegenstandswert erteilt hätte.[15] Problematisch ist in diesem Zusammenhang die Beweislast. Denkbar ist, dass bei einem unterlassenen Hinweis der Rechtsanwalt beweisen muss, dass sich auch im Falle eines Hinweises an dem Mandat und an der Vergütung nichts geändert hätte.[16]

3. Prozesskostenhilfe und Beiordnung eines Rechtsanwalts nach § 11a ArbGG

13 Neben der Möglichkeit, Prozesskostenhilfe nach den §§ 114ff. ZPO auch im arbeitsgerichtlichen Verfahren zu beantragen, ist im Arbeitsrecht noch das Rechtsinstitut der **Beiordnung eines Rechtsanwalts nach § 11a ArbGG** zu beachten. Beide Rechtsinstitute stehen nebeneinander, sie ermöglichen auch finanziell Schwächeren, anwaltliche Hilfe in Anspruch zu nehmen, unterscheiden sich aber in ihren Voraussetzungen und Wirkungen. Die Beiordnung eines Rechtsanwalts nach § 11a ArbGG kommt bereits in Betracht, wenn die Gegenseite durch einen Rechtsanwalt vertreten ist, sie setzt ferner nicht voraus, dass die Rechtsverfolgung Aussicht auf Erfolg verspricht. Demgegenüber ist für die Bewilligung von Prozesskostenhilfe die Erfolgsaussicht der Rechtsverfolgung oder -verteidigung erforderlich. Im Rahmen der Prozesskostenhilfe werden Anwalts- und Gerichtskosten, bei der Beiordnung nach § 11a ArbGG jedoch nur die Anwaltskosten der Partei übernommen.[17]

---

13 Bischof/Jungbauer/Podlech-Trappmann, Kompaktkommentar RVG, § 1 Rn. 18.
14 Gerold/Schmidt-Madert, § 4 RVG, Rn. 223; Hansens, RVGreport 2004, 183.
15 Hansens, RVGreport 2004, 183.
16 Gerold/Schmidt-Madert, § 4 RVG, Rn. 227; enger wohl Bischof/Jungbauer/Podlech-Trappmann, Kompaktkommentar RVG, § 1 Rn. 18.
17 ErfKoArbR-Koch, 4. Aufl. 2004, § 11a ArbGG Rn. 1.

A. Besonderheiten des arbeitsrechtlichen Mandats

Der **Antrag auf Prozesskostenhilfe** unter Beiordnung eines Rechtsanwalts enthält regelmäßig als „Minus" einen Antrag auf Beiordnung eines Rechtsanwalts gem. § 11a ArbGG.[18] Nach § 11a Abs. 1 Satz 1 ArbGG hat der Vorsitzende des Arbeitsgerichts einer Partei auf ihren Antrag einen Rechtsanwalt beizuordnen, wenn die Gegenpartei durch einen Rechtsanwalt vertreten ist und die Partei außerstande ist, ohne Beeinträchtigung des für sie und ihre Familie notwendigen Unterhalts die Kosten des Prozesses zu bestreiten und sie auch nicht durch ein Mitglied oder einen Angestellten einer Gewerkschaft oder einer Vereinigung von Arbeitgebern vertreten werden kann. Nach § 11a Abs. 1 Satz 2 ArbGG hat das Gericht die Partei auf ihr Antragsrecht hinzuweisen. Eine Beiordnung für das Mahnverfahren oder die Verhandlung vor dem Schlichtungsausschuss in Ausbildungsstreitigkeiten nach § 11 Abs. 2 ArbGG oder für das Beschwerdeverfahren gegen einen die Beiordnung ablehnenden Beschluss des Arbeitsgerichtes kommt ebenso wenig in Betracht[19] wie eine Beiordnung für die Berufungsinstanz. Denn in der Berufungsinstanz findet § 11a ArbGG keine Anwendung, bereits aus dem Wortlaut des § 11a Abs. 1 ArbGG ergibt sich, dass eine Beiordnung eines Rechtsanwalts unter den erleichterten Voraussetzungen des § 11a ArbGG nur durch den „Vorsitzenden des Arbeitsgerichts" erfolgen kann, und zwar nur für diese Instanz.[20]

Nach § 11a Abs. 2 ArbGG kann die Beiordnung unterbleiben, wenn sie aus besonderen Gründen nicht erforderlich ist, oder wenn die Rechtsverfolgung offensichtlich mutwillig ist. Die „einfache" Mutwilligkeit im Sinne des § 114 Satz 1 ZPO ist insoweit nicht ausreichend.[21] Die Beiordnung eines Rechtsanwalts nach § 11a Abs. 1 Satz 1 ArbGG ist auch dann ausgeschlossen, wenn der Partei die Vertretung durch einen Verbandsvertreter möglich ist. Eine Beiordnung nach § 11a Abs. 1 Satz 1 ArbGG kommt jedoch trotz der Möglichkeit der Vertretung durch einen Verbandsvertreter dann in Betracht, wenn die Vertretung durch den Verbandsvertreter für die Partei nicht zumutbar ist. Insoweit gelten jedoch strenge Anforderungen. Diese sind beispielsweise erfüllt, wenn die Partei aufgrund objektiver Anhaltspunkte nicht das notwendige Vertrauen in die Vertretung durch den Verband hat oder im Einzelfall aus Sicht eines verständigen Dritten die gewerkschaftliche Vertretung ungeeignet ist.[22]

Für die **Bewilligung von Prozesskostenhilfe** nach den §§ 114 ff. ZPO gelten im arbeitsgerichtlichen Verfahren keine Besonderheiten. Zu beachten ist jedoch, dass der Anspruch eines Arbeitnehmers auf **gewerkschaftlichen Rechtsschutz** für ein arbeitsgerichtliches Verfahren ein vermögenswertes Recht ist, das im Rahmen von § 115 Abs. 2 ZPO einzusetzen ist. Der Arbeitnehmer ist also grundsätzlich verpflichtet, von dieser Vertretungsmöglichkeit Gebrauch zu machen. Eine Ausnahme gilt nur dann, wenn eine Zerrüttung des Vertrauensverhältnisses zu dem von der Gewerkschaft bestellten Prozessvertreter dazu geführt hat, dass es unzumutbar ist, den Rechtsschutz in

---

18 LAG Bremen, AnwBl 1986, 344; LAG Düsseldorf, JurBüro 1987, 440; LAG Sachsen-Anhalt, JurBüro 1998, 315; ErfKoArbR-Koch, § 11a ArbGG Rn. 1; a.A. GMP/Germelmann, § 11a Rn. 3 – lediglich Aufklärungspflicht des Gerichts.
19 ErfKoArbR-Koch, § 11a ArbGG Rn. 3.
20 LAG Berlin AP ArbGG 1979 § 11a Nr. 1.
21 ErfKoArbR-Koch, § 11a ArbGG Rn. 7.
22 ErfKoArbR-Koch, § 11a ArbGG Rn. 6.

Anspruch zu nehmen. Dabei muss der Arbeitnehmer die Gründe, die für eine Unzumutbarkeit sprechen, substantiiert vortragen und darlegen.[23]

III. Sachverhaltsklärung und rechtliche Würdigung

17 Entscheidet sich der Anwalt für die Übernahme eines arbeitsrechtlichen Mandats, so treffen ihn erhebliche **Sorgfaltspflichten**, die bedingt durch spezielle Eigenheiten verschiedener arbeitsrechtlicher Institute äußerst regressträchtig sein können.

18 So beachtet ein Rechtsanwalt, der die Vertretung eines Arbeitnehmers in einem Arbeitsgerichtsprozess übernimmt, nur dann die im Verkehr erforderliche Sorgfalt, wenn er die **veröffentlichte höchstrichterliche Rechtsprechung**, vornehmlich die in der Entscheidungssammlung des BAG abgedruckten Urteile berücksichtigt.[24] Auch ist der Anwalt verpflichtet, den **Sachverhalt** zu **klären**, und muss in diesem Rahmen im Einzelnen – und zwar zunächst durch die Befragung des Mandanten – ermitteln, ob dieser mit seinem Arbeitgeber persönliche Ausschlussfristen vereinbart hat, ob ein Tarifvertrag bestand, welche Fristen dieser ggf. enthält, oder ob ein Tarifvertrag auch wenn nur durch betriebliche Übung auf das Arbeitsverhältnis des Mandanten Anwendung findet.[25] Dabei darf er sich jedoch nicht blindlings auf die Angaben seines Mandanten verlassen.[26] Lediglich wenn der Mandant schuldhaft seine Informationspflicht verletzt und das Informationsverschulden mitsächlich für den letztlich durch eine anwaltliche Fehlleistung eingetretenen Schaden wird, kann der Schadensersatzanspruch des Mandanten gegen den Rechtsanwalt durch das Mitverschulden des Mandanten gemindert sein.[27] Allerdings darf der Anwalt in der Regel auf die Richtigkeit tatsächlicher Angaben seines Auftraggebers ohne eigene Nachforschungen vertrauen, solange er die Unrichtigkeit oder Unvollständigkeit weder kennt noch kennen muss. Dies gilt jedoch nicht für die Mitteilung von Rechtstatsachen und rechtlichen Wertungen, da solche Angaben eines rechtsunkundigen Mandanten unzuverlässig sind, insoweit muss der Rechtsanwalt die zugrunde liegenden, für die rechtliche Prüfung bedeutsamen Umstände und Vorgänge klären, wobei es regelmäßig genügt, dass er seinen Mandanten befragt und von diesem einschlägige Unterlagen erbittet.[28] So darf der Anwalt beispielsweise bei der Prüfung, ob der **Kleinbetriebseinwand** des § 23 KSchG greift, sich nicht damit begnügen, den Mandanten danach zu befragen, ob die beispielsweise in der Klageschrift angegebene Anzahl von Arbeitnehmern zutreffend ist, sondern der Anwalt muss im Einzelnen mit dem Mandanten klären, welche Arbeitnehmer in welchem Umfang bei der Berechnung mitzuzählen sind. Auch muss der Anwalt in diesem Rahmen bereits klären, ob mehrere Unternehmen einen gemeinsamen Betrieb bilden und somit die Arbeitnehmeranzahl zusammenzurechnen ist.[29]

---

23 LAG Schleswig-Holstein RVG-Letter 2004, 22 = NZA-RR 2004, 104.
24 BGH AP ArbGG 1979 § 11 Prozessvertreter Nr. 6.
25 BGH, a.a.O.
26 BGH NJW 1999, 1391 f.
27 BGH, a.a.O.
28 BGH NJW 2000, 730 ff.
29 BGH, a.a.O.

A. Besonderheiten des arbeitsrechtlichen Mandats

Zwar hat sich der Anwalt nur mit den **tatsächlichen Angaben** zu befassen, die zur pflichtgemäßen Erledigung des ihm übertragenen Auftrags zu beachten sind, er braucht sich grundsätzlich also nicht um die Aufklärung von Vorgängen zu bemühen, die weder nach den vom Auftraggeber mitgeteilten Informationen noch aus Rechtsgründen in einer inneren Beziehung zum Sachverhalt stehen, aus dem der Mandant einen Anspruch gegen seinen Vertragspartner herleiten will.[30] Will jedoch der Mandant die Unwirksamkeit einer Kündigung festgestellt wissen und macht er seine Weiterbeschäftigung geltend, ist selbstverständlich der Anwalt gehalten, auch die Maßnahmen zu ergreifen, damit neben der Fortsetzung des Arbeitsverhältnisses auch die Gehaltsansprüche des Mandanten gesichert werden, insbesondere insoweit rechtzeitig verjährungsunterbrechende Maßnahmen ergriffen werden.[31] Ist zweifelhaft, ob Fristen einzuhalten sind oder nicht, etwa weil eine dazu bestimmte Rechtsfrage höchstrichterlich noch nicht entschieden ist, ist es ein haftungsbegründendes schuldhaftes Unterlassen des Anwalts, wenn er den riskanteren Weg beschreitet und deshalb sein Mandant in eine ungünstigere Prozesslage gerät, gerade bei der Vertretung eines Mandanten in einem Arbeitsgerichtsverfahren muss der Rechtsanwalt den möglichen Verlust von Rechten des Arbeitnehmers durch Versäumung von Fristen berücksichtigen und präventiv tätig werden.[32]

Besonders regressträchtig sind für den im Arbeitsrecht tätigen Rechtsanwalt die **Ausschlussfristen**. Ob Ausschlussfristen greifen, muss sofort bei Mandatsübernahme geprüft werden. Zu unterscheiden sind **einstufige** und **zweistufige** Ausschlussfristen. Bei letzteren muss die Forderung sowohl rechtzeitig schriftlich als auch nach Ablehnung oder Schweigen des Schuldners gerichtlich geltend gemacht werden.[33] Ausschlussfristen finden sich in Tarifverträgen, Betriebsvereinbarungen und Arbeitsverträgen.[34] Ein Tarifvertrag ist für ein Arbeitsverhältnis dann maßgebend, wenn er nach § 5 TVG für allgemeinverbindlich erklärt wurde, bei beiderseitiger Tarifgebundenheit des Arbeitgebers und des Arbeitnehmers nach § 3 Abs. 1 TVG, aber auch kraft arbeitsvertraglicher Verweisung[35] oder kraft betrieblicher Übung.[36] Bei der Prüfung der Frage, ob eine Ausschlussklausel greift, darf sich der Rechtsanwalt nicht auf die Auskunft des Arbeitnehmers verlassen, sondern zur sorgfältigen Erfüllung der Anwaltspflichten gehört es, dass sich der Anwalt unverzüglich an den Arbeitgeber wendet und nachfragt, ob tarifliche Ausschlussfristen aufgrund der Anwendung eines Tarifvertrags, kraft Verweisung in einer Betriebsvereinbarung oder wegen der betrieblichen Übung der Anwendbarkeit eines Tarifvertrages gelten. Ferner muss der Rechtsanwalt den Arbeitgeber darauf hinweisen, dass er Zahlungs- oder Feststellungsklage erheben muss, falls dieser ihm nicht zusichert, er werde den Anspruch des Mandanten, wenn er bestehe, ohne Rücksicht auf den Ablauf der Ausschlussfrist erfüllen.[37]

---

30 BGH NJW 2002, 1413f.
31 LG München 1 NZA-RR 2002, 589f. bzgl. der Aufklärungspflichten der Gewerkschaftssekretäre.
32 OLG Karlsruhe AP KSchG 1969 § 4 Nr. 20.
33 BAG AP TVG § 4 Ausschlussfristen Nr. 84.
34 Groeger, NZA 2000, 793ff.
35 Vgl. BAG NZA 1998, 39f.
36 BAG NZA 1999, 879ff.
37 BGH AP ArbGG 1979 § 11 Prozessvertreter Nr. 6; Ganz/Schrader, NZA 1999, 570ff., 572.

§ 1 Mandatsübernahme

21 Besonderheiten gelten bei einem Verstoß gegen die **Nachweispflicht des § 2 NachwG** und gegen die **Auslagepflicht des § 8 TVG**: Ist die Ausschlussfrist in einem Tarifvertrag geregelt, der kraft vertraglicher Bezugnahme auf das Arbeitsverhältnis anwendbar ist, so genügt der Arbeitgeber seiner Nachweispflicht nach § 2 Abs. 1 NachwG mit einem schriftlichen Hinweis auf den Tarifvertrag nach § 2 Abs. 1 Nr. 10 NachwG. Eines besonderen Hinweises auf die Ausschlussfrist bedarf es nur dann, wenn sich die Ausschlussfrist allein aus einer einzelvertraglichen Vereinbarung ergibt. Zwar begründet allein der Verstoß gegen die aus § 2 Abs. 1 NachwG folgende Verpflichtung zum Nachweis wesentlicher Arbeitsbedingungen nicht den Einwand rechtsmissbräuchlichen Verhaltens (§ 242 BGB) des Arbeitgebers, allerdings kann dem Arbeitnehmer gegen den Arbeitgeber wegen einer nicht rechtzeitig erfolgten Aushändigung einer ordnungsgemäßen Niederschrift über die wesentlichen Vertragsbedingungen ein Schadensersatzanspruch zustehen. Schaden im Sinne von § 249 BGB ist das Erlöschen des Vergütungsanspruchs des Arbeitnehmers, da der Schadensersatzanspruch auf Naturalrestitution gerichtet ist, kann der Arbeitnehmer vom Arbeitgeber verlangen, so gestellt zu werden, als sei sein Vergütungsanspruch nicht untergegangen.[38] Demgegenüber wird die Anwendung einer tariflichen Ausschlussfrist durch einen Verstoß gegen die Verpflichtung zur Auslage nach § 8 TVG nicht ausgeschlossen. Auch besteht kein Schadensersatzanspruch wegen Verletzung der Pflicht zur Auslage eines Tarifvertrags.[39]

22 Ein Anspruch wird auch dann im Sinne einer tariflichen Ausschlussklausel schriftlich erhoben, wenn dies in Form eines Telefax-Schreibens geschieht.[40]

23 Teilweise wird vorgeschlagen, die komplexen anwaltlichen Aufklärungs- und Sachverhaltklärungspflichten im Arbeitsrecht mittels **Hinweisblättern und Erfassungsbogen** „abzuarbeiten".[41] Allerdings können derartige Formulare und Hinweisblätter die konkrete Beschäftigung mit der jeweiligen Eigenheit des Einzelfalls nicht ersetzen. Zudem sind derartige – notgedrungen ausführliche und daher langatmige – Formulare allenfalls bei der Vertretung von Arbeitnehmern einsetzbar, ein Arbeitgeber erwartet von seinem für ihn im Arbeitsrecht tätigen Anwalt regelmäßig eher, dass dieser ihm nur die Fragen stellt und Hinweise erteilt, die für den konkret zu lösenden Fall anstehen und nicht umständlich Erfassungsbogen mit ihm durcharbeitet. Darüber hinaus erfordern derartige Formulare angesichts der Vielschichtigkeit des Arbeitsrechts und der häufigen gesetzlichen Änderungen stetige Anpassung und Überarbeitung.

24 Unabhängig davon, ob Hinweisblätter oder Erfassungsbogen verwandt werden, hat der im Arbeitsrecht tätige Anwalt bei der Sachverhaltsermittlung stets die zu dem seiner Beurteilung unterliegenden Fall heranzuziehenden **Rechtsquellen** im Blick zu behalten. Da eine Kodifikation des Arbeitsrechts fehlt, muss der Anwalt bei der Bearbeitung arbeitsrechtlicher Mandate neben einer Vielzahl von Gesetzen und umfangreichem

---

[38] BAG NZA 2002, 1096 ff.
[39] BAG NZA 2002, 800 ff.; kritisch zu dieser Differenzierung Schrader, NZA 2003, 345 ff.; kritisch zur Rechtsprechung des BAG bei einem Verstoß gegen die Regelung des § 8 TVG Däubler/Reinecke, TVG § 8 Rn. 18 ff.
[40] BAG AP TVG § 1 Tarifverträge: Bau Nr. 237.
[41] Schubert, Der Anwalt im Arbeitsrecht, § 2 Rn. 63 u. § 7 Rn. 12 ff. jeweils mit Mustern.

Richterrecht überlagernde Regelungen des Grundgesetzes sowie des Europarechts beachten. Hinzu kommen Tarifverträge, Betriebsvereinbarungen und einzelvertragliche Regelungen. Gerade das Auffinden von einschlägigen Tarifverträgen kann im Einzelfall zu Problemen führen. So kann ein Verzeichnis der für allgemeinverbindlich erklärten Tarifverträge von der Homepage des Bundesministeriums für Wirtschaft und Arbeit heruntergeladen werden.[42]

IV. Rechtsschutzversicherung

1. Allgemeines

Ob die Deckungszusage einer Rechtsschutzversicherung zu erwarten ist, spielt bei der Annahme eines arbeitsrechtlichen Mandats in der Praxis eine erhebliche Rolle. Dies hängt zum einen damit zusammen, dass eine beträchtliche Anzahl von Arbeitnehmern rechtsschutzversichert sind. Zum anderen lässt der Ausschluss der Kostenerstattung auch bei Obsiegen im erstinstanzlichen Urteilsverfahren nach § 12a ArbGG zahlreiche Rechtsstreitigkeiten im Arbeitsrecht nur bei Vorliegen einer Rechtsschutzversicherung wirtschaftlich sinnvoll erscheinen, sofern nicht die wirtschaftlichen Voraussetzungen für Prozesskostenhilfe vorliegen oder eine Beiordnung nach § 11a ArbGG möglich ist. Eine Zahlungsklage beispielsweise, bei der es nicht um einen besonders hohen Streitwert geht, oder eine Klage auf Berichtigung eines Zeugnisses machen häufig ohne Kostendeckung durch eine Rechtsschutzversicherung wenig Sinn, da aufgrund des Ausschlusses der Kostenerstattung im erstinstanzlichen Urteilsverfahren die klagende Partei auf jeden Fall die eigenen durch den Rechtsstreit anfallenden Anwaltskosten in voller Höhe zu tragen hat, so dass diese Kosten wirtschaftlich von der Klageforderung auch im Obsiegensfalle zum Abzug zu bringen sind. Innerhalb des Systems der Rechtsschutzversicherung macht der Arbeitsrechtsschutz mit beispielsweise 570.000 Versicherungsfällen im Jahre 2000 etwa 16,9 % aller Versicherungsfälle in der Rechtsschutzversicherung aus.[43]

Den bestehenden Rechtsschutzverträgen liegen vor allem die **ARB (Allgemeinen Bedingungen für die Rechtsschutzversicherung) 75 und ARB 94** zugrunde, die früheren ARB 54 und ARB 69 sind inzwischen ohne Bedeutung.[44] Die ARB 94 ist die letzte auf Verbandsebene einheitlich erarbeitete und von der Aufsichtsbehörde genehmigte Version. Ab 01.07.1994 ist nach EG-Recht die Pflicht der Versicherer entfallen, von der Aufsichtsbehörde zuvor genehmigte Bedingungen zu verwenden. Der unverbindlichen Empfehlung des Verbands der Schadensversicherer e.V. folgend haben seither die Versicherer die ARB 94 im Wesentlichen weiterverwendet.[45] Die ARB 94 wurden ab Oktober 1999 vom Gesamtverband der deutschen Versicherungswirtschaft e.V. als Musterbedingungen (**ARB 2000**) den Rechtsschutzversicherern empfohlen. Die ARB 2000 stellen nur eine Weiterentwicklung der ARB 94 dar.[46]

---

42 www.bmwa.bund.de (Stand 1. Juli 2004.).
43 van Bühren/Bauer, Handbuch Versicherungsrecht, § 12 Rn. 2f.
44 van Bühren/Bauer, Handbuch Versicherungsrecht, § 12 Rn. 10.
45 Pauly/Osnabrügge/Arcari, Handbuch Kündigungsrecht, § 35 Rn. 1.
46 van Bühren/Bauer, Handbuch Versicherungsrecht, § 12 Rn. 10.

2. Rechtsschutzformen mit Arbeits-Rechtsschutz

27 Ob der Mandant über Arbeits-Rechtsschutz verfügt, hängt von der näheren Ausgestaltung seines Rechtsschutzvertrages ab. Die jeweiligen ARB kennen verschiedene Vertragsarten, die sich im versicherten Personenkreis, in versicherten Eigenschaften sowie den Rechtsgebieten, für die Versicherungsschutz besteht, unterscheiden.

28 Arbeitsrechtsschutz besteht nach den ARB bei folgenden Vertragsarten:

a) ARB 75

29 *aa) für Arbeitgeber:* Rechtsschutz für Gewerbetreibende und freiberuflich Tätige nach § 24 ARB 75

30 *bb) als Arbeitgeber und Arbeitnehmer:* Landwirtschafts- und Verkehrsrechtsschutz nach § 27 ARB 75; § 27 Abs. 3c ARB 75 deckt das Kostenrisiko für arbeitsrechtliche oder öffentlich-rechtliche dienst- und versorgungsrechtliche Streitigkeiten des Versicherungsnehmers und der nach § 27 Abs. 1 Satz 1 ARB 1975 mitversicherten Familienangehörigen mit einem Arbeitgeber aus unselbständiger Tätigkeit sowie für Auseinandersetzungen des Versicherungsnehmers als Arbeitgeber des land- oder forstwirtschaftlichen Betriebs mit Arbeitnehmern dieses Betriebs.[47]

31 *cc) für Arbeitnehmer:* Familienrechtsschutz nach § 25 ARB 75: § 25 Abs. 2b ARB 75 deckt das Kostenrisiko für arbeitsrechtliche oder dienst- und versorgungsrechtliche Streitigkeiten des Versicherungsnehmers und seiner mitversicherten Familienangehörigen mit einem Arbeitgeber aus unselbständiger Tätigkeit.[48]

32 Familien- und Verkehrsrechtsschutz für Lohn- und Gehaltsempfänger nach § 26 ARB 75: § 26 Abs. 3c ARB 75 deckt das Kostenrisiko für arbeitsrechtliche oder öffentlich-rechtliche dienst- und versorgungsrechtliche Streitigkeiten des Versicherungsnehmers und der Mitversicherten mit einem Arbeitgeber aus unselbständiger Tätigkeit ab.[49]

b) ARB 1994

33 *aa) für Arbeitgeber:* Berufs-Rechtsschutz für Selbständige, Rechtsschutz für Firmen und Vereine nach § 24 ARB 94

bb) Personen in ihrer Eigenschaft als Arbeitgeber und/oder Arbeitnehmer[50]
- Landwirtschafts- und Verkehrsrechtsschutz nach § 27 ARB.
- Privat-, Berufs- und Verkehrsrechtsschutz für Selbständige nach § 28 ARB 94

cc) Arbeitnehmer
- Privat-Rechtsschutz für Selbständige nach § 23 ARB 1994: Der Arbeitsrechtsschutz greift hier nur soweit eine nicht selbständige Berufstätigkeit des Versicherungsnehmers oder mitversicherten Personen betroffen ist.[51]

---

47 Harbauer/Stahl, Rechtsschutzversicherung, § 27 ARB 75 Rn. 19.
48 Harbauer/Stahl, Rechtsschutzversicherung, § 25 ARB 75 Rn. 28.
49 Harbauer/Stahl, Rechtsschutzversicherung, § 26 ARB 75 Rn. 25.
50 Pauly/Osnabrügge/Arcari, Handbuch Kündigungsrecht, § 35 Rn. 22.
51 Pauly/Osnabrügge/Arcari, Handbuch Kündigungsrecht, § 35 Rn. 22.

- Privat- und Berufs-Rechtsschutz für Nichtselbständige nach § 25 ARB 1994
- Privat-, Berufs- und Verkehrsrechtsschutz für Nichtselbständige gem. § 26 ARB

c) ARB 2000

aa) für Arbeitgeber

Berufs-Rechtsschutz für Selbständige, Rechtsschutz für Firmen und Vereine gem. § 24 ARB

bb) für Personen in ihrer Eigenschaft als Arbeitgeber und/oder Arbeitnehmer
- Landwirtschafts- und Verkehrs-Rechtsschutz nach § 27 ARB 2000
- Privat-, Berufs- und Verkehrsrechtsschutz für Selbständige nach § 28 ARB 2000

cc) für Arbeitnehmer
- Privatrechtsschutz für Selbständige nach § 23 ARB 2000
- Privat- und Berufsrechtsschutz für Nichtselbständige gemäß § 25 ARB 2000
- Privat-, Berufs- und Verkehrsrechtsschutz für Nichtselbständige gemäß § 26 ARB 2000

Unter dem Stichwort „Senioren-Rechtsschutz" bietet die Versicherungswirtschaft ferner für nicht mehr im Arbeitsleben stehende Senioren aufgrund von Sonderklauseln zu den Rechtsschutzformen nach § 25 und § 26 ARB 1994 einen modifizierten Arbeits-Rechtsschutz an, der lediglich die Gebiete der betrieblichen bzw. der beruflichen Altersversorgung jeder Art absichert, sowie – bei öffentlich-rechtlichen Dienstverhältnissen – den Bereich des Beihilferechts.[52]

Während der Arbeitsrechtsschutz nach den ARB 54 auf die gerichtliche Wahrnehmung rechtlicher Interessen aus Arbeits- oder Dienstverträgen beschränkt war, wurde er in den §§ 24 Abs. 2 b, 25 Abs. 2 b, 26 Abs. 3 c, 27 Abs. 3c und 28 Abs. 2b der ARB 69/75 in zweifacher Hinsicht erweitert. So wurde die Deckung auch auf die außergerichtliche Interessenwahrnehmung erstreckt, da sich gezeigt hatte, dass viele Arbeitsstreitigkeiten außergerichtlich erledigt werden. Außerdem steht nicht mehr nur die Geltendmachung oder Abwehr von Ansprüchen aus Arbeits-„Verträgen", sondern aus Arbeits-„Verhältnissen" aller Art unter Versicherungsschutz, durch diese neue Formulierung sollte vor allem die nach der früheren Fassung zweifelhafte Deckung für so genannte faktische Arbeitsverhältnisse einbezogen werden.[53]

Unter Arbeitsverhältnis verstehen die ARB das privatrechtliche Dauerschuldverhältnis zwischen dem (unselbständigen) Arbeitnehmer und seinem Arbeitgeber, aufgrund dessen der Arbeitnehmer gegenüber dem Arbeitgeber zur Arbeits- oder Dienstleistung gegen Entgelt verpflichtet ist.[54] Welcher Art im Einzelfall die geltend gemachten oder abzuwehrenden Ansprüche aus dem Arbeitsverhältnis sind, ist vorbehaltlich eines Ausschlusses nach § 4 ARB 75 ohne Bedeutung. Entscheidend ist allein, dass sie in einem

---

52 Pauly/Osnabrügge/Arcari, Handbuch Kündigungsrecht, § 35 Rn. 23.
53 Harbauer/Stahl, Rechtsschutzversicherung, ARB 75 vor § 21 Rn. 116.
54 Harbauer/Stahl, Rechtsschutzversicherung, ARB 75 vor § 21 Rn. 117.

– zumindest nach dem schlüssigen Sachvortrag eines Vertragsteils – bereits bestehenden Arbeitsverhältnis ihre rechtliche Grundlage haben.[55]

38 Das Ruhestandsverhältnis und das Vorruhestandsverhältnis sind an sich kein Arbeitsverhältnis, sondern das Dauerschuldverhältnis, das an die Stelle eines Arbeitsverhältnisses tritt, nachdem es wegen Arbeitsunfähigkeit oder Erreichen der Altersgrenze beendet wurde. Die Rechte und Pflichten aus einem Ruhestandsverhältnis (Vorruhestandsverhältnis) sind jedoch Nachwirkungen, deren Grundlage schon im Arbeitsverhältnis gelegt wurde. Dies gilt insbesondere für eine Versorgungszusage des Arbeitgebers in Form eines Ruhegeldes (Ruhegehalt, Pension).[56] Der Deckungsbereich des Arbeitsrechtsschutzes erstreckt sich auch auf die Berufsgruppen, die zu ihrem öffentlich-rechtlichen Dienstherrn – z.B. Bund, Länder, Gemeinden, öffentlich-rechtliche Körperschaften oder Anstalten – in einem freiwillig eingegangenen öffentlich-rechtlichen Dienst- und Treueverhältnis stehen. Zur Abgrenzung von öffentlich-rechtlichen Pflicht-Dienstverhältnissen – z.B. der Wehrpflichtigen oder Zivildienst-Leistenden – verwenden die ARB den Begriff der öffentlich-rechtlichen Anstellungsverhältnisse. Es handelt sich hierbei insbesondere um die Dienstverhältnisse der Beamten, Berufs- und Zeitsoldaten sowie der Richter. Für Streitigkeiten aus den Verhältnissen dieser Art ist nicht der Zivilrechtsweg, sondern meist der Verwaltungsrechtsweg (§ 126 BRRG und entsprechende landesrechtliche Vorschriften; § 59 Soldatengesetz) oder der Rechtsweg zu den Richterdienstgerichten (§§ 61 ff. DRiG und die entsprechenden landesrechtlichen Vorschriften) gegeben.[57]

39 In den ARB 94/2000 ist die Leistungsart des Arbeitsrechtsschutzes in § 2b ARB beschrieben. Danach besteht Versicherungsschutz für die Wahrnehmung rechtlicher Interessen, d.h. für die Verfolgung und Abwehr von Ansprüchen aus Arbeitsverhältnissen und öffentlich-rechtlichen Dienstverhältnissen aller Art, allerdings nicht aus dem kollektiven Arbeits- und Dienstrecht (§ 3 Abs. 2b ARB 94/2000). Die Formulierung deckt sich mit einer Ausnahme mit dem Arbeitsrechtsschutz der ARB 75; der Versicherungsschutz wurde erweitert für öffentlich-rechtlich Bedienstete durch die Änderung des Begriffs „Anstellungsverhältnisse" in „Dienstverhältnisse". Hieraus ergibt sich, dass nicht nur, wie bei den ARB 75, die freiwillig eingegangene Dienstverhältnisse umfasst sind, sondern auch die Pflicht-Dienstverhältnisse wie die der Wehrpflichtigen oder Zivildienst-Leistenden hinsichtlich dienst- und versorgungsrechtlicher Ansprüche.[58] Wird dem VN im Rahmen eines Arbeitsrechtsstreits eine vorsätzlich begangene Straftat vorgeworfen, kann der Versicherungsschutz nach § 3 Abs. 5 ARB 94/2000 ausgeschlossen sein.[59]

3. Überprüfung der Deckungsvoraussetzungen

40 Wenn bei der Mandatsannahme geprüft werden soll, ob die Deckung durch eine Rechtsschutzversicherung in Betracht kommt, ist zunächst zu überprüfen, ob der Man-

---

[55] Harbauer/Stahl, Rechtsschutzversicherung, ARB 75 vor § 21 Rn. 121.
[56] Harbauer/Stahl, Rechtsschutzversicherung, ARB 75 vor § 21 Rn. 122.
[57] Harbauer/Stahl, Rechtsschutzversicherung, ARB 75 vor § 21 Rn. 123.
[58] Harbauer/Stahl, Rechtsschutzversicherung, ARB 94/2000 § 2 Rn. 4.
[59] Harbauer/Stahl, Rechtsschutzversicherung, ARB 94/2000 § 2 Rn. 4.

dant im Rahmen seines Rechtsschutzversicherungsvertrags die Leistungsart des Arbeits-Rechtsschutzes versichert hat und ob er auch zu dem durch diesen Versicherungsvertrag versicherten Personenkreis gehört. Verbreitet sind die Rechtsschutzversicherungsverträge auf der Basis ARB 75 und ARB 94 bzw. 2000, allerdings darf nicht vergessen werden, dass seit dem 30.07.1994 die Versicherer, also auch die Rechtsschutzversicherer, in der Formulierung ihrer allgemeinen Versicherungsbedingungen frei sind, Schranken bilden nur die Gesetze, vor allem die §§ 305-310 BGB.[60] Bei Mandanten mit einem Rechtsschutzversicherungsvertrag neueren Datums ist daher eine sachgerechte Überprüfung nicht anhand der Kopie der Rechtsschutzpolice, sondern nur nach Vorlage der **vereinbarten Versicherungsbedingungen** möglich.[61]

4. Versicherungsfall

Erste Voraussetzung für einen Versicherungsanspruch des Rechtsschutzversicherten ist das Vorliegen eines **Versicherungsfalls**.[62] Nach § 4 Abs. 1 Satz 2 ARB 94 besteht Versicherungsschutz nur, wenn der Versicherungsfall nach Beginn des Versicherungsschutzes (§ 7 ARB 94) und vor dessen Beendigung eingetreten ist; dabei ist u.a. für die Leistungsart des § 2b ARB 94 (Arbeitsrechtsschutz) eine Wartezeit von 3 Monaten nach § 4 Abs. 1 Satz 3 ARB zu beachten.[63]

41

Die Rechtsschutzversicherung kennt verschiedene **Arten von Versicherungsfällen** je nach in Betracht kommender Leistungsart.[64] Bei der Leistungsart des Arbeitsrechtsschutzes ist die Definition des Versicherungsfalles in § 14 Abs. 3 ARB 75 bzw. § 4 Abs. 1 Satz 1c ARB 94 bzw. 2000 geregelt. Versicherungsfall ist danach der Zeitpunkt, in welchem der Versicherungsnehmer oder ein anderer einen **Verstoß gegen Rechtspflichten oder Rechtsvorschriften begangen hat oder begangen haben soll**. Verstoß ist das Handeln gegen eine – gesetzliche oder vertragliche – Rechtspflicht oder das Unterlassen eines rechtlich gebotenen Tuns, dabei ist gleichgültig, ob die Rechtspflicht auf privatem oder öffentlichem Recht beruht.[65] Für das Vorliegen eines Verstoßes genügt eine objektive Zuwiderhandlung gegen Rechtspflichten oder Rechtsvorschriften, wozu auch Formvorschriften gehören. Darauf, ob der Handelnde sich des Verstoßes bewusst oder infolge von Fahrlässigkeit oder auch unverschuldet nicht bewusst ist, kommt es nicht an, ebenso wenig, ob er geschäfts- oder zurechnungsfähig ist.[66] Als Versicherungsfall gilt nicht nur ein wirklicher, sondern auch ein behaupteter Verstoß gegen Rechtspflichten oder Rechtsvorschriften.[67] Ausreichend ist somit, wenn der Prozessgegner des Mandanten zur Stützung seiner Position einen Pflichtverstoß des Mandanten behauptet. Ob dieser Vorwurf berechtigt ist, ist nicht entscheidend. Vielmehr kommt es darauf an, ob eine ernsthafte, zumindest einen Tatsachenkern enthaltende

42

---

60 van Bühren/Bauer, Handbuch Versicherungsrecht, § 12 Rn. 9.
61 Schubert, Der Anwalt im Arbeitsrecht, § 3 Rn. 34.
62 van Bühren/Bauer, Handbuch Versicherungsrecht, § 12 Rn. 244.
63 van Bühren/Bauer, Handbuch Versicherungsrecht, § 12 Rn. 244.
64 van Bühren/Bauer, Handbuch Versicherungsrecht, § 12 Rn. 244.
65 Harbauer/Maier, Rechtsschutzversicherung, § 14 ARB 75 Rn. 40.
66 Harbauer/Maier, Rechtsschutzversicherung, § 14 ARB 75 Rn. 41.
67 Harbauer/Maier, Rechtsschutzversicherung, ARB 75 § 14 Rn. 42.

§ 1 Mandatsübernahme

Behauptung aufgestellt und damit ein adäquat kausaler Vorgang für den zwischen den Beteiligten ausgebrochenen Konflikt dargetan wird.[68]

43 Liegt der Zeitpunkt des Eintritts des Versicherungsfalls in Form eines behaupteten Verstoßes des Mandanten, des Gegners oder eines Dritten fest, dann ändert sich dieser Zeitpunkt nicht mehr dadurch, dass dieser behauptete Verstoß nicht oder für einen späteren Zeitpunkt erwiesen oder die Behauptung später widerrufen oder zurückgenommen wird, denn die Behauptung als solche war ausreichend und geeignet, die rechtliche Auseinandersetzung als mit diesem Zeitpunkt beginnend in Gang zu bringen, der Beginn der Gefahrverwirklichung liegt ohne Rücksicht auf die Richtigkeit der Behauptung im ursprünglich behaupteten Zeitpunkt.[69] Dagegen ist in einem konkret behaupteten Vorgang kein Rechtsverstoß zu sehen, wenn es sich dabei um ein bloßes „Kolorit" handelt, ein Vorgang also nur „colorandi causa" vorgetragen wird.[70]

44 Problematisch ist, ob der Eintritt eines Versicherungsfalls bereits bejaht werden kann, wenn ein **Rechtsverstoß** im Sinne von § 14 Abs. 3 ARB 75 zwar noch nicht vorliegt, aber **ernstlich bevorsteht**. Bei der Prüfung der Frage, ob ein drohender Rechtsverstoß einem endgültigen gleichgestellt werden kann, kommt es auf eine Gesamtwürdigung aller Umstände an.[71] Maier zieht wegen der ähnlichen Interessenlage die Kriterien heran, die die Rechtsprechung zur Zulässigkeit einer Klage auf künftige Leistung nach § 259 ZPO entwickelt hat; notwendig sind hiernach objektive Umstände, die die Besorgnis rechtfertigen, dass sich der Schuldner der rechtzeitigen Leistung entziehen werde, dies kann insbesondere der Fall sein, wenn der Schuldner den Anspruch erkennbar oder nachweisbar ernstlich, wenn auch gutgläubig, bestreitet.[72] So wurde jeweils der Eintritt eines Versicherungsfalls bejaht für die Inaussichtstellung der Kündigung durch den Arbeitgeber als Sanktion eines Vorwurfs, den der Arbeitgeber nicht akzeptiert, den Antrag des Arbeitgebers auf Zustimmung des Betriebsrats zur fristlosen Kündigung und für das Betreiben des Verfahrens vor der Hauptfürsorgestelle nach dem Schwerbehindertengesetz, um die Zustimmung zu einer Kündigung zu erreichen.[73]

45 Ob ein Versicherungsfall eingetreten ist, ist regelmäßig auch dann problematisch, wenn der Arbeitgeber dem Arbeitnehmer lediglich den Abschluss eines Aufhebungsvertrages angeboten hat. In dem bloßen **Angebot eines Aufhebungsvertrages** liegt kein Verstoß im Sinne von § 14 Abs. 3 ARB 75, selbst dann, wenn ein solches Angebot mit dem Hinweis verbunden ist, dass andernfalls eine Kündigung des Arbeitsverhältnisses, etwa aus betrieblichen Gründen, in „Erwägung gezogen" werde.[74]

46 Anders ist es, wenn die Kündigung (der Rechtsverstoß) ernsthaft bevorsteht, weil der Arbeitgeber, für den Fall des Scheiterns einer einverständlichen Aufhebung, seine Ent-

---

68 OLG Frankfurt NVersZ 1999, 292 f. m.w.N.
69 Harbauer/Maier, Rechtsschutzversicherung, § 14 ARB 75 Rn. 43.
70 OLG Frankfurt NVersZ 1999, 292 f.
71 Harbauer/Maier, Rechtsschutzversicherung, § 14 ARB 75 Rn. 44.
72 Harbauer/Maier, Rechtsschutzversicherung, § 14 ARB 75 Rn. 44.
73 AG Singen NVersZ 2000, 148.
74 Pauly/Osnabrügge/Arcari, Handbuch Kündigungsrecht, § 35 Rn. 33; Harbauer/Maier, Rechtsschutzversicherung, § 14 ARB 75 Rn. 53.

schlossenheit zur Kündigung definitiv bekundet. Die hierzu ergangene Rechtsprechung ist unterschiedlich und sehr von den Modalitäten des Einzelfalls abhängig.[75] Der Eintritt eines Rechtsschutzfalls ist auf jeden Fall dann zu bejahen, wenn dem Arbeitnehmer für den Fall des Scheiterns einer Aufhebungsvereinbarung rechtswidrige Nachteile in Aussicht gestellt werden, also die Ausübung unzulässiger Repressionen durch die Arbeitgeberseite, die damit gegen ihre arbeitsrechtliche Fürsorgepflicht verstößt.[76]

5. Typische Rechtsschutzprobleme bei Kündigungen im Arbeitsrecht

Eine unstreitige Kündigung stellt für sich noch keinen Versicherungsfall dar. Denn wenn von gesetzlichen oder vertraglichen Rechten – insbesondere von Gestaltungsrechten – Gebrauch gemacht wird, liegt hierin allein noch kein Verstoß gegen Rechtspflichten oder Rechtsvorschriften.[77] Anders ist es jedoch, wenn die Wirksamkeit der Kündigung bestritten, also ein Rechtsverstoß behauptet wird.

a) Verhaltensbedingte Kündigung

Ein **Versicherungsfall** liegt hier vor, wenn der Versicherungsnehmer behauptet, sein Arbeitgeber habe eine unberechtigte verhaltensbedingte Kündigung in Aussicht gestellt, ob dieser Verstoß des Arbeitgebers tatsächlich zutrifft, ist unerheblich.[78] Bei einer verhaltensbedingten Kündigung liegt der relevante Verstoß nicht erst im Ausspruch der Kündigung, sondern in dem der Kündigung vorausgehenden wirklichen oder behaupteten Verstoß gegen die Verpflichtungen aus dem Arbeitsvertrag. Diese Rechtsverstöße stellen ihrerseits weitere Rechtsschutzfälle im Sinne des § 4 Abs. 1c ARB 94/2000 bzw. § 14 Abs. 3 Satz 1 ARB 75 dar. Auf welchen der verschiedenen Rechtsschutzfälle abzustellen ist, bestimmt sich nach § 4 Abs. 2 Satz 2 ARB 94/2000 bzw. § 14 Abs. 3 Satz 2 ARB 75. Bei mehreren für die rechtliche Interessenwahrnehmung ursächlichen Rechtsschutzfällen ist somit der erste entscheidend.[79]

Liegt dieser erste tatsächliche oder angebliche Verstoß zeitlich vor dem Ablauf der **Wartezeit**, so besteht wegen Vorvertraglichkeit kein Versicherungsschutz, auch wenn die Kündigung selbst in den geschützten Zeitraum des betreffenden Rechtsschutzversicherungsvertrages fällt.[80] Dies gilt auch dann, wenn die in die Wartezeit oder in die Zeit vor Abschluss des Versicherungsvertrages fallenden angeblichen Verstöße im Kündigungsprozess nicht mehr vorgetragen werden.[81]

Beachtlich sind aber nur solche Rechtsverstöße, die danach auch zur Grundlage der Kündigung, also zur Stützung der Position des Kündigenden, herangezogen werden, während Vorwürfe, die nur als Beiwerk (**Kolorit**) dienen, unbeachtlich bleiben.[82] Die

---

75 Pauly/Osnabrügge/Arcari, Handbuch Kündigungsrecht, § 35 Rn. 34; Bauer, NJW 1999, 1371ff., 1375.
76 Pauly/Osnabrügge/Arcari, Handbuch Versicherungsrecht, § 35 Rn. 34.
77 Pauly/Osnabrügge/Arcari, Handbuch Versicherungsrecht, § 35 Rn. 29.
78 LG Berlin NVersZ 2002, 579f.; Harbauer/Maier, Rechtsschutzversicherung, § 24 ARB 75 Rn. 53.
79 AG Altona NVersZ 1999, 237; Pauly/Osnabrügge/Arcari, Handbuch Kündigungsrecht, § 35 Rn. 30; Harbauer/Maier, Rechtsschutzversicherung, § 14 ARB 75 Rn. 53.
80 Pauly/Osnabrügge/Arcari, Handbuch Kündigungsrecht, § 35 Rn. 30; Harbauer/Maier, Rechtsschutzversicherung, § 14 Rn. 53 ARB 75; a.A. Küttner, NZA 1996, 453ff., 457.
81 LG Hannover NJW-RR 1987, 342.
82 OLG Frankfurt NVersZ 1999, 292f.; Harbauer/Maier, Rechtsschutzversicherung, § 14 ARB 75 Rn. 53.

§ 1 Mandatsübernahme

Rechtsschutzversicherung ist jedoch eintrittspflichtig, wenn der Arbeitgeber des Rechtsschutzversicherten die Kündigung auf dessen Nebentätigkeit stützt, die dieser aber bereits vor Beginn des Rechtsschutzversicherungsverhältnisses ausgeübt hatte und die trotz Kenntnis des Arbeitgebers nicht gerügt wurde. Der maßgebliche Verstoß liegt dann erst in der späteren Untersagung der Nebentätigkeit.[83]

b) Betriebsbedingte Kündigung

51 In der Ankündigung oder Androhung einer betriebsbedingten Kündigung liegt noch kein den Versicherungsfall auslösender Verstoß seitens des Arbeitgebers, der Versicherungsfall tritt frühestens mit dem Ausspruch der Kündigung ein.[84]

c) Krankheitsbedingte Kündigung

52 Wird wegen krankheitsbedingter Fehlzeiten gekündigt, ist entscheidend, ob der Arbeitgeber die Korrektheit der Krankmeldung bezweifelt. Ist das nicht der Fall, sind Krankmeldungen nicht als einen Versicherungsfall auslösenden Verstoß anzusehen, der Versicherungsfall tritt erst mit der Kündigung ein, und zwar auch dann, wenn der Arbeitgeber krankheitsbedingte Fehlzeiten zum Anlass nimmt, ein Verfahren vor der Hauptfürsorgestelle einzuleiten.[85]

d) Verdachtskündigung und Kündigung wegen einer Straftat

53 Ganz besonders aufmerksam vom Anwalt ist die Frage der Eintrittspflicht der Rechtsschutzversicherung dann zu behandeln, wenn der Mandant eine **Verdachtskündigung** erhalten hat. Nach § 4 Abs. 2a ARB 75 ist vom Versicherungsschutz die Wahrnehmung rechtlicher Interessen ausgeschlossen aufgrund von Versicherungsfällen, die der Versicherungsnehmer vorsätzlich und rechtswidrig verursacht hat, es sei denn, dass es sich um Ordnungswidrigkeiten handelt. Nach § 3 Abs. 5 ARB 94 besteht kein Rechtsschutz, soweit die Wahrnehmung rechtlicher Interessen in den Fällen u.a. des Arbeitsrechtsschutzes in ursächlichem Zusammenhang damit steht, dass der Versicherungsnehmer eine Straftat vorsätzlich begangen hat oder nach der Behauptung eines anderen begangen haben soll, es sei denn, dass der Vorwurf vorsätzlichen Verhaltens deutlich erkennbar unbegründet ist oder sich im Nachhinein als unbegründet erweist. Ähnlich, aber mit einer für den Versicherungsnehmer günstigeren Beweislastverteilung,[86] bestimmt § 3 Abs. 5 ARB 2000, dass Rechtsschutz nicht besteht für die Wahrnehmung rechtlicher Interessen, soweit u.a. im Rahmen des Arbeitsrechtsschutzes ein ursächlicher Zusammenhang mit einer vom Versicherungsnehmer vorsätzlich begangenen Straftat besteht. Stellt sich ein solcher Zusammenhang im Nachhinein heraus, so ist nach der genannten Bestimmung der Versicherungsnehmer zur Rückzahlung der Leistungen verpflichtet, die der Versicherer für ihn erbracht hat.

54 Bei einer Kündigung, die auf eine **Straftat des Versicherungsnehmers** gestützt wird, oder bei einer Kündigung wegen des **Verdachts** einer Straftat des Versicherungsneh-

---

[83] AG Düsseldorf NVersZ 1999, 444f.; Harbauer/Maier, Rechtsschutzversicherung, § 14 ARB Rn. 53.
[84] Harbauer/Maier, Rechtsschutzversicherung, ARB 75 § 14 Rn. 53.
[85] Harbauer/Maier, Rechtsschutzversicherung, ARB 75 § 14 Rn. 53 m.w.N.
[86] Harbauer/Maier, Rechtsschutzversicherung, § 4 Rn. 29 ARB 94/2000.

mers sind somit unter dem Aspekt der Rechtsschutzversicherung zwei Gesichtspunkte von Bedeutung: **Entscheidender Zeitpunkt** für die Annahme des Versicherungsfalls ist zunächst der Zeitpunkt der tatsächlichen oder mutmaßlichen Straftat des Versicherungsnehmers. Darüber hinaus kann in solchen Fällen der Versicherungsschutz deshalb ausgeschlossen sein, weil die Wahrnehmung der rechtlichen Interessen in ursächlichem Zusammenhang mit der tatsächlichen oder behaupteten Begehung einer **vorsätzlichen Straftat** steht. Nach § 3 Abs. 5 ARB 94 ist der Versicherungsschutz je nach Sachlage in unterschiedlichem Umfang ausgeschlossen. Steht die vorsätzliche Straftat fest oder ist sie hinreichend substantiiert anhand ausreichender Indizien behauptet, besteht von vornherein kein Versicherungsschutz, ist der Vorwurf vorsätzlichen Handelns dagegen „deutlich erkennbar unbegründet", besteht von vornherein Deckung. Entscheidend sind die Umstände des Einzelfalls. Der unsubstantiierte Pauschalvorwurf einer Straftat ist in der Regel „deutlich erkennbar unbegründet", das gleiche gilt, wenn der Versicherungsnehmer die Haltlosigkeit des Vorwurfs von vornherein unter Beweisantritt oder anhand ausreichender Indizien darlegen kann.[87] Deshalb sollte bereits schon im Rahmen der Deckungsanfrage der Rechtsschutzversicherung ausführlich die Haltlosigkeit des dem Mandanten gemachten Vorwurfs mit Beweismitteln, beispielsweise durch Übersendung einer Kopie des entsprechenden Schriftsatzes an das Arbeitsgericht, dargelegt werden.[88] Stellt sich erst nachträglich heraus, dass eine (ausreichend behauptete) Vorsatztat nicht vorliegt, besteht rückwirkend Versicherungsschutz.[89]

Nach § 4 Abs. 2a ARB 75 reicht für den Ausschluss des Versicherungsschutzes bereits, dass der Versicherungsnehmer den **Versicherungsfall vorsätzlich und rechtswidrig verursacht** hat, es sei denn, es handelt sich um eine Ordnungswidrigkeit. Dementsprechend wurde eine vorsätzliche rechtswidrige Verursachung des Versicherungsfalls im Sinne des § 4 Abs. 2a ARB 75 in der Rechtsprechung bejaht bei vorsätzlicher Verletzung einer arbeitsvertraglichen Hauptpflicht und bei vorsätzlicher Nichtaufnahme einer vertraglich vereinbarten Tätigkeit, für das Vortäuschen von Arbeitsunfähigkeit.[90] Da die Regelung des § 4 Abs. 2a ARB 75 immer wieder zu Auslegungsschwierigkeiten geführt hatte, führt § **3 Abs. 5 ARB 94/2000** den Ausschluss auf den eigentlich gewollten Kern zurück, nämlich den Versicherungsschutz immer dann zu versagen, wenn kriminelles Verhalten des VN seine Interessenwahrnehmung ausgelöst oder sachlich beeinflusst hat oder haben soll. Die entscheidende **Neuerung** liegt darin, dass nunmehr der Versicherungsschutz nur dann entfällt, wenn in der vorsätzlichen Herbeiführung des Versicherungsfalls zugleich auch eine vorsätzlich begangene Straftat liegt.[91] Die Straftat muss jedoch nicht den Versicherungsfall selbst bilden, sondern es reicht aus, wenn sie diesem vorangeht, beispielsweise dann, wenn der Arbeitgeber des VN dessen fristlose Kündigung mit der Unterschlagung von Firmengeldern begründet.[92]

---

[87] Harbauer/Maier, Rechtsschutzversicherung, § 3 Rn. 29 ARB 94/2000.
[88] Schubert, Der Anwalt im Arbeitsrecht, § 3 Rn. 40b.
[89] Harbauer/Maier, Rechtsschutzversicherung, § 3 Rn. 29 ARB 94/2000.
[90] Harbauer/Maier, Rechtsschutzversicherung, § 4 Rn. 149 ARB 75.
[91] Harbauer/Maier, Rechtsschutzversicherung, § 3 Rn. 27 ARB 94/2000.
[92] Harbauer/Maier, Rechtsschutzversicherung, § 3 Rn. 28 ARB 94/2000.

e) Fristlose Kündigung

56 Wird die fristlose Kündigung nur deshalb ausgesprochen, weil es sich um einen Wiederholungsfall handelt, ist der Versicherungsfall bereits mit dem ersten vertragswidrigen Verhalten eingetreten.[93] Vor der Frist des § 626 Abs. 2 BGB liegende Vorkommnisse können jedoch eine fristlose Kündigung nicht begründen und sind als bloßes „Kolorit" zu betrachten.[94]

f) Verfahren vor dem Integrationsamt

57 Nach weit überwiegender Meinung fällt der **Verwaltungsrechtsstreit** mit dem **Integrationsamt**, das nach den §§ 85 ff. SGB IX der Kündigung des Arbeitsverhältnisses eines Schwerbehinderten zustimmen muss, in den Deckungsbereich der Wahrnehmung rechtlicher Interessen aus Arbeitsverhältnissen nach ARB 75 bzw. in den Arbeitsrechtsschutz nach § 2b ARB 94/2000.[95] Bei den Tätigkeiten des Anwalts des Arbeitnehmers gegenüber der Hauptfürsorgestelle (Integrationsamt) und gegenüber dem Arbeitgeber bei Abschluss eines Aufhebungsvertrages handelt es sich gebührenrechtlich um zwei Angelegenheiten.[96]

g) Arbeitgeberdarlehen

58 Welcher Art im Einzelfall die geltend gemachten oder abzuwehrenden Ansprüche aus dem Arbeitsverhältnis sind, ist für die Versicherungsdeckung ohne Bedeutung, entscheidend ist allein, dass sie in einem – zumindest nach dem schlüssigen Sachvortrag eines Vertragsteils – bereits bestehenden Arbeitsverhältnis ihre rechtliche Grundlage haben.[97] So sind Streitigkeiten über die Rückzahlung eines Arbeitgeberdarlehens dem Arbeitsverhältnis zuzuordnen.[98]

h) Statusklärung

59 Für eine Klage auf Feststellung, dass zwischen den Parteien ein Arbeitsverhältnis besteht (sogenannte Statusklagen) ist die Zuständigkeit der Arbeitsgerichte gegeben.[99]

60 Nach § 25 Abs. 1 Satz 2 ARB 75 und § 26 Abs. 1 Satz 4 ARB 75 bzw. § 25 Abs. 1 Satz 2 ARB 94/2000 und § 26 Abs. 1 Satz 2 ARB 94/2000 bezieht sich der Versicherungsschutz nicht auf eine gewerbliche, freiberufliche oder sonstige selbständige Tätigkeit. Liegt beispielsweise ein sogenannter „**freier Mitarbeiter**" vor, der jedoch nach der tatsächlichen Ausgestaltung und faktischen Durchführung nicht mehr persönlich unabhängig ist, sondern in einem Vertragsverhältnis steht, das charakteristische Züge eines Arbeitsverhältnisses aufweist, also der klassische Fall, in dem sogenannte Statusklagen erhoben werden, ist aufgrund der in den ARB vorgenommenen Grenzziehung

---

93 Harbauer/Maier, Rechtsschutzversicherung, § 14 Rn. 53 ARB 75.
94 LG Heidelberg VersR 93, 1395.
95 AG Singen NVersZ 2000, 148f.; AG Siegburg NJW-RR 1995, 285; AG Gelsenkirchen NZA 1988, 818; Harbauer/Stahl, Rechtsschutzversicherung, vor § 21 Rn. 119 ARB 75.
96 AG Singen a.a.O.
97 Harbauer/Stahl, Rechtsschutzversicherung, vor § 21 Rn. 121 ARB 75.
98 OLG Hamm NJW-RR 2000, 1558; Harbauer/Stahl a.a.O.
99 Vgl. BAG AP BGB § 611 Abhängigkeit Nr. 22; GMP/Matthes, § 2 ArbGG Rn. 65.

die Frage der Rechtsschutzdeckung problematisch. Ob in solchen Fällen noch eine selbständige oder schon eine unselbständige Tätigkeit und damit auch ein Arbeitsverhältnis im Sinne der ARB vorliegt, ist durch eine Gesamtwürdigung aller Umstände des Einzelfalls zu entscheiden, wobei die steuerliche und sozialversicherungsrechtliche Handhabung des Vertragsverhältnisses in der Regel nur eine untergeordnete Rolle spielt.[100] Bleibt trotz Aufklärung aller tatsächlichen Einzelumstände unklar, ob der Versicherungsnehmer eine selbständige oder unselbständige Tätigkeit ausübt, liegt wegen der in Form eines Risikoausschlusses gekleideten Abgrenzungsregelung des § 25 Abs. 1 Satz 2 ARB 75 die **Beweislast** für eine selbständige Tätigkeit des VN an sich beim Versicherer, dies gilt jedoch nicht für solche Tatsachen aus dem Lebensbereich des VN, die der Versicherer normalerweise gar nicht wissen kann und die allein in der Sphäre des VN wurzeln.[101] In solchen Fällen muss damit gerechnet werden, dass die Rechtsschutzversicherung die Entscheidung über die Gewährung des Versicherungsschutzes bis zum rechtskräftigen Abschluss des Prozesses zurückstellt oder Rechtsschutzdeckung nur unter dem Vorbehalt gewährt, dass letztendlich der Bestand eines Arbeitsverhältnisses festgestellt wird.[102]

i) Geschäftstätigkeit vor Klageerhebung

Nach § 17 Abs. 5c cc ARB 94/2000 hat der Versicherungsnehmer, soweit seine Interessen nicht unbillig beeinträchtigt werden, alles zu vermeiden, was eine **unnötige Erhöhung der Kosten** verursachen könnte. Eine vergleichbare Regelung findet sich in § 15 Abs. 1d cc ARB 75. Bei der Mandatsannahme können diese Regelungen für die Frage bedeutsam werden, ob der Versicherungsnehmer insbesondere auch auf dem Hintergrund der knappen Klagefrist von 3 Wochen nach § 4 KSchG gehalten ist, bei der Beauftragung eines Anwalts diesem sofort einen Prozessauftrag zu erteilen mit der Folge, dass eine Geschäftsgebühr nach VV Nr. 2400, die nach Vorbemerkung 3 Abs. 4 nur zur Hälfte, höchstens jedoch mit einem Gebührensatz von 0,75, auf die Verfahrensgebühr des gerichtlichen Verfahrens angerechnet würde, nicht mehr entstehen kann.

Eine ähnliche Problemstellung gab es unter der Geltung der BRAGO für den Fall von **Besprechungen mit der Gegenseite** vor Erhebung der Kündigungsschutzklage. Anders als die Geschäftsgebühr nach § 118 Abs. 1 Nr. 1 BRAGO war die Besprechungsgebühr nach § 118 Abs. 1 Nr. 2 BRAGO gemäß § 118 Abs. 2 BRAGO nicht auf die Prozessgebühr des anschließenden gerichtlichen Verfahrens anzurechnen. Deshalb wurde seitens der Rechtsschutzversicherer argumentiert, der Auftrag des Mandanten sei wegen der knappen Klagefrist gem. § 4 KSchG in der Regel zugleich als Klagauftrag zu bewerten mit der Folge, dass es sich um eine „im dritten Abschnitt" der BRAGO geregelte Angelegenheit handelte, bei der die außergerichtlichen Besprechungen keinen gesonderten Gebührentatbestand auslösten. Im Hinblick auf die Obliegenheit des Versicherten, alles zu vermeiden, was eine unnötige Kostenerhöhung verursacht, erfolgte

---

100 Harbauer/Stahl, Rechtsschutzversicherung, § 25 Rn. 19 ARB 75.
101 Harbauer/Stahl, Rechtsschutzversicherung, § 25 Rn. 20 ARB 75.
102 Schubert, Der Anwalt im Arbeitsrecht, § 3 Rn. 38.

unter der Geltung der BRAGO eine Einzelfallbetrachtung. Wenn der Auftrag aus nachvollziehbaren Gründen auf das Vorhaben beschränkt war, außergerichtlich, noch vor Ablauf der Klagefrist, einen Aufhebungsvertrag zustande zu bringen, stand unter der Geltung der BRAGO der Übernahme der Besprechungsgebühr nichts im Wege.[103]

63 Eine vergleichbare Diskussion dürfte sich unter der Geltung des RVG nunmehr anhand der Fragestellung entzünden, ob der Versicherungsnehmer aufgrund der Obliegenheit aus § 15 Abs. 1d cc ARB 75 bzw. § 17 Abs. 5c cc ARB 94/2000, eine unnötige Erhöhung der Kosten zu vermeiden, gehalten ist, bei einer Kündigung im Anwendungsbereich des Kündigungsschutzgesetzes seinem Anwalt **sofort Prozessauftrag** zu erteilen. Dieser Argumentation der Rechtsschutzversicherung kann jedoch im Regelfall stets entgegengehalten werden, dass es aus Sicht des Mandanten zahlreiche nachvollziehbare und anerkennenswerte Gründe gibt, zunächst zu versuchen, außergerichtlich eine Regelung, insbesondere auch einen Aufhebungsvertrag, zustande zu bringen. Denn vielfach ist der finanzielle Spielraum für den Arbeitgeber größer, wenn es außergerichtlich zu einer Regelung kommt, da häufig seitens des Arbeitgebers erst für das gerichtliche Verfahren Anwälte beauftragt werden, deren Kosten aufgrund des Ausschlusses der Kostenerstattung nach § 11a ArbGG auf jeden Fall vom Arbeitgeber im gerichtlichen Verfahren zu tragen sind. Auch ist eine **außergerichtliche Regelung** deshalb für den Arbeitgeber häufig attraktiv, weil es zu einer Lösung ohne weiteren größeren Zeitaufwand wie z.B. bei der Wahrnehmung von Gerichtsterminen kommt. Liegen diese oder sonstige nachvollziehbare Gründe seitens des Versicherungsnehmers vor, zunächst eine außergerichtliche Einigung vor Ablauf der Klagefrist anzustreben, stellt der auf die Verfahrensgebühr nicht anzurechnende Anteil der Geschäftsgebühr nach VV Nr. 2400 bei Scheitern der außergerichtlichen Bemühungen keine unnötigen Kosten im Sinne von 15 Abs. 1d cc ARB 75 bzw. § 17 Abs. 5c cc ARB 94/2000 dar.

j) Stichentscheid, Schiedsgutachterverfahren und Vorstandsbeschwerde

64 Ist der Versicherer der Auffassung, dass die vom Versicherungsnehmer beabsichtigte Rechtsverfolgung keine hinreichende Aussicht auf Erfolg hat, so sehen die ARB 75 und die ARB 94/2000 besondere Verfahren vor, nämlich den **Stichentscheid** und das **Schiedsgutachtenverfahren**. Manche Rechtsschutzversicherer sehen auch in ihren neuen ARB anstelle des Schiedsgutachtens noch den früheren Stichentscheid vor.[104]

65 Der **Stichentscheid** ist in § 17 ARB 75 geregelt. Wenn der Versicherer der Auffassung ist, dass die Wahrnehmung der rechtlichen Interessen des Versicherungsnehmers keine hinreichende Aussicht auf Erfolg bietet oder mutwillig erscheint, kann er nach § 17 Abs. 1 Satz 1 ARB 75 seine Leistungspflicht verneinen. Nach § 17 Abs. 1 Satz 2 ARB 75 hat er dem Versicherungsnehmer dies unverzüglich schriftlich mitzuteilen. Die vom Rechtsschutzversicherer einzuhaltende Bescheidungsfrist beträgt 2-3 Wochen nach vollständiger Informierung.[105] Versäumt der Rechtsschutzversicherer diese **Frist**, kann

---

103 Pauly/Osnabrügge/Arcari, Handbuch Kündigungsrecht, § 35 Rn. 38.
104 van Bühren/Bauer, Handbuch Versicherungsrecht, § 12 Rn. 284.
105 OLG Frankfurt NJW-RR 1997, 1386 ff.

er sich auf fehlende Erfolgsaussicht oder Mutwilligkeit nicht mehr berufen.[106] Wenn sich der Rechtsschutzversicherer auf fehlende Erfolgsaussicht oder Mutwilligkeit berufen will, muss er den Versicherungsnehmer in der Deckungsablehnung auf die Möglichkeit des Stichentscheids nach § 17 ARB 75 und das Schiedsgutachterverfahren nach § 18 ARB 94/2000 hinweisen, unterbleibt der Hinweis, gilt das Rechtsschutzbegehren des Versicherungsnehmers im konkreten Fall als **anerkannt** und der Rechtsschutzversicherer kann sich nicht mehr auf fehlende Erfolgsaussicht oder Mutwilligkeit berufen.[107]

Beim **Stichentscheid** nach § 17 ARB 75 kann der Versicherungsnehmer, der der Auffassung des Versicherers nicht zustimmt, dass die beabsichtigte Rechtsverfolgung keine hinreichende Aussicht auf Erfolg bietet oder mutwillig ist, den für ihn tätigen oder noch zu beauftragenden Rechtsanwalt auf Kosten des Versicherers veranlassen, diesem gegenüber eine **begründete Stellungnahme** darüber abzugeben, dass die Wahrnehmung der rechtlichen Interessen des Versicherungsnehmers hinreichende Aussicht auf Erfolg bietet und nicht mutwillig erscheint, § 17 Abs. 2 Satz 1 ARB 75. Die Entscheidung des Rechtsanwalts ist für beide Teile bindend, es sei denn, dass sie offenbar von der wirklichen Sach- oder Rechtslage erheblich abweicht, § 17 Abs. 2 Satz 2 ARB 75. Eine Abweichung der rechtlichen Beurteilung durch den den Stichentscheid durchführenden Rechtsanwalt ist nur dann erheblich, wenn die Stellungnahme des Rechtsanwalts die Sach- und Rechtslage gröblich verkennt, offenbar ist eine solche Abweichung dann, wenn die Unrichtigkeit sich dem rechtskundigen Anwalt, sei es auch nach gründlicher Prüfung, mit aller Deutlichkeit hätte aufdrängen müssen.[108] Vertritt der Rechtsanwalt von mehreren Rechtsmeinungen diejenige, die nicht der herrschenden entspricht, die aber andererseits auch nicht ganz abwegig erscheint und die höchstrichterlich noch nicht völlig geklärt ist, dann weicht seine Meinung nicht „offenbar" von der wirklichen Sach- und Rechtslage ab.[109]

Nach § 17 Abs. 2 Satz 1 ARB 75 hat der Rechtsschutzversicherer dem Versicherungsnehmer die **Kosten des Stichentscheids** zu erstatten. Der Rechtsanwalt kann für einen – günstigen oder ungünstigen – Stichentscheid eine Geschäftsgebühr nach VV Nr. 2400 RVG geltend machen, Gegenstandswert ist dabei die Kostenlast, die mit der Wahrnehmung der rechtlichen Interessen des Versicherungsnehmers in dem bestimmten Versicherungsfall verbunden ist.[110]

Das **Schiedsgutachtenverfahren** ist in § 18 ARB 94/2000 geregelt. Wenn der Rechtsschutzversicherer den Versicherungsschutz ablehnt, weil der durch die Wahrnehmung der rechtlichen Interessen voraussichtlich entstehende Kostenaufwand unter Berücksichtigung der berechtigten Belange der Versichertengemeinschaft in einem groben Missverhältnis zum angestrebten Erfolg steht oder weil u.a. in den Fällen des Arbeits-

---

106 OLG Köln NVersZ 2000, 590 ff.; van Bühren/Bauer, Handbuch Versicherungsrecht, § 12 Rn. 293.
107 OLG Köln NVersZ 2000, 590; OLG Koblenz NVersZ 1999, 492 f.; OLG Hamm NVersZ 1999, 291 f.; van Bühren/Bauer, Handbuch Versicherungsrecht, § 12 Rn. 294.
108 OLG Karlsruhe NJW-RR 1997, 26; Harbauer/Bauer, Rechtsschutzversicherung, § 17 Rn. 15 ARB 75.
109 Harbauer/Bauer, Rechtsschutzversicherung, § 17 Rn. 15 ARB 75.
110 Harbauer/Bauer, Rechtsschutzversicherung, § 17 Rn. 13 ARB 75; van Bühren/Bauer, Handbuch Versicherungsrecht, § 12 Rn. 297.

rechtsschutzes die Wahrnehmung der rechtlichen Interessen keine hinreichende Aussicht auf Erfolg hat, ist dies dem Versicherungsnehmer unverzüglich nach § 18 Abs. 1 ARB 94/2000 unter Angabe der Gründe schriftlich mitzuteilen. Wie schon beim Stichentscheid muss diese Ablehnung „unverzüglich" unter Angabe der Gründe schriftlich mitgeteilt werden. Für die **Bescheidungsfrist** dürften dieselben zeitlichen Rahmendaten gelten, nämlich zwei bis drei Wochen nach vollständiger Informationserteilung.[111] Mit der Mitteilung über die Rechtsschutzablehnung ist nach § 18 Abs. 2 Satz 1 ARB 94/2000 der Versicherungsnehmer darauf hinzuweisen, dass er, soweit er der Auffassung des Versicherers nicht zustimmt und seinen Anspruch auf Rechtsschutz aufrechterhält, innerhalb eines Monats die Einleitung eines Schiedsgutachterverfahrens vom Versicherer verlangen kann. Mit diesem Hinweis ist nach § 18 Abs. 2 Satz 2 ARB 94/2000 der Versicherungsnehmer aufzufordern, alle nach seiner Auffassung für die Durchführung des Schiedsgutachterverfahrens wesentlichen Mitteilungen und Unterlagen innerhalb der Monatsfrist dem Versicherer zuzusenden. Verlangt der Versicherungsnehmer die Durchführung eines Schiedsgutachterverfahrens, so hat der Versicherer dieses Verfahren nach § 18 Abs. 3 Satz 1 ARB 94/2000 innerhalb eines Monats einzuleiten und den Versicherungsnehmer hierüber zu unterrichten. Sind zur Wahrnehmung der rechtlichen Interessen des Versicherungsnehmers Fristen zu wahren und entstehen hierdurch Kosten, ist der Versicherer verpflichtet, diese Kosten in dem zur **Fristwahrung** notwendigen Umfang bis zum Abschluss des Schiedsgutachterverfahrens unabhängig von dessen Ausgang nach § 18 Abs. 3 Satz 2 ARB zu tragen. Will der Versicherungsnehmer beispielsweise gegen ein Urteil Berufung einlegen und liegt bis zum Ablauf der Berufungsfrist die Entscheidung des Schiedsgutachters noch nicht vor, kann der Versicherungsnehmer Berufung einlegen. Fällt anschließend die Entscheidung des Schiedsgutachters ungünstig aus und nimmt der Versicherungsnehmer daraufhin die Berufung zurück, trägt der Rechtsschutzversicherer trotz der Entscheidung des Schiedsgutachters die für die Berufungseinlegung angefallenen Kosten und Gebühren.[112] Schiedsgutachter ist nach § 18 Abs. 4 Satz 1 ARB 94/2000 ein seit mindestens 5 Jahren zur Rechtsanwaltschaft zugelassener Rechtsanwalt, der von dem Präsidenten der für den Wohnsitz des Versicherungsnehmers zuständigen Rechtsanwaltskammer benannt wird. Dieser entscheidet im schriftlichen Verfahren, seine Entscheidung ist für den Versicherer verbindlich, § 18 Abs. 4 Satz 3 ARB 94/2000.

69 Die **Kostenregelung** des Schiedsgutachterverfahrens ist für den Versicherungsnehmer ungünstiger als das Stichentscheidsverfahren. Nach § 18 Abs. 5 Satz 1 ARB 94/2000 trägt der Versicherer die Kosten des Schiedsgutachterverfahrens, wenn der Schiedsgutachter feststellt, dass die Leistungsverweigerung des Versicherers ganz oder teilweise unberechtigt war. War die Leistungsverweigerung nach dem Schiedsspruch jedoch berechtigt, trägt nach § 18 Abs. 5 Satz 2 ARB 94/2000 der Versicherungsnehmer seine Kosten und die des Schiedsgutachters. Die dem Versicherer durch das Schiedsgutachterverfahren entstehenden Kosten trägt dieser nach § 18 Abs. 5 Satz 3 ARB 94/2000 in jedem Falle selbst.

---

111 S. oben Rn. 65.
112 van Bühren/Bauer, Handbuch Versicherungsrecht, § 12 Rn. 307.

A. Besonderheiten des arbeitsrechtlichen Mandats

Neben diesen beiden förmlichen Verfahren bei Ablehnung der Deckungszusage durch den Rechtsschutzversicherer wegen angeblicher Mutwilligkeit oder angeblich fehlenden Erfolgsaussichten hat sich in der Praxis eine sogenannte **Vorstandsbeschwerde** bewährt. Hierbei handelt es sich um eine formlose Beschwerde, gerichtet an den Vorstand der betreffenden Rechtsschutzversicherungsgesellschaft, in der die Art und Weise der Sachbehandlung durch den oder die für den Rechtsschutzfall zuständigen Sachbearbeiter gerügt wird. Solche Beschwerden haben insbesondere dann hohe Aussicht auf Erfolg, wenn aufgezeigt werden kann, dass die möglicherweise im konkreten Fall buchstabengetreue Anwendung von Richtlinien und Anweisungen auf Sachbearbeiterebene insgesamt gesehen alles andere als eine Werbung für die betreffende Rechtsschutzversicherung darstellt. Entscheidend ist in diesen Fällen häufig, dass der Anwalt eine diesem Sachverhalt und dem bisherigen Verhalten des zuständigen Sachbearbeiters angemessene Sprache bei seiner Beschwerde findet.

V. Anwaltsgebühren

1. Allgemeines

Wie jedes andere anwaltliche Mandat richtet sich auch die Vergütung des im Arbeitsrecht tätigen Anwalts nach dem **RVG**. Und wie bei jedem anderen Mandat ist es auch im Arbeitsrecht angesichts des stets wachsenden Kostendrucks und der sich stetig verschärfenden Konkurrenzsituation in der Anwaltschaft erforderlich, dass jede anwaltliche Tätigkeit korrekt, aber auch vollständig, insbesondere ohne Gebühren zu „verschenken" abgerechnet wird.

Verschiedene, für das arbeitsrechtliche Mandat typische Problemlagen führen in der Praxis jedoch häufig dazu, dass **Gebührenpotentiale** nicht voll ausgeschöpft werden.

2. Einstiegsberatung

Häufig hat ein arbeitsrechtliches Mandat seinen Ursprung in einem ersten Beratungsgespräch des Anwalts mit dem Mandanten. Bei arbeitsrechtlichen Mandaten kommen insoweit die Gebührentatbestände **VV Nr. 2100** – Beratungsgebühr – und **VV Nr. 2102** – erstes Beratungsgespräch beim Verbraucher – in Betracht. Ob nach dem Gebührentatbestand VV Nr. 2100 oder nach dem Gebührentatbestand VV Nr. 2102 abzurechnen ist, hat erhebliche praktische Konsequenzen, da die Kappungsgrenze des Gebührentatbestands VV Nr. 2102 von 190,00 € bei Beratungsgebühren in mittleren Gebührensätzen bereits schon bei einem Gegenstandswert von ca. 7.000,00 € greift und bei höheren Gegenstandswerten zu einem sehr beachtlichen Abschlag gegenüber der nicht gekappten Gebühr führt.

Nach Abs. 1 der Anmerkung zu Nr. 2100 VV entsteht die Beratungsgebühr für einen mündlichen oder schriftlichen Rat oder eine Auskunft, wenn die Beratung nicht mit einer anderen gebührenpflichtigen Tätigkeit zusammenhängt. Die Beratungsgebühr regelt die Vergütung des Rechtsanwalts, dessen Tätigkeit sich auftragsgemäß auf die Erteilung eines mündlichen oder schriftlichen Rats oder einer Auskunft beschränkt, nötig ist also, dass nicht mehr begehrt wird als die Erteilung des Rats oder der Auskunft.[113] Unter **Rat** ist die Empfehlung des Anwalts, wie sich der Mandant in einer konkreten Situation verhalten soll, zu verstehen.[114] Der Rat kann mündlich (fernmündlich) oder schriftlich (darunter fallen auch die elektronische oder Textform [§§ 126 a, 126 b BGB]) erteilt werden.[115] Unter **Auskunft** wird die Beantwortung einer allgemeinen Rechtsfrage verstanden, die sich nicht auf eine konkrete Rechtsangelegenheit bezieht.[116] Der Gebührentatbestand Nr. 2100 VV umfasst einen Rahmen von 0,1-1,0, innerhalb dieses Rahmens ist der im Einzelfall konkret zur Anwendung zu bringende Gebührensatz anhand der Bemessungskriterien des § 14 RVG zu bestimmen.

75 Der Gebührentatbestand VV Nr. 2102 bestimmt, dass, wenn der **Auftraggeber Verbraucher** ist und die Tätigkeit sich auf ein erstes Beratungsgespräch beschränkt, die Gebühr VV Nr. 2100 auf 190,00 € gekappt wird. Die beiden entscheidenden Begriffe, nämlich der Begriff des „ersten Beratungsgesprächs" und des „Verbrauchers" im Sinne dieses Gebührentatbestandes sind in ihrer Bedeutung umstritten. Der Gebührentatbestand VV Nr. 2102 kommt nur in Betracht, wenn sich die Tätigkeit des Anwalts auf ein erstes Beratungsgespräch beschränkt. Unter den Begriff des „ersten Beratungsgesprächs" fällt auch ein Telefongespräch; findet überhaupt kein Beratungsgespräch statt, sondern eine schriftliche Beratung, so greift der Gebührentatbestand VV Nr. 2102 nicht ein. Denn der Gesetzgeber wusste über die vielfältigen Möglichkeiten der Beratung und die Diskussion um den Begriff der „ersten Beratung" in § 20 Abs. 1 Satz 2 BRAGO und hat ganz bewusst den Begriff des Gesprächs verwendet.[117]

76 Sobald die Beratung über ein erstes Beratungsgespräch **hinausgeht**, entfällt die Kappungswirkung des Gebührentatbestandes VV Nr. 2102, dies gilt auch für weitere Beratungen nach einem ersten telefonischen Beratungsgespräch.[118] Dementsprechend ist es auch weit überwiegende Meinung, dass die Kappungsgrenze des Gebührentatbestandes VV Nr. 2102 nur greift, wenn es sich um ein „erstes Beratungsgespräch" handelt und nicht, wenn der Rat oder die Auskunft schriftlich erteilt wird.[119] Die gegenteilige Auffassung, wonach unerheblich sei, ob die Erstberatung schriftlich oder mündlich erfolgt und der Gebührentatbestand VV Nr. 2102 in beiden Fällen anwendbar ist,[120] widerspricht dem klaren Wortlaut des Gesetzes und ist daher abzulehnen.[121]

77 Angesichts der klaren gesetzlichen Regelung ist auch für „Aufweichungen" des „Beratungsgesprächs" kein Raum. Nach einer Auffassung soll der Gebührentatbestand VV Nr. 2102 gleichwohl anwendbar sein, wenn, nachdem der Anwalt einen Verbraucher

---

113 Gerold/Schmidt-Madert, VV Nr. 2100 – VV Nr. 2103 Rn. 1.
114 Mayer/Kroiß-Winkler, Nr. 2100 VV Rn. 7.
115 Mayer/Kroiß-Winkler, Nr. 2100 VV Rn. 8.
116 Mayer/Kroiß-Winkler, Nr. 2100 VV Rn. 10.
117 Mayer/Kroiß-Winkler, Nr. 2102 VV Rn. 9.
118 Mayer/Kroiß-Winkler, VV Nr. 2102 Rn. 10.
119 Mayer/Kroiß-Winkler, VV Nr. 2102 Rn. 9; Hansens/Braun/Schneider, Praxis des Vergütungsrechts, Teil 7 Rn. 41; Bischof/Jungbauer/Podlech-Trappmann, Kompaktkommentar RVG, VV RVG S. 470; Burhoff, RVG Teil B „Beratungsgebühr" Rn. 28; Enders, RVG für Anfänger, Rn. 416; Hartmann, Kostengesetze, 34. Aufl., VV Nr. 2102 Rn. 5; Mayer/Kroiß/Teubel, Das neue Gebührenrecht, § 4 Rn. 10.
120 AnwK-RVG/N. Schneider, VV 2102 Rn. 10.
121 Mayer, RVG-Letter 2004, 111 ff.

in einem ersten Beratungsgespräch beraten hat, der Anwalt das Ergebnis und den wesentlichen Inhalt des Beratungsgesprächs noch einmal in einem Schreiben zusammenfasst und dieses dem Mandanten übersendet.[122] Richtig ist vielmehr, dass die Kappungsgrenze des Gebührentatbestandes VV Nr. 2102 dann nicht mehr greift, wenn der Auftraggeber den Rechtsanwalt nach dem Beratungsgespräch bittet, das Gesprächsergebnis **schriftlich zusammenzufassen**.[123] Ebenfalls nicht mehr anwendbar dürfte die Kappungsgrenze des Gebührentatbestandes VV Nr. 2102 sein, wenn der Auftraggeber zwar nicht den Rechtsanwalt darum gebeten hat, den Gesprächsinhalt und das Gesprächsergebnis schriftlich zusammenzufassen, der Anwalt aber aufgrund des Gesprächsverlaufs, des Gesprächsinhalts und aus **haftungsrechtlichen Gründen**, beispielsweise dann, wenn der Mandant einer zwingenden anwaltlichen Empfehlung aus Uneinsichtigkeit nicht folgen möchte, gezwungen ist, nicht bei einem ersten Beratungsgespräch stehen zu bleiben, sondern den Gesprächsinhalt auch gegenüber dem Mandanten schriftlich zu dokumentieren.[124]

Auch das andere Tatbestandsmerkmal „**Verbraucher**" im Gebührentatbestand VV Nr. 2102 wirft, auch und gerade im Arbeitsrecht, manche Zweifelsfragen auf. Nach der Gesetzesbegründung ist auf die Verbraucherdefinition in § 13 BGB zurückzugreifen. Die Erstberatungsgebühr diene in erster Linie dem Verbraucherschutz, es sei nicht ersichtlich, weshalb gerade gegenüber einem Anwalt für den Nichtverbraucher ein besonderer Schutz erforderlich sein sollte.[125] Nach § 13 BGB ist Verbraucher nur die natürliche Person, die ein Rechtsgeschäft zu einem Zwecke abschließt, der weder ihrer gewerblichen noch ihrer selbständigen beruflichen Tätigkeit zugeordnet werden kann.

78

Teilweise wird problematisiert, dass beim Gebührentatbestand VV Nr. 2102 nicht eindeutig sei, ob der Auftraggeber Verbraucher in Bezug auf den **Beratungsgegenstand** oder Verbraucher in Bezug auf den **Abschluss des Anwaltsdienstvertrags** sein müsse.[126] Nach einer Meinung ist darauf abzustellen, ob der Auftraggeber in Bezug auf den Abschluss des Anwaltsvertrages als Verbraucher anzusehen ist oder nicht, denn viele Beratungsgegenstände hätten ihre Grundlage überhaupt in keinem Rechtsgeschäft, so dass dies nicht als Anknüpfungspunkt angesehen werden könne.[127] Indes dürfte es sich bei der kritisierten Unklarheit beim Gebührentatbestand VV Nr. 2102, ob der Auftraggeber Verbraucher in Bezug auf den Beratungsgegenstand oder Verbraucher in Bezug auf den Abschluss des Anwaltsdienstvertrages sein müsse, um ein Scheinproblem handeln. Denn wenn der Auftraggeber Verbraucher ist in Bezug auf den Beratungsgegenstand, schlägt dies auch auf den Abschluss des Anwaltsdienstvertrages durch.[128] Soweit sich der Auftraggeber in einer Angelegenheit beraten lässt, in der er Verbrau-

79

---

122 Enders, RVG für Anfänger, Rn. 417.
123 Hansens/Braun/Schneider, Praxis des Vergütungsrechts, Teil 7 Rn. 41; Mayer, RVG-Letter 2004, 111 ff.
124 Mayer, RVG-Letter 2004, 111 ff.
125 BT-Drucks. 15/1971, 206.
126 So z.B. Hansens/Braun/Schneider, Praxis des Vergütungsrechts, Teil 7 Rn. 34.
127 Hansens/Braun/Schneider, Praxis des Vergütungsrechts, Teil 7 Rn. 35; i.e. ebenso Burhoff, RVG Teil B „Beratungsgebühr" Rn. 25.
128 Mayer, RVG-Letter 2004, 111 ff., 112.

cher ist, kommt der Gebührentatbestand VV Nr. 2102 in Betracht.[129] Nur wenn die Beratung den privaten Rechtsbereich des Auftraggebers betrifft, gilt dieser als Verbraucher.[130] Praktisch entscheidend ist, in welcher Eigenschaft der Auftraggeber gegenüber dem Anwalt auftritt. Schließt der Auftraggeber den Anwaltsvertrag zu einem Zweck, der seiner gewerblichen oder selbständigen Tätigkeit zuzurechnen ist, ist er sowohl im Verhältnis zum Rechtsanwalt[131] als auch in Bezug auf den Beratungsgegenstand kein Verbraucher.

80   Ein **Sonderproblem** stellt sich im Arbeitsrecht, denn es ist umstritten, ob der **Arbeitnehmer** auch in seiner Eigenschaft als solcher „**Verbraucher**" ist.[132] Das BAG hat diese Frage in der Entscheidung vom 27.11.2003[133] ausdrücklich offen gelassen. Viel spricht jedoch dafür, den Arbeitnehmer aufgrund seiner Schutzbedürftigkeit als Verbraucher im Sinne des § 13 BGB im Rahmen des Arbeitsverhältnisses anzusehen.[134] Folgt man der Meinung, dass der Arbeitnehmer Verbraucher im Sinne des § 13 BGB im Rahmen des Arbeitsverhältnisses ist, so schlägt dies auf die anwaltliche Vergütung durch und der Gebührentatbestand VV Nr. 2102 greift bei einem ersten Beratungsgespräch mit einem Arbeitnehmer in einer sein Arbeitsverhältnis betreffenden Angelegenheit ein.[135] Wird jedoch ein Arbeitgeber in einer ein Arbeitsverhältnis mit einem seiner Arbeitnehmer betreffenden Angelegenheit beraten, so greift der Gebührentatbestand VV Nr. 2102 auf jeden Fall nicht ein, da der Arbeitgeber als Auftraggeber nicht Verbraucher ist.

81   Abs. 2 der Anmerkung zum Gebührentatbestand VV Nr. 2100 bestimmt, dass die Gebühr auf eine Gebühr für eine sonstige Tätigkeit anzurechnen ist, die mit der Beratung zusammenhängt. Die genannte Anrechnungsvorschrift gilt auch dann, wenn die Beratungsgebühr gemäß VV Nr. 2102 auf 190,00 € gekappt ist. Unproblematisch ist die Anrechnung der Gebühr nach dem Gebührentatbestand VV Nr. 2102, wenn der Gegenstandswert der Beratung und der sich anschließenden Anwaltstätigkeit sich decken oder wenn sogar der Gegenstandswert der nachfolgenden Anwaltstätigkeit höher liegt. Strittig ist jedoch die Durchführung der Anrechnung, wenn der Gegenstandswert des ersten Beratungsgesprächs höher liegt.

82   N. Schneider,[136] und ihm folgend offenbar auch Hansens[137] schlagen vor, den Betrag von der **Anrechnung herauszunehmen**, der sich aus dem höheren Gegenstandswert ergeben würde, wenn der Gegenstandswert der ersten Beratungstätigkeit höher liegt als der für die nachfolgende Anwaltstätigkeit. Wenn sich beispielsweise die Beratung auf eine Forderung von Überstundenvergütung in Höhe von 10.000,00 € bezieht, der

---

129 AnwK-RVG/N. Schneider, VV 2102 Rn. 4.
130 Mayer/Kroiß-Winkler, VV Nr. 2102 Rn. 7.
131 AnwK-RVG/N. Schneider, VV Nr. 2102 Rn. 7.
132 Vgl. zum Streitstand ErfKoArbR-Preis, 4. Aufl., § 611 Rn. 208 mit zahlreichen weiteren Nachweisen.
133 NJW 2004, 2401 ff.
134 ErfKoArbR-Preis, a.a.O.; a.A. OLG Hamm, NJW 2004, 3269 f.
135 I.E. so auch Hansens/Braun/Schneider, Praxis des Vergütungsrechts, Teil 7 Rn. 37.
136 AnwK-RVG/N. Schneider, VV Nr. 2102 Rn. 23 ff., der zu Unrecht davon ausgeht, dass die Praxis das Problem bislang nicht erkannt habe.
137 Hansens/Braun/Schneider, Praxis des Vergütungsrechts, Teil 7 Rn. 85 f.

Anwalt von der Geltendmachung eines über 5.000,00 € hinausgehenden Betrages jedoch wegen des Eingreifens einer Ausschlussfrist abrät und der Anwalt anschließend Klage aufgrund eines Prozessauftrages des Mandanten in Höhe von 5.000,00 € erhebt, ist nach der soeben genannten Auffassung wie folgt zu rechnen:

Entstanden sind:
0,55 Beratungsgebühr Nr. 2100, 2102 VV RVG
(Wert: 10.000,00 €)   190,00 €
1,3 Verfahrensgebühr Nr. 3100 VV
(Wert: 5.000,00 €)   391,30 €

Anrechnungsfrei bleibt nach der genannten Auffassung der Gebührenbetrag, der sich ohne Begrenzung der Beratungsgebühr aus der Differenz zwischen der Beratungsgebühr nach dem höheren Wert und der aus dem geringeren Wert der nachfolgenden Anwaltstätigkeit ergibt, also
0,55 Beratungsgebühr
(Wert: 10.000,00 €)   267,30 €
abzügl. 0,55 Beratungsgebühr
(Wert: 5.000,00 €)   <u>165,55 €</u>
                                                                    101,75 €

Nach dieser Auffassung ist somit wie folgt anzurechnen:
1,3 Verfahrensgebühr Nr. 3100 VV
(Wert: 5.000,00 €)   391,30 €
abzügl. Beratungsgebühr mit einem Höchstbetrag von   190,00 €
davon anrechnungsfrei   101,75 €
deshalb nur anzurechnen   88,25 €

Nach dieser Auffassung verbleiben <u>neben</u> der bereits verdienten Gebühr für das erste Beratungsgespräch in Höhe von 190,00 € somit 391,30 € abzügl. 88,25 €, also restlich 303,05 €.

Begründet wird diese Auffassung damit, dass die **Mehrtätigkeit** des Anwalts infolge der weitergehenden Beratung über den Gegenstand des gerichtlichen Verfahrens hinaus unberücksichtigt bliebe, würde die Gebühr für das erste Beratungsgespräch in voller Höhe angerechnet.[138]

Die vorgenannte Auffassung ist jedoch abzulehnen, da sie letztlich einen Systembruch darstellt. Vielmehr ist die Anrechnung bei einer durch den Gebührentatbestand VV Nr. 2102 gekappten Beratungsgebühr in derselben Weise und im selben System vorzunehmen wie bei der Beratungsgebühr nach Nr. 2100 VV.[139] Deshalb wäre im Beispielsfalle wie folgt zu rechnen:
1,3 Verfahrensgebühr Nr. 3100 VV
(Wert: 5.000,00 €)   391,30 €
0,55 Beratungsgebühr Nr. 2100 VV

---

[138] AnwK-RVG / N. Schneider, VV Nr. 2102 Rn. 23.
[139] Mayer, RVG-Letter 2004, 111 ff., 113.

(Wert: 10.000,00 €), gekappt gemäß Nr. 2102 VV	190,00 €
Abzügl. 0,55 Beratungsgebühr Nr. 2100 VV (Wert: 5.000,00 €)	165,55 €
Verbleiben	24,45 €
Insgesamt	415,75 €

89 Somit hat der Anwalt im Beispielsfall neben der Verfahrensgebühr in Höhe von 391,30 € noch zusätzlich restliche 24,45 €, insgesamt 415,75 € verdient.[140]

90 Die zuerst geschilderte Anrechnungsmethode berücksichtigt nicht, dass dem Mandanten nicht der Vorteil der Kappung durch den Gebührentatbestand VV Nr. 2102 nachträglich dann wieder genommen werden kann, wenn er sich entschließt, den ihn beratenden Rechtsanwalt mit einer weitergehenden Tätigkeit zu beauftragen, wobei der Gegenstandswert – möglicherweise sogar aufgrund der Beratung durch den Rechtsanwalt – niedriger ist als im Zuge des ersten Beratungsgesprächs.[141]

3. Prüfung der Erfolgsaussicht eines Rechtsmittels

91 Ein weiteres, häufig in arbeitsrechtlichen Mandaten nicht ausgeschöpftes Gebührenpotential liegt im Bereich der Prüfung der **Erfolgsaussicht eines Rechtsmittels**. Wird beispielsweise ein Rechtsanwalt beauftragt, gegen ein Urteil eines Arbeitsgerichts Berufung zum LAG einzulegen und stellt er bei der aus haftungsrechtlichen Gründen obligatorisch zuvor durchzuführenden Prüfung der Erfolgsaussichten des Rechtsmittels fest, dass das erstinstanzliche arbeitsgerichtliche Urteil evident richtig ist und die Berufung keinerlei Aussicht auf Erfolg hätte, hat er hierüber den Mandanten zu informieren und ihm zu empfehlen, von der Einlegung und Durchführung der Berufung Abstand zu nehmen. Folgt der Mandant diesem **anwaltlichen Rat**, so hat der ursprünglich mit der Einlegung der Berufung beauftragte Rechtsanwalt die Gebühr Nr. 3201 VV mit einem Gebührensatz von 1,1 verdient. Soweit es der Inhalt des Auftrags jedoch hergibt, kann der Rechtsanwalt in derselben Situation dem Mandanten das Ergebnis der Prüfung der Erfolgsaussicht der Berufung in Form eines **schriftlichen Gutachtens** übermitteln. Dann hat er den Gebührentatbestand VV Nr. 2201 erfüllt, welcher die anwaltliche Tätigkeit mit einem Gebührensatz von 1,3 honoriert. Die Abfassung des schriftlichen Gutachtens, welche der Gebührentatbestand VV Nr. 2201 erfordert, bedeutet keine wesentliche Mehrarbeit, da bei der Prüfung der Erfolgsaussicht eines Rechtsmittels vor der auftragsgemäßen Einlegung einer Berufung ohnehin in den Fällen, in denen der Rechtsanwalt von der Einlegung der Berufung wegen fehlender Erfolgsaussichten abraten muss, eine gründliche Überprüfung der Erfolgsaussichten des Rechtsmittels regelmäßig stattgefunden hat.

92 Unter „**Gutachten**" wird eine eingehende Untersuchung eines Falls bei Berücksichtigung der Rechtsprechung und Rechtslehre mit eigener Stellungnahme, die zu einer bestimmten Beurteilung des Falles führt, verstanden. Im Einzelnen gelten folgende Kriterien:

---

140 Mayer/Kroiß-Winkler, VV Nr. 2100 Rn. 40.
141 Mayer, RVG-Letter 2004, 111 ff., 113 f.

- das Gutachten muss schriftlich erstellt sein;
- es erfordert eine geordnete Darstellung des zu beurteilenden Sachverhaltes;
- die rechtlichen Probleme des zu beurteilenden Falles sind darzustellen;
- die Auffassungen von Rechtsprechung und Lehre sind darzustellen;
- eigene Stellungnahme des begutachtenden Rechtsanwalts zu Rechtsprechung und Literatur ist erforderlich;
- die hieraus gezogenen Schlüsse für den Auftraggeber sind darzustellen.[142]

Von einem **schriftlichen Rat** unterscheidet sich das Gutachten dadurch, dass nicht die Empfehlung, sondern die Darlegung der rechtlichen Erwägungen entscheidend ist.[143]

4. Nicht angerechneter Teil der Geschäftsgebühr

Die Bearbeitung arbeitsrechtlicher Mandate ist dadurch gekennzeichnet, dass häufiger als in vergleichbaren sonstigen Rechtsgebieten ohne vorausgegangene außergerichtliche Tätigkeit sofort ein arbeitsgerichtliches Verfahren eingeleitet wird. Dies hängt zum einen mit der nur kurzen, dreiwöchigen Klagefrist des § 4 KSchG zusammen, zum anderen aber auch mit dem durch § 12a ArbGG reduzierten Kostenrisiko im Unterliegensfall.

Unter der Geltung der BRAGO entstand daher die Frage, ob bei einer Besprechung mit der Gegenseite vor Erhebung einer Kündigungsschutzklage eine Besprechungsgebühr nach § 118 Abs. 1 Nr. 2 BRAGO anfällt, die nicht nach § 118 Abs. 2 BRAGO auf die im anschließenden gerichtlichen Verfahren anfallenden Gebühren anzurechnen ist. Unter der Geltung der BRAGO war deshalb entscheidend, ob von Anfang an ein Klageauftrag vorlag mit der Folge, dass es sich um eine „im 3. Abschnitt" der BRAGO geregelte Angelegenheit handelte, so dass nicht die §§ 118 ff. BRAGO, sondern nur die §§ 31 ff. BRAGO einschlägig waren.[144]

Im RVG jedoch ist die aus § 118 BRAGO bekannte Dreiteilung in Geschäfts-, Besprechungs- und Beweisaufnahmegebühr nicht mehr zu finden, sondern es besteht lediglich eine einheitliche Geschäftsgebühr nach Nr. 2400 VV mit einem weiten Rahmen von 0,5-2,5. Einen gesonderten Gebührentatbestand für die Durchführung einer **außergerichtlichen Besprechung** kennt das RVG nicht mehr, allerdings kann nach Vorbemerkung 3 Abs. 3 des Vergütungsverzeichnisses die **Terminsgebühr** bereits schon durch die Mitwirkung bei einer auf die Vermeidung oder Erledigung eines Verfahrens gerichteten Besprechung ohne Beteiligung des Gerichts verdient werden. Hinzu kommt ferner, dass nach Vorbemerkung 3 Abs. 4 VV die Geschäftsgebühr nicht in den Gebühren des gerichtlichen Verfahrens aufgeht, sondern eine Geschäftsgebühr, soweit sie wegen desselben Gegenstands entstanden ist, nur zur Hälfte, höchstens jedoch mit einem Gebührensatz von 0,75, auf die Verfahrensgebühr des gerichtlichen Verfahrens **angerechnet** wird.

---

142 Mayer/Kroiß-Winkler, VV Nr. 2103 Rn. 3.
143 Mayer/Kroiß/Teubel, Das neuen Gebührenrecht, § 4 Rn. 16.
144 Pauly/Osnabrügge/Arcari, Handbuch Kündigungsrecht, § 35 Rn. 38.

97 Aus dieser Gebührensystematik ergibt sich auch unter der Geltung des RVG die Notwendigkeit, im Einzelfall genau zu prüfen, ob aus Sicht des Mandanten ein sofortiger Klageauftrag sinnvoll ist oder ob nicht dessen Interessen besser gerecht wird, wenn der Anwalt zunächst auftragsgemäß beschränkt außergerichtlich tätig wird und sich erforderlichenfalls noch einen Klageauftrag für das gerichtliche Verfahren zu gegebener Zeit vom Mandanten erteilen lässt. Denn häufig wird auf Seiten eines Arbeitgebers vorgerichtlich die Neigung, Zugeständnisse in Form der Zahlung einer Abfindung zu machen, höher sein als im gerichtlichen Verfahren, da zu diesem Zeitpunkt auf Seiten des Arbeitgebers noch keine weiteren Anwaltskosten, die regelmäßig im gerichtlichen Verfahren bei anwaltlicher Vertretung anfallen, entstanden sind, auch ist aus Sicht des Arbeitgebers bei einer außergerichtlichen Regelung der Angelegenheit der mit der Wahrnehmung eines oder mehrerer Gerichtstermine verbundene Zeitaufwand noch vermeidbar. Diese Gesichtspunkte führen neben anderen Gesichtspunkten häufig dazu, dass es den Interessen des Mandanten am besten entspricht, wenn der Anwalt zunächst noch einmal außergerichtlich versucht, vor Anrufung des Arbeitsgerichts mit dem Arbeitgeber eine Klärung der Angelegenheit und eine Einigung zustande zu bringen.

98 Die **Definition der Geschäftsgebühr** ist in Abs. 3 der Vorbemerkung 2.4 enthalten. Danach entsteht die Geschäftsgebühr für das Betreiben des Geschäfts einschließlich der Information und für die Mitwirkung bei der Gestaltung eines Vertrages. Dass die Information bereits das Entstehen der Gebühr auslöst, beruht darauf, dass die Gebühr verdient ist mit dem Anwaltsauftrag und der ersten aufgrund des Auftrags erbrachten Tätigkeit des Anwalts, nämlich regelmäßig der Entgegennahme der vom Auftraggeber erteilten Information durch den Anwalt. Damit ist gleichzeitig klargestellt, dass zwar der Auftrag darauf gerichtet sein muss, dass der Anwalt nach außen hin tätig wird – andernfalls entsteht nur die Beratungsgebühr nach Nr. 2100 ff. VV –, andererseits muss der Anwalt noch nicht nach außen hin tätig geworden sein, damit er die Gebühr verdient hat. Die Annahme des Auftrags allein, ohne auch nur die Entgegennahme der ersten Information, löst hingegen die Gebühr noch nicht aus.[145]

99 Der Gebührentatbestand VV Nr. 2400 verfügt über einen sehr weiten **Rahmen**, dieser reicht von einem Gebührensatz von 0,5-2,5. Allerdings bestimmt die Anmerkung zum Gebührentatbestand, dass eine Gebühr von mehr als 1,3 nur gefordert werden kann, wenn die Angelegenheit umfangreich oder schwierig war.

100 Bereits Monate vor In-Kraft-Treten des RVG löste die **Anrechnungsbestimmung** eine juristische Kontroverse aus. Eine Meinung vertrat nämlich zu dieser Regelung, dass eine Geschäftsgebühr von mehr als 1,3 nur gefordert werden kann, wenn die Tätigkeit umfangreich oder schwierig war, die Auffassung, dass das Vergütungsverzeichnis bei der Geschäftsgebühr nicht einen, sondern zwei Gebührenrahmen vorsieht. Ist die Angelegenheit umfangreich oder schwierig, so sollte ein Gebührenrahmen zwischen 1,3 und 2,5 mit einer Mittelgebühr von 1,9 zur Verfügung stehen, wenn die Angelegen-

---

145 Mayer/Kroiß-Teubel, Vor 2.4 Rn. 7.

heit nicht umfangreich oder schwierig ist, so sollte lediglich ein Gebührenrahmen von 0,5-1,3 mit einer Mittelgebühr von 0,9 gelten.[146]

Diese Auffassung blieb jedoch nach überzeugendem und heftigem Widerspruch in der Literatur[147] vereinzelt und soll dem Vernehmen nach[148] auch vom Urheber nicht mehr vertreten werden. Durchgesetzt hat sich vielmehr zutreffend die Gegenmeinung, die davon ausgeht, dass ein **einheitlicher Gebührenrahmen von 0,5 – 2,5** bei der Geschäftsgebühr nach Nr. 2400 VV gegeben ist, allerdings versehen mit einer **Kappungsgrenze** bei dem Gebührensatz von **1,3**.[149]

Nach wie vor bestehen jedoch weitere Anwendungsprobleme bei der Geschäftsgebühr und der sogenannten **Schwellengebühr**. Die Begründung des Gesetzgebers wirft in diesem Zusammenhang mehr Fragen auf als sie zu einer Klärung führt. So heißt es dort ua: „Der erweiterte Abgeltungsbereich der Geschäftsgebühr erfordert eine andere Einordnung der unterschiedlichen außergerichtlichen Vertretungsfälle in den zur Verfügung stehenden größeren Gebührenrahmen. Dies führt zwangsläufig zu einer neuen Definition des ‚Normalfalls'. In durchschnittlichen Angelegenheiten ist grundsätzlich von einer Mittelgebühr (1,5) auszugehen. In der Anmerkung soll jedoch bestimmt werden, dass der Rechtsanwalt eine Gebühr von mehr als 1,3 nur fordern kann, wenn die Tätigkeit umfangreich oder schwierig war. Damit ist gemeint, dass Umfang oder Schwierigkeit über dem Durchschnitt liegen. In anderen Fällen dürfte die Schwellengebühr von 1,3 zur Regelgebühr werden. Eine nach Abwägung der unterschiedlichen Kriterien des § 14 Abs. 1 RVG-E in der Summe gänzlich durchschnittliche Angelegenheit würde also nur dann einen Gebührensatz von mehr als 1,3 (etwa in Höhe der Mittelgebühr 1,5) rechtfertigen, wenn die Tätigkeit des Anwalts im Hinblick auf Umfang oder Schwierigkeit über dem Durchschnitt liegt, dies jedoch allein in der Gesamtschau nach § 14 Abs. 1 RVG-E unberücksichtigt bleiben müsste, weil andere Merkmale vergleichsweise unterdurchschnittlich ins Gewicht fallen. Ist eine Sache danach schwierig oder umfangreich, steht eine Ausnutzung des Gebührenrahmens unter den Voraussetzungen des § 14 Abs. 1 RVG-E (bis zum 2,5-fachen der Gebühr) im billigen Ermessen des Anwalts. Sind auch Umfang und Schwierigkeit der Sache jedoch von durchschnittlicher Natur, verbleibt es bei der Regelgebühr (1,3)."[150] Hieraus wird teilweise abgeleitet, dass die Schwellengebühr von 1,3 eine **„abgesenkte Mittelgebühr"** hinsichtlich Umfang und Schwierigkeit sei und bei der Bestimmung der angemessenen Gebühr unter Ausnutzung des Rahmens der Geschäftsgebühr von 0,5-2,5 bei Berücksichtigung

---

146 Braun, Gebührenabrechnung nach dem neuen Rechtsanwaltsvergütungsgesetz (RVG), 62.
147 Otto, NJW 2004, 1240; Mayer/Kroiß/Teubel, Das neue Gebührenrecht, § 4 Rn. 100ff.; Mayer/Kroiß-Teubel, Nr. 2400 VV Rn. 6ff.; Schneider/Mock, Das neue Gebührenrecht für Anwälte, § 13 Rn. 9; Madert, AGS 2004, 185ff.; Bischof/Jungbauer/Podlech-Trappmann, Kompaktkommentar RVG, VV RVG, 479.
148 Hansens, RVGreport 2004, 209, 211.
149 Vgl. statt vieler Mayer/Kroiß/Teubel, Das neue Gebührenrecht, § 4 Rn. 101ff.; Mayer/Kroiß-Teubel, Nr. 2400 VV Rn. 3ff.; Hansens, RVGreport 2004, 209ff., 210; AnwK-RVG/Hembach, VV 2400 Rn. 6; Hansens/Braun/Schneider, Praxis des Vergütungsrechts, Teil 7 Rn. 123; AG Landstuhl, RVG-Letter 2005, 6f.; AG Singen, RVG-Letter 2005, 33f.
150 BT-Drucks. 15/1971, 207.

§ 1 Mandatsübernahme

der Kriterien des § 14 RVG die Schwellengebühr hinsichtlich Umfang und Schwierigkeit in ihrer Funktion als abgesenkte Mittelgebühr beachtet werden müsse.[151]

103 Dem zu Recht kritisierten Regelungsmechanismus des Gesetzgebers, zum einen die Geschäftsgebühr nach Nr. 2400 VV mit einem weiten Rahmen von 0,5-2,5 zu versehen, andererseits aber wiederum eine Schwellengebühr von 1,3 per Anmerkung einzuführen,[152] kann jedoch nicht zwingend entnommen werden, dass es sich bei der sogenannten Schwellengebühr von 1,3 um eine „abgesenkte Mittelgebühr" handeln soll. Vielmehr ist unter Ausnutzung des vollen Gebührensatzrahmens von 0,5-2,5 und unter Anwendung der Bemessungskriterien des § 14 RVG die konkrete Gebühr zu bestimmen. Liegt die so bestimmte Gebühr über 1,3, muss geprüft werden, ob die Angelegenheit umfangreich oder schwierig war; wird dies nur für eines der Merkmale bejaht, ist der im ersten Schritt ermittelte, über 1,3 liegende Gebührensatz anzuwenden, ansonsten ist die Begrenzung auf 1,3 zu beachten. Liegt die im ersten Schritt ermittelte Gebühr dagegen unter dem Satz von 1,3, spielt die Begrenzung auf 1,3 nach der Anmerkung zu Nr. 2400 VV keine weitere Rolle mehr.[153]

104 Entscheidend dafür, dass der über 1,3 liegende Rahmen der Geschäftsgebühr überhaupt ausgenutzt werden kann, ist somit die Beurteilung, ob die **Angelegenheit umfangreich oder schwierig** war. Konkrete Maßstäbe hierfür finden sich in der Literatur nur wenige. Im Gesetzgebungsverfahren wurde jedoch die Voraussetzung der „besonders" umfangreichen oder schwierigen Tätigkeit gestrichen,[154] so dass, wenn man Umfang und Schwierigkeit in einer Bewertungsskala von 1 bis 100 misst, nur die Bewertung bis einschließlich 50 durch die Schwellengebühr gedeckt ist, und schon die Bewertung mit 51 ausreicht, um die Kappungsgrenze zu überschreiten.[155] Einigkeit besteht auch darüber, dass unter Umfang der anwaltlichen Tätigkeit der zeitliche Aufwand zu verstehen ist, den der Rechtsanwalt auf die Sache verwenden muss.[156] Problematisch ist jedoch die Frage, welcher zeitliche Aufwand erreicht werden muss, um die Schwellengebühr zu überschreiten. So sollen Besprechungen sich auf den Umfang der anwaltlichen Tätigkeit gebührenerhöhend auswirken.[157] Wichtig für die praktische Handhabung der Schwellengebühr ist jedoch, griffige praktisch anwendbare Kriterien zu gewinnen. Davon ausgehend, dass mit einer Gebühr von 1,3 gemäß Nr. 2400 VV nach dem Willen des Gesetzgebers der Anwalt bei durchschnittlich umfangreicher Tätigkeit angemessen entlohnt werden soll, liegt der **durchschnittliche Umfang** der anwaltlichen Tätigkeit bei einem Gegenstandswert von 8.000,00 € bei **ca. 3,5 Stunden**.[158] Zwar unterliegen alle streitwertabhängigen Gebühren dem Grundsatz, dass es

---

151 Otto, NJW 2004, 1240.
152 Vgl. Hartung/Römermann, VV Teil 2 Rn. 61; Hansens, RVGreport 2004, 57ff., 60; Hansens/Braun/Schneider, Praxis des Vergütungsrechts, Teil 7 Rn. 125.
153 Mayer/Kroiß-Teubel, Nr. 2400 VV Rn. 4f.; Mayer, RVG-Letter 2004, 98ff., 99; i.E. so wohl auch Madert, AGS 2004, 185ff.; Hansens, RVGreport 2004, 57ff.
154 Otto, NJW 2004, 1240.
155 Mayer/Kroiß-Teubel, Nr. 2400 VV Rn. 11; Mayer, RVG-Letter 2004, 98ff., 99.
156 Gerold/Schmidt-Madert, § 14 Rn. 41; Mayer/Kroiß-Teubel, Nr. 2400 VV Rn. 12.
157 Hansens, RVGreport 2004, 209ff., 212.
158 Mayer/Kroiß-Teubel, VV Nr. 2400 Rn. 14ff.

sich letztlich um Pauschalen handelt, der für die Erbringung der anwaltlichen Leistung erforderliche Aufwand also grundsätzlich nicht streitwertabhängig ist, gleichwohl ist typischerweise der vom Anwalt verlangte zeitliche Aufwand bei höheren Streitwerten höher als bei niedrigem Streitwert. Dies führt dazu, dass der durchschnittliche zeitliche Aufwand der anwaltlichen Tätigkeit bei einem Gegenstandswert von 1 Mio Euro deutlich höher als 3,5 Stunden ist, andererseits bei einem Gegenstandswert von 200,00 € typischerweise deutlich niedriger liegt als bei 3,5 Stunden.[159]

Bei dem Kriterium der **Schwierigkeit der anwaltlichen Tätigkeit** ist Maßstab die Intensität der Arbeit.[160] Anzulegen ist ein objektiver Maßstab, so dass unerheblich ist, ob der Anwalt beispielsweise aufgrund geringer Berufserfahrung besondere Schwierigkeiten bei der Bewältigung eines Mandats hat oder der Anwalt aufgrund seiner Spezialisierung (Fachanwalt) das Mandat leichter bewältigen kann.[161] Zu berücksichtigen sind insoweit sowohl tatsächliche Schwierigkeiten wie z.B. Probleme bei der Klärung des Sachverhalts als auch rechtliche Schwierigkeiten wie beispielsweise eine objektiv ungeklärte Rechtslage.[162] Wo die durchschnittliche rechtliche oder tatsächliche Schwierigkeit des Mandats aufhört und die – auch nur geringfügige – Überdurchschnittlichkeit der Schwierigkeit anfängt, die die Überschreitung der Schwellengebühr von 1,3 rechtfertigt, ist bei diesem Kriterium naturgemäß noch schwieriger allgemein gültig darzulegen als bei dem Merkmal des Umfangs der Tätigkeit.[163]

105

Wird der Anwalt auftragsgemäß z.B. in einer Kündigungsangelegenheit für den Arbeitnehmer zunächst außergerichtlich tätig und gelingt es ihm, bevor ihm sein Auftraggeber einen Klageauftrag erteilen musste, eine Einigung mit dem Arbeitgeber herbeizuführen, hat der Anwalt die Geschäftsgebühr nach Nr. 2400 VV im Regelfall mit einem Gebührensatz von 1,3 sowie eine Einigungsgebühr nach Nr. 1000 VV mit einem Gebührensatz von 1,5, also insgesamt 2,8 Gebühren verdient. Wird der Anwalt auftragsgemäß zunächst außergerichtlich tätig, führen diese Bemühungen jedoch nicht zum Erfolg, so dass es zur Klageerhebung kommt und wird dann im Gütetermin eine Einigung der Parteien herbeigeführt, so hat der Anwalt folgende Gebühren verdient:

106

- Verfahrensgebühr Nr. 3100 VV   1,3
- Terminsgebühr VV Nr. 3104   1,2
- Einigungsgebühr VV Nr. 1003   1,0
- Gemäß Vorbemerkung 3 Abs. 4 nicht angerechneter Teil der Geschäftsgebühr nach Nr. 2400 VV   0,65
- Dies ergibt insgesamt   4,15

Doch auch dann, wenn es nach Erteilung des Prozessauftrags durch den Mandanten, aber vor der Wahrnehmung eines gerichtlichen Termins nach einer Besprechung mit der Gegenseite zu einer Einigung kommt, fallen insgesamt Gebühren in der gleichen Größenordnung an. Zu beachten ist nämlich, dass die Terminsgebühr nach Nr. 3104

107

---

159 Mayer/Kroiß-Teubel, Nr. 2400 VV Rn. 17 f.
160 Gerold/Schmidt-Madert, § 14 Rn. 50; Mayer/Kroiß-Teubel, Nr. 2400 VV Rn. 21.
161 Mayer/Kroiß-Teubel a.a.O.
162 Mayer/Kroiß-Teubel, Nr. 2400 VV Rn. 22 ff.
163 Mayer, RVG-Letter 2004, 98 ff., 100.

Mayer

VV, die in jedem Rechtszug einmal entstehen kann, nach Abs. 3 der Vorbemerkung 3 nicht nur für die Vertretung des Auftraggebers in einem Verhandlungs-, Erörterungs- oder Beweisaufnahmetermin oder dann entstehen kann, wenn der Anwalt einen von einem gerichtlich bestellten Sachverständigen anberaumten Termin wahrnimmt, sondern die **Terminsgebühr** entsteht auch dann, wenn der Anwalt an auf die Vermeidung oder Erledigung des Verfahrens gerichteten **Besprechungen ohne Beteiligung des Gerichts** mitwirkt; sie entsteht allerdings nicht für Besprechungen mit dem Auftraggeber. Der Gesetzgeber hat mit dieser Regelung das Ziel verfolgt, dass der Anwalt nach seiner Bestellung zum Verfahrens- oder Prozessbevollmächtigten in jeder Phase zu einer möglichst frühen, der Sach- und Rechtslage entsprechenden Beendigung des Verfahrens beitragen soll. Er hat es deshalb für das Entstehen der Terminsgebühr genügen lassen, wenn der Rechtsanwalt an auf die Erledigung des Verfahrens gerichteten Besprechungen ohne Beteiligung des Gerichts mitwirkt, insbesondere wenn diese auf den Abschluss des Verfahrens durch eine gütliche Regelungen zielen. Solche Besprechungen waren unter der Geltung der BRAGO nicht honoriert worden. Dies hatte in der Praxis dazu geführt, dass ein gerichtlicher Verhandlungstermin angestrebt wurde, in dem ein bereits ausgehandelter Vergleich nach „Erörterung der Sach- und Rechtslage" protokolliert wurde, so dass die Verhandlungs- bzw. Erörterungsgebühr nach § 31 Abs. 1 Nr. 2 bzw. Nr. 4 BRAGO entstand. Mit dem erweiterten Anwendungsbereich der Terminsgebühr will der Gesetzgeber den Parteien ein oft langwieriges und kostspieliges Verfahren ersparen.[164] Der Gebührentatbestand in dieser Entstehungsvariante erfordert zunächst, dass eine auf die Vermeidung oder Erledigung eines Verfahrens gerichtete Besprechung stattfindet. Dies ist auf jeden Fall dann erfüllt, wenn die Klage beim Arbeitsgericht bereits anhängig ist. Da jedoch bereits die Zielrichtung der Vermeidung eines solchen Verfahrens genügt, ist es ausreichend, wenn die Besprechung dazu dienen soll, ein solches gerichtliches Verfahren zu vermeiden, und dem Anwalt zumindest **Prozessauftrag** erteilt worden ist.[165] Der Gebührentatbestand erfordert jedoch in dieser Entstehungsvariante, dass der Anwalt bei der Besprechung „mitwirkt". Durch die unterschiedliche Formulierung bei den einzelnen Entstehungsvarianten der Terminsgebühr, Vertretung bzw. Wahrnehmung einerseits und Mitwirkung andererseits, macht das Gesetz deutlich, dass – anders als in den übrigen Entstehungsvarianten – bei der Terminsgebühr eine inhaltliche Anforderung an die Tätigkeit des Rechtsanwalts bei der Besprechung gestellt wird, die über die bloße Teilnahme oder die bloße Anwesenheit bei der Besprechung hinausgeht. Allerdings lässt der Begriff der „Mitwirkung" völlig offen, in welcher Weise der Anwalt sich bei der Besprechung beteiligt. Deshalb genügt bereits jede über die bloße Teilnahme hinausgehende Tätigkeit bei einer auf die Vermeidung oder Erledigung eines Verfahrens gerichteten Besprechung als „**Mitwirkung**". So kann beispielsweise die Mitwirkung darin bestehen, dass der Anwalt die ihm unterbreiteten Einigungsvorschläge als abwegig ablehnt. Auch ist

---

164 BT-Drucks. 15/1971, 209.
165 Mayer/Kroiß-Mayer, Vor 3 Teil 3 Rn. 33; Gerold/Schmidt-Müller-Rabe, VV Vor 3 Rn. 91; Hansens/Braun/Schneider, Praxis des Vergütungsrechts, Teil 7 Rn. 300; Bischof/Jungbauer/Podlech-Trappmann, Kompaktkommentar RVG, S. 498; a.A. AnwK-RVG/Gebauer, Vor 3 Rn. 127f., der zumindest Klageeinreichung fordert, so dass für Gespräche zwischen Klageauftrag und Klageeinreichung keine gesonderte Terminsgebühr anfällt.

nicht erforderlich, dass ein streitiges Gespräch stattfindet. Ruft der Rechtsanwalt den Gegner an und unterbreitet ihm mündlich ein Einigungsangebot, das der Gegner sofort annimmt, fällt die Einigungsgebühr an. Allein ausschlaggebend ist, ob das Gespräch mit dem Ziel geführt wurde, das Verfahren zu vermeiden oder zu erledigen.[166]

Die Besprechung kann **mündlich** oder **fernmündlich**[167] erfolgen. Der Gebührentatbestand erfordert in dieser Entstehungsvariante nur, dass eine Besprechung, die auf die Vermeidung oder Erledigung eines Verfahrens gerichtet ist, stattfindet. Da lediglich Besprechungen mit dem Auftraggeber ausgenommen sind, ist es ausreichend, wenn eine Besprechung mit der Zielsetzung der Vermeidung oder Erledigung eines Verfahrens mit einem Dritten, beispielsweise mit einem in Betracht kommenden Zeugen, stattfindet. Aus der Formulierung des Gebührentatbestandes ergibt sich nicht, dass die Besprechung mit dem aktuellen oder potentiellen Verfahrensgegner durchgeführt werden muss.[168] Eine ausdrückliche Regelung der Frage, ob Voraussetzung für die Entstehung der Terminsgebühr in dieser Variante ist, dass die auf die Vermeidung oder Erledigung eines Verfahrens gerichtete Besprechung vorher geplant worden sein muss – also ein Termin für die Besprechung vereinbart wurde – oder ein zufälliges Zusammentreffen aus anderem Anlass genügt, bei dem das Verfahren nebenbei besprochen und ggf. einer gütlichen Einigung zugeführt wird, findet sich im Gesetz nicht. Die Bezeichnung der Gebühr als Terminsgebühr und auch der Umstand, dass die anderen Entstehungsvarianten der Terminsgebühr – nämlich die Vertretung in einem Verhandlungs-, Erörterungs- oder Beweisaufnahmetermin oder die Wahrnehmung eines von einem gerichtlich bestellten Sachverständigen anberaumten Termins – jeweils immer einen vorher festgelegten Termin voraussetzen, sprechen dafür, auch bei der Entstehungsvariante der Besprechung ohne Beteiligung des Gerichts zu fordern, dass diese Besprechung vorher terminiert worden ist. Andererseits fordert aber der Wortlaut des Abs. 3 der Vorbemerkung 3 nicht diese strenge Auslegung. Das Gesetz spricht ausdrücklich lediglich von „Besprechungen" und nicht von „Besprechungsterminen". Der Begriff einer Besprechung setzt ebenfalls nicht voraus, dass diese vorher geplant und ein Termin für die Besprechung vereinbart wurde, sondern beschreibt lediglich, dass ein Meinungsaustausch über einen bestimmten Sachverhalt stattfinden muss. Auch der Wille des Gesetzgebers, mit dem weiten Anwendungsbereich der Terminsgebühr den Anwalt zu animieren, möglichst schnell zu einer Beendigung des Verfahrens beizutragen, spricht eindeutig dafür, einen großzügigen Maßstab anzulegen und auch **zufällige Besprechungen**, die die Vermeidung oder Erledigung eines Verfahrens zum Gegenstand haben, für das Entstehen der Terminsgebühr ausreichen zu lassen.[169]

Hat der Anwalt nach vorausgegangener außergerichtlicher Tätigkeit Prozessauftrag erhalten und kommt es **vor Einreichung der Klage** beim Arbeitsgericht zu einer die Ter-

---

166 Gerold/Schmidt-Müller-Rabe, VV Vor 3 Rn. 95.
167 Mayer, RVG-Letter 2004, 2; Gerold/Schmidt-Müller-Rabe, VV Vor 3 Rn. 87; AnwK-RVG/Gebauer, VV Vor 3 Rn. 122.
168 Mayer/Kroiß-Mayer, Vor 3 Teil 3 Rn. 37; Hansens/Braun/Schneider, Teil 7 Rn. 318; a.A. offenbar Gerold/Schmidt-Müller-Rabe, VV Vor 3 Rn. 96ff., der fordert, dass der Gesprächspartner aus dem Lager des Gegners kommt.
169 Mayer, RVG-Letter 2004, 2; Gerold/Schmidt-Müller-Rabe, VV Vor 3 Rn. 90.

§ 1 Mandatsübernahme

minsgebühr auslösenden **Besprechung** mit dem Gegner oder einem Dritten und kommt es zu einer den Prozess vermeidenden **Einigung**, so sind folgende Gebühren angefallen:
- Verfahrensgebühr VV Nr. 3101 Nr. 1   0,8
- Terminsgebühr VV Nr. 3104   1,2
- Einigungsgebühr VV Nr. 1000   1,5
- nicht angerechneter Anteil der Geschäftsgebühr   0,65
                                         4,15

110 Kommt es **nach Einreichung der Klage** beim Arbeitsgericht zu einer **Besprechung** und zu einer **Einigung** und war ebenfalls vor Erteilung des Klageauftrags der Anwalt auftragsgemäß außergerichtlich tätig gewesen, fallen folgende Gebühren an:
- Verfahrensgebühr Nr. 3100 VV   1,3
- Terminsgebühr Nr. 3104 VV   1,2
- Einigungsgebühr Nr. 1003 VV   1,0
- nicht anzurechnender Anteil der vorgerichtlich entstandenen Geschäftsgebühr von 1,3   0,65
                                         4,15

B. Muster

111 ### I. Muster: Belehrung über die Kostentragungspflicht nach § 12a Abs. 1 ArbGG

Hiermit bestätige ich ▪▪▪ (Vorname, Name), dass ich vor Erteilung des Mandats in der Angelegenheit ▪▪▪/▪▪▪ wegen ▪▪▪ von ▪▪▪ (Rechtsanwalt) darauf hingewiesen worden bin, dass es in arbeitsgerichtlichen Urteilsverfahren des ersten Rechtszugs keinen Anspruch auf Entschädigung wegen Zeitversäumnis und auf Erstattung der Kosten für die Zuziehung eines Prozessbevollmächtigten selbst bei Obsiegen in vollem Umfang gegen die Gegenseite gibt. Weiter bestätige ich, dass ich vor Erteilung des o.g. Mandats darauf hingewiesen wurde, dass dieser Ausschluss der Kostenerstattung grundsätzlich auch für die Kosten der außergerichtlichen Tätigkeit von ▪▪▪ (Rechtsanwalt) gilt.

▪▪▪ (Ort/Datum)

▪▪▪ (Mandant)

112 ### II. Muster: Wertgebührenhinweis nach § 49b Abs. 5 BRAO

1. Kurzfassung

Hiermit bestätige ich ▪▪▪ (Vorname, Name), dass mich ▪▪▪ (Rechtsanwalt) vor Erteilung des Mandats in der Angelegenheit ▪▪▪/▪▪▪ wegen ▪▪▪ darauf hingewiesen hat, dass sich in dieser Angelegenheit die zu erhebenden Gebühren nach dem Gegenstandswert richten.

▪▪▪ (Ort/Datum)

▪▪▪ (Mandant)

2. Ausführliche Fassung

Hiermit bestätige ich ▬▬▬ (Vorname, Name), dass mich ▬▬▬ (Rechtsanwalt) in der Angelegenheit ▬▬▬/▬▬▬ wegen ▬▬▬ vor Erteilung des Mandats darauf hingewiesen hat, dass sich die in der o.g. Angelegenheit zu erhebenden Gebühren nach dem Gegenstandswert richten und dass der Gegenstandswert dieser o.g. Angelegenheit mindestens ▬▬▬ € beträgt.

▬▬▬ (Ort/Datum)

▬▬▬ (Mandant)

III. Anträge auf Beiordnung eines Rechtsanwalts nach § 11a ArbGG und auf Bewilligung von Prozesskostenhilfe

1. Muster: Antrag auf Beiordnung eines Rechtsanwalts nach § 11a ArbGG

An das Arbeitsgericht

In Sachen

▬▬▬/▬▬▬ (je nach Verfahrensstand ausführliches Rubrum oder Kurzrubrum)

zeigen wir die Vertretung des Klägers an. Namens und im Auftrag des Klägers beantragen wir gemäß § 11a Abs. 1 ArbGG: Dem Kläger wird Rechtsanwalt ▬▬▬ als Anwalt beigeordnet. Zur

Begründung

tragen wir vor:

Die Beklagte ist anwaltlich vertreten. Der Kläger kann sich nicht durch ein Mitglied oder einen Angestellten einer Gewerkschaft oder einer Vereinigung von Arbeitgebern vertreten lassen. Er ist außerstande, ohne Beeinträchtigung des für sich und seine Familie notwendigen Unterhalts die Kosten des Rechtsstreits zu bestreiten. In der Anlage legen wir die Erklärung des Klägers über seine persönlichen und wirtschaftlichen Verhältnisse vor.[170] Die Rechtsverfolgung des Klägers ist nicht offensichtlich mutwillig. Auch verfügt der Kläger nicht über die erforderlichen Kenntnisse und Fähigkeiten, den Rechtsstreit selbst zu führen (wird ausgeführt).

▬▬▬ (Rechtsanwalt)

---

170 Die für das Prozesskostenhilfeverfahren eingeführten Vordrucke sind zu verwenden: GMP/Germelmann, § 11a Rn. 51.

§ 1 Mandatsübernahme

2. Muster: Antrag auf Prozesskostenhilfebewilligung mit hilfsweise gestelltem Antrag nach § 11a ArbGG

An das Arbeitsgericht

In Sachen

■■■ / ■■■ (Kurzrubrum)

zeigen wir die Vertretung des Klägers an.

Namens und im Auftrag des Klägers beantragen wir:
1. Dem Kläger wird für die 1. Instanz unter Beiordnung von Rechtsanwalt ■■■ Prozesskostenhilfe bewilligt.
2. Hilfsweise: Dem Kläger wird Rechtsanwalt ■■■ gemäß § 11a ArbGG als Anwalt beigeordnet.

Zur

Begründung

führen wir aus:

Der Kläger kann nach seinen persönlichen und wirtschaftlichen Verhältnissen die Kosten der Prozessführung nicht aufbringen. Auf die Erklärung über seine persönlichen und wirtschaftlichen Verhältnisse, welche in der Anlage beigefügt ist, wird Bezug genommen. Die beabsichtigte Rechtsverfolgung des Klägers bietet hinreichende Aussicht auf Erfolg und ist auch nicht mutwillig (wird ausgeführt).

Daher ist dem Kläger Prozesskostenhilfe gemäß den §§ 114ff. ZPO zu bewilligen.

Für den Fall, dass die beabsichtigte Rechtsverfolgung des Klägers keine hinreichende Erfolgsaussichten im Sinne von § 114 ZPO haben sollte, ist zumindest nach dem gestellten Hilfsantrag nach § 11a ArbGG Rechtsanwalt ■■■ beizuordnen. Denn die vom Kläger beabsichtigte Rechtsverfolgung ist nicht offensichtlich mutwillig, auch verfügt der Kläger nicht über die erforderlichen Kenntnisse und Fähigkeiten, um den Rechtsstreit selbst zu führen (wird ausgeführt). Die Beklagte ist anwaltlich vertreten. Der Kläger kann sich nicht durch ein Mitglied oder einen Angestellten einer Gewerkschaft oder einer Vereinigung von Arbeitgebern vertreten lassen.

■■■ (Rechtsanwalt)

3. Korrespondenz mit der Rechtsschutzversicherung bei Mandatsannahme

a) Muster: Einfache Deckungsanfrage

An

XY Rechtsschutzversicherung AG

Betreff: Versicherungsschein-Nr.: ■■■

Ihr VN: ■■■ (Name, Anschrift)

Sehr geehrte Damen und Herren,

hiermit zeigen wir an, dass uns Herr ■■■ mit der Wahrnehmung seiner rechtlichen Interessen in einer arbeitsrechtlichen Angelegenheit beauftragt hat. Gegenstand unserer Beauftragung ist die in Kopie als Anlage A 1 beigefügte, gegen Ihren VN ausgesprochene schriftliche Abmahnung vom ■■■. Ebenfalls beigefügt ist eine Kopie des schriftlichen Arbeitsvertrages Ihres VN vom ■■■. Wir bitten um Erteilung der Deckungszusage für unsere außergerichtliche Tätigkeit.

Gleichzeitig bitten wir, einen anwaltsüblichen Kostenvorschusses nach § 9 RVG gemäß beigefügter Kostennote zur Verfügung zu stellen. Bei der Bemessung des Kostenvorschusses sind wir von dem monatlichen Bruttogehalt Ihres VN in Höhe von 3.000,00 € und einem Streitwert in Höhe von einem Bruttomonatsgehalt (LAG Hamm, NZA 1984, 236; LAG Düsseldorf NZA-RR 1996, 391) ausgegangen. Wir bitten um Vergütung.

Mit freundlichen Grüßen

Rechtsanwalt[171]

b) **Muster: Deckungsanfrage bei Vorliegen einer in den Anwendungsbereich des Kündigungsschutzgesetzes fallenden Kündigung und der Absicht, zunächst außergerichtlich zu einem Aufhebungsvertrag mit Abfindung zu gelangen**

An

XY Rechtsschutzversicherung

Betreff: Versicherungsschein-Nr.: ■■■

Ihr VN: ■■■ (Name, Anschrift)

Sehr geehrte Damen und Herren,

hiermit zeigen wir an, dass uns Ihr VN ■■■ mit der Wahrnehmung seiner rechtlichen Interessen in einer arbeitsrechtlichen Angelegenheit beauftragt hat. Gegenstand unserer Beauftragung ist die vom Arbeitgeber Ihres VN am ■■■ ausgesprochene Kündigung des Arbeitsverhältnisses zum ■■■. Eine Kopie des Kündigungsschreibens ist als Anlage A 1 beigefügt. Ebenfalls ist zu Ihrer Information eine Kopie des schriftlichen Arbeitsvertrages Ihres VN beigefügt.

---

171 Da im Regelfall nicht zwischen Rechtsanwalt und der Rechtsschutzversicherung, sondern nur zwischen dem Mandanten und seiner Rechtsschutzversicherung vertragliche Beziehungen bestehen, ist es auch und gerade bei rechtsschutzversicherten Mandanten sinnvoll, einen Kostenvorschuss nach § 9 RVG anzufordern. Denn die weitere Entwicklung des Vertragsverhältnisses zwischen Mandant und Rechtsschutzversicherung kann vom Anwalt nicht überblickt werden, so kann sich im Nachhinein ein Risikoausschluss oder eine Obliegenheitsverletzung des VN ergeben. Hieraus resultierende Rückzahlungsansprüche der Rechtsschutzversicherung richten sich jedoch gegen den VN und nicht gegen dessen Rechtsanwalt, an die die Zahlungen geleistet worden sind. Eine Rückzahlungspflicht des Rechtsanwalts besteht nur in den Fällen der Vorschusszahlung, in denen sich der Rechtsschutzversicherer bei Zahlung des Vorschusses die Rückforderung vorbehalten hat, soweit ein Dritter später die Anwaltskosten zu tragen hat (Harbauer/Bauer, Rechtsschutzversicherung, § 20 ARB. 75 Rn. 29).

Mayer

1 § 1 Mandatsübernahme

Ihr VN hat uns beauftragt, vor Erhebung einer Kündigungsschutzklage zunächst außergerichtlich gegen die Kündigung vorzugehen und ggf. eine außergerichtliche Regelung zu erreichen.

Wir bitten um Erteilung der Deckungszusage zunächst für die außergerichtliche Vertretung Ihres VN. Gleichzeitig bitten wir um die Überweisung eines Kostenvorschusses gem. § 9 RVG.

Bei der Bemessung des Kostenvorschusses sind wir, unter Berücksichtigung des monatlichen Bruttoeinkommens Ihres VN in Höhe von 3.000,00 € sowie des Weihnachtsgeldes in Höhe von ▬▬▬ €, gemäß § 42 Abs. 4 GKG von einem Gegenstandswert von ▬▬▬ € und einer Regelgeschäftsgebühr gemäß Nr. 2400 VV von 1,3 ausgegangen.

Nach Eingang Ihrer Deckungszusage werden wir uns mit dem zu Ihrer Information in der Anlage als Entwurf beigefügten Schreiben an den Arbeitgeber Ihres VN wenden. Sollte die in dem vorgenannten Schreiben der Gegenseite gesetzte Frist fruchtlos verstreichen, werden wir Ihren VN um Klagauftrag gegen die Kündigung vom ▬▬▬ bitten.

Bitte überweisen Sie den in der Kostennote ausgewiesenen Betrag auf eines unserer unten angegebenen Konten. Wir haben insoweit eine Frist bis ▬▬▬ notiert.

Mit freundlichen Grüßen

Rechtsanwalt

117 c) Muster: Schreiben an die Rechtsschutzversicherung wegen eines Verfahrens vor dem Integrationsamt

8

An

XY Rechtsschutzversicherung

Betreff: Versicherungsschein-Nr.: ▬▬▬

Ihr VN: ▬▬▬ (Name, Anschrift)

Sehr geehrte Damen und Herren,

hiermit zeigen wir an, dass uns Ihr VN mit der Wahrnehmung seiner rechtlichen Interessen in zwei arbeitsrechtlichen Angelegenheiten beauftragt hat. Der Arbeitgeber Ihres VN beabsichtigt, diesem gegenüber wegen seines angeblich nicht ausreichend höflichen Auftretens gegenüber Kunden des Arbeitgebers eine verhaltensbedingte Kündigung auszusprechen. Der Arbeitgeber hat mittlerweile das Zustimmungsverfahren nach den §§ 85 ff. SGB IX vor dem Integrationsamt eingeleitet. Wir bitten um Deckungszusage für unsere Tätigkeit gegenüber dem Integrationsamt.

Vorsorglich weisen wir darauf hin, dass im Rahmen des Arbeitsrechtsschutzes die Versicherer verpflichtet sind, auch zur Vertretung in einem Verfahren auf Zustimmung zur Kündigung eines Schwerbehinderten vor dem Integrationsamt Versicherungsschutz zu gewähren (AG Siegburg NJW-RR 1995, 285; AG Gelsenkirchen NZA 1988, 818).

Vorsorglich weisen wir ferner noch darauf hin, dass es sich bei unserer Tätigkeit gegenüber dem Integrationsamt und einer evtl. Tätigkeit gegenüber dem Arbeitgeber Ihres VN, sollte es zum Ausspruch der beabsichtigten Kündigung kommen, gebührenrechtlich um zwei Angelegenheiten handelt (AG Singen NVersZ 2000, 148 f).

Weiter bitten wir um Überweisung eines Kostenvorschusses gem. § 9 RVG für unsere Tätigkeit gemäß beigefügter Kostenvorschussnote. Wir sind bei der Bemessung des Kostenvorschussbetrages von einem Streitwert für das Zustimmungsverfahren vor dem Integrationsamt in Höhe des Auffangstreitwerts von 5.000,00 € gemäß Ziff. 39.1 des Streitwertkataloges 2004 und einer Regelgeschäftsgebühr in Höhe von 1,3 gemäß Nr. 2400 VV ausgegangen. Wir bitten um Überweisung auf eines der unten stehenden Konten bis spätestens ■■■.

Mit freundlichen Grüßen

Rechtsanwalt

d) Muster: Schreiben an die Rechtsschutzversicherung wegen Kürzung der Geschäftsgebühr und Androhung der Vorstandsbeschwerde

An

XY Rechtsschutzversicherung

Betreff: Schaden-Nr.: ■■■

Versicherungsschein-Nr.: ■■■

Ihr VN: ■■■ (Name, Anschrift)

Sehr geehrte Damen und Herren,

sehr geehrter Herr ■■■,

wir nehmen Bezug auf Ihr Schreiben vom ■■■, in dem Sie mitteilten, dass Sie die von uns zum Ansatz gebrachte, vor Erteilung des Klagauftrags durch Ihren VN entstandene Geschäftsgebühr nach Nr. 2400 VV lediglich mit einem Gebührensatz von 0,9 anerkennen. Auch überwiesen Sie den in Ihrem Schreiben vom ■■■ im Einzelnen berechneten gekürzten Betrag.

Wir weisen darauf hin, dass der Gebührentatbestand VV Nr. 2400 lediglich einen einheitlichen Gebührenrahmen von 0,5-2,5 vorsieht. Die früher vereinzelt (Braun, Gebührenabrechnung nach dem neuen Rechtsanwaltsvergütungsgesetz, S. 62) vertretene Auffassung, bei der Geschäftsgebühr nach Nr. 2400 VV seien nicht ein, sondern zwei Gebührenrahmen gegeben, nämlich dann, wenn die Angelegenheit umfangreich oder schwierig ist, ein Gebührenrahmen zwischen 1,3 und 2,5 mit einer Mittelgebühr von 1,9, und wenn die Angelegenheit nicht umfangreich oder schwierig ist, ein Gebührenrahmen von 0,5-1,3 mit einer Mittelgebühr von 0,9, ist nach überzeugendem und heftigem Widerspruch in der Literatur (Otto, NJW 2004, 1240; Mayer/Kroiß-Teubel, Das neue Gebührenrecht § 4 Rn. 100 ff.; Mayer/Kroiß-Teubel, Rechtsanwaltsvergütungsgesetz, Nr. 2400 VV Rn. 6 ff.; Schneider/Mock, Das neue Gebührenrecht für Anwälte, § 13 Rn. 9; Madert, AGS 2004, 185 ff.; Bischof/Jungbauer-Podlech-Trappmann, Kompaktkommentar RVG, VV RVG S. 479) vereinzelt geblieben und soll auch vom Urheber nicht mehr vertreten werden. Durchgesetzt hat sich vielmehr zutreffend die Gegenmeinung, die davon ausgeht, dass ein einheitlicher Gebührenrahmen von 0,5-2,5 bei der Geschäftsgebühr nach Nr. 2400 VV gegeben ist, versehen allerdings mit einer Kappungsgrenze bei dem Gebührensatz von 1,3 (vgl. statt vieler Mayer/Kroiß-Teubel, Das neue Gebührenrecht § 4 Rn. 101ff.; Mayer/Kroiß-Teubel, Rechtsanwaltsvergütungsgesetz, Nr. 2400 VV Rn. 3ff.; Hansens, RVGreport 2004, 209ff., 210; AG Landstuhl, RVG-Letter 2005, 6f.; AG Singen, RVG-Letter 2005, 33f.).

Abgesehen davon, dass Sie zu Unrecht davon ausgehen, dass der Gebührentatbestand VV Nr. 2400 zwei verschiedene Gebührenrahmen umfasst, geht auch das weiter in Ihrem Schreiben vom ■■■ vorgebrachte Argument, die von uns zum Ansatz gebrachte außergerichtlich entstandene 2,0 Geschäftsgebühr sei bereits auch deshalb nicht angefallen, weil die Angelegenheit weder besonders schwierig noch besonders umfangreich gewesen sei, krass an der Rechtslage vorbei. Im Gesetzgebungsverfahren wurde nämlich die Voraussetzung der „besonders" umfangreichen oder schwierigen Tätigkeit für das Überschreiten der Kappungsgrenze von 1,3 gestrichen (Otto, NJW 2004, 1240), so dass, wenn man Umfang oder Schwierigkeit in einer Bewertungsskala von 1-100 misst, nur die Bewertung bis einschließlich 50 durch die Schwellengebühr gedeckt ist, und schon die Bewertung mit 51 ausreicht, um die Kappungsgrenze zu überschreiten (Mayer/Kroiß-Teubel Rechtsanwaltsvergütungsgesetz, Nr. 2400 VV Rn. 11). Wie wir Ihnen in unserem Abrechnungsschreiben vom ■■■ im Einzelnen dargelegt haben, fiel in dieser Angelegenheit ein erheblicher Zeitaufwand an, da mehrere Besprechungen mit Ihrem VN, Besprechungen mit dem Betriebsrat und dem Ihren VN behandelnden Arzt durchgeführt werden mussten. Deshalb liegt unter Berücksichtigung unseres zeitlichen Aufwands eine umfangreiche Tätigkeit im Sinne der Anmerkung zum Gebührentatbestand VV Nr. 2400 vor, so dass die von uns zum Ansatz gebrachte Gebühr von 2,0 für unsere außergerichtliche Tätigkeit ohne Weiteres gerechtfertigt ist, zumal wenn man bedenkt, dass bei Rahmengebühren dem Anwalt ein Ermessensspielraum von bis zu 20 % zukommt (Mayer/Kroiß-Winkler, Rechtsanwaltsvergütungsgesetz, § 14 Rn. 46 m.w.N.).

Wir fordern Sie hiermit nochmals auf, unsere Kostenrechnung vom ■■■ nunmehr vollständig auszugleichen und setzen hierfür eine Frist bis zum

■■■ (Datum)

Sollten Sie an Ihrer unzutreffenden Rechtsauffassung festhalten wollen und unsere vorgenannte Kostenrechnung weiterhin nicht ausgleichen, ist dieses Schreiben als

Vorstandsbeschwerde

zu behandeln und unverzüglich an den Vorstand weiterzuleiten.

Hochachtungsvoll

Rechtsanwalt

§ 2 Gerichtliche Verfahren 1. Instanz

Die Arbeitsgerichte sind ausschließlich zuständig zunächst für die **Urteilsverfahren nach § 2 ArbGG**. Hierunter fallen beispielsweise die in der alltäglichen anwaltlichen Praxis häufig vorkommenden Kündigungsschutz- und Zahlungsklagen (vgl. § 2 Abs. 1 Nr. 3 ArbGG). Die **Beschlussverfahren nach § 2a ArbGG** betreffen Angelegenheiten aus dem Betriebsverfassungsgesetz, dem Sprecherausschussgesetz, Wahlstreitigkeiten aus der Unternehmensmitbestimmung sowie Streitigkeiten über Tariffähigkeit und Tarifzuständigkeit einer Vereinigung[172] und kommen in der Praxis des Allgemeinanwalts eher selten vor. Der Abschnitt widmet sich daher den praktisch bedeutsamen Urteilsverfahren vor den Gerichten der Arbeitsgerichtsbarkeit.

A. Allgemeine Erläuterungen

I. Rubrum auf Klägerseite

1. Allgemeines

Im arbeitsgerichtlichen Verfahren gelten für **Form** und **Inhalt der Klage** in allen wesentlichen Punkten die gleichen Vorschriften und Grundsätze wie im Zivilprozess.[173] Nach § 253 Abs. 2 Nr. 1 ZPO muss die Klageschrift u.a. die Bezeichnung der Parteien und des Gerichts enthalten. Beim Kläger sind daher Vorname und Name anzugeben.[174] Häufig wird in arbeitsgerichtlichen Verfahren im Rubrum auf Klägerseite auch die Berufsbezeichnung oder die firmeninterne Hierarchiestufe (z.B. „Prokurist") genannt, erforderlich ist dies aber nicht, Stand bzw. Gewerbe sollen zwar nach § 130 Nr. 1 ZPO, müssen aber nicht genannt werden.[175]

Wichtig ist aber auf jeden Fall die Angabe der ladungsfähigen Anschrift des Klägers. Denn nach der Rechtsprechung des BGH gehört zur ordnungsgemäßen Klageerhebung auch die Angabe der ladungsfähigen Anschrift des Klägers. Wird diese schlechthin oder ohne zureichenden Grund verweigert, ist die Klage unzulässig.[176] Wann im Arbeitsrecht ein solcher zureichender Grund für die Nichtangabe der ladungsfähigen Anschrift des Klägers in der Klageschrift gegeben ist, ist fraglich. Nach dem BFH ist die Angabe einer ladungsfähigen Anschrift nicht Voraussetzung für die Zulässigkeit einer Anfechtungsklage, wenn der Kläger sich bei Nennung der Anschrift der konkreten Gefahr einer Verhaftung aussetzen würde jedenfalls dann, wenn die Identität des Klägers feststeht und die Möglichkeit der Zustellung durch einen Zustellungs- oder Prozessbevollmächtigten sichergestellt ist.[177]

---

172 GMP/Matthes, § 2a Rn. 1.
173 GMP/Prütting, Einl. Rn. 144.
174 Musielak-Foerster, § 253 ZPO Rn. 17.
175 Musielak-Foerster, § 253 Rn. 17; Bauer/Lingemann/Diller/Hausmann, Anwaltsformularbuch Arbeitsrecht, S. 881.
176 BGHZ 102, 332 ff., 334 ff.
177 BFH DStRE 2001, 275 ff.

122 Häufig ist in Klageschriften noch die Floskel „namens und im Auftrag des Klägers" werde Klage erhoben, insoweit handelt es sich um eine bedeutungslose Floskel, die sich zwar eingebürgert hat, aber genauso gut auch weggelassen werden kann.[178]

123 **2. Muster: Rubrum auf Klägerseite**

An das Arbeitsgericht

▬▬▬

In Sachen

Karl Schmidt

▬▬▬

▬▬▬

Kläger

Prozessbevollmächtigter: Rechtsanwalt Anton Meier ▬▬▬

gegen

▬▬▬

zeige ich die Vertretung des Klägers an.

Namens und im Auftrag des Klägers erhebe ich

K l a g e

und beantrage: ▬▬▬

II. Rubrum auf Beklagtenseite

124 Beim Rubrum auf der Beklagtenseite ist zunächst die Frage, wer der **richtige Klagegegner** einer beabsichtigten Klage ist, zu unterscheiden von der Frage, welche Anforderungen an die **korrekte Bezeichnung** des gewählten Beklagten zu stellen sind. Daneben sind bei dem Rubrum auf der Beklagtenseite auch noch die vielfältigen Möglichkeiten der Auslegung anhand des sonstigen Inhalts der Klageschrift zu beachten.

1. Richtiger Klagegegner

125 Da häufig in arbeitsgerichtlichen Verfahren Fristen zu wahren sind, zu denken ist insoweit nur an die Klagefrist nach § 4 KSchG oder die Geltendmachung von Ansprüchen, die ansonsten einer Ausschlussfrist unterliegen, ist es in arbeitsgerichtlichen Verfahren von hoher Bedeutung, dass die Klage gegen den richtigen Klagegegner von vornherein gerichtet wird, damit die einzuhaltenden Fristen gewahrt werden. Als generelle Faustregel kann man im arbeitsgerichtlichen Verfahren empfehlen, dann, wenn auf der Beklagtenseite mehrere juristische oder natürliche Personen in Betracht kommen, im Zweifel die Klage gegen alle theoretisch in Betracht kommenden Klagegegner zu erheben, zumal im erstinstanzlichen Urteilsverfahren gemäß § 12a ArbGG die Kosten-

---

[178] Bauer/Lingemann/Diller/Hausmann, Anwaltsformularbuch Arbeitsrecht, S. 881.

erstattungspflicht stark eingeschränkt ist. Dies gilt insbesondere dann, wenn beispielsweise zweifelhaft ist, ob die aus Sicht des Klägers richtige juristische Person die Kündigung seines Arbeitsverhältnisses ausgesprochen hat. Geradezu fatal wäre es, wenn in diesem Zusammenhang eine Kündigungsschutzklage lediglich gegen die Gesellschaft gerichtet würde, die aus Sicht des Klägers die Kündigung an sich hätte aussprechen müssen und nicht auch gegen die weitere Gesellschaft, die die Kündigung ausgesprochen hat.

Darüber hinaus gibt es im Arbeitsrecht noch eine Reihe von haftungsträchtigen Sonderkonstellationen zu beachten:

a) Stationierungsstreitkräfte

Für Klagen der zivilen Arbeitskräfte der Stationierungsstreitkräfte sind zwar die deutschen Arbeitsgerichte zuständig, zu beachten ist aber, dass eine **gesetzliche Prozessstandschaft der Bundesrepublik Deutschland** nach Art 56 Abs. 8 S 2 NATO-Truppenstatut-Zusatzabkommen (NTS-ZA) besteht.[179]

Wird beispielsweise eine Kündigungsschutzklage eines bei den französischen Stationierungsstreitkräften beschäftigten Arbeitnehmers nicht gegen die Bundesrepublik Deutschland, sondern gegen den französischen Staat gerichtet, so **verneint** die herrschende Meinung die **Möglichkeit der Berichtigung** und geht, falls die Klage erst nach Ablauf der 3-Wochen-Frist auch gegen die Bundesrepublik Deutschland erhoben wird, von einer Versäumung der Klagefrist aus.[180]

Bei einer Klage gegen eine Kündigung der unter das NATO-Truppenstatut fallenden Stationierungsstreitkräfte lautet das Beklagtenrubrum richtig beispielsweise wie folgt:

Muster: Beklagtenrubrum bei Prozessstandschaft nach Art. 56 Abs. 8 S. 2 NTS-ZA

■■■ ./. Bundesrepublik Deutschland in Prozessstandschaft für die Republik Frankreich, vertreten durch

b) Kündigung des Insolvenzverwalters

Eine Kündigungsschutzklage gegen eine Kündigung des Insolvenzverwalters ist gegen diesen als **Partei kraft Amtes** zu richten. Eine Klage gegen die Schuldnerin macht den Insolvenzverwalter nicht zur Partei und wahrt deshalb nicht die Klagefrist nach § 4 KSchG.[181]

Ist ausweislich des Rubrums der Klageschrift anstatt des Insolvenzverwalters die Schuldnerin verklagt, so ist jedoch stets zu prüfen, ob der Fehler durch eine **Rubrumsberichtigung** beseitigt werden kann. Für die Parteistellung im Prozess ist nicht allein die formelle Bezeichnung der Partei in der Klageschrift maßgeblich. Ergibt sich in einem Kündigungsrechtsstreit etwa aus dem der Klageschrift beigefügten Kündigungsschreiben, wer als

---

179 AP Nr 23 zu § 611 BGB Persönlichkeitsrecht.
180 HaKo-Gallner, KSchG § 4 Rn. 40.
181 BAG NJOZ 2003, 1200ff.

beklagte Partei gemeint ist, so ist eine Berichtigung des Rubrums möglich. Lässt sich der Klageschrift entnehmen, dass der Insolvenzverwalter die Kündigung ausgesprochen hat, oder auch nur, dass das Insolvenzverfahren gegen die Schuldnerin eröffnet worden ist, so wird regelmäßig eine Ergänzung des Beklagtenrubrums möglich sein. Dies gilt erst recht, wenn der Klageschrift das Kündigungsschreiben beigefügt ist, aus dem sich ergibt, dass es sich um eine Kündigung des Insolvenzverwalters handelt, der demgemäß nach dem Gesamtzusammenhang der Klageschrift verklagt werden soll.[182]

2. Richtige Beklagtenbezeichnung

a) Einzelperson

133 Ist der Beklagte ein **Einzelkaufmann**, kann er wahlweise unter seinem Namen oder seiner Firma verklagt werden (§ 17 Abs. 2 HGB). **Freiberufler** oder **sonstige natürliche Personen** als Arbeitgeber müssen unter ihrem richtigen Namen verklagt werden.[183] Auch eine ladungsfähige Anschrift muss beim Beklagten angegeben werden, damit die Klageschrift überhaupt zugestellt werden kann.[184]

134 Muster: Beklagtenbezeichnung Einzelperson

■■■/Günter Müller

Kaiserstraße 1

76135 Karlsruhe

Beklagter

b) GmbH

135 Die GmbH wird durch den oder die Geschäftsführer vertreten. Ausreichend ist auf jeden Fall, wenn **einer von mehreren alleinvertretungsberechtigten Geschäftsführern** mit Vorname, Name und Adresse angegeben wird, **bei gesamtvertretungsberechtigten Geschäftsführern müssen mindestens 2** im Rubrum aufgeführt sein, Fehler sind allerdings gemäß § 130 Nr. 1 ZPO nicht schädlich.[185]

136 Die korrekte Namensbezeichnung des oder der Geschäftsführer hat jedoch nur Bedeutung für die Zustellbarkeit der Klageschrift.[186] So genügt bei der GmbH auch die bloße Angabe der Organstellung, also die Formulierung „vertreten durch den Geschäftsführer".[187] Um Verzögerungen bei der Zustellung von vornherein zu vermeiden, sollten gleichwohl im Beklagtenrubrum der oder die Geschäftsführer mit Vornamen und Namen, soweit er bekannt oder innerhalb der Klagefrist feststellbar ist, bezeichnet werden.

---

182 BAG, a.a.O.
183 Bauer/Lingemann/Diller/Hausmann, Anwaltsformularbuch Arbeitsrecht, S. 882.
184 Musielak-Foerster, § 253 ZPO Rn. 20.
185 Bauer/Lingemann/Diller/Hausmann, Anwaltsformularbuch Arbeitsrecht, S. 883.
186 Zöller/Greger, § 253 ZPO Rn. 8.
187 BGH NJW 1993, 2811ff., 2813; Musielak-Förster, 4. Aufl., Rn. 17.

Muster: Beklagtenbezeichnung GmbH

■■■ / Werbeplakat GmbH, vertreten durch die Geschäftsführer Jürgen Meier und Karl Binder,

Adenauerring 1,

81667 München

Beklagte

c) GbR

Steht auf der Beklagtenseite eine (Außen-)GbR, so ist auf die Fassung des Rubrums besonderen Bedacht zu legen. Denn der BGH hat in der Entscheidung vom 29.01.2001[188] der (Außen-)GbR die Rechtsfähigkeit zuerkannt, soweit sie durch Teilnahme am Rechtsverkehr eigene Rechte und Pflichten begründet, auch ist die (Außen-)GbR in diesem Rahmen zugleich aktiv und passiv parteifähig. Damit im Widerspruch steht jedoch die bisherige Rechtsprechung des BAG, welches die Arbeitgeberfähigkeit der GbR bislang verneint hat. Nach der bisherigen Rechtsprechung des BAG sind Träger der Arbeitgeberrechte und -pflichten die Gesellschafter. Sie nehmen die (Mit-)Arbeitgeberstellung gemeinschaftlich und verbunden zur gesamten Hand ein, auch wenn sie sich durch ein gemeinsam geschaffenes Vertretungsorgan ihrer Gesellschaft im Rechtsverkehr vertreten lassen und im Rubrum eines Arbeitsvertrages lediglich die Gesellschaft genannt wird.[189] Nach dem Verständnis des BAG ist die GbR nicht selbständiger Arbeitgeber, selbst wenn die Arbeitsverträge im Namen der Gesellschaft geschlossen wurden.[190] Setzt man die Rechtsfortbildung des BGH auch im Arbeitsrecht um, ist die GbR im Arbeitsrecht als arbeitgeberfähig anzusehen.[191] Nach der bisherigen Auffassung des BAG ist die Kündigungsschutzklage nur gegen alle Gesamthänder gemeinsam zulässig,[192] während bei Anerkennung der Arbeitgeberfähigkeit der GbR die Kündigungsschutzklage ausschließlich und zwingend gegen die GbR zu richten ist, da Vertragspartner des Arbeitnehmers ausschließlich die GbR ist.[193] Das BAG hat im Anschluss an die Entscheidung des BGH[194] aber nunmehr entschieden, dass die Gesellschaft bürgerlichen Rechts **aktiv und passiv parteifähig** ist.[195] Sicherheitshalber sollten aber derzeit neben der GbR die einzelnen Gesellschafter mitverklagt werden.[196] Dies gilt auf jeden Fall dann, wenn es sich um eine Zahlungsklage handelt. Wegen der **persönlichen Gesellschafterhaftung** ist es immer ratsam, neben der Gesellschaft auch die

---

188 NJW 2001, 1056 ff.
189 BAG AP Nr. 4 zu § 705 BGB; für die aktive und passive Parteifähigkeit einer GbR jedoch LAG Bremen NZA 1998, 902 f.
190 HaKO-Gallner, § 4 KSchG Rn. 96.
191 ErfKoArbR-Preis, § 611 BGB Rn. 212; Diller, NZA 2003, 401 ff.
192 HaKO-Gallner, § 4 KSchG Rn. 96 m.w.N.
193 Diller, NZA 2003, 401 ff., 404.
194 NJW 2001, 1056 ff.
195 BAG NZA 2005, 318 f. = NJW 2005, 1004 f.
196 HaKO-Gallner, a.a.O.; Diller, NZA 2003, 401 ff., 405.

§ 2 Gerichtliche Verfahren 1. Instanz

Gesellschafter persönlich zu verklagen, insbesondere auch dann, wenn nicht sicher ist, ob eine wirkliche Außengesellschaft mit Gesamthandvermögen existiert.[197] Die Kündigungsschutzklage ist zwar, wenn die Arbeitgeberfähigkeit der GbR zu bejahen ist, zwingend und ausschließlich gegen die GbR zu richten, eine Kündigungsschutzklage, die allein oder zusätzlich gegen die Gesellschafter gerichtet ist, ist bei Anerkennung der Arbeitgebereigenschaft der GbR zwingend als unbegründet abzuweisen.[198] Um u.a. auch die Risiken zu minimieren, die aus der tatsächlichen Schwierigkeit resultieren können, ob eine GbR **wirklich existiert**[199] oder sie **nicht hinreichend individualisiert** werden kann, beispielsweise wenn die gleichen Gesellschafter mehrere GbR gleichzeitig betreiben, wird von Diller empfohlen, mit einer subjektiven Klagehäufung zu arbeiten,[200] zumal nach der Rechtsprechung des BAG eine **subjektive evtl. Klagehäufung** zwar unzulässig ist, gleichwohl aber die Klagefrist des § 4 KSchG wahrt.[201]

139 Muster: Beklagtenrubrum bei Zuerkennung der Arbeitgebereigenschaft der GbR

■■■/Sozietät „Schmidt und Walter GbR"

vertreten durch die Gesellschafter RA Jürgen Schmidt und RA Herbert Walter

■■■

■■■

140 Muster: Beklagtenrubrum bei subjektiver Klagehäufung

■■■/1.   Sozietät „Schmidt und Walter GbR",

vertreten durch die Gesellschafter RA Jürgen Schmidt und RA Herbert Walter

■■■

■■■
2. hilfsweise:
   a) Rechtsanwalt Jürgen Schmidt ■■■
   b) Rechtsanwalt Herbert Walter ■■■

141 Muster: Beklagtenrubrum bei der Inanspruchnahme der GbR und der Gesellschafter als Gesamtschuldner

■■■/1.   Sozietät „Schmidt und Walter GbR",

vertreten durch die Gesellschafter RA Jürgen Schmidt und RA Herbert Walter

■■■

■■■

---

197 BGH NJW 2001, 1056ff., 1060; differenzierend Diller, NZA 2003, 401ff., 405.
198 Diller NZA 2003, 401ff., 404; Bauer/Lingemann/Diller/Hausmann, Anwaltsformularbuch Arbeitsrecht, S. 884.
199 Vgl. HaKO-Gallner, § 4 KSchG Rn. 96.
200 Diller, NZA 2003, 401ff., 405.
201 BAG NZA 1994, 237f.; HaKO-Gallner, § 4 KSchG Rn. 33.

und in gesamtschuldnerischer Haftung
2. Rechtsanwalt Jürgen Schmidt, als Gesellschafter der Sozietät „Schmidt und Walter GbR",

■■■
3. Rechtsanwalt Herbert Walter, als Gesellschafter der Sozietät „Schmidt und Walter GbR",

■■■.[202]

d) OHG

Schließt eine OHG einen Arbeitsvertrag, ist sie Arbeitsvertragspartei und deshalb **Arbeitgeberin**.[203] Gemäß § 124 HGB kann die OHG unter ihrer Firma verklagt werden. Sofern die Gesellschafter wegen ihrer Solidarhaftung (§ 128 HGB) mitverklagt werden sollen, müssen sie ausdrücklich als „Beklagte Ziff. 2 ff." ins Rubrum aufgenommen werden, eine bloße Nennung als gesetzliche Vertreter der OHG führt nicht dazu, dass die Gesellschafter selbst Partei des Verfahrens werden.[204]

Muster: Beklagtenrubrum bei Klage nur gegen die OHG

■■■ / Schulze und Schmidt OHG,

gesetzlich vertreten durch die Gesellschafter Roland Schulze und Achim Schmidt,

■■■
■■■

Muster: Beklagtenrubrum bei Klage gegen die OHG und gegen die nach § 128 HGB persönlich haftenden Gesellschafter in subjektiver Klagehäufung

■■■ / 1.   Schulze und Schmidt OHG,

gesetzlich vertreten durch die Gesellschafter Roland Schulze und Achim Schmidt,

■■■
■■■

und als Gesamtschuldner
2. Roland Schulze ■■■
3. Achim Schmidt ■■■

Muster: Klage gegen OHG und die Gesellschafter in subjektiver, evtl. Klagehäufung

■■■ / 1.   Schulze und Schmidt OHG,

gesetzlich vertreten durch die Gesellschafter Roland Schulze und Achim Schmidt,

■■■

---

202 Vgl. Meixner, Formularbuch Arbeitsgerichtsprozess, S. 335.
203 HaKO-Gallner, § 4 KSchG Rn. 97.
204 Bauer / Lingemann / Diller / Hausmann, Anwaltsformularbuch Arbeitsrecht, S. 885.

und zusätzlich für den Fall der Stattgabe des Klagantrags Ziff. 1
2. Roland Schulze ■■■
3. Achim Schmidt ■■■[205]

e) GmbH & Co. KG

146 Die GmbH & Co. KG wird durch die Komplementär-GmbH, diese wiederum durch deren Geschäftsführer vertreten.

147 Muster: Rubrum auf Beklagtenseite bei GmbH & Co. KG als Beklagte

■■■/Schmidt & Schulze GmbH & Co. KG,

gesetzlich vertreten durch die Komplementärin Jürgen Schmidt GmbH,

diese wiederum vertreten durch den Geschäftsführer Jürgen Schmidt,

■■■

f) Partnerschaftsgesellschaft

148 Die Rechtsverhältnisse einer Partnerschaft nach dem Gesetz über Partnerschaftsgesellschaften Angehöriger freier Berufe richten sich nach den Vorschriften des BGB über die Gesellschaft (§§ 1 Abs. 4 PartGG, 705 ff. BGB). Nach § 7 Abs. 2 PartGG i.V.m. § 124 HGB können die Partner jedoch unter dem Namen ihrer Partnerschaft nach § 2 PartGG verklagt werden.[206] Insoweit kommt es auf die Rechtsprechungsänderung oder Klarstellung des BGH also nicht an.[207]

149 Muster: Beklagtenrubrum bei der Partnerschaftsgesellschaft

■■■/Anwaltssozietät Schulz, Schmidt und Partner,

vertreten durch Rechtsanwalt Jürgen Schulz,

■■■

g) AG

150 Nach § 78 Abs. 1 AktG wird die Aktiengesellschaft vom **Vorstand** gerichtlich vertreten.

---

205 Beispielsweise kann es sinnvoll sein, die Kündigungsschutzklage gegen die OHG mit einer gesamtschuldnerisch gegen die Gesellschafter gerichteten Leistungsklage auf Zahlung der Vergütung nach Ablauf der Kündigungsfrist zu verbinden, weil die Gesellschafter gemäß § 128 HGB für die Schulden der Gesellschaft persönlich haften und auf diese Weise eine Vollstreckung in das Privatvermögen der Gesellschafter ermöglicht wird (HaKo-Gallner, § 4 KSchG Rn. 97.).
206 APS-Ascheid, § 4 KSchG Rn. 46.
207 HaKo-Gallner, § 4 KSchG Rn. 97.

Muster: Rubrum bei AG als Beklagte

■■■/Vintus AG

vertreten durch die Vorstandsmitglieder Bernd Müller und Berta Schulz,

■■■

■■■

Beklagte

h) Kommanditgesellschaft

Die KG entspricht der OHG mit dem einzigen Unterschied, dass in der Gesellschaft mindestens ein persönlich haftender Gesellschafter vorhanden ist, ein sogenannter Komplementär, und mindestens ein sogenannter Kommanditist, der dem Gesellschaftsgläubiger nicht nach den §§ 128 ff. HGB, sondern nur beschränkt nach den §§ 171 ff. HGB haftet.[208] Wegen der persönlichen Gesellschafterhaftung und der daraus sich ergebenden Möglichkeit einer Zwangsvollstreckung in das Privatvermögen der Komplementäre ist stets anzuraten, neben der Kommanditgesellschaft **auch die persönlich haftenden Gesellschafter** zu verklagen.[209]

Zu beachten ist aber, dass ein Kommanditist nicht Arbeitgeber ist, sondern **Arbeitgeber** ist nach der Rechtsprechung des BAG, wer den Arbeitnehmer beschäftigt, und das ist die **KG**. Zwischen Arbeitnehmer und Kommanditist bestehen keine arbeitsvertraglichen Beziehungen.[210] Eine lediglich gegen den Kommanditisten gerichtete Kündigungsschutzklage wahrt bei einem mit der KG bestehenden Arbeitsverhältnis nicht die Klagefrist des § 4 KSchG.[211]

Muster: Rubrum bei Klage nur gegen die KG

■■■/Berta Müller KG

gesetzlich vertreten durch die Komplementärin Berta Müller,

■■■

■■■

Abwandlung: Klage gegen Kommanditgesellschaft und Komplementärin

■■■/1. Berta Müller KG

gesetzlich vertreten durch die Komplementärin Berta Müller,

■■■

■■■

und die Komplementärin in gesamtschuldnerischer Haftung

---

208 Baumbach/Hopt-Hopt, HGB, 31. Aufl., § 161 Rn. 1.
209 Meixner, Formularbuch Arbeitsgerichtsprozess, S. 338.
210 BAG AP Nr. 23 zu § 2 ArbGG 1979.
211 Meixner, Formularbuch Arbeitsgerichtsprozess, S. 338.

§ 2 Gerichtliche Verfahren 1. Instanz

2. Berta Müller,

■■■

■■■

i) Eingetragener Verein

156 Der eingetragene Verein hat eine eigene Rechtspersönlichkeit und ist rechtsfähig.[212] Nach § 26 Abs. 2 Satz 1 BGB wird er vom **Vorstand** gerichtlich vertreten.

157 Muster: Beklagtenrubrum bei eingetragenem Verein

■■■/VfB Altenberg

vertreten durch die Vorstandsmitglieder Gerd Müller und Franz Kahn

■■■

■■■

Beklagter

j) Nicht eingetragener Verein

158 Ein nicht rechtsfähiger Verein besitzt nach § 50 Abs. 2 ZPO die passive Parteifähigkeit. Hieraus wird gefolgert, dass nicht rechtsfähige Vereine Arbeitgeber sein können[213] und als solche gemäß § 50 Abs. 2 ZPO zu verklagen sind.

159 Muster: Rubrum bei nicht eingetragenem Verein als Beklagter

■■■/Verein Kindergruppe Krabbeltisch

vertreten durch den Vorstand Karla Klotz und Hilde Braun

■■■

■■■

Beklagter

k) Öffentlicher Dienst

160 Auch die Angestellten des öffentlichen Dienstes sind Arbeitnehmer,[214] auf das Arbeitsverhältnis sind die zivilrechtlichen Normen des Arbeitsrechts anzuwenden, selbst wenn hoheitliche Aufgaben wahrgenommen werden.[215] Bei den Klagen vor den Gerichten der Arbeitsgerichtsbarkeit gegen die **Arbeitgeber im öffentlichen Dienst** ist stets darauf zu achten, dass diese richtig bezeichnet und die Vertretungsverhältnisse richtig angegeben sind. Vielfach sind **landesrechtliche Besonderheiten** zu beachten.

---

212 Hk-BGB/Dörmer, § 22 Rn. 6.
213 HaKo-Gallner, § 4 Rn. 96.
214 BAG AP Nr. 1 zu § 611 BGB öffentlicher Dienst.
215 GMP/Matthes, § 2 Rn. 58.

Muster: Beklagtenrubrum bei Klage gegen eine Gemeinde (Baden-Württemberg)

■■■ / Stadt Ludwigsburg

vertreten durch den Oberbürgermeister Dr. Schwab

■■■
■■■

I) Gewerkschaft

Gewerkschaften sind traditionell **nicht-eingetragene Vereine**, nach § **10 ArbGG** sind sie im arbeitsgerichtlichen Verfahren parteifähig. Dies gilt unabhängig von der Verfahrensart und der Rechtsstellung der Gewerkschaft im konkreten Verfahren.[216]

Bei den Vertretungsverhältnissen der Gewerkschaften ist keine einheitliche Praxis gegeben, vertretungsberechtigt ist üblicherweise der Hauptvorstand, regelmäßig aber auch die örtlichen Bezirkssekretäre, die Einzelheiten sind von Gewerkschaft zu Gewerkschaft verschieden, im **Einzelfall** müssen sie sorgfältig ermittelt werden.[217]

Muster: Beklagtenrubrum bei Klage gegen Gewerkschaft

■■■ / Industriegewerkschaft Chemie

vertreten durch den Bezirkssekretär Walter Tüte

■■■
■■■

B. Verhaltensbedingte Kündigung aus Sicht des Arbeitnehmervertreters

I. Vorprozessuale Situation

1. Erster Mandatenkontakt und Terminsvergabe

Das Arbeitsrecht ist ein Rechtsgebiet, in dem häufig rasch gehandelt werden muss und bei Versäumung von Fristen gravierende Nachteile drohen. Dies gilt insbesondere bei Kündigungen. Meldet sich ein potentieller neuer Mandant und wünscht einen Besprechungstermins aus Anlass einer erhaltenen Kündigung, so ist durch die **Büroorganisation** sicherzustellen, dass der Interessent so rechtzeitig einen Termin zur Beratung mit dem gewünschten Rechtsanwalt erhält, dass eine in diesem Zusammenhang drohende Fristversäumnis ausgeschlossen wird. Dies gilt selbstverständlich auch bei allen anderen Formen der Kontaktaufnahme durch mögliche neue Auftraggeber, sei es persönlich, schriftlich oder per E-Mail. Auf jeden Fall ist vom Büropersonal anlässlich des ersten Mandantenkontakts der Zeitpunkt zu ermitteln, in welchem im ungünstigsten Fall die **Klagefrist** des § 4 KSchG (3 Wochen nach Zugang der schriftlichen Kündigung)

---

216 GMP/Matthes, § 10 Rn. 7.
217 Bauer/Lingemann/Diller/Hausmann, Anwaltsformularbuch Arbeitsrecht, S. 886; Meixner, Formularbuch Arbeitsgerichtsprozess, S. 336.

ablaufen wird. Erfolgt die Terminsvergabe ohne Beteiligung des Anwalts, sollte das Büropersonal angewiesen sein, insoweit stets von dem Datum der schriftlichen Kündigungserklärung als dem in diesem Verfahrensstadium vorläufig zum Ansatz zu bringenden Zeitpunkt des Zugangs der Kündigung auszugehen. Keinesfalls sollte bei der Vergabe des Besprechungstermins an den potentiellen Mandanten die theoretische Frist von 3 Wochen ab dem Datum der Kündigungserklärung ausgeschöpft werden, da auf diese Weise uU entscheidende Verteidigungschancen des Arbeitnehmers vertan werden könnten. So kommt in manchen Fällen eine Zurückweisung der Kündigung wegen fehlender Vollmachtsvorlage nach § 174 BGB in Betracht, so dass die Besprechung mit dem gekündigten Arbeitnehmer so **kurzfristig** stattfinden sollte, dass noch eine im Sinne von § 174 Satz 1 BGB „unverzügliche" Zurückweisung möglich ist.[218] Des Weiteren ist zu bedenken, dass häufig auch außergerichtliche Bemühungen vor Erhebung einer Kündigungsschutzklage den Interessen des Mandanten äußerst dienlich sein können, die Möglichkeit, insoweit die Initiative zu ergreifen und vor Erhebung der Kündigungsschutzklage mit dem Arbeitgeber Kontakt aufzunehmen, wird jedoch bei einem schleppenden, nur zögerlichen Anpacken des Falls vertan. Hieraus folgt, dass mögliche neue Mandanten in Kündigungsschutzangelegenheiten bei der Terminsvergabe absolute Priorität genießen und Termine im Idealfall sofort, ansonsten aber kurzfristig vergeben werden müssen.

166 Bei der Terminsvergabe sollte der Mandant auch darauf hingewiesen werden, dass er zu dem Besprechungstermin mit dem seinen Fall möglicherweise bearbeitenden Rechtsanwalt auf jeden Fall das **Original der Kündigungserklärung** sowie – soweit greifbar – seinen **Arbeitsvertrag**, die **letzte Lohn- und Gehaltsabrechnung** sowie ggf. seine **Rechtsschutzversicherungspolice** mitbringen soll.

2. Mandatsannahme

167 Die erste Besprechung des Anwalts mit dem möglichen neuen Auftraggeber in der Kündigungsangelegenheit ist von großer Bedeutung, da hier die rechtlichen Rahmenbedingungen des Sachverhalts ermittelt und die Interessenlage des Mandanten herausgearbeitet werden muss. Fehler in diesem Stadium der Mandatsbearbeitung sind vielfach später nicht mehr zu korrigieren.

a) Hinweis nach § 49b Abs. 5 BRAO sowie Belehrung über die Kostentragungspflicht

168 Nach **§ 49b Abs. 5 BRAO** hat der Rechtsanwalt, wenn sich die zu erhebenden Gebühren in einer Angelegenheit nach **Gegenstandswert** richten, vor Übernahme des Auftrags darauf **hinzuweisen**. Geht es um eine verhaltensbedingte Kündigung des Arbeitnehmers, liegt ein solcher Sachverhalt vor, in dem sich die zu erhebenden Gebühren nach dem Gegenstandswert berechnen. Standesrechtlich ist somit der Anwalt gehalten, bereits schon vor der eigentlichen Annahme des Mandats diesen Hinweis an den Mandanten zu erteilen.[219] Sinnvollerweise ist dieser Hinweis nach § 49b Abs. 5 BRAO zu verbinden mit der Belehrung über die Kostentragungspflicht nach § 12a Abs. 1

---

218 Zu den insoweit zu beachtenden Fristen s. näher unter Rn. 199.
219 S. hierzu die Muster Rn. 112.

B. Verhaltensbedingte Kündigung aus Sicht des Arbeitnehmervertreters

ArbGG,[220] die jedoch unterbleiben kann, wenn feststeht, dass die Partei kein Kostenrisiko treffen kann, weil eine **Rechtsschutzversicherung** in vollem Umfang eintritt.[221] Allerdings wird es in diesem Verfahrensstadium häufig nicht sicher abschätzbar sein, ob eine Rechtsschutzversicherung für die Kosten in vollem Umfang eintritt.

b) Fristberechnung

Entschließt sich der Anwalt zur Annahme des angetragenen Mandats einer auf verhaltensbedingte Gründe gestützten Kündigung eines Arbeitnehmers als Arbeitnehmervertreter, ist die vordringlichste und zunächst wichtigste Aufgabe die der Feststellung der laufenden Fristen, insbesondere der Klagefrist des § 4 KSchG. Dazu muss zunächst der **Zeitpunkt des Zugangs** der Kündigungserklärung präzise festgestellt werden. Die Kündigung ist eine einseitige empfangsbedürftige Willenserklärung, der Zugang unter Anwesenden stellt sich regelmäßig als unproblematisch dar.[222]

169

In der Praxis hauptsächlich bedeutsam ist jedoch der Fall des Zugangs der Kündigung unter Abwesenden. Die insoweit einschlägige Vorschrift des § 130 Abs. 1 BGB bezieht sich ausschließlich auf die Rechtsfolge, dass eine in Abwesenheit des Empfängers abgegebene Willenserklärung im Zeitpunkt des Zugangs wirksam wird.[223] Nach der Rechtsprechung des **BAG** müssen für den Zugang einer schriftlichen Kündigungserklärung **zwei Voraussetzungen** erfüllt sein: das Schreiben muss in verkehrsüblicher Art in die tatsächliche Verfügungsgewalt des Empfängers oder eines empfangsberechtigten Dritten gelangen, und zweitens muss für den Empfänger unter gewöhnlichen Umständen eine Kenntnisnahme zu erwarten sein.[224]

170

Wenn für den Kündigungsempfänger die Möglichkeit der Kenntnisnahme von der Kündigung unter gewöhnlichen Verhältnissen besteht, ist unerheblich, wann er die Erklärung tatsächlich zur Kenntnis genommen hat oder ob er daran durch Krankheit, zeitweilige Abwesenheit und andere besondere Umstände zunächst gehindert war, beispielsweise durch Untersuchungshaft oder Auslieferungshaft im Ausland.[225] Selbst bei Kenntnis des Arbeitgebers von der urlaubsbedingten Ortsabwesenheit des Arbeitnehmers geht diesem ein an die Heimatanschrift gerichtetes Kündigungsschreiben wirksam zu, selbst wenn der Arbeitnehmer seine Urlaubsanschrift dem Arbeitgeber mitgeteilt hat. Lediglich kann sich bei besonderen Umständen des Einzelfalles aus § 242 BGB nach dem BAG eine abweichende Würdigung ergeben,[226] unter Aufgabe der früheren Rechtsprechung, wonach der Zugang erst dann vorliegt, wenn und soweit der Erklärende die Kenntnisnahme des Adressaten vom Erklärungsinhalt berechtigterweise erwarten kann, was nicht gegeben ist, wenn dem Arbeitgeber bei Abgabe der

171

---

220 S. hierzu das Muster Rn. 111.
221 S. oben Rn. 8.
222 HaKo-Fiebig, Einl. Rn. 34.
223 HaKo-Fiebig, Einl. Rn. 36.
224 BAG AP Nr. 16 zu § 130 BGB; BAG AP Nr. 17 zu § 130 BGB; beide Entscheidungen unter ausdrücklicher Aufgabe des früher geforderten Zugangserfordernisses „wenn und sobald der Erklärende die Kenntnisnahme des Adressaten vom Erklärungsinhalt berechtigterweise erwarten kann", vgl. BAG NJW 1981, 1040.
225 BAG AP Nr. 17 zu § 130 BGB.
226 AP Nr. 16 zu § 130 BGB.

Mayer

Kündigungserklärung bekannt ist, dass der beurlaubte Arbeitnehmer verreist ist.[227] Allerdings ist nach Auffassung des BAG im Falle der **urlaubsbedingten Abwesenheit** eine nachträgliche Zulassung der Kündigungsschutzklage in aller Regel geboten. Wer eine ständige Wohnung hat und diese nur vorübergehend während des Urlaubs nicht benutzt, braucht für diese Zeit keine besonderen Vorkehrungen hinsichtlich möglicher Zustellungen zu treffen. Vielmehr darf der Arbeitnehmer damit rechnen, Wiedereinsetzung in den vorigen Stand zu erhalten, falls ihm während seiner Urlaubszeit ein Schriftstück zuging und er hieran anknüpfende Fristen versäumt hat. Dies gilt grundsätzlich selbst dann, wenn die Zuleitung einer Willenserklärung bzw. eines Bescheides zu erwarten war. Etwas anderes kann allerdings nach der Auffassung der Rechtsprechung dann gelten, wenn dem Empfänger ein sonstiges Verschulden zur Last gelegt werden kann, er also z.B. die Abholung vernachlässigt oder sich einer erwarteten Zustellung vorsätzlich entziehen wollte.[228]

172 Verhindert jedoch nur ein als Empfangsbote in Betracht kommender Dritter durch Annahmeverweigerung den Zugang der Kündigungserklärung, so kann dies dem Kündigungsadressaten nicht zugerechnet werden, wenn er hierauf keinen Einfluss hat. Er muss die Erklärung in diesem Fall nur dann als zugegangen gegen sich gelten lassen, wenn der Dritte im Einvernehmen mit ihm bewusst die Entgegennahme verweigert und damit den Zugang vereitelt hat.[229]

173 Folgende in der Praxis häufig vorkommende Einzelfälle können unterschieden werden:

174 *aa) Übermittlung der Kündigung per Boten:* Bei der **unmittelbaren Übergabe** der Kündigungserklärung beispielsweise durch einen Boten ist die Kündigungserklärung mit Aushändigung an den Kündigungsempfänger oder einen nach der Verkehrsauffassung empfangsberechtigten Dritten zugegangen. Wird die Kündigung per Boten überbracht und in den Wohnungsbriefkasten eingeworfen, ist der Zeitpunkt des Zugangs abhängig von dem Zeitpunkt des Einwurfs der Kündigung in den Briefkasten. Wird das Kündigungsschreiben erst erhebliche Zeit nach der allgemeinen Postzustellung in den Wohnungsbriefkasten eingeworfen – in dem der Entscheidung zugrunde liegenden Fall gegen 16.30 Uhr – geht die Kündigung erst am nächsten Tag zu, denn nach der Verkehrsanschauung muss zu erwarten sein, dass der Empfänger sich alsbald die Kenntnis von der in seine Verfügungsgewalt gelangten Erklärung auch tatsächlich verschafft. Hält sich der Arbeitnehmer während einer Krankheit oder einer sonstigen Arbeitsfreistellung gewöhnlich zu Hause auf, so ist von ihm nach der Verkehrsanschauung nicht zu erwarten, dass er nach den allgemeinen Postzustellungszeiten seinen Wohnungsbriefkasten nochmals überprüft.[230]

175 *bb) Übermittlung der Kündigung als einfache Briefsendung:* Der Zugang der Kündigungserklärung erfolgt mit **Aushändigung** an den Empfänger oder einen nach der Verkehrsauffassung empfangsberechtigten Dritten. Wird der Brief mit der Kündigung in

---

227 BAG NJW 1981, 1470.
228 BAG AP Nr. 16 zu § 130 BGB.
229 BAG NZA 1993, 259f.
230 BAG NZA 1984, 31f.

B. Verhaltensbedingte Kündigung aus Sicht des Arbeitnehmervertreters

den **Briefkasten** des Arbeitnehmers eingeworfen, geht die Kündigung zu dem Zeitpunkt zu, zu dem nach der Verkehrsauffassung mit der Leerung des Briefkastens zu rechnen ist, d.h. grundsätzlich im Anschluss an die ortsübliche Postzustellzeit. **Nachmittags, abends oder am Wochenende** in den Briefkasten des Arbeitnehmers eingeworfene Kündigungsschreiben gehen regelmäßig erst am Morgen des folgenden Werktages im Anschluss an die ortsübliche Postzustellzeit zu, auch dann, wenn sich der Arbeitnehmer tatsächlich zu Hause aufhält. In einem solchen Fall kann vom Arbeitnehmer nicht erwartet werden, dass er nach den allgemeinen Postzustellzeiten den Briefkasten auf eingegangene Post nochmals überprüft, so dass ihm die Kündigung erst am nächsten Tag zugeht.[231] Wird der Brief mit der Kündigung erst am Nachmittag in den Briefkasten des Arbeitnehmers eingeworfen, geht die Kündigungserklärung gleichwohl diesem noch am gleichen Tage zu, wenn der Arbeitnehmer tagsüber arbeitet und allein stehend ist oder mit ebenfalls berufstätigen oder anderen am Tage üblicherweise abwesenden Personen in der Wohnung zusammen lebt, da in diesen Fällen üblicherweise der Inhalt des Briefkastens erst nach Feierabend überprüft wird.[232]

cc) Kündigung durch Einschreibebrief: Die Übermittlung einer Kündigung per Einschreiben ist für den Arbeitgeber **eher riskant**. Nach der Rechtsprechung ist bei einer Arbeitgeberkündigung per Einschreiben die Klagefrist des § 4 KSchG auch dann grundsätzlich ab der Aushändigung des Einschreibebriefes zu berechnen, wenn der Postbote den Arbeitnehmer nicht antrifft und dieser das Einschreiben zwar nicht alsbald, aber noch innerhalb der ihm von der Post mitgeteilten Aufbewahrungsfrist abholt oder abholen lässt.[233] Denn eine Willenserklärung ist erst dann im Sinne des § 130 BGB zugegangen, wenn sie „in den Machtbereich des Empfängers gelang ist". Dies ist regelmäßig bei Einwurf in den Hausbriefkasten anzunehmen, da der Empfänger dann im Anschluss an die üblichen Zustellzeiten vom Inhalt der Willenserklärung Kenntnis nehmen kann. Bei der Versendung per Einschreiben steckt jedoch der Postbote nicht die Willenserklärung, sondern nur den Benachrichtigungszettel in den Hausbriefkasten. Durch den Benachrichtigungszettel wird der Empfänger lediglich in die Lage versetzt, das Einschreiben in seinen Machtbereich zu bringen. Die Niederlegung des Einschreibens bei der Post und die Benachrichtigung des Empfängers von der Niederlegung können deshalb den Zugang der Willenserklärung nicht ersetzen. Zugegangen ist das Einschreiben erst mit der Aushändigung des Originalschreibens durch die Post. Auch wenn der Empfänger den Zugang des Einschreibens dadurch verzögert, dass er den Einschreibebrief nicht unverzüglich beim Postamt abholt, rechtfertigt dies noch nicht, einen anderen Kündigungszeitpunkt, etwa den der frühest möglichen Abholung des Einschreibebriefes, zu fingieren.[234]

176

Anders ist es, wenn die Kündigung mittels des sogenannten „**Einwurf-Einschreibens**" übermittelt wird. Bei dem Einwurfeinschreiben weicht der Ablauf wesentlich von der herkömmlichen Art des Einschreibens ab. Zunächst wird die Aufgabe des Einwurf-

177

---

231 HaKo-Fiebig, Einl. Rn. 39.
232 HaKo-Fiebig, Einl. Rn. 39; BAG NZA 1984, 31 f.
233 AP Nr. 35 zu § 4 KSchG 1969.
234 BAG, a.a.O. m.w.N.

Mayer

Einschreibens zur Post durch einen Aufgabebeleg bestätigt, so dass insoweit keine Unterschiede zum Übergabe-Einschreiben bestehen. Der Postzusteller wirft jedoch das Einwurf-Einschreiben, insoweit wie ein einfacher Brief, unabhängig von der An- oder Abwesenheit des Empfängers in den Briefkasten bzw. das Postfach ein. Im Unterschied zum einfachen Brief wird dieser Vorgang jedoch mit einer genauen Datums- und Uhrzeitangabe und die Unterschrift bzw. das Kürzel des Ausstellers auf einem Auslieferungsbeleg dokumentiert. Dieser Auslieferungsbeleg wird dann in einem Lesezentrum zentral für Deutschland eingescannt, so dass die genauen Auslieferungsdaten zur Verfügung stehen. Unter einer für Deutschland einheitlichen Telefonnummer kann dann der jeweilige Postkunde unter Angabe der auf seinem Aufgabebeleg erkennbaren Kennziffer den genauen Zeitpunkt des Einwurfs in den Briefkasten bzw. das Postfach erfragen. Zwar wird das Original des Auslieferungsbelegs beim Scannvorgang zerstört, allerdings besteht die Möglichkeit, auch einen **schriftlichen Datenauszug** zu erhalten, mit dem dann der exakte Einwurfzeitpunkt vor Gericht schriftlich belegt werden kann.[235] Zwar ist damit noch kein Beweis für den Zugang erbracht, der Kündigende ist aber in der Lage, den Postzusteller zum Beweis des Zugangs entsprechend den Angaben auf dem Datenauszug als Zeuge zu benennen.[236]

178 *dd) Ersatzzustellung:* Eine Kündigung kann auch nach § 132 Abs. 1 BGB durch **Vermittlung eines Gerichtsvollziehers** zugestellt werden. Das Verfahren richtet sich nach den §§ 192 ff. ZPO. Der Gerichtsvollzieher kann entweder selbst die Kündigung zustellen oder die Post mit der Ausführung der Zustellung nach § 194 ZPO beauftragen. Die Post führt die Zustellung nach den §§ 177-181 ZPO aus.[237]

179 *ee) Kündigung per Telefax:* Wird die Kündigung per Telefax übermittelt, genügt sie nicht dem **Schriftformerfordernis des § 623 BGB**. Als empfangsbedürftige Willenserklärung muss die Kündigung nicht nur in der vorgeschriebenen Form erstellt werden, sondern auch zugehen. Beim Telefax ist die dem Empfänger zugehende Erklärung jedoch lediglich eine Kopie des beim Absender verbleibenden Originals.[238]

180 *ff) Kündigung per E-Mail oder SMS:* Dem Formerfordernis des § 623 BGB genügt auch eine E-Mail oder SMS nicht.[239] Weitere Überlegungen, wann bei einer Übermittlung per E-Mail oder Telefax der Zugangszeitpunkt gegeben ist, beispielsweise bei Übermittlung in den Abendstunden,[240] sind daher für die Frage der Bestimmung der Klagefrist nach § 4 KSchG nicht von Bedeutung.

c) Prüfung der Kündigungserklärung auf mögliche Mängel

181 Nachdem der Zeitpunkt des Ablaufs der Klagefrist für die Kündigungsschutzklage nach § 4 KSchG ermittelt ist, muss die Kündigungserklärung auf **mögliche Mängel** überprüft werden. Auch diese Prüfung muss unverzüglich erfolgen, da je nach Ausgang

---

235 Neuvians, Menzler, Die Kündigung durch Einschreiben nach Einführung der neuen Briefzusatzleistungen, BB 1998, 1206 f.
236 HaKo-Fiebig, Einl. Rn. 41.
237 Zöller/Stöber, § 194 Rn. 4; s. hierzu auch HaKo-Fiebig, Einl. Rn. 43; Schaub-Linck, § 123 Rn. 28.
238 APS-Ascheid, 2. Aufl., § 623 BGB Rn. 16; Schaub-Linck, § 123 Rn. 29.
239 Schaub-Linck, § 123 Rn. 29.
240 S. hierzu HaKo-Fiebig, Einl. Rn. 44.

B. Verhaltensbedingte Kündigung aus Sicht des Arbeitnehmervertreters

des Überprüfungsergebnisses **schnelles anwaltliches Handeln** geboten sein kann. In erster Linie geht es in diesem Stadium der Mandatsbearbeitung um die Fragen, ob die Kündigung das Schriftformerfordernis des § 623 BGB einhält, ob sonstige eklatante Mängel in der Kündigungserklärung enthalten sind, ob die Kündigungserklärung ferner ggf. weitergehende tarifvertragliche Anforderungen an den Inhalt der Erklärung einhält und schließlich – und in der Praxis sehr wichtig – die Frage, ob eine unverzügliche Zurückweisung der Kündigung wegen fehlender Vollmachtsvorlage nach § 174 Satz 1 BGB angezeigt ist.

aa) Gesetzliches Schriftformerfordernis: Nach **§ 623 BGB** bedarf die Kündigung eines Arbeitsverhältnisses zu ihrer Wirksamkeit der Schriftform, die elektronische Form ist ausgeschlossen. Die Kündigung muss die Schriftform des § 126 Abs. 1 BGB wahren. Die Schriftform kann nicht durch die elektronische Form nach § 126a BGB ersetzt werden, § 623 BGB Hs 2. Die Kündigungserklärung muss in einer Urkunde niedergelegt sein. Gleichgültig ist, wie sie hergestellt wird.[241] Gleichgültig ist somit, von wem und in welcher Form – handschriftlich, maschinenschriftlich, vorgedruckt, fotokopiert oder in sonstiger Weise vervielfältigt – das Kündigungsschreiben abgefasst wurde.[242] Die Angabe von Ort und Zeit der Erstellung der Erklärung ist nicht erforderlich.[243] Entscheidend ist die **Unterschrift**. Diese muss eigenhändig vom Aussteller stammen.[244] Unzulässig sind deshalb die Verwendung von Stempeln, Schreibmaschine, Faksimile oder anderen technischen Hilfsmitteln, unzulässig ist auch eine Kündigungserklärung mit nur eingescannter Unterschrift.[245] Die Unterschrift muss die voranstehende Kündigungserklärung decken und deshalb unterhalb des Textes stehen, diesen also **räumlich abschließen**. Dies ist nicht gewährleistet, wenn die Unterschrift an einer anderen Stelle der Urkunde oder nur auf dem die Urkunde enthaltenden Briefumschlag platziert wird.[246] Die zeitliche Reihenfolge von Text und Unterschrift ist für die Formgültigkeit ohne Belang. Der Kündigende kann zunächst blanko unterschreiben; der später eingefügte Text muss aber auch hier vollständig über der Unterschrift stehen.[247]

182

Die vom Gesetz geforderte Namensunterschrift soll die Person des Ausstellers erkennbar machen. Deshalb genügt die Unterschrift mit dem Familiennamen ohne Hinzufügung eines Vornamens.[248] Der Kaufmann kann mit seiner Firma zeichnen. Ein Vertreter kann mit dem eigenen Namen unterschreiben, wenn sich die Vertreterstellung aus der Urkunde ergibt. Er darf aber auch mit dem Namen des Vertretenen unterzeichnen.[249] Keine Namensunterschrift ist aber die Unterzeichnung mit einer **bloßen Funktionsbezeichnung** („der Arbeitgeber") oder eines Titels („Vorstand", „Direktor").[250]

183

---

241 APS-Preis, § 623 BGB Rn. 13.
242 ErfKoArbR-Müller-Glöge, § 623 BGB Rn. 22.
243 APS-Preis, § 623 BGB Rn. 13.
244 ErfKoArbR-Müller-Glöge, § 623 BGB Rn. 22.
245 APS-Preis, § 623 BGB Rn. 16.
246 APS-Preis, § 623 BGB Rn. 14.
247 APS-Preis, a.a.O. m.w.N.
248 APS-Preis, § 623 BGB Rn. 15.
249 ErfKoArbR-Müller-Glöge, § 623 BGB Rn. 22.
250 APS-Preis, § 623 BGB Rn. 15.

Mayer

184 § 623 BGB verlangt nicht, dass die Kündigung in der jeweiligen **Landessprache** des Kündigungsempfängers abgefasst oder eine Übersetzung beigefügt wird.[251] Bei einer ordentlichen Kündigung ist die Angabe des Kündigungstermins nicht Voraussetzung für die Formwirksamkeit der Kündigung. Die Kündigung wirkt im Zweifel zum nächsten zulässigen Termin, der sich anhand des Zugangszeitpunkts und der Frist aus Gesetz oder Vertrag errechnen lässt.[252]

185 Als empfangsbedürftige Willenserklärung muss die Kündigung in der vorgeschriebenen Form nicht nur erstellt, sondern auch zugegangen sein. Hierfür reicht es aus, wenn dem Arbeitnehmer das vom Arbeitgeber unterzeichnete Kündigungsschreiben übergeben wird, er auf diesem Original den Empfang quittiert, es zurückgibt und dann eine Ablichtung ausgehändigt erhält.[253]

186 Im Kündigungsschreiben muss das Wort „Kündigung" nicht vorkommen. Maßgeblich ist die Auslegung vom Standpunkt des Erklärungsempfängers, es reicht aus, wenn der Wille zur einseitigen Auflösung des Arbeitsverhältnisses eindeutig zutage tritt.[254]

187 § 623 BGB begründet ein **konstitutives Schriftformerfordernis**, wie sich aus dem Wortlaut „zu ihrer Wirksamkeit" ergibt. Das Schriftformerfordernis kann daher weder durch Arbeitsvertrag noch durch einen Tarifvertrag oder eine Betriebsvereinbarung abbedungen werden, der Formzwang wird auch nicht dadurch aufgehoben, dass sich die Parteien aus Anlass einer Kündigung einig sind, dass die Kündigung auch ohne Einhaltung der Schriftform gültig ist. Allerdings können in Tarifverträgen oder Betriebsvereinbarungen strengere Formvorschriften vorgesehen werden.[255]

188 *bb) Inhalt des Kündigungsschreibens:* Das Schriftformerfordernis des § 623 BGB erfordert nicht, dass aus dem Kündigungsschreiben hervorgeht, ob es sich um eine ordentliche oder außerordentliche Kündigung handelt.[256] Ebenfalls verlangt § 623 BGB nicht, dass der Kündigungsgrund im Kündigungsschreiben angegeben wird.[257]

189 Über die Erfordernisse des § 623 BGB hinausgehende Anforderungen an den Inhalt des Kündigungsschreibens ergeben sich jedoch vielfach aus **spezialgesetzlichen Regelungen** und auch aus **Tarifverträgen**. So verlangt § 9 Abs. 3 Satz 2 MuSchG, dass die ausnahmsweise genehmigte Kündigung einer Frau während der Schwangerschaft der Schriftform bedarf und den zulässigen Kündigungsgrund angeben muss. Ob die Angabe des Kündigungsgrundes zwingend ist, ist strittig.[258] § 15 Abs. 3 BBiG verlangt, dass eine Kündigung eines Berufsausbildungsverhältnisses nach der Probezeit schriftlich und unter Angabe der Kündigungsgründe erfolgen muss. Nach ständiger Recht-

---

251 APS-Preis, § 623 BGB Rn. 13; a.A. zum Schriftformerfordernis des § 15 Abs. 3 BBiG K/R-Weingand, §§ 14, 15 BBiG Rn. 92.
252 APS-Preis, § 623 BGB Rn. 20; Richardi/Annuß, NJW 2000, 1231, 1233.
253 ErfKoArbR-Müller-Glöge, § 623 BGB Rn. 22; LAG Hamm NZA-RR 2004, 189 ff. (nicht rechtskräftig).
254 ErfKoArbR-Müller-Glöge, § 623 BGB Rn. 22.
255 ErfKoArbR-Müller-Glöge, § 623 BGB Rn. 19; APS-Preis, § 623 BGB Rn. 11.
256 APS-Preis, § 623 BGB Rn. 21; Annuß, NJW 2000, 1231, 1233.
257 APS-Preis, § 623 BGB Rn. 19.
258 ErfKoArbR-Schlachter, § 9 MuSchG Rn. 18.

sprechung des BAG ist die Angabe der Kündigungsgründe zwingend.[259] Nach der Rechtsprechung des BAG **genügt** es **nicht**, die **Kündigungsgründe nur allgemein oder gar floskelhaft** zu umschreiben, sondern § 15 Abs. 3 BBiG soll die kündigende Vertragspartei vor Übereilung bewahren und zum anderen der Rechtsklarheit und der Beweissicherung dienen. Dem Kündigungsempfänger soll durch die Angabe der Kündigungsgründe verständlich gemacht werden, worin der Grund für die Kündigung liegt, um ihm die Überprüfung der Rechtswirksamkeit der Kündigung zu ermöglichen. Eine volle Substantiierung wie im Prozess ist bei der Angabe der Kündigungsgründe zwar nicht erforderlich, aber sie müssen jedenfalls so bezeichnet werden, dass der Kündigungsempfänger eindeutig erkennen kann, um welche konkreten Fälle es sich dabei handelt.[260] Die Nichtigkeit einer Kündigung wegen fehlender oder nicht ausreichender Angabe des Kündigungsgrundes kann auch nicht durch eine spätere Nachholung der Begründung geheilt werden.[261] Dabei müssen die für die Kündigung maßgebenden Tatsachen angegeben werden, Werturteile wie „mangelhaftes Benehmen" oder „Störung des Betriebsfriedens" genügen nicht.[262]

Auch manche Tarifverträge sehen vor, dass im Falle einer Kündigung auch der **Kündigungsgrund** im Kündigungsschreiben anzugeben ist, so z.B. § 54 BMT-G II und § 54 BMT-G-O. In beiden Fällen ist die Angabe der Gründe in der Kündigung zwingend, wird eine den Bestimmungen des § 54 BMT-G II unterliegende Kündigung ohne schriftliche Angabe der Gründe ausgesprochen, ist sie gemäß § 125 Satz 1 BGB wegen Formmangels nichtig, da die tariflich festgelegt Schriftform eine durch Gesetz vorgeschriebene Schriftform im Sinne von § 126 Abs. 1 BGB darstellt.[263] Das gleiche gilt bei einer Kündigung, die unter § 54 BMT-G-O fällt.[264] Das BAG verlangt auch hier, dass zwar mit der Angabe der Kündigungsgründe keine eingehende Substantiierung wie im Prozess gefordert werde, dass aber die Gründe so genau bezeichnet werden müssen, dass der Kündigungsempfänger genügend klar erkennen kann, was gemeint ist und was ihm beispielsweise im Falle einer verhaltensbedingten Kündigung zur Last gelegt wird. Auch dient § 54 BMT-G II der Rechtsklarheit und Beweissicherung. Deshalb sind grundsätzlich die für die Kündigung maßgebenden Tatsachen anzugeben, pauschale Schlagworte oder Werturteile genügen nicht. Dem Gesetzeszweck der Rechtsklarheit und Beweissicherung widerspricht es nach Auffassung des BAG auch, wenn man eine **bloße Bezugnahme auf ein Gespräch** als ausreichend ansehen würde, bei dem die Kündigungsgründe mündlich erläutert worden sind. Der durch die fehlende oder nicht hinreichend genaue Angabe der Kündigungsgründe im Kündigungsschreiben entstehende Formmangel kann auch nicht durch Nachholung der schriftlichen Begründung der Kündigung etwa in Schriftsätzen und Kündigungsschutzprozess geheilt werden.[265] Auch § 47

---

259 BAG AP Nr. 1 zu § 15 BBiG; BAG AP Nr. 2 zu § 15 BBiG; BAG AP Nr. 4 zu § 15 BBiG.
260 BAG AP Nr. 1 zu § 15 BBiG.
261 BAG, a.a.O.
262 BAG AP Nr. 4 zu § 15 BBiG.
263 BAG AP Nr. 1 zu § 54 BMT-G II.
264 BAG NZA 1999, 603 ff.
265 BAG NZA 1999, 602.

Abs. 2 TVAL II[266] verlangt die schriftliche Angabe der Kündigungsgründe. Die Rechtsprechung der Instanzgerichte wendet die vom BAG zu § 15 Abs. 3 BBiG und § 54 BMT-G-O aufgestellten Grundsätze auch auf diese tarifvertragliche Norm an.

191 Die Nichteinhaltung einer solchen, über die Anforderungen des § 623 BGB hinausgehenden gesetzlichen oder tarifvertraglichen Anforderung an den Inhalt des Kündigungsschreibens vergrößert die **Prozessaussichten** des gegen die Kündigung vorgehenden Arbeitnehmers häufig ungemein. Gerade auch wenn der Grenzfall vorliegt, ob die Kündigungsgründe im Kündigungsschreiben hinreichend genau angegeben wurden oder nicht, konzentrieren sich erfahrungsgemäß Arbeitsgerichte gerne auf die Frage einer etwaigen Formnichtigkeit der Kündigung, da allein schon bei Bejahung dieser Fragestellung sämtliche anderen mit der Kündigung zu prüfenden weiteren Rechtsfragen, wie z.B. Sozialauswahl oder die ordnungsgemäße Anhörung des Betriebsrats, überflüssig werden.

192 Liegt ein solcher Formmangel durch fehlende Angabe des Kündigungsgrundes im Kündigungsschreiben vor, besteht auch in geeigneten Fällen durchaus für den Vertreter des Arbeitnehmers die Möglichkeit, den Arbeitgeber zu einer Rücknahme der Kündigung im Vorfeld eines arbeitsgerichtlichen Verfahrens zu bewegen, wobei es den taktischen Überlegungen im Einzelfall jedoch vorbehalten bleiben muss, zu welchem Zeitpunkt es für den Arbeitnehmervertreter Sinn macht, die Gegenseite auf das von ihr übersehene Formerfordernis hinzuweisen.

193 *cc) Vollmacht:* Die Kündigung eines Arbeitsverhältnisses ist eine einseitige empfangsbedürftige Willenserklärung. Ist die Kündigung von einem Bevollmächtigten des Arbeitgebers ausgesprochen worden, sind die Voraussetzungen des § 174 BGB zu prüfen. So ist eine von einem Bevollmächtigten ausgesprochene Kündigung nach § 174 Satz 1 BGB unwirksam, wenn der Bevollmächtigte keine **Vollmachtsurkunde** vorlegt und der Kündigungsempfänger die Kündigung aus diesem Grunde unverzüglich zurückweist. Das **Zurückweisungsrecht** besteht auch dann, wenn die Kündigung durch Vermittlung eines Gerichtsvollziehers zugestellt wird.[267] In der arbeitsrechtlichen Praxis hat die Möglichkeit, eine Kündigung wegen fehlender Vollmachtsvorlage zurückzuweisen, eine erhebliche Bedeutung. Zahlreiche Chancen für den für einen Arbeitnehmer tätigen Anwalt können auf diesem Feld genutzt oder auch vertan werden. Ist die Kündigung nach § 174 BGB unwirksam, kann der Arbeitgeber sie zwar nachholen. Häufig ist dann aber nur eine Kündigung zu einem anderen Kündigungszeitpunkt oder eine Kündigung unter erschwerten Bedingungen möglich, ganz zu schweigen davon, dass möglicherweise durch eine erfolgreiche Zurückweisung einer Kündigung wegen fehlender Vollmachtsvorlage vom Arbeitgeber die 2-Wochen-Frist des § 626 Abs. 2 BGB bei einer außerordentlichen Kündigung nicht mehr gewahrt werden kann.[268]

---

266 Tarifvertrag vom 16. Dezember 1966 für die Arbeitnehmer bei den Stationierungsstreitkräften im Gebiet der Bundesrepublik Deutschland.
267 BAG AP Nr. 5 zu § 174 BGB.
268 Vgl. insoweit HaKo-Fiebig, Einl. Rn. 70.

B. Verhaltensbedingte Kündigung aus Sicht des Arbeitnehmervertreters

Der von den von einer Kündigung betroffenen Arbeitnehmern beauftragte Anwalt hat deshalb die Kündigung, sofern sie von einem Bevollmächtigten des Arbeitgebers ausgesprochen wurde, daraufhin zu überprüfen, ob dieser eine Originalvollmacht des Arbeitgebers beigefügt war. Die Beifügung einer **Fotokopie** oder **Faxkopie** ist ebenso nicht ausreichend[269] wie die Vorlage der Vollmachtsurkunde **in beglaubigter Abschrift**.[270]

(1) Vollmachtsvorlage: Nach § 174 Satz 2 BGB ist die Zurückweisung wegen fehlender Vollmachtsvorlage dann ausgeschlossen, wenn der Vollmachtgeber den Kündigungsempfänger von der Bevollmächtigung in Kenntnis gesetzt hat. In diesem Zusammenhang ist die Kasuistik des BAG zu der Frage zu berücksichtigen, welche Mitarbeiter des Arbeitgebers eine Stellung bekleiden, mit der das Kündigungsrecht verbunden zu sein pflegt. Nach ständiger Rechtsprechung des BAG kann und wird das In-Kenntnis-Setzen im Sinne des § 174 Satz 2 BGB gegenüber Betriebsangehörigen in aller Regel darin liegen, dass der Arbeitgeber bestimmte Mitarbeiter – z.B. durch die Bestellung zum Prokuristen, Generalbevollmächtigten oder Leiter der Personalabteilung – in eine Stellung beruft, mit der das Kündigungsrecht verbunden zu sein pflegt.[271]

Im Einzelnen ergibt sich folgendes Bild: Der **Vorlage bedarf es nicht** bei Ausspruch einer Kündigung durch einen

- Betriebsleiter[272]
- Personalabteilungsleiter, wenn der Arbeitnehmer, dem gegenüber die Kündigung ausgesprochen wird, Kenntnis davon hat, dass sein Erklärungsgegner die Stellung des Personalleiters innehat; dies gilt auch, wenn der Arbeitgeber selbst den Arbeitnehmer eingestellt hat, während die Kündigung vom Leiter der Personalabteilung ausgesprochen wird. Denn es gibt keinen Erfahrungssatz, dass die Befugnis zur Einstellung und die Befugnis zur Entlassung zusammenfallen.[273] Der Grundsatz, dass es bei der Kündigung durch den Leiter einer Personalabteilung nicht der Vorlage einer Vollmachtsurkunde bedarf, gilt auch dann, wenn die Vollmacht des Abteilungsleiters nur im Innenverhältnis, z.B. aufgrund einer internen Geschäftsordnung, eingeschränkt ist[274]
- Prokuristen, wenn dessen Prokura im Handelsregister eingetragen und vom Registergericht gemäß § 10 Abs. 1 HGB bekannt gemacht worden ist. In einem solchen Fall hat der Arbeitgeber seine Belegschaft im Sinne von § 174 Satz 2 BGB über die von der Prokura umfasste Kündigungsberechtigung in Kenntnis gesetzt; der Kündigungsempfänger muss die Prokuraerteilung gemäß § 15 Abs. 2 HGB gegen sich gelten lassen und zwar auch dann, wenn der Prokurist entgegen § 51 HGB nicht mit einem die Prokura andeutenden Zusatz zeichnet[275]
- Prozessbevollmächtigten: Nach dem BAG ermächtigt eine Prozessvollmacht gemäß § 81 ZPO auch zu materiell-rechtlichen Willenserklärungen, wenn sie im Prozess

---

269 HaKo-Fiebig, Einl. Rn. 71.
270 BGH AP Nr. 5 zu § 174 BGB.
271 BAG AP Nr. 1 zu § 174 BGB; BAG AP Nr. 9 zu § 174 BGB.
272 HaKo-Fiebig, Einl. Rn. 75 m.w.N.
273 BAG AP Nr 1 zu § 174 BGB.
274 BAG AP Nr. 10 zu § 174 BGB.
275 BAG AP Nr. 9 zu § 174 BGB.

abzugeben waren, wie etwa u.a. eine Kündigung. Auch wenn Erklärungen außerhalb des Prozesses abgegeben werden, können sie Prozesshandlungen sein, sofern die Erklärung im Dienste der Rechtsverfolgung oder der Rechtsverteidigung des jeweiligen Rechtsstreits steht. Die Prozesspartei kann den Umfang der ihrem Prozessbevollmächtigten erteilten Vollmacht über den gesetzlichen Rahmen hinaus erweitern, ob das im Einzelfall geschehen ist, muss durch Auslegung nach § 133 BGB ermittelt werden. Waren zwei auf denselben Grund gestützte Kündigungen mit Formfehlern behaftet (fehlende Anhörung des Personalrats; unzulässige Bedingung) und deshalb unwirksam, so kann die im Rechtsstreit um die Wirksamkeit der zweiten Kündigung dem Prozessbevollmächtigten des Arbeitgebers erteilte Prozessvollmacht auch eine dritte Kündigung decken, die der Prozessbevollmächtigte während des Rechtsstreits um die zweite Kündigung erklärt, wenn die dritte Kündigung wiederum auf denselben Kündigungsgrund gestützt wird. In einem solchen Fall kann der Arbeitnehmer die Kündigung nicht deshalb zurückweisen, weil keine Vollmachtsurkunde vorgelegt worden ist.[276]

197 Eine Vollmacht **muss** demgegenüber **grundsätzlich vorgelegt werden** bei Ausspruch der Kündigung durch einen:

- Sachbearbeiter einer Personalabteilung;[277] im Bereich des öffentlichen Dienstes hängt es jeweils von den konkreten Umständen ab, ob mit der Stellung eines Sachbearbeiters einer mit Personalangelegenheiten befassten Abteilung einer Behörde das Kündigungsrecht derart verbunden ist, dass die Arbeitnehmer, die mit dem Sachbearbeiter zu tun haben, von seiner Kündigungsvollmacht im Sinne des § 174 Abs. 2 BGB in Kenntnis gesetzt sind[278]
- Referatsleiter innerhalb der Personalabteilung einer Behörde; er gehört nicht ohne Weiteres zu dem Personenkreis, der nach § 174 Satz 2 BGB – wie der Personalabteilungsleiter – als Bevollmächtigter des Arbeitgebers gilt[279]
- Bürgermeister (Vertreter einer Gemeinde), wenn eine Gemeindeordnung vorschreibt, dass eine schriftliche außerordentliche Kündigung gegenüber einem Angestellten nur rechtsverbindlich ist, wenn das Kündigungsschreiben vom Gemeindedirektor und dem Ratsvorsitzenden handschriftlich unterzeichnet und mit dem Dienstsiegel versehen ist; es handelt sich hierbei zwar nicht um eine gesetzliche Formvorschrift, sondern um eine Vertretungsregelung. Das Dienstsiegel steht in derartigen Fällen als Legitimationszeichen einer Vollmachtsurkunde im Sinne des § 174 Satz 1 BGB gleich. Unterbleibt bei einer schriftlichen außerordentlichen Kündigung die Dokumentation der Vertretungsmacht durch Beifügen des Dienstsiegels, so kann der Arbeitnehmer die außerordentliche Kündigung in entsprechender Anwendung des § 174 Satz 1 BGB unverzüglich aus diesem Grunde zurückweisen;[280]

---

276 BAG AP Nr. 2 zu § 81 ZPO.
277 BAG AP Nr. 2 zu § 174 BGB.
278 BAG AP Nr. 7 zu § 174 BGB.
279 BAG AP Nr. 11 zu § 620 BGB Kündigungserklärung.
280 BAG AP Nr. 6 zu § 174 BGB.

B. Verhaltensbedingte Kündigung aus Sicht des Arbeitnehmervertreters

- Zwei Geschäftsführer, die nur zusammen zur Vertretung einer GmbH berechtigt sind, können ihre Gesamtvertretung in der Weise ausüben, dass ein Gesamtvertreter den anderen intern formlos zur Abgabe einer Willenserklärung ermächtigt und der zweite Gesamtvertreter allein die Willenserklärung abgibt. Diese Ermächtigung ist eine Erweiterung der gesetzlichen Vertretungsmacht, auf die die Vorschriften über die rechtsgeschäftliche Stellvertretung entsprechend anzuwenden sind. Dies gilt auch für die §§ 174, 180 BGB, so dass ein Arbeitnehmer, dem einer von mehreren Gesamtvertretern einer GmbH kündigt, die Kündigung unverzüglich mit der Begründung zurückweisen kann, eine Ermächtigungsurkunde sei nicht vorgelegt worden;[281]
- Prozessbevollmächtigten, wenn die Parteien im Kündigungsschutzprozess (nur) über die Wirksamkeit einer bestimmten Kündigung streiten. Die Prozessvollmacht umfasst in diesem Fall nicht die Befugnis, weitere Kündigungen im Laufe des Rechtsstreits auszusprechen;[282]
- Rechtsanwalt, dessen formularmäßige Vollmacht sich auf außergerichtliche Verhandlungen aller Art und auf den Abschluss eines Vergleichs zur Vermeidung eines Rechtsstreits sowie auf die Entgegennahme von Zahlungen usw. beschränkt.[283]

(2) Zurückweisung: § 174 Satz 1 BGB verlangt, dass die einseitige empfangsbedürftige Willenserklärung wegen der fehlenden Vorlage der Vollmachtsurkunde zurückgewiesen wird. Die Zurückweisung der Kündigung wegen fehlender Vorlage der Vollmachtsurkunde muss zwar nicht ausdrücklich erfolgen, sie muss sich aber aus der Begründung oder aus anderen Umständen eindeutig und für den Kündigenden zweifelsfrei erkennbar ergeben. Die Wendung, dass man der Kündigung widerspreche und dass man deren Rechtskraft auch deswegen anzweifle, da das diesbezügliche Schreiben „wahrscheinlich mit dem Mangel der nicht rechtsverbindlichen Unterzeichnung behaftet ist", ist nicht eindeutig genug.[284] Die Zurückweisung ist eine **einseitige, empfangsbedürftige Willenserklärung**.[285]

198

(3) Unverzüglich: Die Zurückweisung der Kündigung durch den Arbeitnehmer muss gemäß § 174 Satz 1 BGB **unverzüglich**, d.h. ohne schuldhaftes Zögern (§ 121 Abs. 1 Satz 1 BGB), erfolgen. Dazu wird nicht ein sofortiges Handeln verlangt, vielmehr steht dem Arbeitnehmer eine gewisse Zeit der Überlegung und für die Einholung rechtskundigen Rats zur Verfügung. Maßgebend für die Länge der Frist sind die Umstände des Einzelfalles.[286] Regelfristen lassen sich daher nicht aufstellen. In der Regel verbleiben dem Kündigungsempfänger aber nur wenige Tage zur Überlegung.[287] Unter Berücksichtigung eines dazwischen liegenden Wochenendes hat der BGH eine Zurückweisung **am 4. oder 5. Werktag nach Erhalt der Kündigung** noch für **unverzüglich** angesehen.[288]

199

---

281 BAG AP Nr. 4 zu § 17 BGB.
282 HaKo-Fiebig, Rn. 76.
283 BAG AP Nr. 3 zu § 174 BGB.
284 BAG AP Nr. 4 zu § 174 BGB.
285 MüKoBGB-Schramm, § 174 BGB Rn. 5.
286 BAG AP Nr. 2 zu § 174 BGB; BAG AP Nr. 3 zu § 174 BGB.
287 HaKo-Fiebig, Einl. Rn. 73.
288 BAG AP Nr. 2 zu § 174 BGB.

Die Zeitspanne von **etwa einer Woche** hat das **BAG** zwischen Zugang der Kündigung und Zurückweisung bei dazwischen liegendem Wochenende noch als angemessen angesehen.[289] 10 Tage können jedoch bereits zu lang sein.[290] Eine Zurückweisung der Kündigungserklärung mangels Vorlage der Vollmacht des Kündigenden erst nach Ablauf der 3-wöchigen Klagefrist des § 4 KSchG ist nicht mehr unverzüglich im Sinne des § 121 Abs. 1 BGB.[291]

200 *(4) Muster: Zurückweisung einer Kündigung wegen fehlender Vollmachtsvorlage*

Sehr geehrte Damen und Herren,

hiermit zeige ich an, dass mich Herr/Frau ■■■ mit der Wahrnehmung seiner/ihrer rechtlichen Interessen beauftragt hat. Ich nehme Bezug auf die meinem Mandanten/meiner Mandantin zugegangene Kündigung vom ■■■ Namens und im Auftrag meines Mandanten/meiner Mandantin weise ich die Kündigung vom ■■■ unter Hinweis auf die diesem Schreiben beigefügte Originalvollmacht wegen fehlender Vollmachtsvorlage nach § 174 Satz 1 BGB zurück.

Hochachtungsvoll

Rechtsanwalt

d) Fristgebundene Maßnahmen zur Wahrung der Rechte besonderer Personengruppen

201 Bereits in diesem frühen Stadium der Mandatsbearbeitung ist der Anwalt gehalten, insbesondere bei zwei Personengruppen darauf zu achten, dass deren Rechte im Zusammenhang mit der ausgesprochenen Kündigung in vollem Umfang gewahrt werden. Es handelt sich dabei um die möglicherweise unter den Schutz des MuSchG fallenden **werdenden Mütter** sowie um **Schwerbehinderte**, die Sonderkündigungsschutz beanspruchen wollen.

202 *aa) Mutterschutzrechtlicher Kündigungsschutz: (1) Grundlagen:* Nach § 9 Abs. 1 Satz 1 MuSchG ist die Kündigung gegenüber einer Frau während der Schwangerschaft und bis zum Ablauf von 4 Monaten nach der Entbindung unzulässig, wenn dem Arbeitgeber zur Zeit der Kündigung die Schwangerschaft oder Entbindung bekannt war oder innerhalb zweier Wochen nach Zugang der Kündigung mitgeteilt wird; das Überschreiten dieser Frist ist unschädlich, wenn es auf einem von der Frau nicht zu vertretendem Grund beruht und die Mitteilung unverzüglich nachgeholt wird. Gehört die Mandantin zu dem Personenkreis, der vom **Kündigungsverbot** des § 9 MuSchG profitieren könnte, ist der Anwalt gehalten, alle Maßnahmen zu ergreifen um sicherzustellen, dass das Kündigungsverbot auch zugunsten der Mandantin zum Tragen kommt. Der Anwalt der schwangeren Arbeitnehmerin muss daher prüfen, ob der Arbeitgeber Kenntnis von der Schwangerschaft besitzt und ob dessen Kenntnis nötigenfalls auch im Prozess bewiesen werden kann. Ergeben sich diesbezüglich Zweifel, so muss für eine nach Zugang und

---

289 BAG AP Nr. 3 zu § 174 BGB.
290 HaKo-Fiebig, Einl. Rn. 73 m.w.N.
291 BAG AP Nr. 150 zu § 626 BGB.

Zugangszeitpunkt beweisbare fristgerechte Mitteilung der Schwangerschaft an den Arbeitgeber Sorge getragen werden.[292] Ist die Schwangerschaft dem Arbeitgeber überhaupt noch nicht mitgeteilt, so muss der Anwalt für eine den Anforderungen des § 9 Abs. 1 Satz 1 MuSchG genügende nachträgliche Mitteilung sorgen.

Voraussetzung des Kündigungsverbots nach § 9 Abs. 1 Satz 1 MuSchG ist das objektive Bestehen einer **Schwangerschaft** (auch einer Bauchhöhlenschwangerschaft) im Zeitpunkt des Zugangs der Kündigung bzw eine nicht länger als 4 Monate zurückliegende Entbindung.[293] Der besondere Kündigungsschutz besteht nur dann, wenn dem Arbeitgeber bei der Kündigung die Schwangerschaft **positiv bekannt** war. Positive Kenntnis bedeutet „überzeugtes Wissen". Fahrlässige, selbst grob fahrlässige Unkenntnis genügt[294] nicht. Der Arbeitgeber ist auch nicht verpflichtet, Gerüchten im Betrieb über die Schwangerschaft seiner Mitarbeiterinnen nachzugehen.[295] Strittig ist, ob beim Zeitpunkt der Kenntnis des Arbeitgebers auf die Abgabe der Kündigungserklärung[296] oder den Zugang der Kündigungserklärung[297] abzustellen ist. Erforderlich ist die Kenntnis des Arbeitgebers, also grundsätzlich derjenigen natürlichen oder juristischen Person, die Vertragspartner des Arbeitsverhältnisses ist.[298] Die Kenntnis eines Vertreters des Arbeitgebers oder eines personalverantwortlichen Vorgesetzten der schwangeren Arbeitnehmerin genügt, nicht aber die Kenntnis von Kollegen, Betriebsrat oder Betriebsarzt, solange diese die Information nicht tatsächlich an den Arbeitgeber weiterleiten.[299] Obwohl § 5 Abs. 1 Satz 1 MuSchG der Frau die Obliegenheit auferlegt, dem Arbeitgeber ihre Schwangerschaft und den mutmaßlichen Tag der Entbindung mitzuteilen, sobald ihr ihr Zustand bekannt ist, gewährt § 9 Abs. 1 MuSchG den besonderen Kündigungsschutz auch denjenigen Arbeitnehmern, die ihren Arbeitgeber erst nach Zugang der Kündigung, aber grundsätzlich innerhalb von 2 Wochen nach diesem Zeitpunkt, von ihrem Zustand unterrichtet haben.[300] Die Kenntnis oder Unkenntnis der Arbeitnehmerin von ihrer Schwangerschaft spielt für den Lauf der 2-Wochen-Frist des § 9 Abs. 1 MuSchG keine Rolle.[301] Hatte der Arbeitgeber noch keine Kenntnis von der Schwangerschaft, so kann die Frau den mutterschutzrechtlichen Kündigungsschutz dadurch nachträglich rückwirkend erlangen, dass sie ihm innerhalb von 2 Wochen nach Zugang der Kündigung diese Kenntnis verschafft.[302] Verlangt ist lediglich die **Mitteilung der Schwangerschaft**, nicht etwa ein Nachweis der Schwangerschaft.[303] Die Mitteilung, die eine geschäftsähnliche Handlung darstellt und entsprechend den allgemeinen Regeln über empfangsbedürftige Willenserklärungen zugehen muss, muss dem

203

---

292 Pauly / Osnabrügge-Rinck, Handbuch Kündigungsrecht, § 31 Rn. 12.
293 APS-Rolfs, § 9 MuSchG Rn. 21; ErfKoArbR-Schlachter, § 9 MuSchG Rn. 5.
294 APS-Rolfs, § 9 MuSchG Rn. 28.
295 APS-Rolfs, § 9 MuSchG Rn. 28; ErfKoArbR-Schlachter, § 9 MuSchG Rn. 7.
296 So APS-Rolfs, § 9 MuSchG Rn. 30.
297 So KR-Pfeiffer, § 9 MuSchG Rn. 44.
298 APS-Rolfs, § 9 MuSchG Rn. 31.
299 ErfKoArbR-Schlachter, § 9 MuSchG Rn. 7.
300 APS-Rolfs, § 9 MuSchG Rn. 34.
301 APS-Rolfs, a.a.O.; BAG NJW 1997, 610 f.
302 APS-Rolfs, § 9 MuSchG Rn. 35.
303 APS-Rolfs, a.a.O.; BAG AP Nr. 3 zu § 9 MuSchG 1968.

Arbeitgeber die nach Lage der Dinge möglichst präzise Kenntnis darüber verschaffen, dass die Frau schwanger ist.[304] Ist die Arbeitnehmerin über ihren Zustand selbst noch im Zweifel, so genügt es aber, dass sie vorsorglich mitteilt, eine Schwangerschaft sei wahrscheinlich oder werde vermutet.[305]

204 Die schwangere Arbeitnehmerin muss sich nicht ausdrücklich auf den Kündigungsschutz berufen.[306] Aus der nachträglichen Mitteilung der Schwangerschaft durch die Arbeitnehmerin muss jedoch hervorgehen, dass sie bereits im Zeitpunkt des Kündigungszugangs schwanger gewesen ist.[307]

205 Die Überschreitung der 2-Wochen-Frist des § 9 Abs. 1 Satz 1 MuSchG ist dann von der Schwangeren zu vertreten, wenn sie auf einen gröblichen Verstoß gegen das von einem verständigen Menschen im eigenen Interesse billigerweise zu erwartenden Verhalten zurückzuführen ist („**Verschulden gegen sich selbst**"). Dabei kommt es nicht darauf an, durch welchen Umstand die Schwangere an der Fristeinhaltung gehindert ist, sondern darauf, ob die Fristüberschreitung im genannten Sinne schuldhaft oder unverschuldet ist.[308] Eine **unverschuldete Versäumung der 2-Wochen-Frist** kann nicht nur vorliegen, wenn die Frau während dieser Frist keine Kenntnis von ihrer Schwangerschaft hat, sondern auch dann, wenn sie zwar ihre Schwangerschaft bei Zugang der Kündigung kennt oder während des Laufs der 2-Wochen-Frist von ihr erfährt, aber durch sonstige Umstände an der rechtzeitigen Mitteilung unverschuldet gehindert ist.[309] War die Fristüberschreitung jedoch verschuldet, gilt die Frist des § 9 Abs. 1 Satz 1 MuSchG als Ausschlussfrist mit der Folge des endgültigen Verlustes des besonderen Kündigungsschutzes.[310] Trotz Kenntnis von der Schwangerschaft kann die Schwangere unverschuldet an der rechtzeitigen Mitteilung gehindert sein, wenn sie z.B. bei Zugang der Kündigung urlaubsabwesend war.[311] Erfährt die Arbeitnehmerin während des Laufs der Mitteilungsfrist von ihrer Schwangerschaft, verlängert sich die Frist dadurch nicht automatisch um den abgelaufenen Zeitraum.[312] Allerdings räumt die Rechtsprechung eine **kurze Überlegungsfrist** ein. Erfährt eine schwangere Arbeitnehmerin während des Laufs der gesetzlichen Mitteilungspflicht von ihrer Schwangerschaft, kann sie – sofern die Unkenntnis von der Schwangerschaft nicht von ihr zu vertreten ist – von der Möglichkeit des § 9 Abs. 1 Satz 1 2. Hs MuSchG Gebrauch machen, wegen Art. 6 Abs. 4 GG wird ihr jedoch eine – kurze – Überlegungsfrist eingeräumt.[313] Nach der Rechtsprechung ist in diesem Zusammenhang eine unverzüg-

---

304 APS-Rolfs, a.a.O.
305 APS-Rolfs, a.a.O.; BAG AP Nr. 3 zu § 9 MuSchG 1968; BAG Nr. 17 zu § 9 MuSchG 1968.
306 BAG AP Nr. 17 zu § 9 MuSchG 1968; APS-Rolfs, § 9 MuSchG Rn. 35; KR-Pfeiffer, § 9 MuSchG Rn. 48.
307 APS-Rolfs, § 9 MuSchG Rn. 35; so wohl auch BAG AP Nr. 17 zu § 9 MuSchG 1968; a.A. KR-Pfeiffer, § 9 MuSchG Rn. 48 b, der verlangt, dass die nachträgliche Mitteilung so beschaffen ist, dass der Arbeitgeber ihr entnehmen kann, dass die tatsächliche oder vermutete Schwangerschaft zum Zeitpunkt der Kündigung bereits vorlag.
308 BAG AP Nr. 30 zu § 9 MuSchG 1968; BAG AP Nr. 31 zu § 9 MuSchG 1968.
309 BAG AP Nr. 31 zu § 9 MuSchG 1968.
310 ErfKoArbR-Schlachter, § 9 MuSchG Rn. 9.
311 ErfKoArbR-Schlachter, § 9 MuSchG Rn. 9; BAG NJW 1997, 610f.
312 Strittig; in diesem Sinne ErfKoArbR-Schlachter, § 9 MuSchG Rn. 9; A/P/S-Rolfs, § 9 MuSchG Rn. 38; in diesem Sinne auch BAG AP Nr. 31 zu § 9 MuSchG 1968.
313 BAG AP Nr. 31 zu § 9 MuSchG 1968.

liche Nachholung der Mitteilung gegenüber dem Arbeitgeber noch gegeben, wenn sie innerhalb einer Woche ab Kenntniserlangung von der Schwangerschaft erfolgt.[314]

(2) Muster: Nachträgliche Mitteilung einer bestehenden Schwangerschaft an den Arbeitgeber nach § 9 Abs. 1 Satz 1 MuSchG

Sehr geehrte Damen und Herren,

hiermit zeige ich an, dass mich Frau ■■■ mit der Wahrnehmung ihrer rechtlichen Interessen beauftragt hat. Eine auf mich lautende schriftliche Vollmacht ist beigefügt. Wie mir meine Mandantin mitteilt, haben Sie das mit meiner Mandantin bestehende Arbeitsverhältnis mit der am ■■■ zugegangenen Kündigung vom ■■■ zum ■■■ gekündigt.

Namens und im Auftrag meiner Mandantin und unter Hinweis auf die beigefügte Originalvollmacht habe ich Ihnen jedoch die Mitteilung zu machen, dass – wie Sie der ebenfalls beigefügten ärztlichen Bescheinigung des Herrn Dr. ■■■ vom ■■■ entnehmen können – bei meiner Mandantin seit ■■■ und damit bereits schon zum Zeitpunkt des Ausspruchs der Kündigung vom ■■■ eine Schwangerschaft besteht. Nach § 9 Abs. 1 Satz 1 MuSchG gilt daher zugunsten meiner Mandantin ein Kündigungsverbot.

Namens meiner Mandantin habe ich Sie aufzufordern, umgehend, spätestens aber bis

■■■

schriftlich zu bestätigen, dass die ausgesprochene Kündigung vom ■■■ gegenstandslos ist.

Hochachtungsvoll

Rechtsanwalt[315]

bb) Kündigungsschutz bei Schwerbehinderten: (1) Grundlagen: Eine weitere wichtige Weichenstellung ergibt sich in bestimmten Konstellationen für den einen schwerbehinderten Mandanten vertretenden Anwalt. Nach § 85 SGB IX bedarf die Kündigung eines Arbeitsverhältnisses eines Schwerbehinderten durch den Arbeitgeber der **vorherigen Zustimmung des Integrationsamtes**. Besteht das Arbeitsverhältnis zum Zeitpunkt des Zugangs der Kündigungserklärung ohne Unterbrechung noch nicht länger als 6 Monate, braucht der Arbeitgeber nach § 90 Abs. 1 Nr. 1 SGB IX zur Kündigung weder die Zustimmung des Integrationsamts noch muss er die Mindestkündigungsfrist des § 86 SGB IX beachten.

Bei schwerbehinderten Arbeitnehmern genügt es im Grundsatz, dass ihre Schwerbehinderung im Zeitpunkt des Kündigungszugangs **objektiv vorgelegen** hat; sowohl die Anerkennung als auch die Feststellung des Grads der Behinderung haben nur deklara-

---

314 BAG AP Nr. 31 zu § 9 MuSchG 1968; s. auch APS-Rolfs, § 9 MuSchG Rn. 39, der es als Konsens bezeichnet, dass jedenfalls eine innerhalb eines Zeitraums von einer Woche (berechnet nach den §§ 187 Abs. 1, 188 Abs. 2 BGB) nachgeholte Erklärung noch ausreichend ist, so dass eine Arbeitnehmerin, die beispielsweise an einem Mittwoch von ihrer Schwangerschaft Kenntnis erlangt, bis zum darauf folgenden Mittwoch (einschließlich) Zeit für die Mitteilung hat.
315 Das Formular geht über die Mindestanforderungen hinaus. Wenn eine ärztliche Bescheinigung über das Bestehen der Schwangerschaft bereits vorliegt, ist es empfehlenswert, diese zusammen mit der Mitteilung der bestehenden Schwangerschaft zu übersenden.

torische Bedeutung.³¹⁶ Nach § 90 Abs. 2a SGB IX greift der Sonderkündigungsschutz nicht, wenn zum Zeitpunkt der Kündigung die Eigenschaft als schwerbehinderter Mensch nicht nachgewiesen ist oder das Versorgungsamt nach Ablauf der Frist des § 69 Abs. 1 Satz 2 SGB IX eine Feststellung wegen fehlender Mitwirkung nicht treffen konnte. Der Gesetzgeber will mit dieser Regelung sicherstellen, dass der Arbeitgeber zur Kündigung gegenüber einem schwerbehinderten Menschen nicht der vorherigen Zustimmung des Integrationsamtes bedarf, wenn zum Zeitpunkt der beabsichtigten Kündigung die Eigenschaft als schwerbehinderter Mensch nicht nachgewiesen ist, also entweder nicht offenkundig ist, so dass es eines durch ein Feststellungsverfahren zu führenden Nachweises nicht bedarf oder der Nachweis über die Eigenschaft als schwerbehinderter Mensch nicht durch einen Feststellungsbescheid nach § 69 Abs. 1 SGB IX erbracht ist; diesem Bescheid stehen Feststellungen nach § 69 Abs. 2 SGB IX gleich. Der Kündigungsschutz gilt nach den Vorstellungen des Gesetzgebers daneben nur in den Fällen, in denen ein Verfahren auf Feststellung der Eigenschaft als schwerbehinderter Mensch zwar anhängig ist, das Versorgungsamt aber ohne ein Verschulden des Antragstellers noch keine Feststellung treffen konnte. Der Gesetzgeber will mit der Regelung ausschließen, dass ein besonderer Kündigungsschutz auch für den Zeitraum gilt, in dem ein in der Regel **aussichtsloses Anerkennungsverfahren** betrieben wird.³¹⁷ Der Gesetzgeber hat damit die restriktive Rechtsprechung des BAG festgeschrieben, die eine übermäßige Belastung des Arbeitgebers für den Fall zu vermeiden versucht, dass der Schwerbehinderte erst zu einem sehr späten Zeitpunkt – ggf. erst im Kündigungsschutzprozess – seine Schwerbehinderung offenbart.³¹⁸ Eine vorherige Zustimmung des Integrationsamtes ist entbehrlich, wenn im Zeitpunkt des Kündigungszugangs die Schwerbehinderung oder die Gleichstellung des Arbeitnehmers weder festgestellt noch von ihm beantragt war und wenn sie nicht offenkundig ist. Liegt die Anerkennung oder zumindest der Antrag auf sie und die Gleichstellung dagegen zu diesem Zeitpunkt bereits vor, verbleibt es beim Zustimmungserfordernis nach § 85 SGB IX auch dann, wenn der Arbeitgeber hiervon keine Kenntnis hatte. Jedoch muss der schwerbehinderte Arbeitnehmer dem Arbeitgeber **innerhalb eines Monats** nach Zugang der (ordentlichen oder außerordentlichen) Kündigung die Schwerbehinderung oder die Gleichstellung bzw deren Beantragung mitteilen, wenn er den Sonderkündigungsschutz nicht verlieren will.³¹⁹

209 Lässt der Arbeitnehmer die genannte Monatsfrist ungenutzt verstreichen, kann seine Schwerbehinderung **allenfalls im Rahmen der Interessenabwägung** im Rahmen des § 1 KSchG bzw. § 626 BGB berücksichtigt werden.³²⁰ Geht einer Kündigung ein Zustimmungsersetzungsverfahren nach § 103 BetrVG voraus, ist der Arbeitnehmer zwar grundsätzlich nicht gehalten, sich im Zustimmungsersetzungsverfahren auf den Unwirksamkeitsgrund der fehlenden Zustimmung des Integrationsamtes zu berufen. Einem schwerbehinderten Betriebsratsmitglied kann es jedoch im Rahmen einer Kün-

---

316 ErfKoArbR-Rolfs, § 85 SGB IX Rn. 4.
317 BT-Drucks. 15/2357, 24; s. auch Kramer, NZA 2004, 698 ff., 704.
318 ErfKoArbR-Rolfs, § 85 SGB IX Rn. 8; Schubert, Der Anwalt im Arbeitsrecht, § 8 Rn. 145.
319 ErfKoArbR-Rolfs, § 85 SGB IX Rn. 9; BAG AP Nr. 3 zu § 12 SchwbG; BAG AP Nr. 14 zu § 12 SchwbG.
320 ErfKoArbR-Rolfs, § 85 SGB IX Rn. 9.

digungsschutzklage gegen eine fristlose Kündigung unter dem Gesichtspunkt von Treu und Glauben (§ 242 BGB) verwehrt sein, sich auf den ihm als Schwerbehinderten zustehenden Sonderkündigungsschutz zu berufen, wenn er trotz sicherer Kenntnis seiner Schwerbehinderteneigenschaft im Zustimmungsersetzungsverfahren keine Mitteilung an den Arbeitgeber macht.[321]

Liegt eine Anerkennung als Schwerbehinderter vor oder ist der Antrag auf sie oder die Gleichstellung im Zeitpunkt des Zugangs der Kündigung bereits gestellt und hat der Arbeitgeber hiervon keine Kenntnis, muss der Anwalt darauf achten, dass **innerhalb eines Monats** seit Zugang der Kündigung der **Arbeitgeber** von der Antragstellung oder der Anerkennung **informiert** wird, da ansonsten der Mandant seinen Sonderkündigungsschutz verliert. Allerdings darf der Arbeitnehmer diese Monatsfrist auch grundsätzlich voll ausschöpfen. Zu einem früheren Zeitpunkt braucht er den Arbeitgeber nur zu unterrichten, wenn er aufgrund besonderer Umstände damit rechnen muss, während des restlichen Laufes der Regelfrist hierzu nicht mehr in der Lage zu sein.[322] In diesem Rahmen besteht die Möglichkeit zu **taktischem Verhalten**, insbesondere kann durch den Zeitpunkt der Mitteilung ggf. Einfluss genommen werden auf den Zeitpunkt einer möglichen Kündigung. Denn die Mitteilung über eine erfolgte Antragstellung wird der Arbeitgeber regelmäßig zum Anlass nehmen, eine weitere vorsorgliche Kündigung auszusprechen, zu welcher er vorher die Zustimmung des Integrationamtes einholen muss.

210

Als Vertreter des Arbeitnehmers hat der Anwalt in diesem Zusammenhang auch zu prüfen, ob der Arbeitgeber von der Schwerbehinderung bzw. von der erfolgten Antragstellung bei Ausspruch der Kündigungserklärung nachweisbar Kenntnis besaß. Bestehen hieran auch nur leiseste Zweifel, muss eine Inkenntnissetzung in nachweisbarer Form veranlasst werden.[323]

211

Die Mitteilung an den Arbeitgeber kann **formfrei** erfolgen. Sie muss dem Arbeitgeber oder einer Person mitgeteilt werden, die für eine Kündigung des Arbeitsverhältnisses Vertretungsmacht oder – bei fehlender Entlassungsbefugnis – eine ähnlich selbständige Stellung wie ein rechtsgeschäftlicher Vertreter des Arbeitgebers hat.[324]

212

(2) Muster: Mitteilung der erfolgten Antragstellung als Schwerbehinderter

213

Sehr geehrte Damen und Herren,

hiermit zeige ich unter Vollmachtsvorlage an, dass mich Herr ▬▬▬ mit der Wahrnehmung seiner rechtlichen Interessen beauftragt hat. Gegen die von Ihnen meinem Mandanten am ▬▬▬ zugegangene Kündigung vom ▬▬▬ habe ich namens und im Auftrag meines Mandanten bereits Kündigungsschutzklage beim zuständigen Arbeitsgericht eingereicht. Namens und im Auftrag meines Mandanten teile ich Ihnen hiermit auch unter Hinweis auf die bei-

---

321 ArbG Trier NZA-RR 2003, 535.
322 BAG AP Nr. 14 zu § 12 SchwbG.
323 Pauly/Osnabrügge-Rinck, Handbuch Kündigungsrecht, § 31 Rn. 13.
324 ErfKoArbR-Rolfs, § 85 SGB IX Rn. 10.

gefügte Originalvollmacht mit, dass mein Mandant am ■■■ Antrag auf Feststellung seiner Schwerbehinderung gestellt hat.

Hochachtungsvoll

Rechtsanwalt

3. Weitere Mandatsführung

214 Nachdem die unmittelbar durch den Ausspruch oder den Zugang der Kündigung ausgelösten Fristen ermittelt und die durch den Anwalt auszuführenden Maßnahmen wie z.B. die Zurückweisung der Kündigung wegen fehlender Vollmachtsvorlage oder die Mitteilung an den Arbeitgeber über die bestehende Schwangerschaft festgestellt sind, sind noch eine Reihe weiterer Weichenstellungen bei der Mandatsführung zu beachten.

a) Einholung der Deckungszusage durch die Rechtsschutzversicherung

215 Ist der Mandant rechtsschutzversichert – was bei arbeitsrechtlichen Mandaten relativ häufig der Fall ist –, übernimmt es vielfach der Anwalt, die **Deckungszusage der Rechtsschutzversicherung** für seine Tätigkeit im Namen des Mandanten einzuholen. Die Neufassung des RVG hat die Streitfrage, ob ein Rechtsanwalt, der eine Deckungszusage des Rechtsschutzversicherers für die Kosten eines Rechtsstreits besorgt, hierfür **besondere Gebühren** abrechnen kann, nicht gelöst.[325] Die Rechtsprechung ist in dieser Frage uneinheitlich, teilweise wird die Einholung einer Deckungszusage bei dem Rechtsschutzversicherer des Mandanten als eine gesonderte gebührenrechtliche Angelegenheit für den damit beauftragten Rechtsanwalt angesehen,[326] teilweise aber auch lediglich als Annex des jeweiligen Mandats;[327] die Literatur geht wohl überwiegend davon aus, dass eine gesonderte Angelegenheit vorliegt.[328] In der Praxis wird vielfach die Einholung der Deckungszusage durch den Anwalt quasi als **kostenlose Serviceleistung** für den Mandanten miterledigt.

216 Bei der Einholung der Deckungszusage ist zu beachten, dass bei einer verhaltensbedingten Kündigung der relevante Verstoß, welcher den **Versicherungsfall** auslöst, nicht erst im Ausspruch der Kündigung, sondern in dem der Kündigung vorausgehenden wirklichen oder behaupteten Verstoß gegen die Verpflichtungen aus dem Arbeitsvertrag liegt.[329]

b) Auftragserteilung zunächst auf außergerichtliche Tätigkeit beschränkt

217 Trotz der im Arbeitsrecht häufig zur Anwendung gelangenden knapp bemessenen Klagefrist des § 4 KSchG macht es in manchen Fällen gleichwohl Sinn, dass der Auftrag an den Anwalt zunächst auf eine **außergerichtliche Tätigkeit** beschränkt wird. Häufig gibt es aus Sicht des Mandanten zahlreiche nachvollziehbare und anerkennenswerte

---

325 Mayer/Kroiß-Ebert, § 19 RVG Rn. 14.
326 AG Charlottenburg JurBüro 2002, 25.
327 OLG München JurBüro 1993, 163.
328 AnwK-RVG-Hembach/Wahlen, VV Vorbem 2.4 Rn. 20; in diesem Sinne auch Mayer/Kroiß-Ebert, § 19 Rn. 15; uneinheitlich Hansens/Braun/Schneider, Praxis des Vergütungsrechts, Teil 1 Rn. 366 und Rn. 286.
329 S. oben Rn. 48.

Gründe, zunächst zu versuchen, außergerichtlich eine Regelung zustande zu bringen.³³⁰

Eine zunächst auf die außergerichtliche Tätigkeit beschränkte Auftragserteilung führt dazu, dass gemäß Vorbemerkung 3 Abs. 4 VV die für die außergerichtliche Vertretung angefallene Geschäftsgebühr nach Nr. 2400 VV auf die entsprechenden Gebühren für ein sich anschließendes gerichtliches Verfahren nur zur Hälfte, höchstens jedoch mit einem Gebührensatz von 0,75 auf die Verfahrensgebühr des gerichtlichen Verfahrens anzurechnen ist.

c) Zeugnis

Empfehlenswert ist es auf jeden Fall, sich als Arbeitnehmer vor Erhebung der Kündigungsschutzklage um ein Zeugnis bei seinem Arbeitgeber zu bemühen. Denn solange die mit einer Kündigungsschutzklage häufig verbundenen Spannungen noch nicht eingetreten sind, wird es dem Arbeitnehmer leichter fallen, von seinem Arbeitgeber ein **wohlwollendes Zeugnis** zu erhalten.³³¹

d) Ausschlussfrist

aa) Grundlagen: Ausschlussfristen (auch Verfallsfristen genannt) finden sich fast in jedem Manteltarifvertrag.³³² Aber auch in Betriebsvereinbarungen und Arbeitsverträgen können Ausschlussfristen zu finden sein.³³³ Der Arbeitnehmer, der sich gegen eine ausgesprochene verhaltensbedingte Kündigung wendet, will nicht nur die Unwirksamkeit der Kündigung festgestellt wissen, sondern auch seine Vergütungsansprüche für die Zeit nach dem Kündigungstermin sichern. Zwar sieht die Rechtsprechung in der Erhebung einer Kündigungsschutzklage gemäß § 3 KSchG grundsätzlich ein **ordnungsgemäßes Angebot der Arbeitsleistung im Sinne des § 293 BGB**,³³⁴ so dass dem Mandanten nach § 615 Satz 1 BGB Annahmeverzugsvergütungsansprüche zustehen, wenn später festgestellt wird, dass die Kündigung unwirksam war.

Problematisch ist jedoch stets die Frage, ob die Erhebung der Kündigungsschutzklage allein ausreicht, um die Vergütungsansprüche des Mandanten zu sichern, wenn Ausschlussfristen greifen. Nach ständiger Rechtsprechung des BAG ist jedenfalls für den Bereich der privaten Wirtschaft die Erhebung der Kündigungsschutzklage je nach Lage des Falles ein geeignetes Mittel, die Ansprüche, die während des Kündigungsstreits fällig werden und von dessen Ausgang abhängen, „geltend zu machen", sofern eine zur Anwendung gelangende Verfallsklausel **nur eine formlose oder schriftliche Geltendmachung** verlangt. Denn in derartigen Fällen ist über den prozessualen Inhalt des Kündigungsschutzbegehrens hinaus das Gesamtziel der Klage zu beachten, das sich in der Regel nicht auf die Erhaltung des Arbeitsplatzes beschränkt, sondern auch auf die Sicherung der Ansprüche gerichtet ist, die durch den Verlust der Arbeitsstelle möglicherweise verloren gehen. Im Allgemeinen ist dieses Ziel dem Arbeitgeber auch klar

---

330 S. hierzu im Einzelnen oben Rn. 63.
331 Pauly/Osnabrügge-Rinck, Handbuch Kündigungsrecht, § 31 Rn. 20.
332 Schubert, Der Anwalt im Arbeitsrecht, § 9 Rn. 89.
333 Vgl. oben Rn. 20.
334 AP Nr. 23 zu § 615 BGB.

erkennbar, damit ist er nach der Rechtsprechung ausreichend von dem Willen des Arbeitnehmers unterrichtet, die durch die Kündigung bedrohten Einzelansprüche aus dem Arbeitsverhältnis aufrechtzuerhalten.[335] Die Erhebung der Kündigungsschutzklage im Bereich der Privatwirtschaft genügt somit den Erfordernissen einer Ausschluss- oder Verfallfrist, die lediglich formlose oder schriftliche Geltendmachung von Ansprüchen, und insbesondere auch von Vergütungsansprüchen verlangt.[336] Zu beachten ist aber, dass die Kündigungsschutzklage im Fall der nötigen schriftlichen Geltendmachung innerhalb der Ausschlussfrist **zugestellt** sein muss. Sonst ist ihrer **Sicherungs- und Warnfunktion** nicht genügt, die erfordert, dass der Arbeitgeber weiß bzw. wissen muss, dass der Anspruch gegen ihn geltend gemacht ist. Die Kündigungsschutzklage ersetzt die schriftliche Geltendmachung nur dann, wenn sie auch zugestellt ist. Deshalb muss die Kündigungsschutzklage innerhalb der Ausschlussfrist rechtshängig sein.[337] Eine Vorwirkung des § 167 ZPO auf den Zeitpunkt der Anhängigkeit gilt nicht.[338]

222 Zu beachten ist aber, dass diese Grundsätze nicht ohne Weiteres auf den Bereich des **öffentlichen Dienstes** übertragen werden können. Das BAG hat zu § 70 Abs. 1 BAT die Auffassung vertreten, dass eine Kündigungsschutzklage als schriftliche Geltendmachung von Gehaltsansprüchen nur dann ausreicht, wenn nach den gesamten Umständen der Arbeitgeber die Kündigungsschutzklage dahingehend verstehen musste, dass auch Gehaltsansprüche geltend gemacht werden. Nur dann könne auf die in § 70 Abs. 1 BAT geforderte Schriftform verzichtet werden, wenn die Kündigungsschutzklage für den öffentlichen Dienstherrn den gleichen Mahn-, Warn- und Verständigungseffekt habe wie ein Mahnschreiben.[339] Der 5. Senat des BAG hat in der Entscheidung vom 21.06.1978 die Frage, ob die für den Bereich der privaten Wirtschaft aufgestellten Grundsätze auch für den öffentlichen Dienst gelten oder ob hier die Einschränkung zu machen ist, dass die Kündigungsschutzklage nur dann ausreicht, die nach § 70 Abs. 1 BAT notwendige schriftliche Geltendmachung zu ersetzen, wenn nach den gesamten Umständen der Arbeitgeber die Kündigungsschutzklage dahingehend verstehen musste, damit würden auch Gehaltsansprüche geltend gemacht werden, wobei solche Umstände im Einzelfall konkret festgestellt werden müssen, ausdrücklich offen gelassen.[340] In der Literatur findet die **strengere Auffassung für den Bereich des öffentlichen Dienstes** teilweise Zustimmung, weil im öffentlichen Dienst die besondere schriftliche Geltendmachung von Ansprüchen für den Verwaltungsapparat des öffentlichen Dienstes als unentbehrlich angesehen werden könne,[341] teilweise wird in der Literatur auch die Vermutung geäußert, dass die Tendenz der Rechtsprechung des BAG eher dahin geht, dass die Kündigungsschutzklage auch im öffentlichen

---

335 BAG AP Nr. 114 zu § 4 TVG Ausschlussfristen; BAG AP Nr. 56 zu § 4 TVG Ausschlussfristen; BAG AP Nr. 60 zu § 4 TVG Ausschlussfristen; BAG AP Nr. 46 zu § 615 BGB; BAG AP Nr. 23 zu § 615 BGB.
336 HaKo-Gallner, § 4 Rn. 138.
337 HaKo-Gallner, § 4 Rn. 139.
338 HaKo-Gallner, § 4 Rn. 139.
339 BAG AP Nr. 57 zu § 4 TVG Ausschlussfristen.
340 BAG AP Nr. 65 zu § 4 TVG Ausschlussfristen.
341 KR-Friedrich, § 4 KSchG Rn. 39.

Dienst ohne weitere Einschränkungen als ausreichend für eine erforderliche schriftliche Geltendmachung anzusehen ist.[342]

Sieht die **Verfallklausel** vor, dass die Ansprüche **gerichtlich geltend gemacht** werden müssen, liegt diese Geltendmachung nach ständiger Rechtsprechung nicht in der Kündigungsschutzklage. Die gerichtliche Geltendmachung von Lohnansprüchen kann nicht in der Erhebung einer Kündigungsschutzklage gesehen werden, die einen anderen Streitgegenstand hat.[343]

223

Für den die Bearbeitung eines kündigungsschutzrechtlichen Mandats beginnenden Rechtsanwalt ist es daher entscheidend wichtig, abzuklären, ob auf das Arbeitsverhältnis des Mandanten eine Ausschlussfrist, sei es durch Tarifvertrag, Betriebsvereinbarung oder Arbeitsvertrag, Anwendung findet. Dabei genügt der Anwalt seiner Pflicht zur **Sachverhaltsaufklärung** nicht, wenn er allein auf die Angaben seines Mandanten vertraut, sondern sollte auch unmittelbar bei dem Arbeitgeber wegen einer entsprechenden Betriebsvereinbarung und betrieblichen Übung anfragen und, falls dieser sich auf eine solche Vereinbarung oder Übung beruft, darauf hinweisen, dass er Zahlungs- und Feststellungsklage erheben muss, falls dieser ihm nicht zusichert, der Anspruch des Mandanten, wenn er besteht, werde ohne Rücksicht auf den Ablauf der Ausschlussfrist erfüllt.[344]

224

bb) Muster: Anfrage an den Arbeitgeber wegen Ausschlussfrist

225

An die

XY GmbH

■■■

■■■

32

Sehr geehrter Herr ■■■,

hiermit zeige ich unter Vorlage der auf mich lautenden Originalvollmacht an, dass mich Herr ■■■ mit der Wahrnehmung seiner rechtlichen Interessen beauftragt hat. Gegenstand meiner Beauftragung ist die meinem Mandanten am ■■■ zugegangene schriftliche Kündigung vom ■■■

Die ausgesprochene Kündigung wird zurückgewiesen, da ein Kündigungsgrund nicht vorliegt. Ich werde daher zu gegebener Zeit meinem Mandanten empfehlen, zur Wahrung seiner Rechte Kündigungsschutzklage zu erheben.

Unabhängig davon habe ich Sie aufzufordern, umgehend, spätestens aber bis

■■■

---

342 HaKo-Gallner, § 4 Rn. 142.
343 BAG AP Nr. 31 zu § 4 TVG Ausschlussfristen; BAG AP Nr. 43 zu § 4 TVG Ausschlussfristen; BAG AP Nr. 63 zu § 4 TVG Ausschlussfristen; BAG AP Nr. 66 zu § 4 TVG Ausschlussfristen; HaKo-Gallner, § 4 KSchG Rn. 143; KR-Friedrich, § 4 KSchG Rn. 43.
344 Nach dem BAG verlangt das NachwG nur den schriftlichen Hinweis auf den Tarifvertrag und nicht etwa auch auf etwa dort enthaltene Ausschlussfrist, vgl. BAG NZA 2002, 1096.

schriftlich mitzuteilen, ob auf das Arbeitsverhältnis meines Mandanten eine Ausschlussfrist für seine Ansprüche aus dem Arbeitsverhältnis, sei es aufgrund eines Tarifvertrages, einer Betriebsvereinbarung, betrieblicher Übung oder einzelvertraglicher Vereinbarung, Anwendung findet.

Sollte eine solche Ausschlussfrist bestehen, werden Sie hiermit aufgefordert, ebenfalls bis spätestens

■■■

schriftlich zu bestätigen, dass Sie die Ansprüche meines Mandanten, soweit sie bestehen, ohne Rücksicht auf den Ablauf der Ausschlussfrist erfüllen werden. Ansonsten bin ich gezwungen, meinem Mandanten zu empfehlen, umgehend alle fälligen Ansprüche gerichtlich geltend zu machen.

Hochachtungsvoll

Rechtsanwalt

II. Klage

1. Klagefrist

226 Nach § 4 Abs. 1 Satz 1 KSchG muss ein Arbeitnehmer, wenn er geltend machen will, dass seine Kündigung sozial ungerechtfertigt oder aus anderen Gründen rechtsunwirksam ist, **innerhalb von 3 Wochen** nach Zugang der schriftlichen Kündigung Klage beim Arbeitsgericht auf Feststellung erheben, dass das Arbeitsverhältnis durch die Kündigung nicht aufgelöst ist. Es gilt somit eine einheitliche Klagefrist von 3 Wochen für die Geltendmachung nahezu sämtlicher Unwirksamkeitsgründe bei einer arbeitgeberseitigen, schriftlichen Kündigung. Die Frist greift bei der **ordentlichen Beendigungskündigung** und der **ordentlichen Änderungskündigung**, sowie über die Verweisung des § 13 Abs. 1 Satz 2 KSchG außerdem bei der **außerordentlichen Beendigungskündigung** und der **außerordentlichen Änderungskündigung**.[345]

a) Fristberechnung

227 Die Klagefrist beginnt im Regelfall des § 4 Satz 1 KSchG mit dem Zugang der Kündigung, der für Erklärungen gegenüber Abwesenden in § 130 Abs. 1 BGB geregelt ist.[346] Nach § 187 Abs. 1 BGB wird der Tag des Zugangs der schriftlichen Kündigung bei der Berechnung der Klagefrist nicht mitgerechnet. Die Klagefrist endet vielmehr mit dem Ablauf des Tages der dritten Woche, der durch seine Benennung dem Tag entspricht, in dem die Kündigung zuging, § 188 Abs. 2 BGB. Geht die Kündigung somit an einem Mittwoch zu, endet die Klagefrist 3 Wochen später, ebenfalls mittwochs, mit Ablauf des Tages. Fällt der letzte Tag der Frist auf einen Sonntag, einen staatlich anerkannten allgemeinen Feiertag oder einen Sonnabend, so läuft nach § 193 BGB die Klagefrist am darauf folgenden Werktag ab.

---

345 HaKo-Gallner, § 4 Rn. 3.
346 HaKo-Gallner, § 4 Rn. 112.

b) Geltungsbereich der Klagefrist

Durch das am 01.01.2004 in Kraft getretene Gesetz zur Reform am Arbeitsmarkt vom 24.12.2003[347] ist nicht nur die **Anwendungsschwelle** des Kündigungsschutzgesetzes modifiziert worden, sondern für alle Fälle der Rechtsunwirksamkeit einer Arbeitgeberkündigung eine einheitliche Klagefrist eingeführt worden, die auch für Arbeitnehmer in Kleinbetrieben gilt, für die das Kündigungsschutzgesetz grundsätzlich keine Anwendung findet. Nach § 23 Abs. 1 Satz 1 und Satz 2 KSchG gelten die dreiwöchige Klagefrist nach § 4 Satz 1 KSchG, die Regelung über die Zulassung verspäteter Klagen nach § 5 KSchG, die verlängerte Anrufungsfrist nach § 6 KSchG, die Regelung über das Wirksamwerden der Kündigung nach § 7 KSchG sowie die Regelungen über die außerordentliche Kündigung nach § 13 Abs. 1 Satz 1 und 2 KSchG auch für Arbeitnehmer in **Kleinbetrieben**, für die das Kündigungsschutzgesetz grundsätzlich keine Anwendung findet. Aufgrund des systematischen Standorts der Regelung ist zwar etwas zweifelhaft, ob die Klagefrist auch innerhalb der ersten 6 Monate des Arbeitsverhältnisses besteht, da § 1 Abs. 1 KSchG verlangt, dass das Arbeitsverhältnis in demselben Betrieb oder Unternehmen ohne Unterbrechung länger als 6 Monate bestanden haben muss, bevor der Kündigungsschutz des Kündigungsschutzgesetzes greift, die Frage ist jedoch zu bejahen, da nur so dem erkennbaren Willen des Gesetzgebers Rechnung getragen werden kann.[348] Eine Ausnahme von der Klagefrist ergibt sich aus § 4 Satz 1 KSchG. Denn dort wird der Lauf der Klagefrist mit dem Zugang der „**schriftlichen**" **Kündigung** verbunden. Damit stellt das Gesetz klar, dass die Nichtigkeitsfolge einer entgegen dem Schriftformerfordernis des § 623 BGB erklärten Kündigung gemäß § 125 Satz 1 BGB nicht der 3-Wochen-Frist und daher auch nicht der materiellen Präklusion des § 7 KSchG unterliegt. Soweit der Arbeitnehmer die Formnichtigkeit der Kündigung geltend machen will, muss er allgemeine Feststellungsklage (§ 256 Abs. 1 ZPO) erheben. Die Grenze einer Berufung auf die fehlende Schriftform bildet nur der **Einwand der Verwirkung** (§ 242 BGB). Soweit aber die Wirksamkeit einer Kündigung von Formerfordernissen über die Schriftform hinaus abhängt, etwa nach § 9 Abs. 3 Satz 2 MuSchG die Angabe des zulässigen Kündigungsgrundes, sind entsprechende Verstöße sonstige Unwirksamkeitsgründe im Sinne von § 4 Satz 1 KSchG, die innerhalb der 3-Wochen-Frist geltend gemacht werden müssen.[349] Der Antrag bei einer formnichtigen Kündigung ist nicht identisch mit dem in § 4 Abs. 1 Satz 1 KSchG vorgeschriebenen punktuellen Antrag. Er kann vielmehr wie folgt lauten:

Muster: Feststellungsantrag bei formnichtiger Kündigung

Es wird festgestellt, dass das Arbeitsverhältnis der Parteien über den ■■■ hinaus fortbesteht.

oder

---

347 BGBl. I, 3002.
348 Bader, NZA 2004, 65 ff., 68; Bender/Schmidt, NZA 2004, 358 ff., 361; HaKo-Gallner, § 4 Rn. 2 b.
349 Bender/Schmidt, NZA 2004, 358 ff., 361.

Es wird festgestellt, dass zwischen den Parteien ein Arbeitsverhältnis besteht.[350]

230 Aber auch eine Leistungsklage beispielsweise auf Zahlung von Annahmeverzugsvergütung für Zeiträume nach dem in der formnichtigen Kündigung bestimmten Kündigungstermin ist möglich, dabei wird dann die Wirksamkeit der Kündigung inzident festgestellt.[351]

c) Geltungsbereich des Kündigungsschutzgesetzes

231 *aa) Schwellenwert:* Das Gesetz zur Reform am Arbeitsmarkt vom 24.12.2003[352] hat in der Erwartung, kleinen Unternehmern die Entscheidung zu Neueinstellungen zu erleichtern, die **Anwendungsschwelle** des Kündigungsschutzgesetzes flexibler gestaltet. Nach § 23 Abs. 1 Satz 2 KSchG gelten die Vorschriften des 1. Abschnitts mit Ausnahme der §§ 4-7 und des § 13 Abs. 1 Satz 1 und 2 nicht für Betriebe und Verwaltungen, in denen in der Regel 5 oder weniger Arbeitnehmer ausschließlich der zu ihrer Berufsausbildung Beschäftigten beschäftigt werden. In Betrieben und Verwaltungen, in denen in der Regel 10 oder weniger Arbeitnehmer ausschließlich der zu ihrer Berufsausbildung Beschäftigten beschäftigt werden, gelten nach § 23 Abs. 1 Satz 3 KSchG die Vorschriften des 1. Abschnitts mit Ausnahme der §§ 4-7 und des § 13 Abs. 1 Satz 1 und 2 nicht für Arbeitnehmer, deren Arbeitsverhältnis nach dem 31.12.2003 begonnen hat; diese Arbeitnehmer sind bei der Feststellung der Zahl der beschäftigten Arbeitnehmer nach § 23 Abs. 1 Satz 2 KSchG bis zur Beschäftigung von in der Regel 10 Arbeitnehmern nicht zu berücksichtigen. Danach behalten die Arbeitnehmer, die nach § 23 Abs. 1 Satz 2 KSchG a.F. am 31.12.2003 bereits allgemeinen Kündigungsschutz genossen, diesen weiter, ein möglicher nachträglicher Verlust des Kündigungsschutzes kann allenfalls nur nach Maßgabe der bisherigen Bestimmungen erfolgen.[353] Von der Besitzstandswahrung profitieren ebenfalls Arbeitnehmer, deren Arbeitsverhältnis vor dem 01.01.2004 begonnen hat und deren Wartezeit nach § 1 Abs. 1 KSchG am 31.12.2003 noch nicht erfüllt war.[354] Waren in einem Betrieb am 31.12.2003 drei Vollzeitarbeitnehmer beschäftigt und sind nach dem 01.01.2004 vier weitere Vollzeitarbeitnehmer eingestellt worden, gilt für die nach dem 01.01.2004 eingestellten Neuarbeitnehmer der Schwellenwert 10 nach § 23 Abs. 1 Satz 3 Hs 1 KSchG. Dieser ist nicht überschritten, so dass die Neuarbeitnehmer auch nach Ablauf der Wartezeit keinen Kündigungsschutz nach § 1 ff. KSchG genießen. Für die Altarbeitnehmer gilt der Schwellenwert 5 nach § 23 Abs. 1 Satz 2 KSchG, der hier an sich überschritten ist; § 23 Abs. 1 Satz 3 Hs 2 KSchG sieht jedoch eine begrenzte Nichtanrechnung von neuangestellten Arbeitnehmern vor, so dass die vier neueingestellten Arbeitnehmer im Rahmen des § 23 Abs. 1 Satz 2 KSchG nicht mitzuzählen sind; der Schwellenwert „5" ist nicht überschritten, auch die Altarbeitnehmer haben keinen Kündigungsschutz.[355] Beschäftigt ein

---

350 HaKo-Fiebig, § 623 BGB Rn. 41.
351 HaKo-Fiebig, § 623 BGB Rn. 40; HaKo-Gallner, § 4 Rn. 2a.
352 BGBl. I, 3002.
353 HaKo-Pfeiffer, § 23 KSchG Rn. 25; Bader, NZA 2004, 65 ff., 67.
354 Bader, NZA 2004, 65 ff.; 67; Bender/Schmidt, NZA 2004, 358 ff., 359.
355 Bender/Schmidt, NZA 2004, 358 ff., 359.

Arbeitgeber regelmäßig fünf Arbeitnehmer, so kann er seit 01.01.2004 fünf in Vollzeit tätige Arbeitnehmer einstellen, ohne dass die bisherigen fünf beschäftigten Arbeitnehmer Kündigungsschutz erlangen, § 23 Abs. 1 Satz 3 2. Hs i.V.m. Satz 2 KSchG. Die fünf neueingestellten Arbeitnehmer erlangen ebenfalls keinen Kündigungsschutz, § 23 Abs. 1 Satz 3 1. Hs KSchG. Waren z.B. am 31.12.2003 regelmäßig sieben Arbeitnehmer beschäftigt, könnte der Arbeitgeber drei weitere Vollzeitmitarbeiter ab 01.01.2004 beschäftigen, ohne dass die neueingestellten Arbeitnehmer bei Beibehaltung dieser Arbeitnehmeranzahl auch in Zukunft Kündigungsschutz zuteil würde, die bereits am 31.12.2003 beschäftigten sieben Arbeitnehmer haben jedoch nach § 23 Abs. 1 Satz 2 KSchG Kündigungsschutz.[356]

bb) Wartefrist: Der Kündigungsschutz nach dem Kündigungsschutzgesetz greift nach § 1 Abs. 1 KSchG erst dann, wenn das Arbeitsverhältnis eines Arbeitnehmers in demselben Betrieb oder Unternehmen ohne Unterbrechung **länger als 6 Monate** bestanden hat. Entscheidend ist nicht die tatsächliche Beschäftigung, sondern der rechtliche Beginn des Arbeitsverhältnisses. Das bedeutet aber nicht, dass die **Wartefrist** notwendig mit dem Abschluss des Arbeitsvertrags begänne. Maßgeblich ist vielmehr der exakte Tag (§ 187 Abs. 2 BGB, dieser Tag wird mitgezählt), an dem die Arbeit nach der Parteiabrede aufgenommen werden soll; weder Erkrankung noch Annahmeverzug des Arbeitgebers verzögern deswegen den Beginn der Wartefrist.[357] Maßgeblich für den Erwerb des allgemeinen Kündigungsschutzes ist nicht der Zeitpunkt, in dem die Kündigungsfrist abläuft; vielmehr muss die 6-monatige Wartezeit bereits im **Zeitpunkt des Zugangs der Kündigung** abgelaufen sein.[358] Die Wartefrist endet mit dem Ablauf des Tags des 6. Monats, der dem Tag vorangeht, der durch seine Zahl dem Anfangstag der Frist entspricht, § 188 Abs. 2 2. Alternative BGB.[359] Soll der Arbeitnehmer die Arbeit am 01.12.2004 aufnehmen, endet die Wartezeit am 31.05.2005, 24 Uhr. Der Arbeitnehmer erlangt ab 01.06.2005, 0 Uhr, allgemeinen Kündigungsschutz nach dem Kündigungsschutzgesetz.

cc) Darlegungs- und Beweislast: Die **Darlegungs- und Beweislast** für die persönlichen Voraussetzungen des Kündigungsschutzes nach dem Kündigungsschutzgesetz trifft den **Arbeitnehmer**. Er muss die Umstände darlegen, aus denen sich ergibt, dass das Arbeitsverhältnis zum Zeitpunkt des Zugangs der Kündigung mindestens 6 Monate ununterbrochen bestanden hat. Er genügt dabei seiner Darlegungslast, wenn er vorträgt, dass das Arbeitsverhältnis 6 Monate vor Zugang der Kündigung begründet worden ist.[360]

dd) Prüfungsschema: Pfeiffer empfiehlt folgendes Prüfungsschema zur Orientierung dafür, ob für einen Arbeitnehmer Kündigungsschutz besteht:
- Hat das Arbeitsverhältnis des gekündigten Arbeitnehmers erst nach dem 31.12.2003 begonnen?

---

356 HaKo-Pfeiffer, § 23 KSchG Rn. 25.
357 HaKo-Gallner, § 1 KSchG Rn. 67.
358 KR-Etzel, § 1 KSchG Rn. 112 m.w.N.
359 HaKo-Gallner, § 1 Rn. 68; KR-Etzel, § 1 KSchG Rn. 111.
360 KR-Etzel, § 1 KSchG Rn. 139.

- War der gekündigte Arbeitnehmer bei Zugang der Kündigung im Betrieb länger als 6 Monate beschäftigt?
- Beschäftigte der kündigende Arbeitgeber in seinem Betrieb bei Zugang der Kündigung regelmäßig mehr als 10 anrechenbare Arbeitnehmer in Vollzeit oder in Teilzeit unter Berücksichtigung des jeweiligen Beschäftigungsvolumens?
- Verneinendenfalls, beschäftigte der kündigende Arbeitgeber in seinem Betrieb bei Zugang der Kündigung regelmäßig wenigstens mehr als fünf anrechenbare Arbeitnehmer in Vollzeit oder in Teilzeit unter Berücksichtigung des jeweiligen Beschäftigungsvolumens?
- Bejahendenfalls, handelte es sich dabei auch um nicht zu berücksichtigende Arbeitnehmer in Voll- oder Teilzeit, deren Arbeitsverhältnis nach dem 31.12.2003 begonnen hat?
- Bejahendenfalls, werden unter Abzug dieser Arbeitnehmer beim kündigenden Arbeitgeber noch wenigstens mehr als fünf Arbeitnehmer in Vollzeit oder in Teilzeit regelmäßig beschäftigt?[361]

2. Inhalt der Klage

a) Minimum

235 Der Mindestinhalt der Klage bestimmt sich nach § 46 Abs. 2 Satz 1 ArbGG i.V.m. § 253 Abs. 2 ZPO. Danach muss die Klageschrift die Parteien, das Gericht, den Gegenstand und den Grund des Anspruchs sowie einen bestimmten Antrag enthalten.

236 *aa) Richtige Bezeichnung des Beklagten:* Die Kündigungsschutzklage ist gegen den **Arbeitgeber** zu richten. Dieser muss richtig bezeichnet werden, eine gegen die falsche Partei gerichtete Kündigungsschutzklage wahrt die dreiwöchige Klagefrist nicht.

237 *bb) Örtliche Zuständigkeit:* Die örtliche Zuständigkeit des maßgeblichen Arbeitsgerichts bestimmt sich nach § 46 Abs. 2 ArbGG nach den Vorschriften der ZPO, und zwar nach den Regelungen des Gerichtsstandes der §§ 12-40 ZPO.[362] Der allgemeine Gerichtsstand des Arbeitgebers hängt davon ab, ob er eine natürliche oder eine juristische Person ist; ist der Arbeitgeber eine natürliche Person, so wird sein allgemeiner Gerichtsstand durch seinen **Wohnsitz** bestimmt, ist der Arbeitgeber hingegen eine juristische Person, so hat sie ihren allgemeinen Gerichtsstand am **Ort ihres Sitzes**.[363] Der Staat als Arbeitgeber hat seinen allgemeinen Gerichtsstand am Sitz der Behörde, die zu seiner Vertretung im Rechtsstreit berufen ist, § 18 ZPO. Die Vertretungsbefugnis einer Behörde bestimmt sich nach dem Verwaltungsrecht.[364]

238 Häufig relevant sind im Arbeitsrecht der **Gerichtsstand der Niederlassung** nach § 21 Abs. 1 ZPO und der **Gerichtsstand des Erfüllungsortes** nach § 29 Abs. 1 ZPO. Wann der Gerichtsstand der Niederlassung nach § 21 Abs. 1 ZPO eröffnet ist, ist strittig.[365] Der für § 29 ZPO maßgebende Erfüllungsort ist bei Arbeitsverhältnissen aus den

---

361 HaKo-Pfeiffer, § 23 KSchG Rn. 33.
362 GMP/Matthes, § 2 Rn. 155.
363 GMP/Matthes, § 2 Rn. 158f.
364 GMP/Matthes, § 2 Rn. 159.
365 HaKo-Gallner, § 4 KSchG Rn. 19 unter Darstellung des Streitstandes.

Umständen und der Natur des Arbeitsverhältnisses zu entnehmen. Danach ist in der Regel Erfüllungsort für die Leistungen des Arbeitnehmers und des Arbeitgebers der Sitz des Betriebes jedenfalls in den Fällen, in denen der Arbeitnehmer dort ständig beschäftigt wird, bei Arbeitnehmern des öffentlichen Dienstes die Behörde oder Dienststelle, in der sie arbeiten.[366] Der Gerichtsstand des Erfüllungsortes ist nicht nur für Klagen auf Erfüllung einer Verpflichtung gegeben, sondern auch für positive und negative Feststellungsklagen hinsichtlich des Bestehens des Vertragsverhältnisses oder einzelner Verbindlichkeiten, ferner auch für die Kündigungsschutzklage.[367]

An die nach § 253 Abs. 2 Nr. 2 ZPO erforderliche Angabe des Klagegegenstandes und -grundes dürfen keine zu strengen Anforderungen gestellt werden. Um die Klagefrist zu wahren, genügt es, wenn aus der Klageschrift der Arbeitgeber, das Datum der Kündigung und der Wille, die Unwirksamkeit dieser Kündigung gerichtlich feststellen zu lassen, zu ersehen sind.[368] Der Klageantrag ist durch § 4 Satz 1 KSchG vorgezeichnet.

Muster: Klageantrag Kündigungsschutzklage

„Es wird festgestellt, dass das Arbeitsverhältnis der Parteien durch die Kündigung des/der Beklagten vom ▬▬▬ nicht aufgelöst ist."

Maßgebend ist der sogenannte **punktuelle Streitgegenstandsbegriff**. Gegenstand einer Kündigungsschutzklage mit einem Antrag nach § 4 Satz 1 KSchG ist die Beendigung des Arbeitsverhältnisses durch eine konkrete, mit dieser Klage angegriffene Kündigung zu dem in ihr vorgesehenen Termin.[369] Teilweise wird aber auch die Auffassung vertreten, Streitgegenstand des Kündigungsschutzprozesses sei der Bestand des Arbeitsverhältnisses zur Zeit der letzten mündlichen Verhandlung.[370]

Auf der Grundlage der punktuellen Streitgegenstandstheorie muss **jede Kündigung**, sei es eine außerordentliche, eine ordentliche, eine vorsorglich ordentliche oder eine vorsorglich außerordentliche usw. innerhalb der dreiwöchigen Klagefrist zur Meidung der Fiktion des § 7 KSchG **angegriffen werden**, und zwar auch dann, wenn eine weitere Kündigung oder wenn weitere Kündigungen während eines bereits laufenden Kündigungsschutzverfahrens gegenüber dem Arbeitnehmer ausgesprochen werden.[371] Im Hinblick auf die punktuelle Streitgegenstandstheorie ist in jedem Fall, insbesondere in dem Fall, dass mehrere Kündigungen ausgesprochen worden sind, die mit der Kündigungsschutzklage angegriffen werden sollen, darauf zu achten, dass der Klageantrag klar und präzise formuliert ist, indem jede Kündigung im Klageantrag selbst erwähnt ist.

---

366 GMP/Matthes, § 2 Rn. 163.
367 GMP/Matthes, § 2 Rn. 165.
368 BAG AP Nr. 32 zu § 4 KSchG 1969 m.w.N.; HaKo-Gallner, § 4 KSchG Rn. 42.
369 BAG AP Nr. 38 zu § 4 KSchG 1969; KR-Friedrich, § 4 KSchG Rn. 225 m.w.N.
370 KR-Friedrich, § 4 KSchG Rn. 226; so wohl auch HaKo-Gallner, § 4 KSchG Rn. 49.
371 Pauly/Osnabrügge-Friedhofen, Handbuch Kündigungsrecht, § 19 Rn. 10.

§ 2 Gerichtliche Verfahren 1. Instanz

243 Muster: Angriff mehrerer Kündigungen

Es wird festgestellt, dass das zwischen den Parteien bestehende Arbeitsverhältnis weder durch die außerordentliche Kündigung des Beklagten vom ▬▬ noch durch die ordentliche Kündigung des Beklagten vom ▬▬ zum Ablauf des ▬▬ noch durch die vorsorgliche Kündigung des Beklagten vom ▬▬ zum Ablauf des ▬▬ aufgelöst worden ist bzw. aufgelöst werden wird bzw. aufgelöst wird.

244 Möglich und auch vorzugswürdig, weil übersichtlicher, sind im vorgenannten Fall drei separate Feststellungsanträge und zwar bezogen auf jede einzelne Kündigung.[372]

b) Schleppnetzantrag

245 Die punktuelle Streitgegenstandstheorie ist für den Arbeitnehmer insoweit gefährlich, als sie dazu führt, dass eine versehentlich nicht rechtzeitig angegriffene weitere Kündigung während des Streits über die erste, ausgesprochene Arbeitgeberkündigung nach § 7 KSchG als wirksam behandelt werden muss und somit zu einer Beendigung des Arbeitsverhältnisses führt. Diese Gefahr hat mit der Neufassung des § 4 Satz 1 KSchG, wonach nunmehr jede schriftliche Kündigung innerhalb der 3-Wochen-Frist angegriffen werden muss, zugenommen, weil der kündigende Arbeitgeber nunmehr in gesteigertem Maße darauf hoffen darf, durch (evtl. mehrmaligen) Ausspruch einer (erneuten) Kündigung die 3-Wochen-Frist von neuem in Gang setzen zu können, bis möglicherweise die **Falle des § 7 KSchG „zuschnappt".**[373] Deshalb ist anerkannt, dass der Kläger neben der Kündigungsfeststellungsklage nach § 4 Satz 1 KSchG eine **Feststellungsklage nach § 256 ZPO** erheben kann. Für eine solche Feststellungsklage besteht unabhängig vom punktuellen Streitgegenstand der Kündigungsschutzklage das nach § 256 ZPO erforderliche Feststellungsinteresse jedenfalls dann, wenn nicht nur eine Kündigung angegriffen werden soll, sondern davon auszugehen ist, dass der Arbeitgeber andere Auflösungstatbestände in dem Prozess geltend macht oder die Gefahr besteht, dass der Arbeitgeber weitere Kündigungen aussprechen wird. Dies hat der Kläger in der Klagebegründung auszuführen. Eine Feststellungsklage des Inhalts, dass das zwischen den Parteien bestehende Arbeitsverhältnis fortbesteht, bestimmt den Fortbestand des Arbeitsverhältnisses bis zum Zeitpunkt der letzten mündlichen Verhandlung in der Tatsacheninstanz zum Streitgegenstand.[374] Hat der Arbeitnehmer lediglich eine punktuelle Kündigungsschutzklage gegen eine bestimmte Kündigung erhoben, muss er bei einer erneuten Kündigung, auch im Falle einer vorsorglichen Kündigung, erneut unter Einhaltung der 3-Wochen-Frist entweder auch die weitere Kündigung durch eine neue Kündigungsschutzklage oder Erweiterung der bestehenden Klage durch einen weiteren Klagantrag, mit dem die weitere Kündigung angegriffen wird, anfechten. Hat der Kläger jedoch die Feststellungsklage nach § 256 ZPO mit dem erweiterten Streitgegenstand (= Fortbestand des Arbeitsverhältnisses im Zeitpunkt der letzten mündlichen Verhandlung) bereits erhoben, ist die Erhebung einer neuen Kündigungsschutzklage oder eine Klageerweiterung nicht nötig. Der erweiterte

---

[372] Pauly/Osnabrügge-Friedhofen, Handbuch Kündigungsrecht, § 19 Rn. 11ff.
[373] Bender/Schmidt, NZA 2004, 358ff., 365.
[374] KR-Friedrich, § 4 KSchG Rn. 238; BAG AP Nr. 38 zu § 4 KSchG 1969.

Feststellungsantrag wird **Schleppnetzantrag** genannt. Dieser allgemeine Feststellungsantrag hat zur Folge, dass auch noch nach Ablauf der 3-Wochen-Frist Kündigungen in den Prozess eingeführt und deren Unwirksamkeit reklamiert werden kann.[375] Hat der Arbeitnehmer eine Feststellungsklage nach § 256 ZPO erhoben, ist nach der Rechtsprechung der Arbeitgeber auch nach Sinn und Zweck des § 4 KSchG hinreichend gewarnt, dass der Arbeitnehmer sich gegen alle weiteren (evtl. vorsorglichen) Kündigungen wenden will, so dass die Einhaltung der 3-Wochen-Frist für die Einführung der konkreten Kündigung in den Prozess eine reine Formelei wäre.[376] Allerdings setzt die Feststellungsklage nach § 256 ZPO auch im Kündigungsschutzprozess ein **besonderes Feststellungsinteresse** voraus. Dieses besteht nicht schon deshalb, weil eine bestimmt bezeichnete Kündigung ausgesprochen worden und wegen dieser ein Kündigungsrechtsstreit anhängig ist. Es ist vielmehr erforderlich, dass der klagende Arbeitnehmer durch Tatsachenvortrag weitere streitige Beendigungstatbestände in den Prozess einführt oder wenigstens deren Möglichkeit darstellt und damit belegt, warum dieser, die Klage nach § 4 KSchG erweiternde Antrag zulässig sein, d.h. warum an der – noch dazu alsbaldigen – Feststellung ein rechtliches Interesse bestehen soll.[377]

Es ist deshalb empfehlenswert, in jedem Fall die Kündigungsschutzklage mit ihrem punktuellen Streitgegenstandsbegriff durch einen Schleppnetzantrag zu ergänzen. Führt allerdings der Arbeitgeber keinen weiteren Beendigungstatbestand in den Prozess ein, ist der Schleppnetzantrag als unzulässig abzuweisen.[378] Da die Folgen der Weiterung der Klagefrist des § 4 Satz 1 KSchG auf alle schriftlichen Kündigungen letztlich nicht absehbar sind, wird teilweise empfohlen, sich nicht auf einen bereits gestellten Schleppnetzantrag ausschließlich zu verlassen, sondern jede weitere Kündigung innerhalb der dreiwöchigen Klagefrist separat mit der **punktuellen Feststellungsklage** anzugreifen.[379]

Muster: Schleppnetzantrag

Es wird festgestellt, dass das Arbeitsverhältnis auch nicht durch andere Beendigungstatbestände endet, sondern zu unveränderten Bedingungen über den ■■■ hinaus fortbesteht.

Im Rahmen der Klagebegründung kann das für die Feststellungsklage nach § 256 ZPO erforderliche besondere Feststellungsinteresse beispielsweise wie folgt dargelegt werden.

Muster: Darlegung des besonderen Feststellungsinteresses

Mit Klagantrag Ziff. 2 erhebt der Kläger eine selbständige allgemeine Feststellungsklage nach § 256 ZPO. Derzeit sind dem Kläger zwar keine anderen Beendigungstatbestände als die mit Klagantrag Ziff. 1 bereits angegriffene Kündigung vom ■■■ bekannt. Im Rahmen von

---

375 Pauly/Osnabrügge-Friedhofen, Handbuch Kündigungsrecht, § 19 Rn. 15.
376 BAG AP Nr. 38 zu § 4 KSchG 1969.
377 BAG AP Nr. 38 zu § 4 KSchG 1969 m.w.N.
378 Pauly/Osnabrügge-Friedhofen, Handbuch Kündigungsrecht, § 19 Rn. 16.
379 Pauly/Osnabrügge-Friedhofen, Handbuch Kündigungsrecht, § 19 Rn. 18.

arbeitsrechtlichen Auseinandersetzungen werden jedoch häufig weitere, ggf. vorsorgliche Kündigungen ausgesprochen, teilweise auch versteckt als Schriftsatzkündigungen, in der Hoffnung, dass die 3-Wochen-Frist des § 4 Satz 1 KSchG nicht gewahrt wird und die Wirksamkeitsfiktion des § 7 KSchG eintritt. Diese Gefahr hat sich mit der Erweiterung des Anwendungsbereiches des § 4 Satz 1 KSchG, der eine einheitliche Klagefrist für alle schriftlichen Kündigungen eingeführt hat, noch erhöht. Es ist daher im vorliegenden Fall zu befürchten, dass die Beklagte im weiteren Verlauf des Verfahrens Folgekündigungen ausspricht. Mit dem Antrag Ziff. 2 wird daher die Feststellung begehrt, dass das Arbeitsverhältnis auch nicht durch solche weiteren Kündigungen aufgelöst wird.

c) Weiterbeschäftigungsantrag

250 Neben dem gesetzlichen Weiterbeschäftigungsanspruch des Arbeitnehmers nach § 102 Abs. 5 BetrVG/§ 79 Abs. 2 BPersVG[380] hat die Rechtsprechung einen **sogenannten allgemeinen Weiterbeschäftigungsanspruch** entwickelt. Nach der Entscheidung des Großen Senats des BAG vom 27.02.1985 hat der gekündigte Arbeitnehmer auch außerhalb der Regelung der §§ 102 Abs. 5 BetrVG, 79 Abs. 2 BPersVG einen arbeitsvertragsrechtlichen Anspruch auf vertragsmäßige Beschäftigung über den Ablauf der Kündigungsfrist oder bei einer fristlosen Kündigung über deren Zugang hinaus bis zum rechtskräftigen Abschluss des Kündigungsprozesses, wenn die Kündigung unwirksam ist und überwiegende schützenswerte Interessen des Arbeitgebers einer solchen Beschäftigung nicht entgegenstehen. Außer im Falle einer offensichtlich unwirksamen Kündigung begründet die Ungewissheit über den Ausgang des Kündigungsprozesses ein schützenswertes Interesse des Arbeitgebers an der Nichtbeschäftigung des gekündigten Arbeitnehmers für die Dauer des Kündigungsprozesses. Dieses überwiegt in der Regel das **Beschäftigungsinteresse** des Arbeitnehmers bis zu dem Zeitpunkt, in dem im Kündigungsprozess ein die Unwirksamkeit der Kündigung feststellendes Urteil ergeht. Solange ein solches Urteil besteht, kann die Ungewissheit des Prozessausgangs für sich allein ein überwiegendes Gegeninteresse des Arbeitgebers nicht mehr begründen. Hinzu kommen müssen dann vielmehr zusätzliche Umstände, aus denen sich im Einzelfall ein überwiegendes Interesse ergibt, den Arbeitnehmer nicht zu beschäftigen.[381]

251 Der allgemeine Weiterbeschäftigungsanspruch ist für den gekündigten Arbeitnehmer ein wertvolles **verfahrenstaktisches Mittel**, denn zum einen kann er in gewissem Rahmen verhindern, dass durch die Kündigung vollendete Tatsachen in Form einer Entfremdung vom Arbeitsplatz und den Arbeitskollegen geschaffen werden, zum anderen hat er auch einen gewissen „Lästigkeitswert" für den Arbeitgeber, dem deutlich gemacht werden kann, dass er mit baldiger Weiterbeschäftigung des Arbeitnehmers rechnen muss und das Verfahren nicht „aussitzen" kann.[382]

252 Voraussetzung für den allgemeinen Weiterbeschäftigungsanspruch ist zunächst **eine ordentliche oder außerordentliche Kündigung**. Auch bei Streit über den Fortbestand eines Arbeitsverhältnisses wegen eines Aufhebungsvertrages und bei Streit um die

---

380 S. hierzu näher ErfKoArbR-Kania § 109 BetrVG Rn. 31ff.
381 BAG GS AP Nr. 14 zu § 611 BGB Beschäftigungspflicht.
382 Schubert, Der Anwalt im Arbeitsrecht, § 12 Rn. 9.

B. Verhaltensbedingte Kündigung aus Sicht des Arbeitnehmervertreters

Wirksamkeit einer Befristung und im Zusammenhang mit einer auflösenden Bedingung gelten die von der Rechtsprechung insoweit entwickelten Grundsätze.[383] Bei einer **Änderungskündigung** ist danach zu unterscheiden, ob der Arbeitnehmer die Kündigung unter Vorbehalt angenommen oder sie abgelehnt hat. Hat der Arbeitnehmer die Änderungskündigung unter Vorbehalt nach § 2 KSchG angenommen, ist seine Weiterbeschäftigung im Arbeitsverhältnis – wenn auch unter anderen Bedingungen – gesichert. Wegen der Annahme des Änderungsangebots unter Vorbehalt ist er sogar zur Weiterarbeit zu den geänderten Arbeitsbedingungen verpflichtet. Ein Anspruch auf vorläufige Weiterbeschäftigung zu den bisherigen Bedingungen ist daher zu verneinen.[384]

Nach der Rechtsprechung hat der Arbeitnehmer aufgrund seines Arbeitsverhältnisses im Prinzip einen **Anspruch auf tatsächliche vertragsgemäße Beschäftigung**. Doch der aus dem Grundsatz von Treu und Glauben (§ 242 BGB) abgeleitete allgemeine Beschäftigungsanspruch besteht nach dem BAG nur, soweit nicht im Einzelfalle überwiegende schutzwürdige Interessen des Arbeitgebers entgegenstehen. Bei einem Interessenwiderstreit bedarf es einer **Interessenabwägung** um festzustellen, ob der Arbeitgeber zur tatsächlichen Beschäftigung des Arbeitnehmers verpflichtet ist. Dies gilt bereits in einem unangefochten bestehenden Arbeitsverhältnis. Wird das Arbeitsverhältnis vom Arbeitgeber gekündigt und wird das Fortbestehen des Arbeitsverhältnisses streitig, weil der gekündigte Arbeitnehmer die Kündigung für unwirksam hält und sich dagegen mit einer Klage zur Wehr setzt, so verändert sich dadurch die Interessenlage der Vertragsparteien im Hinblick auf eine weitere tatsächliche Beschäftigung des gekündigten Arbeitnehmers. Zwar ist Grundvoraussetzung für den allgemeinen Beschäftigungsanspruch stets der rechtliche Bestand des Arbeitsverhältnisses, so dass ein vertraglicher Beschäftigungsanspruch für die Dauer des Kündigungsrechtsstreits nur gegeben sein kann, wenn nach der objektiven Rechtslage die ausgesprochene Kündigung unwirksam ist und das Arbeitsverhältnis demzufolge auch während des Kündigungsprozesses fortbesteht. Bis zur rechtskräftigen Entscheidung des Kündigungsprozesses herrscht aber **Ungewissheit über die objektive Rechtslage**. Gerade diese Ungewissheit ist es, die sich auf die Interessenlage auswirkt und sie verändert. Beschäftigt der Arbeitgeber den gekündigten Arbeitnehmer während des Kündigungsprozesses weiter, so geht er das Risiko ein, dass er bei von ihm letztlich gewonnenem Prozess den Arbeitnehmer ohne Rechtsgrund beschäftigt, dadurch zu seinem Nachteil Fakten geschaffen hat, die nicht oder nicht vollständig wieder rückgängig gemacht werden können. Beschäftigt demgegenüber der Arbeitgeber den gekündigten Arbeitnehmer während des Kündigungsrechtsstreites nicht weiter und wird dann durch rechtskräftiges Urteil die Unwirksamkeit der Kündigung festgestellt, so wird für den Arbeitnehmer das nicht wieder rückgängig zu machende Faktum geschaffen, dass er trotz seines Beschäftigungsanspruchs in der Vergangenheit dennoch nicht beschäftigt worden ist und diese Beschäftigung auch nicht mehr nachgeholt werden kann. Dieses beiderseitige Risiko des ungewissen Prozessausgangs kann daher nach der Rechtsprechung bei der

253

---

383 Pauly/Osnabrügge-Peter, § 12 Rn. 35.
384 KR-Etzel, § 102 BetrVG Rn. 272.

Prüfung des Weiterbeschäftigungsanspruchs nicht außer Betracht gelassen werden. Nach dem BAG begründet außer in den Fällen der offensichtlich unwirksamen Kündigung die Unsicherheit über die Wirksamkeit der Kündigung und damit die Ungewissheit des Prozessausgangs mit den daraus folgenden Risiken ein schutzwertes Interesse des Arbeitgebers, den gekündigten Arbeitnehmer für die Dauer des Kündigungsprozesses nicht zu beschäftigen.[385] Wurde also eine Beendigungskündigung ausgesprochen und diese mit der Kündigungsschutzklage angefochten, so besteht außer in den Fällen der offensichtlich unwirksamen Kündigung **grundsätzlich ein schutzwertes Interesse des Arbeitgebers**, den gekündigten Arbeitnehmer für die Dauer des Kündigungsprozesses nicht zu beschäftigen, so dass in der Regel der allgemeine Weiterbeschäftigungsanspruch des Arbeitnehmers nicht besteht.[386]

254 Etwas anderes gilt im Falle einer **offensichtlich unwirksamen Kündigung**. Dort besteht nach der Rechtsprechung in Wahrheit kein ernst zu nehmender Zweifel am Fortbestand des Arbeitsverhältnisses, so dass in einem solchen Fall allein mit der rein subjektiven Ungewissheit des Arbeitgebers über den Prozessgang kein der Weiterbeschäftigung des gekündigten Arbeitnehmers entgegenstehendes überwiegendes Interesse des Arbeitgebers begründet werden kann. In den Fällen der offensichtlichen Unwirksamkeit der ausgesprochenen Kündigung besteht daher schon im Zeitraum nach Ablauf der Kündigungsfrist bis zum ersten der Kündigungsschutzklage stattgebenden Urteil ein allgemeiner Weiterbeschäftigungsanspruch des Arbeitnehmers, allerdings legt die Rechtsprechung den Begriff der offensichtlich unwirksamen Kündigung eng aus. Eine offensichtlich unwirksame Kündigung liegt nicht schon dann vor, wenn ein Instanzgericht die Unwirksamkeit der Kündigung feststellt, sie liegt vielmehr nur dann vor, wenn sich schon aus dem eigenen Vortrag des Arbeitgebers ohne Beweiserhebung und ohne dass ein Beurteilungsspielraum gegeben wäre jedem Kundigen die Unwirksamkeit der Kündigung geradezu aufdrängen muss. Die Unwirksamkeit der Kündigung muss also ohne jeden vernünftigen Zweifel in rechtlicher und tatsächlicher Hinsicht offen zutage liegen.[387] Außer im Falle einer offensichtlich unwirksamen Kündigung steht der allgemeine Weiterbeschäftigungsanspruch des Arbeitnehmers im Zeitraum nach Ablauf der Kündigungsfrist bis zum ersten der Kündigungsschutzklage stattgebenden Urteil nur dann, wenn er ein besonderes schutzwürdiges Interesse an der tatsächlichen Beschäftigung hat.[388]

255 Eine **Veränderung dieser Interessenlage** tritt dann ein, wenn im Kündigungsschutzprozess ein die Instanz abschließendes Urteil ergeht, das die Unwirksamkeit der Kündigung und damit den Fortbestand des Arbeitsverhältnisses feststellt. Zwar wird durch ein solches noch nicht rechtskräftiges Urteil keine endgültige Klarheit über den Fortbestand des Arbeitsverhältnisses geschaffen, aber die Parteien hatten Gelegenheit, dem Gericht in einem ordentlichen Prozessverfahren die zur rechtlichen Beurteilung der Kündigung aus ihrer Sicht erforderlichen Tatsachen vorzutragen, dafür Beweis anzu-

---

385 BAG Großer Senat AP Nr. 14 zu § 611 BGB Beschäftigungspflicht.
386 Pauly/Osnabrügge-Peter, Handbuch Kündigungsrecht, § 12 Rn. 37.
387 BAG GS Nr. 14 zu § 611 BGB Beschäftigungspflicht.
388 Pauly/Osnabrügge-Peter, Handbuch Kündigungsrecht, § 12 Rn. 37.

treten und ihre Rechtsauffassungen darzustellen. Wenn daraufhin ein Gericht eine die Instanz abschließende Entscheidung trifft und die Unwirksamkeit der Kündigung feststellt, so ist damit zumindest eine erste Klärung der Rechtslage im Sinne des klagenden Arbeitnehmers eingetreten. Deshalb muss auch ein vom Arbeitnehmer im Kündigungsprozess erstrittenes Feststellungsurteil trotz der Ungewissheit, ob es im Rechtsmittelverfahren bestätigt wird, bei der notwendigen Abwägung der widerstreitenden Interessen der Arbeitsvertragsparteien hinsichtlich des Beschäftigungsanspruchs erheblich ins Gewicht fallen. Es wirkt sich, solange es besteht, dahin aus, dass nunmehr die Ungewissheit des endgültigen Prozessausgangs für sich allein ein überwiegendes Gegeninteresse des Arbeitgebers nicht mehr begründen kann. Liegt ein **die Unwirksamkeit der Kündigung feststellendes Instanzurteil** vor, so müssen zu der Ungewissheit des Prozessausgangs **zusätzliche Umstände** hinzukommen, aus denen sich im Einzelfall ein überwiegendes Interesse des Arbeitgebers ergibt, den Arbeitnehmer nicht zu beschäftigen. Zu denken ist dabei etwa an solche Umstände, die auch im streitlos bestehenden Arbeitsverhältnis den Arbeitgeber zur vorläufigen Suspendierung des Arbeitnehmers berechtigen, gleiches gilt auch für die Fälle eines strafbaren oder schädigenden Verhaltens des Arbeitnehmers. Schließlich kann sich auch aus der Stellung des gekündigten Arbeitnehmers im Betrieb und der Art seines Arbeitsbereiches oder aus dem Umstand, dass die Weiterbeschäftigung des Arbeitnehmers zu einer unzumutbaren wirtschaftlichen Belastung des Arbeitgebers führen würde, ein überwiegendes Interesse des Arbeitgebers ergeben, den Arbeitnehmer trotz aus Sicht des Arbeitgebers negativen Ausgang des erstinstanzlichen Verfahrens bis zum rechtskräftigen Abschluss des Rechtsstreits nicht weiterzubeschäftigen.[389]

Der allgemeine Weiterbeschäftigungsanspruch endet allerdings mit **Ausspruch einer neuen Kündigung** durch den Arbeitgeber. Spricht der Arbeitgeber nach einem in erster Instanz der Kündigungsschutzklage stattgebenden Urteil eine neue Kündigung aus, die auf einen neuen Sachverhalt gestützt wird, und tritt er mit der Berufung oder der Vollstreckungsgegenklage unter Hinweis auf die weitere Kündigung dem Weiterbeschäftigungsanspruch entgegen, dann entfällt der Anspruch auf Weiterbeschäftigung grundsätzlich bis zu einer Entscheidung des Arbeitsgerichts über die **zweite Kündigung**. Dies gilt allerdings dann nicht, wenn die zweite Kündigung offensichtlich unwirksam ist, dann endet der Weiterbeschäftigungsanspruch des Arbeitnehmers nicht. Der Weiterbeschäftigungsanspruch endet ferner dann nicht, wenn die zweite Kündigung auf dieselben Kündigungsgründe gestützt wird, die nach Auffassung des Arbeitsgerichts schon für die erste Kündigung nicht ausreichten. Anders ist es jedoch, wenn die erste Kündigung aus formellen Gründen für unwirksam erklärt worden ist und die zweite Kündigung nach Behebung des formalen Mangels, beispielsweise einer neuen Anhörung des Betriebsrats, auf dieselben sachlichen Gründe gestützt wird wie die erste Kündigung.[390]

---

389 BAG GS Nr. 14 zu § 611 BGB Beschäftigungspflicht.
390 Pauly/Osnabrügge-Peter, Handbuch Kündigungsrecht, § 12 Rn. 45.

257 Muster: Weiterbeschäftigungsantrag

38 Die Beklagte wird verurteilt, den Kläger über den Ablauf der Kündigungsfrist hinaus bis zum rechtskräftigen Abschluss des vorliegenden Rechtsstreits zu den bisherigen Bedingungen als Sachbearbeiter in der Abteilung ▬▬▬ im Werk ▬▬▬ gemäß Lohngruppe ▬▬▬ des ▬▬▬-Tarifvertrages weiterzubeschäftigen.

258 Damit die Vollstreckung des Weiterbeschäftigungsantrags nach § 888 ZPO gesichert ist, sollte die Tätigkeit des Arbeitnehmers nach Funktion, Arbeitsort und sonstigen Bedingungen so konkret als möglich im Klagantrag genannt werden.

d) Sonstige im Zusammenhang mit einer Kündigungsschutzklage bedeutsame Anträge

259 Nach ständiger Rechtsprechung des BAG wird durch die Kündigungsschutzklage nach § 4 KSchG oder eine Klage auf Feststellung des Fortbestehens des Arbeitsverhältnisses gemäß § 256 ZPO die **Verjährung** der sich aus § 615 BGB ergebenden Zahlungsansprüche des Arbeitnehmers nicht unterbrochen.[391] Diese richterrechtlich entwickelten Grundsätze können auf die mit dem Gesetz zur Modernisierung des Schuldrechts[392] neu gefassten Verjährungsregeln der §§ 194 ff. BGB nF übertragen werden.[393] Es ist daher dringend zu empfehlen, die Vergütungsansprüche für die Zeit nach Ablauf der Kündigungsfrist bzw. für die Zeit nach Zugang der fristlosen bzw. außerordentlichen Kündigung jeweils durch Leistungsklage geltend zu machen.[394]

260 Meist ist es auch empfehlenswert, die nach Ablauf der Kündigungsfrist gemäß § 615 BGB entstehenden **Annahmeverzugsvergütungsansprüche** des Arbeitnehmers klagerweiternd geltend zu machen. Häufig entspricht dies der Prozessökonomie und dem Interesse des Mandanten an einer raschen Realisierung seiner gesamten Ansprüche. Darüber hinaus wird gleichzeitig eine vernünftige Basis für eine Regelung in einem „Gesamtpaket" geschaffen und dem Arbeitgeber auch von vornherein die Gesamtdimension der Ansprüche, mit denen er sich befassen muss, deutlich gemacht.[395] Bei Klagerweiterungen wegen Annahmeverzugsansprüchen muss darauf geachtet werden, dass Leistungen, die der Mandant anderweitig erhält (insbesondere Arbeitslosengeld und Sozialhilfe, oder auch anrechenbarer anderweitiger Verdienst, § 11 KSchG), genau beziffert zum Abzug gebracht werden.[396]

261 Muster: Antrag auf Zahlung von Annahmeverzugsvergütung

39 Die Beklagte wird verurteilt, an den Kläger € 5.000,00 brutto (rückständige Vergütung Dezember 2004 sowie Januar 2005 abzüglich ▬▬▬ € erhaltenen Arbeitslosengeldes) nebst 5 % Zinsen über dem Basiszinssatz aus einem Betrag von 2.500,00 € brutto seit dem

---

391 BAG AP Nr. 6 zu § 209 BGB; BAG Nr. 13 zu § 580 ZPO.
392 Vom 26.11.2001 BGBl. I, 3138.
393 HaKo-Gallner, § 4 KSchG Rn. 133.
394 Pauly/Osnabrügge-Friedhofen, Handbuch Kündigungsrecht, § 19 Rn. 24.
395 Schubert, Der Anwalt im Arbeitsrecht, § 12 Rn. 10.
396 Schubert, Der Anwalt im Arbeitsrecht, § 12 Rn. 11.

31.12.2004 sowie 5 % Zinsen über dem Basiszinssatz aus einem Betrag von 2.500,00 € brutto seit dem 31.01.2005 zu bezahlen.

Nicht nur das Risiko der Verjährung der Annahmeverzugsvergütungsansprüche, sondern auch das Risiko des Eingreifens **mehrstufiger Ausschlussfristen**[397] können Anlass sein, weitere Leistungsansprüche neben der eigentlichen Kündigungsschutzklage mit der objektiven Klagehäufung nach § 260 ZPO geltend zu machen.

3. Taktik

Die taktischen Überlegungen in diesem Verfahrensstadium konzentrieren sich in erster Linie auf zwei Aspekte, zum einen ist zu klären, ob und ggf. welche weiteren Klageanträge nach dem eigentlichen Kündigungsschutzantrag nach § 4 Satz 1 KSchG mit dem punktuellen Streitgegenstand gestellt werden, zum anderen ist zu überlegen, welcher Vortrag erstattet werden muss, um zum einen eine sichere Grundlage dafür zu haben, dass im Falle der Säumnis des Beklagten im Gütetermin auch ein Versäumnisurteil ergeht, andererseits ist der Prozessvortrag aus Sicht des Klägervertreters so zu dosieren, dass im Gütetermin eine aus Sicht des Mandanten optimale Verhandlungssituation entsteht. 262

Es sollte auf jeden Fall **Vortrag zur Überschreitung des Schwellenwerts** nach § 23 KSchG erfolgen. Dabei ist zu differenzieren zwischen den bereits Beschäftigten, deren Arbeitsverhältnis bereits vor dem 31.12.2003 bestanden hat und denjenigen, deren Arbeitsverhältnis nach dem 31.12.2003 begonnen hat. Sinnvoll ist auch stets ein Hinweis auf das Bruttogehalt, da dann häufig, wenn es im Gütetermin zu einem Vergleichsabschluss kommt, bereits eine formlose Bekanntgabe des Streitwerts durch das Gericht erfolgen kann, was eine zügige Abwicklung und auch Abrechnung der Angelegenheit für den Anwalt erleichtert. 263

Ergibt sich aus der mit der Klageschrift vorgelegten schriftlichen Kündigung substantiiert ein angebliches Fehlverhalten des Mandanten, welches die ausgesprochene verhaltensbedingte Kündigung rechtfertigen würde, empfiehlt es sich, rechtzeitig vor dem Gütetermin, sei es in der Klageschrift oder in einem gesonderten Schriftsatz kurz vor dem Gütetermin, **näher vorzutragen** und den dem Mandanten gemachten Vorwurf zu entkräften. Geschieht dies nicht schon in der Klageschrift, sondern erst in einem späteren Schriftsatz, und liegt dieser bis zum Gütetermin zwar dem Gericht, nicht aber der Gegenseite vor, erhöht dies ebenfalls häufig die Verhandlungschancen im Gütetermin. Ansonsten ist es sicherlich zweckmäßig, lediglich als Klägervertreter in der Kündigungsschutzklage auszuführen, dass Kündigungsgründe gemäß § 1 KSchG offensichtlich nicht vorliegen.[398] 264

Kann nicht sicher ausgeschlossen werden, dass in dem Betrieb des Arbeitgebers ein **Betriebsrat** vorhanden ist, sollte auf jeden Fall die **ordnungsgemäße Anhörung des Betriebsrats** in der Klageschrift mit Nichtwissen bestritten werden, so dass der Arbeitgeber gezwungen ist, zur Frage der Existenz eines Betriebsrats und zu seiner evtl. Anhörung vorzutragen. Ansonsten darf nicht vergessen werden, auch in der Begrün- 265

---

397 S. hierzu näher oben unter Rn. 20.
398 So auch Bauer/Lingemann/Diller/Hausmann, Anwaltsformularbuch Arbeitsrecht, S. 554.

dung auf die evtl. über den eigentlichen Kündigungsschutzantrag hinaus gestellten Anträge, also den **Schleppnetzantrag** oder den **Weiterbeschäftigungsantrag**, einzugehen.

4. Muster

a) Muster: Kündigungsschutzklage (Grundform)

An das

Arbeitsgericht ▄▄▄

In Sachen

XY

Kläger

Prozessbevollmächtigter: ▄▄▄

gegen

ST-GmbH, vertreten durch den Geschäftsführer A, B,

▄▄▄

Beklagte

zeige ich die Vertretung des Klägers an.

Namens und im Auftrag des Klägers erhebe ich

KLAGE

und beantrage:

Es wird festgestellt, dass das Arbeitsverhältnis der Parteien nicht durch die Kündigung der Beklagten vom ▄▄▄, zugegangen am ▄▄▄, zum Ablauf des ▄▄▄ endet.

Zur

Begründung

führe ich aus:

Der ▄▄▄ Jahre alte Kläger ist verheiratet, hat ▄▄▄ unterhaltspflichtige Kinder, und ist bei der Beklagten seit ▄▄▄ als ▄▄▄ beschäftigt.

Beweis: Arbeitsvertrag vom ▄▄▄, in Fotokopie anliegend (Anlage K 1)

Der regelmäßige monatliche Bruttolohn des Klägers beträgt ▄▄▄ €. Er erhält ein 13. Monatsgehalt, welches mit der Vergütungsabrechnung für den Monat November regelmäßig ausbezahlt wird.

Beweis:
1. Lohn- und Gehaltsabrechnung für den Monat Dezember ■■■, in Fotokopie anliegend (Anlage K 2)
2. Lohn- und Gehaltsabrechnung für den Monat November ■■■, in Fotokopie anliegend (Anlage K 3)

Die Beklagte beschäftigt regelmäßig zwar nicht mehr als 10 Arbeitnehmer, 8 dieser Arbeitnehmer, darunter auch der Kläger, sind bei der Beklagten bereits seit mindestens 01.01.2002 beschäftigt, so dass für den Kläger nach § 23 Abs. 1 Satz 2 KSchG das Kündigungsschutzgesetz Anwendung findet.

Mit Schreiben vom ■■■, dem Kläger zugegangen am ■■■, hat die Beklagte das zwischen den Parteien bestehende Arbeitsverhältnis gekündigt.

Beweis: Schreiben der Beklagten vom ■■■, in Fotokopie anliegend (Anlage K 4)

Kündigungsgründe gemäß § 1 KSchG liegen jedoch offensichtlich nicht vor.[399]

Die ordnungsgemäße Anhörung des Betriebsrats wird mit Nichtwissen bestritten.

Rechtsanwalt

b) Muster: Kündigungsschutzklage bei mehreren Kündigungen

An das

Arbeitsgericht ■■■

In Sachen

XY

Kläger

Prozessbevollmächtigter: ■■■

gegen

ST-GmbH, vertreten durch den Geschäftsführer A, B,

■■■

Beklagte

zeige ich die Vertretung des Klägers an.

Namens und im Auftrag des Klägers erhebe ich

---

[399] Nach § 1 Abs. 2 Satz 4 KSchG hat der Arbeitgeber die Tatsachen zu beweisen, die die Kündigung bedingen; zu den die Kündigung bedingenden Tatsachen gehören grundsätzlich alle Umstände, die eine Kündigung u.a. als verhaltensbedingt erscheinen lassen. Der Arbeitgeber genügt der ihm obliegenden Beweislast nur dann, wenn er im Einzelnen die Umstände, die die Kündigung bedingen, durch Anführung konkreter Tatsachen schildert. Das Erfordernis einer substantiierten Angabe der Kündigungsgründe erstreckt sich nicht nur auf die unmittelbaren Kündigungstatsachen, sondern vielmehr auch auf solche Umstände, die Rechtfertigungsgründe für das Verhalten des Arbeitnehmers ausschließen KR-Etzel, § 1 KSchG Rn. 286f.

§ 2 Gerichtliche Verfahren 1. Instanz

KLAGE

und beantrage:

1. Es wird festgestellt, dass das zwischen den Parteien bestehende Arbeitsverhältnis nicht durch die Kündigung der Beklagten vom ■■■, zugegangen am ■■■, zum Ablauf des ■■■ endet.
2. Es wird festgestellt, dass das Arbeitsverhältnis zwischen den Parteien nicht durch die außerordentliche Kündigung der Beklagten vom ■■■, zugegangen am ■■■, zum Ablauf des ■■■ endet.

Zur

Begründung

führe ich aus:

Der ■■■ Jahre alte Kläger ist verheiratet, hat ■■■ unterhaltspflichtige Kinder, und ist bei der Beklagten seit ■■■ als ■■■ beschäftigt.

Beweis: Arbeitsvertrag vom ■■■, in Fotokopie anliegend (Anlage K 1)

Der regelmäßige monatliche Bruttolohn des Klägers beträgt ■■■ €. Er erhält ein 13. Monatsgehalt, welches mit der Vergütungsabrechnung für den Monat November regelmäßig ausbezahlt wird.

Beweis:
1. Lohn- und Gehaltsabrechnung für den Monat Dezember ■■■, in Fotokopie anliegend (Anlage K 2)
2. Lohn- und Gehaltsabrechnung für den Monat November ■■■, in Fotokopie anliegend (Anlage K 3)

Die Beklagte beschäftigt regelmäßig mehr als 10 Arbeitnehmer. Der Kläger ist bei der Beklagten zusammen mit den Arbeitnehmern AB und BC seit 01.01.1990 beschäftigt, nach dem 01.01.2004 kamen 8 weitere Vollzeitbeschäftigte hinzu, so dass nunmehr sämtliche Beschäftigte der Beklagten Kündigungsschutz nach dem Kündigungsschutzgesetz genießen.[400]

Mit Schreiben vom ■■■, dem Kläger zugegangen am ■■■, hat die Beklagte das zwischen den Parteien bestehende Arbeitsverhältnis gekündigt.

Beweis: Schreiben der Beklagten vom ■■■, in Fotokopie anliegend (Anlage K 4)

Des Weiteren hat die Beklagte das Arbeitsverhältnis der Parteien mit Schreiben vom ■■■, dem Kläger zugegangen am ■■■, außerordentlich gekündigt.

Beweis: Schreiben der Beklagten vom ■■■, in Fotokopie anliegend (Anlage K 5)

---

[400] Bender, Schmidt, NZA 2004, 358 ff., 359.

Kündigungsgründe gemäß § 1 KSchG liegen offensichtlich nicht vor.[401]

Die ordnungsgemäße Anhörung des Betriebsrats wird mit Nichtwissen bestritten.

Rechtsanwalt

c) Muster: Kündigungsschutzklage mit Schleppnetzantrag

An das

Arbeitsgericht ■■■

In Sachen

XY

Kläger

Prozessbevollmächtigter: ■■■

gegen

RT-GmbH, vertreten durch den Geschäftsführer OP,

■■■

Beklagte

zeige ich die Vertretung des Klägers an.

Namens und im Auftrag des Klägers erhebe ich

KLAGE

und beantrage:
1. Es wird festgestellt, dass das zwischen den Parteien bestehende Arbeitsverhältnis nicht durch die Kündigung der Beklagten vom ■■■, zugegangen am ■■■, zum Ablauf des ■■■ endet.
2. Es wird festgestellt, dass das Arbeitsverhältnis auch nicht durch andere Beendigungstatbestände endet, sondern zu unveränderten Bedingungen über den ■■■ hinaus fortbesteht.

Zur

Begründung

führe ich aus:

---

401 Nach § 1 Abs. 2 Satz 4 KSchG hat der Arbeitgeber die Tatsachen zu beweisen, die die Kündigung bedingen; zu den die Kündigung bedingenden Tatsachen gehören grundsätzlich alle Umstände, die eine Kündigung u.a. als verhaltensbedingt erscheinen lassen. Der Arbeitgeber genügt der ihm obliegenden Beweislast nur dann, wenn er im Einzelnen die Umstände, die die Kündigung bedingen, durch Anführung konkreter Tatsachen schildert. Das Erfordernis einer substantiierten Angabe der Kündigungsgründe erstreckt sich nicht nur auf die unmittelbaren Kündigungstatsachen, sondern vielmehr auch auf solche Umstände, die Rechtfertigungsgründe für das Verhalten des Arbeitnehmers ausschließen KR-Etzel, § 1 KSchG Rn. 286f.

Der ▬▬ Jahre alte Kläger ist verheiratet, hat ▬▬ unterhaltspflichtige Kinder, und ist bei der Beklagten seit ▬▬ als ▬▬ beschäftigt.

Beweis: Arbeitsvertrag vom ▬▬, in Fotokopie anliegend (Anlage K 1)

Der regelmäßige monatliche Bruttolohn des Klägers beträgt ▬▬ €. Er erhält ein 13. Monatsgehalt, welches mit der Vergütungsabrechnung für den Monat November regelmäßig ausbezahlt wird.

Beweis:
1. Lohn- und Gehaltsabrechnung für den Monat Dezember ▬▬, in Fotokopie anliegend (Anlage K 2)
2. Lohn- und Gehaltsabrechnung für den Monat November ▬▬, in Fotokopie anliegend (Anlage K 3)

Die Beklagte beschäftigt regelmäßig zwar nicht mehr als 10 Arbeitnehmer, 8 dieser Arbeitnehmer, darunter auch der Kläger, sind bei der Beklagten bereits seit mindestens 01.01.2002 beschäftigt, so dass für den Kläger nach § 23 Abs. 1 Satz 2 KSchG das Kündigungsschutzgesetz Anwendung findet.

Mit Schreiben vom ▬▬, dem Kläger zugegangen am ▬▬, hat die Beklagte das zwischen den Parteien bestehende Arbeitsverhältnis gekündigt.

Beweis: Schreiben der Beklagten vom ▬▬, in Fotokopie anliegend (Anlage K 4)

Kündigungsgründe gemäß § 1 KSchG liegen offensichtlich nicht vor.[402]

Die ordnungsgemäße Anhörung des Betriebsrats wird mit Nichtwissen bestritten.

Mit Klagantrag Ziff. 2 erhebt der Kläger eine selbständige allgemeine Feststellungsklage nach § 256 ZPO. Derzeit sind dem Kläger zwar keine anderen Beendigungstatbestände als die mit Klagantrag Ziff. 1 bereits angegriffene Kündigung vom ▬▬ bekannt. Im Rahmen von arbeitsrechtlichen Auseinandersetzungen werden jedoch häufig weitere, ggf. vorsorgliche Kündigungen ausgesprochen, teilweise auch versteckt als Schriftsatzkündigung, in der Hoffnung, dass die 3-Wochen-Frist des § 4 Satz 1 KSchG nicht gewahrt wird und die Wirksamkeitsfiktion des § 7 KSchG eintritt. Diese Gefahr hat sich mit der Erweiterung des Anwendungsbereiches nach § 4 Satz 1 KSchG, der eine einheitliche Klagefrist für alle schriftlichen Kündigungen eingeführt hat, noch erhöht. Es ist daher im vorliegenden Fall zu befürchten, dass die Beklagte im weiteren Verlauf des Verfahrens Folgekündigungen ausspricht. Mit dem Antrag Ziff. 2 wird daher die Feststellung begehrt, dass das Arbeitsverhältnis auch nicht durch solche weiteren Kündigungen aufgelöst wird. Dies gilt umso mehr, als die Beklagte nach Zustellung der Kündigungsschutzklage gegenüber dem Kläger mündlich eine weitere außerordentliche Kündigung ausgesprochen hat.

Rechtsanwalt

---

[402] Nach § 1 Abs. 2 Satz 4 KSchG hat der Arbeitgeber die Tatsachen zu beweisen, die die Kündigung bedingen; zu den die Kündigung bedingenden Tatsachen gehören grundsätzlich alle Umstände, die eine Kündigung u.a. als verhaltensbedingt erscheinen lassen. Der Arbeitgeber genügt der ihm obliegenden Beweislast nur dann, wenn er im Einzelnen die Umstände, die die Kündigung bedingen, durch Anführung konkreter Tatsachen schildert. Das Erfordernis einer substantiierten Angabe der Kündigungsgründe erstreckt sich nicht nur auf die unmittelbaren Kündigungstatsachen, sondern vielmehr auch auf solche Umstände, die Rechtfertigungsgründe für das Verhalten des Arbeitnehmers ausschließen KR-Etzel, § 1 KSchG Rn. 286 f.

d) Muster: Kündigungsschutzklage bei mehreren Kündigungen, Schleppnetzantrag und Weiterbeschäftigungsantrag

An das

Arbeitsgericht ▪▪▪

In Sachen

XY

Kläger

Prozessbevollmächtigter: ▪▪▪

gegen

RT-GmbH, vertreten durch den Geschäftsführer OP,

▪▪▪

Beklagte

zeige ich die Vertretung des Klägers an.

Namens und im Auftrag des Klägers erhebe ich

KLAGE

und beantrage:
1. Es wird festgestellt, dass das zwischen den Parteien bestehende Arbeitsverhältnis nicht durch die Kündigung der Beklagten vom ▪▪▪, zugegangen am ▪▪▪, zum Ablauf des ▪▪▪ endet.
2. Es wird festgestellt, dass das zwischen den Parteien bestehende Arbeitsverhältnis nicht durch die außerordentliche Kündigung der Beklagten vom ▪▪▪, zugegangen am ▪▪▪, zum Ablauf des ▪▪▪ endet.
3. Es wird festgestellt, dass das Arbeitsverhältnis zwischen den Parteien auch nicht durch andere Beendigungstatbestände endet, sondern zu unveränderten Bedingungen über den ▪▪▪ hinaus fortbesteht.
4. Die Beklagte wird verpflichtet, den Kläger über den Ablauf der Kündigungsfrist hinaus bis zum rechtskräftigen Abschluss des Kündigungsrechtsstreits zu den bisherigen Bedingungen – vollzeitige Tätigkeit des Klägers als Mechaniker in der Lohngruppe ▪▪▪ des Tarifvertrages ▪▪▪ im Betrieb in ▪▪▪ – weiterzubeschäftigen.

Zur

Begründung

führe ich aus:

Der Kläger ist seit dem ▪▪▪ bei der Beklagten als ▪▪▪ im Betrieb in ▪▪▪ beschäftigt. Grundlage der Tätigkeit ist der Arbeitsvertrag vom ▪▪▪

Beweis: Arbeitsvertrag vom ▪▪▪, in Fotokopie anliegend (Anlage K 1)

Der regelmäßige monatliche Bruttolohn des Klägers beträgt ■■■ €. Er erhält ein 13. Monatsgehalt, welches mit der Vergütungsabrechnung für den Monat November regelmäßig ausbezahlt wird.

Beweis:
1. Lohn- und Gehaltsabrechnung für den Monat Dezember ■■■, in Fotokopie anliegend (Anlage K 2)
2. Lohn- und Gehaltsabrechnung für den Monat November ■■■, in Fotokopie anliegend (Anlage K 3)

Die Beklagte beschäftigt regelmäßig mehr als 10 Arbeitnehmer. Der Kläger ist bei der Beklagten zusammen mit den Arbeitnehmern AB und BC seit 01.01.1990 beschäftigt, nach dem 01.01.2004 kamen 8 weitere Vollzeitbeschäftigte hinzu, so dass nunmehr sämtliche Beschäftigte der Beklagten Kündigungsschutz nach dem Kündigungsschutzgesetz genießen.[403]

Mit Schreiben vom ■■■, dem Kläger zugegangen am ■■■, hat die Beklagte das zwischen den Parteien bestehende Arbeitsverhältnis gekündigt.

Beweis: Schreiben der Beklagten vom ■■■, in Fotokopie anliegend (Anlage K 4)

Des Weiteren hat die Beklagte mit Schreiben vom ■■■, dem Kläger zugegangen am ■■■, eine außerordentliche Kündigung des zwischen den Parteien bestehenden Arbeitsverhältnisses ausgesprochen.

Beweis: Schreiben der Beklagten vom ■■■, in Fotokopie anliegend (Anlage K 5)

Kündigungsgründe gemäß § 1 KSchG liegen offensichtlich nicht vor.[404]

Die ordnungsgemäße Anhörung des Betriebsrats wird mit Nichtwissen bestritten.

Mit Klagantrag Ziff. 3 erhebt der Kläger eine selbständige allgemeine Feststellungsklage nach § 256 ZPO. Derzeit sind dem Kläger zwar keine anderen Beendigungstatbestände als die mit den Klaganträgen Ziff. 1 und Ziff. 2 bereits angegriffenen Kündigungen vom ■■■ und vom ■■■ bekannt. Im Rahmen von arbeitsrechtlichen Auseinandersetzungen werden jedoch häufig weitere, ggf. vorsorgliche Kündigungen ausgesprochen, teilweise auch versteckt als Schriftsatzkündigung, in der Hoffnung, dass die 3-Wochen-Frist des § 4 Satz 1 KSchG nicht gewahrt wird und die Wirksamkeitsfiktion des § 7 KSchG eintritt. Diese Gefahr hat sich mit der Erweiterung des Anwendungsbereiches nach § 4 Satz 1 KSchG, der eine einheitliche Klagefrist für alle schriftlichen Kündigungen eingeführt hat, noch erhöht. Es ist daher im vorliegenden Fall zu befürchten, dass die Beklagte im weiteren Verlauf des Verfahrens Folgekündigungen ausspricht. Dies gilt umso mehr, als die Beklagte, nachdem sie u.a. auch darauf hingewiesen worden war, dass die mit Klagantrag Ziff. 1 ausgesprochene Kündigung bereits von vornherein nicht zum ■■■ greifen kann, weil die gesetzliche Kündigungs-

---

403 Bender, Schmidt, NZA 2004, 358ff., 359.
404 Nach § 1 Abs. 2 Satz 4 KSchG hat der Arbeitgeber die Tatsachen zu beweisen, die die Kündigung bedingen; zu den die Kündigung bedingenden Tatsachen gehören grundsätzlich alle Umstände, die eine Kündigung u.a. als verhaltensbedingt erscheinen lassen. Der Arbeitgeber genügt der ihm obliegenden Beweislast nur dann, wenn er im Einzelnen die Umstände, die die Kündigung bedingen, durch Anführung konkreter Tatsachen schildert. Das Erfordernis einer substantiierten Angabe der Kündigungsgründe erstreckt sich nicht nur auf die unmittelbaren Kündigungstatsachen, sondern vielmehr auch auf solche Umstände, die Rechtfertigungsgründe für das Verhalten des Arbeitnehmers ausschließen KR-Etzel, § 1 KSchG Rn. 286f.

frist nicht eingehalten wird, mit der mit Klagantrag Ziff. 2 angegriffenen außerordentlichen Kündigung reagiert hat. Mit Klagantrag Ziff. 3 wird daher die Feststellung begehrt, dass das Arbeitsverhältnis auch nicht durch solche weiteren Kündigungen aufgelöst wird.

Der mit Klagantrag Ziff. 4 gestellte Weiterbeschäftigungsantrag gründet sich auf die Rechtsprechung des Großen Senats des BAG (BAG GS AP Nr. 14 zu § 611 Beschäftigungspflicht), verlangt wird die Weiterbeschäftigung vom Zeitpunkt der Klagestattgabe bis zum rechtskräftigen Abschluss des Kündigungsschutzverfahrens.

Rechtsanwalt

e) Muster: Kündigungsschutzklage mit Schleppnetzantrag, Geltendmachung des Weiterbeschäftigungsanspruchs und Geltendmachung von Annahmeverzugsvergütungsansprüchen

An das

Arbeitsgericht ■■■

In Sachen

XY

Kläger

Prozessbevollmächtigter: ■■■

gegen

RT-GmbH, vertreten durch den Geschäftsführer OP,

■■■

Beklagte

zeige ich die Vertretung des Klägers an.

Namens und im Auftrag des Klägers erhebe ich

KLAGE

und beantrage:
1. Es wird festgestellt, dass das zwischen den Parteien bestehende Arbeitsverhältnis nicht durch die Kündigung der Beklagten vom ■■■, zugegangen am ■■■, zum Ablauf des ■■■ endet.
2. Es wird festgestellt, dass das zwischen den Parteien bestehende Arbeitsverhältnis nicht durch die außerordentliche Kündigung der Beklagten vom ■■■, zugegangen am ■■■, zum Ablauf des ■■■ endet.
3. Es wird festgestellt, dass das Arbeitsverhältnis zwischen den Parteien auch nicht durch andere Beendigungstatbestände endet, sondern zu unveränderten Bedingungen über den ■■■ hinaus fortbesteht.
4. Die Beklagte wird verpflichtet, den Kläger über den Ablauf der Kündigungsfrist hinaus bis zum rechtskräftigen Abschluss des Kündigungsrechtsstreits zu den bisherigen

Bedingungen – vollzeitige Tätigkeit des Klägers als Mechaniker in der Lohngruppe ▬▬▬ des Tarifvertrages ▬▬▬ im Betrieb in ▬▬▬ – weiterzubeschäftigen.
5. Die Beklagte wird verurteilt, an den Kläger brutto 5.000,- € brutto (rückständige Vergütung und Weihnachtsgeld für Dezember 2004) zzgl. 5 % Zinsen über dem jeweiligen Basiszinssatz aus 3.000,00 € brutto seit 31.12.2004 und 5 % Zinsen über dem jeweiligen Basiszinssatz aus 2.000,00 € seit 31.01.2005 zu bezahlen.

Zur

Begründung

führe ich aus:

Der Kläger ist seit dem ▬▬▬ bei der Beklagten als ▬▬▬ im Betrieb in ▬▬▬ beschäftigt. Grundlage der Tätigkeit ist der Arbeitsvertrag vom ▬▬▬

Beweis: Arbeitsvertrag vom ▬▬▬, in Fotokopie anliegend (Anlage K 1)

Der regelmäßige monatliche Bruttolohn des Klägers beträgt ▬▬▬ €. Er erhält ein 13. Monatsgehalt, welches mit der Vergütungsabrechnung für den Monat Dezember regelmäßig ausbezahlt wird.

Beweis:
1. Lohn- und Gehaltsabrechnung für den Monat Dezember ▬▬▬, in Fotokopie anliegend (Anlage K 2)
2. Lohn- und Gehaltsabrechnung für den Monat November ▬▬▬, in Fotokopie anliegend (Anlage K 3)

Die Beklagte beschäftigt regelmäßig mehr als 10 Arbeitnehmer. Der Kläger ist bei der Beklagten zusammen mit den Arbeitnehmern AB und BC seit 01.01.1990 beschäftigt, nach dem 01.01.2004 kamen 8 weitere Vollzeitbeschäftigte hinzu, so dass nunmehr sämtliche Beschäftigte der Beklagten Kündigungsschutz nach dem Kündigungsschutzgesetz genießen.[405]

Mit Schreiben vom ▬▬▬, dem Kläger zugegangen am ▬▬▬, kündigte die Beklagte das zwischen den Parteien bestehende Arbeitsverhältnis.

Beweis: Schreiben der Beklagten vom ▬▬▬, in Fotokopie anliegend (Anlage K 4)

Mit Schreiben vom ▬▬▬, dem Kläger zugegangen am ▬▬▬, sprach die Beklagte des Weiteren eine außerordentliche Kündigung des zwischen den Parteien bestehenden Arbeitsverhältnisses aus.

Beweis: Schreiben der Beklagten vom ▬▬▬, in Fotokopie anliegend (Anlage K 5)

Kündigungsgründe gemäß § 1 KSchG liegen offensichtlich nicht vor.[406]

---

405 Bender/Schmidt, NZA 2004, 358 ff., 359.
406 Nach § 1 Abs. 2 Satz 4 KSchG hat der Arbeitgeber die Tatsachen zu beweisen, die die Kündigung bedingen; zu den die Kündigung bedingenden Tatsachen gehören grundsätzlich alle Umstände, die eine Kündigung u.a. als verhaltensbedingt erscheinen lassen. Der Arbeitgeber genügt der ihm obliegenden Beweislast nur dann, wenn er im Einzelnen die Umstände, die die Kündigung bedingen, durch Anführung konkreter Tatsachen schildert. Das Erfordernis einer substantiierten Angabe der Kündigungsgründe erstreckt sich nicht nur auf die unmittelbaren Kündigungstatsachen, sondern vielmehr auch auf solche Umstände, die Rechtfertigungsgründe für das Verhalten des Arbeitnehmers ausschließen KR-Etzel, § 1 KSchG Rn. 286 f.

B. Verhaltensbedingte Kündigung aus Sicht des Arbeitnehmervertreters

Die ordnungsgemäße Anhörung des Betriebsrats wird mit Nichtwissen bestritten.

Mit Klagantrag Ziff. 3 erhebt der Kläger eine selbständige allgemeine Feststellungsklage nach § 256 ZPO. Derzeit sind dem Kläger zwar keine anderen Beendigungstatbestände als die mit den Klageanträgen Ziff. 1 und Ziff. 2 bereits angegriffenen Kündigung vom ■■■ und vom ■■■ bekannt. Im Rahmen von arbeitsrechtlichen Auseinandersetzungen werden jedoch häufig weitere, ggf. vorsorgliche Kündigungen ausgesprochen, teilweise auch versteckt als Schriftsatzkündigung, in der Hoffnung, dass die 3-Wochen-Frist des § 4 Satz 1 KSchG nicht gewahrt wird und die Wirksamkeitsfiktion des § 7 KSchG eintritt. Diese Gefahr hat sich mit der Erweiterung des Anwendungsbereiches nach § 4 Satz 1 KSchG, der eine einheitliche Klagefrist für alle schriftlichen Kündigungen eingeführt hat, noch erhöht. Es ist daher im vorliegenden Fall zu befürchten, dass die Beklagte im weiteren Verlauf des Verfahrens Folgekündigungen ausspricht. Dies gilt umso mehr, als die Beklagte, nachdem sie u.a. auch darauf hingewiesen worden war, dass die mit Klagantrag Ziff. 1 ausgesprochene Kündigung bereits von vornherein nicht zum ■■■ greifen kann, weil die gesetzliche Kündigungsfrist nicht eingehalten wird, mit der mit Klagantrag Ziff. 2 angegriffenen außerordentlichen Kündigung reagiert hat. Mit Klagantrag Ziff. 3 wird daher die Feststellung begehrt, dass das Arbeitsverhältnis auch nicht durch solche weiteren Kündigungen aufgelöst wird.

Der mit Klagantrag Ziff. 4 gestellte Weiterbeschäftigungsantrag gründet sich auf die Rechtsprechung des Großen Senats des BAG (BAG GS AP Nr. 14 zu § 611 Beschäftigungspflicht), verlangt wird die Weiterbeschäftigung vom Zeitpunkt der Klagestattgabe bis zum rechtskräftigen Abschluss des Kündigungsschutzverfahrens.

Die Beklagte hat an den Kläger bislang nicht die Vergütung für den Monat Dezember 2004 einschließlich des stets im Monat Dezember ausgezahlten Weihnachtsgeldes des Jahres 2003 bezahlt. Es ergibt sich insoweit ein Zahlungsanspruch in Höhe von 2.000,00 € brutto rückständige Vergütung für den Monat Dezember 2003 sowie 1.000,00 € brutto rückständiges Weihnachtsgeld. Ebenfalls hat die Beklagte dem Kläger bislang noch nicht die Vergütung für den Monat Januar 2005 bezahlt.

Nach den arbeitsvertraglichen Vereinbarungen ist das monatliche Entgelt jeweils zum letzten eines jeden Monats zahlbar. Der Zinssatz ergibt sich aus § 288 Abs. 1 Satz 2 BGB.[407] Das BAG hat in der Entscheidung vom 27.11.2003 (NJW 2004, 2401 ff.) die Frage ausdrücklich offen gelassen, ob der Arbeitnehmer in seiner Eigenschaft als solcher „Verbraucher" ist. Viel spricht jedoch dafür, den Arbeitnehmer aufgrund seiner Schutzbedürftigkeit als Verbraucher im Sinne des § 13 BGB im Rahmen des Arbeitsverhältnisses anzusehen (vgl. ErfKoArbR-Preis, § 611 Rn. 208 mit zahlreichen weiteren Nachweisen).

Rechtsanwalt

---

[407] Teilweise wird auch unter Hinweis darauf, dass letztlich noch nicht geklärt ist, ob ein Arbeitnehmer „Verbraucher" ist, vertreten, dass ein Zinssatz von 8 % gemäß § 288 Abs. 2 BGB eingeklagt werden kann Bauer/Lingemann/Diller/Hausmann, Anwaltsformularbuch Arbeitsrecht, S. 887.

Mayer

III. Verfahren bis zur Güteverhandlung

1. Ladung und Anordnung des persönlichen Erscheinens der Partei

a) Terminsladung

271 Nach Einreichung der Kündigungsschutzklage erfolgt im Regelfall zügig die Ladung zum Gütetermin. Nach § 61a Abs. 2 ArbGG soll die Güteverhandlung innerhalb von **2 Wochen nach Klageerhebung** stattfinden. Die Frist beginnt mit der Zustellung der Klageschrift, § 253 Abs. 1 ZPO. Da der Gesetzeswortlaut lediglich festlegt, dass innerhalb von 2 Wochen nach Klageerhebung die Güteterminverhandlung stattfinden soll, kann sie auch bereits für einen früheren Termin anberaumt werden, nötig ist nur, dass die Einlassungsfrist des § 47 Abs. 1 ArbGG eingehalten wird. Da die Einlassungsfrist nach § 47 Abs. 1 ArbGG eine Woche beträgt, kann eine Güteverhandlung **frühestens in der zweiten Woche** nach der Klageerhebung stattfinden.[408]

b) Anordnung des persönlichen Erscheinens

272 Häufig wird von den Arbeitsgerichten das persönliche Erscheinen der Parteien zum Gütetermin angeordnet. Nach § 51 Abs. 1 Satz 1 ArbGG kann nämlich das persönliche Erscheinen der Parteien vom Gericht in jeder Lage des Verfahrens, also auch schon zum Gütetermin, angeordnet werden.[409] Inwieweit im Übrigen eine Vorbereitung der Güteverhandlung durch den Vorsitzenden durch die in § 273 ZPO oder § 56 ArbGG vorgesehenen Maßnahmen erfolgen kann, ist strittig.[410]

273 **Die Anordnung des persönlichen Erscheinens der Partei** zum Gütetermin kann nicht auf die leichte Schulter genommen werden.[411] Bleibt eine ordnungsgemäß geladene Partei unentschuldigt dem Gütetermin fern, kann das Gericht gegen sie ein **Ordnungsgeld** verhängen, § 51 Abs. 1 Satz 2 ArbGG i.V.m. § 141 Abs. 3 Satz 1 ZPO i.V.m. § 380 ZPO. Ob ein Ordnungsgeld zu verhängen ist, steht im Ermessen des Gerichts, dabei liegt die Rechtfertigung für die Verhängung des Ordnungsgeldes nicht in der Tatsache der Missachtung des Gerichts durch die ausgebliebene Partei, die eine entsprechende Anordnung nicht befolgt, sondern allein darin, dass eine notwendige Förderung des Verfahrens wegen des Ausbleibens der Partei nicht erfolgen kann.[412] Darüber hinaus kann der Vorsitzende gemäß § 51 Abs. 2 Satz 1 ArbGG die Zulassung des Prozessbevollmächtigten ablehnen, wenn die Partei trotz der Anordnung ihres persönlichen Erscheinens unbegründet ausgeblieben ist und zusätzlich dadurch der Zweck der Anordnung vereitelt wird. Die Sanktion des Ausschlusses des Prozessbevollmächtigten kann neben einem Ordnungsgeld verhängt werden, die Möglichkeiten von § 51 Abs. 1 und Abs. 2 ArbGG stehen gleichwertig nebeneinander.[413] Bei **Zurückweisung des Prozessbevollmächtigten** nach § 51 Abs. 2 Satz 1 ArbGG durch Beschluss ist gegen den

---

408 GMP/Germelmann, § 61 Rn. 10.
409 GMP/Germelmann, § 54 Rn. 19.
410 GMP/Germelmann, § 54 Rn. 13ff.
411 Pauly/Osnabrügge-Rinck, Handbuch Kündigungsrecht, § 31 Rn. 77; Schubert, Der Anwalt im Arbeitsrecht, § 9 Rn. 52.
412 GMP/Germelmann, § 51 Rn. 22.
413 GMP/Germelmann, § 51 Rn. 26; LAG Schleswig-Holstein NZA-RR 2004, 153.

Beschluss kein Rechtsmittel gegeben,[414] auch besteht dann das Risiko, dass gegen die nicht vertretene Partei ein Versäumnisurteil ergeht.[415]

Nach § 51 Abs. 1 Satz 2 ArbGG i.V.m. § 141 Abs. 3 Satz 2 ZPO kann die persönlich geladene Partei einen **Vertreter** zur mündlichen Verhandlung entsenden, wenn dieser zur Aufklärung des Tatbestandes in der Lage und zur Abgabe der gebotenen Erklärungen, insbesondere auch zu einem Vergleichsabschluss ermächtigt ist. Dabei muss der Vertreter selbst zur Aufklärung des Tatbestands in der Lage sein, in der Regel ist es erforderlich, dass er unmittelbar über eigene Sachkenntnis verfügt, so dass es in der Regel ausgeschlossen ist, dass der Prozessbevollmächtigte als der besondere Vertreter des § 141 Abs. 3 Satz 2 ZPO auftreten kann. Er wird nur dann als Vertreter entsandt werden können, wenn er auch außerhalb seiner Tätigkeit als Prozessbevollmächtigter bereits eigene Kenntnisse über den Sachverhalt hatte. Er muss auch über sämtliche Umstände des bisherigen Sach- und Streitstandes Auskunft erteilen können, sofern das Gericht sachbezogene Fragen stellt.[416] Will der Anwalt gleichwohl als Vertreter im Sinne des § 141 Abs. 3 Satz 2 ZPO in der Güteverhandlung auftreten, muss er sicherstellen, dass er über den Sachverhalt soweit wie möglich durch den Arbeitnehmer **informiert** ist. Darüber hinaus muss er grundsätzlich zu einem **Vergleichsabschluss bevollmächtigt** sein.[417] Ist der Prozessbevollmächtigte nur ermächtigt, einen Vergleich mit Widerrufsvorbehalt abzuschließen, genügt seine Bevollmächtigung nicht den Anforderungen des § 51 Abs. 2 Satz 2 ArbGG i.V.m. § 141 Abs. 3 Satz 2 ZPO. Davon zu unterscheiden ist selbstverständlich der Fall, dass der als Vertreter im Sinne des § 141 Abs. 3 Satz 2 ZPO auftretende Prozessbevollmächtigte im Gütetermin grundsätzlich einen Vergleich abschließen könnte, dies aber nicht will.[418]

2. Muster

a) Muster: Terminsverlegungsantrag des Prozessbevollmächtigten

In Sachen

A ./. B

nehme ich Bezug auf die Ladung zum Gütetermin am 15.02.2005, 14 Uhr.

Zu meinem Bedauern bin ich gezwungen,

Terminsverlegung

beantragen zu müssen, da ich am Nachmittag des 15.02.2005 einen schon seit längerem anberaumten Verhandlungstermin beim Landesarbeitsgericht in ■■■ wahrzunehmen habe.

---

414 GMP/Germelmann, § 51 Rn. 30f.
415 Pauly/Osnabrügge, Handbuch Kündigungsrecht, § 31 Rn. 77.
416 GMP/Germelmann, § 51 Rn. 20.
417 Pauly/Osnabrügge-Rinck, Handbuch Kündigungsrecht, § 31 Rn. 78.
418 Pauly/Osnabrügge-Rinck, Handbuch Kündigungsrecht, § 31 Rn. 78.

Vorsorglich weise ich ferner darauf hin, dass ich am 22.02.2005 einen Termin als Verteidiger in einer Strafsache beim Landgericht ▬▬ wahrzunehmen habe, der sich voraussichtlich über den gesamten Tag erstrecken wird.

Rechtsanwalt

276 b) Muster: Antrag auf Entbindung von der Verpflichtung zum persönlichen Erscheinen

46

In Sachen

A ./. B

nehme ich Bezug auf die Ladung zum Gütetermin am ▬▬ und die Anordnung des persönlichen Erscheinens der Klägers zu diesem Termin. Nicht zuletzt die unberechtigte Kündigung der Beklagten hat dazu geführt, dass der Kläger derzeit stationär im Krankenhaus ▬▬ wegen Herzrhythmusstörungen behandelt werden muss. Ein ärztliches Attest ist in der Anlage beigefügt. Es wird daher beantragt, den Kläger von seiner Verpflichtung des persönlichen Erscheinens zum Gütetermin am ▬▬ zu entbinden.

Rechtsanwalt

277 c) Muster: Prozessbevollmächtigter als Vertreter nach § 141 Abs. 3 Satz 2 ZPO

47

In Sachen

A ./. B

nehme ich Bezug auf die Anordnung des persönlichen Erscheinens des Klägers zum Gütetermin am ▬▬ und kündige an, dass sich der Kläger durch den Unterzeichner als Vertreter nach § 51 Abs. 2 Satz 2 ArbGG i.V.m. § 141 Abs. 3 Satz 2 ZPO vertreten lässt. Eine entsprechende Vollmachtsurkunde ist in der Anlage im Original beigefügt.

Rechtsanwalt

Vollmacht

Hiermit bevollmächtige ich, ▬▬, Herrn Rechtsanwalt ▬▬ mit meiner Vertretung im Gütetermin am ▬▬ vor dem Arbeitsgericht ▬▬ Rechtsanwalt ▬▬ ist zur Aufklärung des Tatbestandes in der Lage und zur Abgabe der gebotenen Erklärungen, insbesondere zu einem Vergleichsabschluss, ermächtigt.

PLZ Ort, den ▬▬▬▬▬

▬▬ Name

IV. Gütetermin

1. Bedeutung des Gütetermins

Ein entscheidendes Charakteristikum des arbeitsgerichtlichen Verfahrens ist der Gütetermin. Er diente auch als Vorbild für andere Verfahrensordnungen wie die Zivilprozessordnung, hat dort aber nie die Bedeutung erlangt, wie die Güteverhandlung im arbeitsgerichtlichen Verfahren. Die Güteverhandlung ist die Arena der **entscheidenden Weichenstellung** eines Verfahrens. Entweder es gelingt, zügig und kurzfristig eine Einigung zwischen den Prozessparteien herbeizuführen, oder eine Entscheidung durch das Gericht ist frühestens nach einem im Regelfall Monate später liegenden Kammertermin zu erwarten.

278

Ein großer Vorteil des Gütetermins ist, dass das Gericht häufig bis zur Güteverhandlung von dem Kern des Streits der Parteien nur sehr oberflächlich Kenntnis hat. Nach § 46 Abs. 2 Satz 2 ArbGG findet im arbeitsgerichtlichen Verfahren ein schriftliches Vorverfahren nach den §§ 275-277 ZPO nicht statt, auch stellt die Vorschrift des § 47 Abs. 2 ArbGG klar,[419] dass eine Aufforderung an den Beklagten, sich auf die Klage schriftlich zu äußern, in der Regel vor dem Gütetermin nicht erfolgt. Auch der Kläger kann sich bei seiner Klagebegründung zunächst aufgrund der im Arbeitsrecht gegebenen Darlegungs- und Beweislastverteilung auf eine Art **Formalbegründung** beschränken.[420] Deshalb bittet häufig das Gericht in der Güteverhandlung die Parteien zunächst um die mündliche Erläuterung der Kündigungsgründe und anschließend um die Darlegung der Einwendungen gegen die Kündigung. Diese mündliche Erörterung erhöht bei geschickter anwaltlicher Vertretung die Chancen der Partei, deren Prozessaussichten bei strenger Überprüfung der Rechtslage ungünstiger als die der Gegenseite einzustufen sind, da bei geschicktem mündlichen Vortrag die Bewertung des Sachverhalts durch den Vorsitzenden kurzfristig stärker beeinflusst werden kann als durch schriftsätzlichen Vortrag, da in der Güteverhandlung weniger Zeit besteht, die eine oder andere Argumentationskette bis in die letzte Verästelung kritisch zu überprüfen.

279

Von entscheidender Bedeutung aus Sicht des Anwalts ist die Güteverhandlung auch deshalb, weil eine Einigung im Rahmen der Güteverhandlung stets zu einer durch das Gebührensystem des RVG **kostendeckenden Vergütung** führen dürfte. Denn wenn im Gütetermin eine Einigung zustande kommt, hat der mit der Vertretung einer Prozesspartei beauftragte Anwalt nicht nur die Verfahrensgebühr nach Nr. 3100 VV mit einem Gebührensatz von 1,3, sondern auch die Terminsgebühr nach Nr. 3104 VV mit einem Gebührensatz von 1,2 und die Einigungsgebühr nach Nr. 1003 VV mit einem Gebührensatz von 1,0, insgesamt also 3,5 Gebühren verdient. Hinzu kommt noch ein nach Vorbemerkung 3 Abs. 4 VV nicht anzurechnender Teil einer außergerichtlich angefallenen Geschäftsgebühr nach Nr. 2400 VV. Kommt es jedoch im Gütetermin zu keiner Einigung der Parteien, so hat der Anwalt lediglich die Verfahrensgebühr nach Nr. 3100 VV mit einem Gebührensatz von 1,3 sowie die Terminsgebühr nach Nr. 3104 VV mit einem Gebührensatz von 1,2 verdient. Hieran wird sich dann auch bis zum

280

---

419 GMP/Germelmann, § 48 Rn. 21.
420 S. hierzu näher oben unter Rn. 265.

Kammertermin nichts mehr ändern, obwohl häufig nach der Güteverhandlung und vor dem Kammertermin schriftsätzlich umfangreich vorgetragen werden muss, somit ein erheblicher Arbeitsaufwand für den Anwalt anfällt.

281 Auch aus Sicht des Mandanten ist der Gütetermin von großer Bedeutung, zumindest dann, wenn er an einer kurzfristigen Lösung interessiert ist und die Bereitschaft zu einem **Kompromiss** besitzt. Für das Gericht schließlich hat der Gütetermin durch die zahlreichen dort getroffenen, verfahrensbeendigenden Einigungen eine deutlich justizentlastende Wirkung.

282 Die **Taktik**, mit der der Anwalt in den Gütetermin geht, ist entscheidend bestimmt durch das Ziel des Mandanten. Geht es dem Mandanten unbedingt um den Bestand seines Arbeitsverhältnisses oder will der Arbeitgeber nur seine Kündigung bestätigt wissen ohne die Bereitschaft, eine Abfindung zu leisten, braucht sich der Anwalt mit taktischen Überlegungen für den Gütetermin nicht zu beschäftigen, da Spielräume für eine Verhandlungslösung nicht gegeben sind. Anders ist es jedoch, wenn die Bereitschaft zum Kompromiss vorhanden ist.

283 Die Ausgangslage im Gütetermin ist dadurch gekennzeichnet, dass es für beide Parteien in diesem Verfahrensstadium um viel geht. Der Arbeitnehmer hat im Gütetermin die Chance, eine rasche Lösung für ein ihn häufig auch belastendes Problem zu erzielen, darüber hinaus auch eine Abfindung für den Verlust des Arbeitsplatzes zu erhalten, ansonsten wird er eine Entscheidung des Gerichts im meist erst Monate später stattfindenden Kammertermin erhalten mit der Gefahr, dass möglicherweise die Kündigung bestätigt wird und er den Arbeitsplatz ohne jegliche Abfindung verliert. Auch für den Arbeitgeber geht es um viel. Denn zum einen ist sein Zeitaufwand bis zum Gütetermin eher gering, das Zusammentragen der für die Rechtfertigung der Kündigung erforderlichen Informationen, was sehr zeitaufwendig sein kann, erfolgt häufig erst anlässlich der vor dem Kammertermin einzureichenden weiteren Schriftsätze; hinzu kommt ferner, dass mit der Wahrnehmung des Kammertermins häufig weiterer Zeitverlust für den Arbeitgeber und evtl. als Zeugen zu hörender anderer Mitarbeiter des Arbeitgebers verbunden ist. Darüber hinaus, und das ist aus Sicht des Arbeitgebers häufig der entscheidende Gesichtspunkt, hat der Arbeitgeber bei einer mit der Kündigungsschutzklage angegriffenen Kündigung ein erhebliches Risiko, Annahmeverzugsvergütungsansprüche des Arbeitnehmers erfüllen zu müssen. Denn wenn es nicht gelingt, im Gütetermin kurzfristig eine Einigung herbeizuführen, wird erst im im Regelfall Monate später stattfindenden Kammertermin eine Entscheidung durch das Gericht darüber gefällt, ob die Kündigung des Arbeitgebers wirksam war oder nicht. War die Kündigung unwirksam, hat der Arbeitgeber ein extrem hohes Risiko, Annahmeverzugslohn für den Zeitraum zwischen dem Termin, zu dem er gekündigt hatte, und der erst Monate später ergangenen Entscheidung des Gerichts nachzahlen zu müssen, ohne in der Zwischenzeit eine Arbeitsleistung durch den Arbeitnehmer erhalten zu haben.

284 Wichtig für eine erfolgreiche Taktik im Gütetermin ist auf Seiten des Arbeitnehmervertreters zuallererst, dass das **Damoklesschwert der Annahmeverzugsvergütungsansprüche** des Arbeitnehmers über dem Arbeitgeber weiterhin droht. Alles, was irgendeinen

Anhaltspunkt der Arbeitgeberseite liefern könnte, ob der gekündigte Arbeitnehmer schon eine **Anschlussbeschäftigung** gefunden hat, ist gründlichst zu vermeiden. Jegliche Äußerung gegenüber dem Arbeitgeber oder auch gegenüber anderen früheren Arbeitskollegen über eine evtl. Anschlussbeschäftigung sind aus Sicht des Arbeitnehmers selbstverständlich zu unterlassen, da aus Sicht des Arbeitgebers dann, wenn der gekündigte Arbeitnehmer schon eine andere Arbeitsstelle gefunden hat, das Risiko der Annahmeverzugsvergütungsansprüche sich darauf reduziert, etwaige Differenzen zwischen dem bisherigen Lohn und der Vergütung in der neuen Arbeitsstelle des Arbeitnehmers nachzahlen zu müssen.

Geht es um eine Beendigungskündigung, wird im Gütetermin im Regelfall über eine **Abfindung** verhandelt werden. Was die Höhe anbelangt, so ist die **Faustformel** gebräuchlich, dass pro Beschäftigungsjahr eine Abfindung in Höhe eines halben Bruttomonatsverdienstes vom Arbeitgeber bezahlt wird. Allerdings gibt es bei vielen Arbeitsgerichten eine Tendenz zur Differenzierung und zur Absenkung bei wirtschaftlich schlechter gestellten Branchen, Regionen oder gar Kleinbetrieben.[421]

Die Faustformel ist jedoch die erste grobe Orientierung im Gütetermin, wie hoch eine evtl. Abfindung anzusetzen ist. Denn sind die Aussichten des Arbeitnehmers im Gütetermin eher günstig einzustufen, dass seine Klage Erfolg haben wird, ist der durch die Faustformel gewonnene Betrag nach oben hin zu erhöhen, sieht es andererseits wiederum so aus, dass das Risiko des Arbeitgebers, den Rechtsstreit zu verlieren, eher gering einzustufen ist, wird das Gericht, wenn es überhaupt einen Vorschlag unterbreitet, zumindest deutlich unter dem Ergebnis der Faustformel bleiben. Auf welchen Wert man sich letztlich einigt, ist **Verhandlungssache**. Hierbei zeigt sich wiederum, wie entscheidend wichtig es ist, dass der für den Mandanten im Gütetermin tätige Anwalt durch geschickten mündlichen Vortrag der Kündigungsgründe bzw. der Einwendungen gegen die Kündigung dazu beiträgt, dass das Gericht mit seinem Vorschlag einer Abfindungssumme einen aus der jeweiligen Sicht günstigen Betrag vorschlägt. Häufig wird auch gar kein gerichtlicher Vorschlag im Gütetermin zur Abfindungssumme unterbreitet, sondern die Parteien bringen in die Verhandlung ihre jeweils unterschiedlichen Vorstellungen ein. Auf welche Weise das beste Verhandlungsergebnis erzielt wird, lässt sich nicht allgemein gültig darstellen, es hängt entscheidend von den Persönlichkeiten der jeweils beteiligten Anwälte und des Gerichts ab. Vielfach ist zu beobachten, dass eine Seite zunächst bei der Verhandlung über die Abfindungssumme bewusst einen aus ihrer Sicht zu hohen Betrag fordert, um sich dann allmählich und unter Zögern auf den an sich gewünschten Betrag „herunterverhandeln" zu lassen, überzeugend kann aber auch sein, wenn ein anwaltlicher Vertreter zunächst einen angemessenen und plausiblen Vergleichsbetrag nennt unter gleichzeitigem Hinweis, dass er nicht bereit ist, über diesen Betrag weiter zu verhandeln, der Gegner könne annehmen oder ablehnen. Vorteil dieser Verhandlungsstrategie ist auch, dass in einer solchen Situation häufig das Gericht stark auf die Gegenpartei einwirkt, doch den Vorschlag der anderen Seite zu akzeptieren.

---

421 Schubert, Der Anwalt im Arbeitsrecht, § 12 Rn. 40; vgl. auch die Übersicht ebenda nach Rn. 42 zu den bei den einzelnen Arbeitsgerichten gebräuchlichen Abfindungsfaustformeln.

§ 2 Gerichtliche Verfahren 1. Instanz

287 Häufig bietet es sich bei einer Einigung im Gütetermin an, nicht nur den eigentlichen Streit über die Wirksamkeit einer Kündigung zu regeln, sondern die zahlreichen weiteren Fragen, die mit der Beendigung des Arbeitsverhältnisses zusammenhängen, wie z.B. evtl. Resturlaub, evtl. Überstundenvergütung, Zeugnisanspruch usw. Sind die Parteien auch insoweit kompromissbereit, ist eine solche Vorgehensweise äußerst ökonomisch, da möglicherweise neue außergerichtliche oder gerichtliche Auseinandersetzungen erspart werden können. Andererseits setzt eine **Globaleinigung** über alle im Zusammenhang mit der Beendigung des Arbeitsverhältnisses auftretenden Fragen voraus, dass beide Seiten im Gütetermin auch insoweit über ihre jeweiligen Anspruchslagen komplett informiert sind. Auch sollte man sich vor übertriebener „Regelungswut" im Zuge der Verhandlungen über eine Einigung im Gütetermin hüten, da je nach emotionaler Verfassung der Gegenseite eine Einbeziehung weiterer Gegenstände in das Einigungsgespräch dazu führen kann, dass neue Gräben aufgerissen werden und eine Einigung insgesamt scheitert. Es macht wenig Sinn, an der Frage, ob 10 oder 12 Resturlaubstage abzugelten sind, eine Einigung über die Beendigung des Arbeitsverhältnisses unter Zahlung einer Abfindung scheitern zu lassen.

288 Gerade in Zeiten, in denen es für viele Arbeitnehmer schwierig ist, nach dem Verlust des Arbeitsplatzes eine neue Arbeitsstelle zu finden, ist es schwierig, sich abschließend in dem häufig nur vom Gericht für 15 oder 20 Minuten Verhandlungsdauer angesetzten Gütetermin dafür oder dagegen zu entscheiden, der Beendigung des Arbeitsverhältnisses gegen Zahlung einer Abfindung zuzustimmen. In einem solchen Fall ist es auch ein gangbarer Weg, das Gericht zu bitten, einen **Vergleichsvorschlag** zu unterbreiten, der den Verhandlungsstand im Rahmen des Gütetermins wiedergibt, und der dann im Verfahren nach § 278 Abs. 6 ZPO angenommen werden kann. Ebenfalls sinnvoll in diesem Zusammenhang ist der Abschluss eines **widerruflichen Prozessvergleiches**, so dass der Mandant noch die Möglichkeit hat, sich im Rahmen der Widerrufsfrist darüber klar zu werden, ob er die vorgesehene Einigung akzeptieren möchte oder nicht.

289 **2. Muster: Prozessvergleich in der Güteverhandlung**

48

§ 1

Die Parteien sind sich darüber einig, dass das zwischen ihnen bestehende Arbeitsverhältnis durch die ordentliche Kündigung der Beklagten vom ■■■ aus betriebsbedingten Gründen mit Ablauf des ■■■ endet.

§ 2

Die Beklagte verpflichtet sich, an den Kläger für den Verlust des Arbeitsplatzes eine Abfindung nach den §§ 9, 10 KSchG, 3 Nr. 9 EStG in Höhe von ■■■ € zu bezahlen.

§ 3

Die Parteien sind sich darin einig, dass der Kläger auch weiterhin bis zum Ablauf der ordentlichen Kündigungsfrist am ■■■ unter Fortzahlung der vertraglich vereinbarten Vergütung unter Anrechnung restlicher Urlaubsansprüche unwiderruflich von der Verpflichtung zur Arbeitsleistung freigestellt ist.

§ 4

Die Parteien sind sich darüber einig, dass der Kläger ein qualifiziertes Arbeitszeugnis mit dem Beendigungszeitpunkt ■■■ erhält, welches sich auf Führung und Leistung erstreckt.

§ 5

Mit Erfüllung dieses Vergleichs sind sämtliche gegenseitigen Ansprüche aus dem Arbeitsverhältnis und aus seiner Beendigung, gleich, ob sie bekannt oder unbekannt, oder aus welchem Rechtsgrund sie entstanden sind, ausgeglichen und erledigt.

§ 6

Der Kläger kann diesen Vergleich durch Schriftsatz an das Arbeitsgericht ■■■ bis zum ■■■ widerrufen.

V. Weiteres Verfahren und Kammertermin

1. Vorbereitung des Kammertermins

Wurde im Gütetermin keine Einigung gefunden, bestimmt das Gericht im Regelfall, wenn nicht noch der Versuch eines zweiten Gütetermins gemacht wird, einen Kammertermin, und erteilt den Parteien jeweils Auflagen zu weiterem Vortrag. Dies wird regelmäßig mit einer Fristsetzung und häufig mit dem Hinweis verknüpft, dass **Angriffs- und Verteidigungsmittel**, die erst nach einer gesetzten Frist vorgebracht werden, nur zuzulassen sind, wenn nach der freien Überzeugung des Gerichts ihre Zulassung die Erledigung des Rechtsstreits nicht verzögert oder wenn die Partei die Verspätung genügend entschuldigt (vgl. § 56 Abs. 2 Satz 1 ArbGG).

Im Zuge der Vorbereitung des Kammertermins ist es vordringlichste Aufgabe des Klägervertreters bei einer verhaltensbedingten Kündigung, durch einen gut gegliederten, übersichtlichen aber gleichwohl vollständigen Vortrag das Gericht von der Unwirksamkeit der Kündigung zu überzeugen. Teilweise werden Zweifel daran geäußert, ob es taktisch sinnvoll ist, im Rahmen der die Kammerverhandlung vorbereitenden Schriftsätze bereits sämtliche möglichen Argumente gegen die Kündigung zu äußern. Zwar bestünde nach § 67 Abs. 2 und 3 ArbGG für die Landesarbeitsgerichte als Berufungsinstanz die Möglichkeit, unter bestimmten Voraussetzungen verspätetes Vorbringen zurückzuweisen. Von diesen Vorschriften werde allerdings in der Praxis erfahrungsgemäß sehr selten Gebrauch gemacht, so dass mancher Klägervertreter erst in der zweiten Instanz substantiiert vortrage und die Schwächen des arbeitgeberseitigen Vortrages erst dann aufdecke, um von dem durch den Zeitablauf naturgemäß gesteigerten Annahmeverzugsrisiko zu profitieren.[422] Wer sich zu einer solchen Vorgehensweise entschließt, muss sich jedoch auch des **Risikos** bewusst sein, die diese **Taktik** in sich birgt. Denn erfolgt eine Zurückweisung des Vortrages wegen Verspätung, so ist bereits der Anschein einer anwaltlichen Pflichtverletzung gesetzt und u.U. ein Regressprozess vorprogrammiert. Vieles spricht vielmehr dafür, den zur Vorbereitung des Kammer-

---

422 Pauly / Osnabrügge-Rinck, Handbuch Kündigungsrecht, § 31 Rn. 97.

termins gesetzten Schriftsatzfristen zu entsprechen und sämtliche Einwendungen gegen die Kündigung auch im Rahmen dieses Schriftsatzes geltend zu machen.

292 Weiter ist zu beachten, dass es für die **Schlüssigkeit** einer Klage in diesem Zusammenhang bereits genügt, wenn die Unwirksamkeit der Kündigung an einem einzigen Tatbestandsmerkmal festgemacht wird. Allerdings sollte beachtet werden, dass die Ausgangslage im Kündigungsschutzprozess, was die Darlegungs- und Beweislast anbelangt, für den Arbeitgeber regelmäßig deutlich ungünstiger ist als für den Arbeitnehmer. Auch wenn die Klage gleichwohl schlüssig bleibt, sollte der Klägervertreter sich nicht damit begnügen, darzulegen, dass ein bestimmtes Tatbestandsmerkmal der angegriffenen Kündigung nicht erfüllt ist, vielmehr sollte er seine Argumentation auf eine breite Grundlage stellen. Denn eine Vielzahl von „Möglichkeiten" erhöht die Chance für den Kläger ungemein, dass das Arbeitsgericht von irgendeinem der angebotenen Argumentationsstränge Gebrauch macht und zur Unwirksamkeit der Kündigung kommt. Denn häufig versuchen Richter, das „Brett an der dünnsten Stelle zu durchbohren", je mehr **mögliche Bruchstellen** dem Gericht angeboten werden, desto besser sind die Aussichten des Klägers bzw. Klägervertreters.[423] Im Arbeitsrecht häufig problematisch ist jedoch die Verwertung von rechtswidrig erlangten Beweismitteln, beispielsweise bei heimlichen Kontrollen des Arbeitgebers durch Fotos, Film- bzw. Videoaufnahmen, durch die rechtswidrige Aneignung von Tagebüchern und persönlichen Aufzeichnungen mit privatem Inhalt, durch das Mithören von vertraulichen Telefongesprächen oder über Sprechanlagen ohne Kenntnis des Arbeitnehmers.[424] Zu beachten ist auch, dass ein **Ausforschungsbeweis**, bei dem es darum geht, dass eine Partei einen völlig vagen und unsubstanziierten Beweisantrag stellt, um dadurch erst konkrete Hinweise für ihren weiteren tatsächlichen Vortrag zu erlangen, unzulässig ist. Andererseits ist ein konkreter Beweisantrag über erhebliche und bestrittene Tatsachenbehauptungen nur dann unzulässig, wenn ihm erkennbar nur willkürliche und ohne jeden Anhaltspunkt aufgestellte Behauptungen zugrunde liegen, wenn also nicht eine Beweisführung, sondern nur die Erlangung von Hinweisen für spätere Behauptungen gewollt ist.[425] Für den Prozessbevollmächtigten heißt dies, dass die Beweisantritte in Schriftsätzen stets mit präzisen Tatsachenbehauptungen verknüpft sein müssen.

293 Weiterhin sollte auch bis zum Kammertermin aus Sicht des Klägervertreters streng darauf geachtet werden, dass keine **Informationen** an den Arbeitgeber gelangen, ob und inwieweit der gekündigte Arbeitnehmer wieder eine andere Beschäftigung gefunden hat, denn in einem solchen Fall wäre das Risiko des Arbeitgebers, Annahmeverzugslohn zahlen zu müssen, deutlich reduziert und damit auch die Bereitschaft des Arbeitgebers, einen Abfindungsvergleich abzuschließen, eingeschränkt.

---

423 Pauly/Osnabrügge-Rinck, Handbuch Kündigungsrecht, § 31 Rn. 99.
424 Schubert, Der Anwalt im Arbeitsrecht, § 9 Rn. 61 m.w.N.
425 GMP/Prütting, § 58 Rn. 38.

2. Kammertermin

a) Beweisaufnahme

Beweisaufnahmen finden in arbeitsgerichtlichen Verfahren vergleichsweise selten statt. Je nachdem, ob eine Ladung von Zeugen zum Kammertermin erfolgt, ist ein Indiz erkennbar, ob das Gericht den Vortrag der insoweit beweisbelasteten Partei als rechtserheblich ansieht oder nicht.

294

b) Taktik in der Kammerverhandlung

Die Taktik in der Kammerverhandlung unterscheidet sich zunächst nicht wesentlich von dem Verhalten in der Güteverhandlung, sofern das Gericht im Kammertermin nochmals einen erneuten Versuch macht, zu einer gütlichen Einigung zu gelangen. Häufig ist das Damoklesschwert des **Annahmeverzugslohnrisikos** für den Arbeitgeber zum Kammertermin noch bedrohlicher geworden als es zur Zeit des Gütetermins bereits war, so dass häufig im Kammertermin insoweit ein weiteres Nachgeben der Arbeitgeberseite erreicht werden kann.

295

Andererseits jedoch ist es auch durchaus möglich, dass das Gericht die Möglichkeiten einer gütlichen Einigung mit Ablauf des Gütetermins als abschließend ausgelotet ansieht und sich im Rahmen der Kammerverhandlung darauf beschränkt, den Rechtsstreit prozessual abzuarbeiten und einer Entscheidung zuzuführen.

296

c) Urteilsverkündung

aa) Grundlagen: Im arbeitsgerichtlichen Verfahren erfolgt die Urteilsverkündung im Regelfall **am Schluss der Sitzung**. Dabei genügt, wenn die Verkündung am Ende des Terminstages erfolgt, an dem mehrere Rechtsstreitigkeiten verhandelt worden sind. Zwar wird in diesem Fall für jede Rechtsstreitigkeit zu einem früheren Zeitpunkt die Verhandlung mit der Folge geschlossen, dass die Parteien keine Möglichkeit mehr zu einem Sachvortrag haben, der Termin wird aber erst mit der Verkündung der Entscheidung bzw. der Entscheidungen beendet.[426] Wird das Urteil in dem Termin verkündet, in dem die mündliche Verhandlung geschlossen worden ist, muss es im Zeitpunkt der Verkündung noch nicht vollständig abgefasst sein. Es muss aber dann in vollständiger schriftlicher Fassung innerhalb von 3 Wochen nach Verkündung der Geschäftsstelle übergeben werden, § 60 Abs. 4 Satz 3 ArbGG. Von der Einhaltung der 3-Wochen-Frist kann nur in Ausnahmefällen abgewichen werden, beispielsweise dann, wenn der Richter, der das Urteil abzusetzen hat, erkrankt ist.[427]

297

Die Verkündung des Urteils ist im Protokoll festzustellen. Zu der Feststellung gehört, ob die Verkündung in Anwesenheit der Parteien oder in deren Abwesenheit erfolgt und ob die wesentlichen Entscheidungsgründe mitgeteilt worden sind oder nicht. Auch muss sich aus dem Protokoll ergeben, ob die ehrenamtlichen Richter, die an der Entscheidung mitgewirkt haben, bei der Verkündung anwesend waren.[428]

298

---

426 GMP/Germelmann, § 60 Rn. 8.
427 GMP/Germelmann, § 60 Rn. 29.
428 GMP/Germelmann, § 60 Rn. 25.

299 Von dem Grundsatz der Verkündung in dem Termin, aufgrund dessen das Urteil erlassen wird, kann aus besonderen Gründen abgesehen werden, wann dies der Fall ist, entscheidet das Gericht nach seinem **pflichtgemäßen Ermessen**.[429] Die Anberaumung des Verkündungstermins erfolgt unmittelbar in dem Termin, in dem die Verhandlung geschlossen worden ist.[430]

bb) Muster

300 *(1) Muster: Übersendung des Sitzungsprotokolls mit am Ende des Terminstages verkündeter Entscheidung*

Sehr geehrter Herr ■■■,

in obiger Angelegenheit übersende ich Ihnen angeschlossen die Ausfertigung des Sitzungsprotokolls der Sitzung des Arbeitsgerichts ■■■ vom ■■■ Im Protokoll ist auch der Tenor des vom Gericht am ■■■ verkündeten Urteils enthalten.

Sobald mir das schriftlich abgefasste und vollständig begründete Urteil des Arbeitsgerichts ■■■ zugestellt ist, werde ich wieder berichten.[431]

Mit freundlichen Grüßen

Rechtsanwalt

301 *(2) Muster: Übersendung des in vollständiger Form abgefassten Urteils*

Sehr geehrter Herr ■■■,

in obiger Angelegenheit füge ich in Abschrift das mir am ■■■ zugestellte Urteil des Arbeitsgerichts ■■■ vom ■■■ anbei. Über den Urteilstenor hatte ich Sie schon mit meinem Schreiben vom ■■■ informiert.

Im Rahmen der Urteilsbegründung hat sich das Arbeitsgericht ■■■ auf den Standpunkt gestellt, dass ■■■ .

Wegen der weiteren Einzelheiten erlaube ich mir, auf die Begründung des Urteils des Arbeitsgerichts ■■■ vom ■■■ Bezug zu nehmen.

Ich weise darauf hin, dass gegen das Urteil des Arbeitsgerichts ■■■ vom ■■■ binnen eines Monats ab Zustellung, also im vorliegenden Fall bis spätestens ■■■, beim LAG ■■■ Berufung eingelegt werden kann. Sofern Sie die Berufungseinlegung durch mich wünschen, bitte ich höflichst um Ihre dementsprechende Anweisung rechtzeitig vor dem ■■■. Der guten Ordnung halber und zur Vermeidung von Missverständnissen halte ich hiermit fest,

---

[429] GMP/Germelmann, § 60 Rn. 9.
[430] GMP/Germelmann, § 60 Rn. 13.
[431] Nach § 66 Abs. 1 Satz 2 ArbGG beginnt die Berufungsfrist mit der Zustellung des in vollständiger Form abgefassten Urteils, spätestens aber mit Ablauf von 5 Monaten nach der Verkündung. Besondere Vorsicht ist geboten, wenn das Urteil verspätet abgesetzt wird. Es ist nach der Neuregelung des Berufungsrechts durch das ZPO-ReformG zweifelhaft geworden, ob an der früheren Rechtsprechung des BAG zum Lauf der Berufungsfrist bei nicht zugestellten Urteilen festgehalten werden kann. Nach der neuen Rechtsprechung des BAG endet die Berufungsfrist 6 Monate nach der Verkündung des Urteils (Urteil v. 28.10.2004, 8 AZR 492/03), NJW 2005, 700ff. = NZA 2005, 125ff.

dass ich ohne Ihre ausdrückliche anderslautende schriftliche Anweisung rechtzeitig vor dem ■■■ keine Berufung gegen das Urteil des Arbeitsgerichts ■■■ vom ■■■, Az. ■■■, einlegen werde, so dass das Urteil mit Ablauf der Berufungsfrist rechtskräftig, d.h. für Sie nicht weiter anfechtbar werden wird.

Sofern ich für Sie vorab die Aussichten einer Berufung überprüfen soll, bitte ich um Ihre Anweisung.[432]

Mit freundlichen Grüßen

Rechtsanwalt

VI. Vollstreckung

1. Besonderheiten im Arbeitsrecht

a) Vorläufige Vollstreckbarkeit

Nach § 62 Abs. 1 Satz 1 ArbGG sind die Urteile der Arbeitsgerichte, gegen die Einspruch oder Berufung zulässig ist, **vorläufig vollstreckbar**. Urteile des Arbeitsgerichts bedürfen keiner Vollstreckbarkeitserklärung, sondern sind kraft Gesetzes bereits vollstreckbar.[433] Ein arbeitsgerichtliches Urteil muss nur dann eine Entscheidung über die vorläufige Vollstreckbarkeit enthalten, wenn diese nach § 61 Abs. 1 Satz 2 ArbGG ausgeschlossen werden soll.[434] Enthält das Urteil eines Arbeitsgerichts unter Missachtung von § 62 Abs. 1 Satz 1 ArbGG eine Entscheidung über die vorläufige Vollstreckbarkeit, so ist diese Entscheidung wirkungslos. Eine dem Gesetz widersprechende Regelung im gerichtlichen Urteil ist nicht möglich.[435]

302

b) Ausschluss der vorläufigen Vollstreckbarkeit, § 62 Abs. 1 Satz 2 ArbGG

Nach § 62 Abs. 1 Satz 2 ArbGG schließt das Arbeitsgericht auf **Antrag** des Beklagten die vorläufige Vollstreckbarkeit im Urteil aus, wenn der Beklagte glaubhaft macht, dass die Vollstreckung ihm einen **nicht zu ersetzenden Nachteil** bringen würde. Der Ausschluss der vorläufigen Vollstreckbarkeit ist nach § 62 Abs. 1 Satz 2 ArbGG somit an drei Voraussetzungen geknüpft, der Beklagte muss zunächst einen entsprechenden Antrag stellen, er muss ferner **darlegen**, dass ihm die Vollstreckung einen nicht zu ersetzenden Nachteil bringen würde, und er muss dies drittens **glaubhaft machen**. Der Antrag muss bis zum Schluss der letzten mündlichen Verhandlung gestellt werden.[436] Die Entscheidung über den Antrag ist in den Tenor aufzunehmen und in den Entschei-

303

---

432 Die Prüfung der Erfolgsaussichten eines Rechtsmittels gehört nicht mehr zur Instanz, die Beratung über die Aussichten eines Rechtsmittels gehört nicht mehr zu den durch die Verfahrensgebühr der unteren Instanz abgegoltenen Tätigkeiten (Mayer/Kroiß-Winkler, Nr. 2200 VV Rn. 10; Hansens/Braun/Schneider, Praxis des Vergütungsrechts, Teil 7 Rn. 9). Für die Prüfung der Erfolgsaussicht eines Rechtsmittels fällt die Gebühr Nr. 2200 VV mit einem Gebührensatz von 0,5-1,0 an. Das Formular will dem Einwand des Mandanten vorbeugen, er habe keinen Beratungsauftrag erteilt (vgl. in diesem Zusammenhang Hansens/Braun/Schneider, Praxis des Vergütungsrechts, Teil 7 Rn. 13).
433 GMP/Germelmann, § 62 Rn. 3.
434 GMP/Germelmann, § 62 Rn. 12.
435 GMP/Germelmann, § 62 Rn. 13.
436 Pauly/Osnabrügge-Göbel, Handbuch Kündigungsrecht, § 29 Rn. 24.

dungsgründen zu begründen.[437] Bei positiver Entscheidung über den Ausschluss der vorläufigen Vollstreckbarkeit heißt es in der Urteilsformel: Die vorläufige Vollstreckbarkeit wird ausgeschlossen. Die Entscheidung des Gerichts ist zu begründen, es muss sich daraus ergeben, worin das Gericht den nicht zu ersetzenden Nachteil gesehen hat.[438] Auch die Ablehnung des Ausschlusses der vorläufigen Vollstreckbarkeit muss im Urteiltenor erfolgen, auch diese Entscheidung ist zu begründen, es muss ersichtlich sein, warum das Gericht zu der Auffassung gekommen ist, dass die Voraussetzungen des § 62 Abs. 1 Satz 2 ArbGG nicht gegeben sind.[439] Die Vollstreckbarkeit wird nach § 62 Abs. 1 Satz 2 ArbGG **grundsätzlich ohne Sicherheitsleistung** ausgeschlossen. Lediglich bei einer Vollstreckungsgegen- oder Drittwiderspruchsklage kann nach den §§ 769, 771 Abs. 3 ZPO die Zwangsvollstreckung mit und ohne Sicherheitsleistung eingestellt werden.[440] Nach Erlass des Urteils kann die Zwangsvollstreckung nur gemäß § 62 Abs. 1 Satz 3 ArbGG eingestellt werden.[441] § 62 Abs. 1 Satz 3 ArbGG verweist auf die Fälle des § 707 Abs. 1 ZPO und des § 719 Abs. 1 ZPO. Die Einstellung erfolgt nur unter denselben Voraussetzungen, unter denen ein Ausschluss der Zwangsvollstreckung erfolgen kann. Umstritten ist, ob die Zwangsvollstreckung nach § 62 Abs. 1 Satz 3 ArbGG gegen Sicherheitsleistung eingestellt werden kann.[442] Da § 62 Abs. 1 Satz 3 ArbGG die Einstellung der Zwangsvollstreckung „nur unter derselben Voraussetzung", also bei dem Vorliegen eines nicht zu ersetzenden Nachteils, zulässt, wird von der einen Auffassung gefolgert, dass § 707 Abs. 1 Satz 1 ZPO durch die Verweisung in § 62 Abs. 1 Satz 3 ArbGG auf Satz 2 eingeschränkt wird, der eine Einstellung der Zwangsvollstreckung im Urteil gegen Sicherheitsleistung nicht zulässt.[443] Die Gegenmeinung geht davon aus, dass § 62 Abs. 1 Satz 3 ArbGG nur die Voraussetzungen der Einstellung der Zwangsvollstreckung modifiziert, nicht aber die gerichtlichen Entscheidungsmöglichkeiten einengt.[444]

304 Ein **nicht zu ersetzender Nachteil** im Sinne von § 62 Abs. 1 Satz 2 ArbGG ist mehr als ein schwer zu ersetzender Nachteil und liegt vor, wenn er nicht abgewendet und bei Wegfall des Vollstreckungstitels nicht durch Geld oder andere Mittel ausgeglichen werden kann. Durch die vorläufige Vollstreckbarkeit sollen keine endgültigen Verhältnisse geschaffen werden.[445]

2. Vollstreckung des Weiterbeschäftigungsanspruchs des Arbeitnehmers gegen den Arbeitgeber

305 Voraussetzung für die Anwendbarkeit von § 62 Abs. 1 ArbGG ist, dass die Entscheidung einen **vollstreckbaren Inhalt** hat. Bei Feststellungsurteilen wie z.B. einer reinen

---

437 ErfKoArbR-Koch, § 62 ArbGG Rn. 3.
438 GMP/Germelmann, § 62 Rn. 25.
439 GMP/Germelmann, § 62 Rn. 26.
440 ErfKoArbR-Koch, § 62 ArbGG Rn. 3.
441 GMP/Germelmann, § 62 Rn. 29.
442 ErfKoArbR-Koch, § 62 ArbGG Rn. 5; Groeger, NZA 1994, 251ff., 253.
443 GMP/Germelmann, § 62 Rn. 35; ErfKoArbR-Koch, § 62 ArbGG Rn. 5 m.w.N.
444 LAG Köln NZA-RR 1998, 36; s. zum ganzen auch Pauly/Osnabrügge-Göbel, Handbuch Kündigungsrecht, § 29 Rn. 46f.
445 ErfKoArbR-Koch, § 62 ArbGG Rn. 4; Groeger NZA 1994, 251, 252.

Kündigungsschutzklage mit oder ohne allgemeinem Feststellungsantrag greift § 62 Abs. 1 ArbGG nicht.[446] Anders ist es jedoch, wenn im Zuge einer Kündigungsschutzklage auch der allgemeine Weiterbeschäftigungsanspruch des Arbeitnehmers eingeklagt wird. Insoweit gilt § 62 Abs. 1 ArbGG.

a) Ausschluss der vorläufigen Vollstreckbarkeit nach § 62 Abs. 1 ArbGG

Regelmäßig wird ein nicht zu ersetzender Nachteil bei der Vollstreckung des **allgemeinen Weiterbeschäftigungsanspruches** verneint, da der Arbeitgeber eine Gegenleistung für die Vergütung erhält. Der bloße Nachteil, nicht frei handeln zu können, stellt hingegen keinen nicht zu ersetzenden Nachteil dar.[447] Eine Einstellung der Zwangsvollstreckung ist beim Weiterbeschäftigungsanspruch nur dann möglich, wenn durch die Beschäftigung selbst ein unersetzbarer Nachteil wirtschaftlicher oder immaterieller Art eintreten würde, für den aller Wahrscheinlichkeit nach ein Ersatz von dem Arbeitnehmer nicht erlangt werden könnte, die bloße Nichtrückabwickelbarkeit reicht nicht aus.[448] Ein nicht zu ersetzender Nachteil liegt im Zusammenhang mit einem Weiterbeschäftigungsanspruch dann vor, wenn eine **Beschäftigungsmöglichkeit nicht besteht und erst geschaffen werden** müsste.[449] Ein Fall der Einstellung der Zwangsvollstreckung wegen eines nicht zu ersetzenden Nachteils liegt ferner dann vor, wenn der Arbeitgeber zur Weiterbeschäftigung des Arbeitnehmers verpflichtet wird, danach jedoch erneut eine Kündigung ausspricht oder ein anderer Beendigungstatbestand eintritt. In diesem Fall endet die Wirkung der Verurteilung zur vorläufigen Beschäftigung aufgrund des zuerst verkündeten Urteils, zur Durchsetzung des Weiterbeschäftigungsanspruchs bedarf es dann eines neuen Titels. Da in diesem Fall der durch das Urteil festgestellte Anspruch selbst in seiner Existenz betroffen ist, besteht nur die Möglichkeit einer Vollstreckungsabwehrklage im Sinne von § 767 ZPO, die Einstellung der Zwangsvollstreckung kann dann nach § 769 ZPO durch einstweilige Anordnung erfolgen.[450] Allerdings kann die Tatsache, dass zwischen Ablauf der Kündigungsfrist und Abschluss des erstinstanzlichen Verfahrens ein **längerer Zeitraum**, beispielsweise mehr als 1 ½ Jahre liegt, einen Grund darstellen, um die Zwangsvollstreckung aus einem erstinstanzlichen Weiterbeschäftigungsurteil einstweilen einzustellen.[451]

b) Bestimmtheit des Vollstreckungstitels

Wie jeder zu vollstreckende Anspruch setzt auch der titulierte Weiterbeschäftigungsanspruch voraus, dass er hinreichend bestimmt tituliert wurde. Schon im Erkenntnisverfahren muss deswegen bei der Abfassung des Klageantrags beachtet werden, dass die Pflicht zur Weiterbeschäftigung im Einzelnen bestimmt bezeichnet wird, so dass aus dem Tenor der zu vollstreckenden Entscheidung im Einzelnen hervorgeht, welche Auf-

---

446 Vgl. GMP/Germelmann, § 62 Rn. 10.
447 ErfKoArbR-Koch, § 62 ArbGG Rn. 4; GMP/Germelmann, § 62 Rn. 15.
448 GMP/Germelmann, § 62 Rn. 15.
449 ErfKoArbR-Koch, § 62 ArbGG Rn. 4.
450 GMP/Germelmann, § 62 Rn. 15.
451 LAG Niedersachsen NZA 1985, 504.

gabe der Arbeitgeber dem Arbeitnehmer zu übertragen hat.[452] Der streitige Inhalt des Weiterbeschäftigungsanspruchs ist im Vollstreckungsverfahren nicht zu klären.[453]

308 Probleme können insbesondere dann auftreten, wenn lediglich tituliert ist, dass der Kläger „**zu unveränderten Arbeitsbedingungen** weiterzubeschäftigen" ist. Dann ergibt sich aus dem Tenor nicht, was unter unveränderten Arbeitsbedingungen zu verstehen ist. Zwar folgt aus der Unklarheit des Tenors allein noch nicht, dass der betreffende Titel keinen vollstreckungsfähigen Inhalt hat. Das Vollstreckungsorgan, also bei der Vollstreckung des Weiterbeschäftigungsanspruchs das Arbeitsgericht, hat zunächst zu prüfen, ob diese Unklarheit im Wege der Auslegung beseitigt und ein eindeutiger Inhalt ermittelt werden kann. Bei der Auslegung ist der gesamte Inhalt des Titels heranzuziehen, bei einem Urteil also auch Tatbestand und Entscheidungsgründe. Umstände, die nicht aus dem Titel selbst ersichtlich sind – wie etwa die Einzelheiten der gewechselten Schriftsätze – müssen außer Betracht bleiben.[454]

c) Unmöglichkeit der Weiterbeschäftigung

309 Die Vollstreckung des Weiterbeschäftigungsanspruchs setzt jedoch voraus, dass dem Arbeitgeber die Weiterbeschäftigung möglich ist. **Unerheblich** ist dabei, ob die Unmöglichkeit der Weiterbeschäftigung vom Arbeitgeber zu vertreten oder wann sie eingetreten ist, insbesondere ob sie schon im Erkenntnisverfahren vorgelegen hat.[455] So ist eine Vollstreckung des Weiterbeschäftigungsanspruches nicht möglich, wenn in der Zwischenzeit der Arbeitsplatz weggefallen ist.[456] Allerdings ist es als **rechtsmissbräuchlich** anzusehen, wenn der Arbeitgeber sich eine titulierte Verpflichtung zur Weiterbeschäftigung gezielt durch eine gerade dadurch motivierte Umorganisation unmöglich macht. In einem solchen Fall kann er sich im Zweifel nach Treu und Glauben nicht auf die Unmöglichkeit berufen, verbunden mit dem Anspruch des Arbeitnehmers, den alten Zustand wiederherzustellen.[457] Der Arbeitgeber ist auch nicht verpflichtet, einen anderen Arbeitsplatz durch Kündigung frei zu machen, um dem Beschäftigungstitel nachzukommen. Denn zum einen wäre eine dadurch ermöglichte Beschäftigung keine solche „zu den bisherigen Bedingungen", zum anderen will der Titel erkennbar nicht etwas zusprechen, auf das materiell-rechtlich unbestritten kein Anspruch besteht, nämlich auf eine Weiterbeschäftigung auf einem nicht freien, sondern besetzten Arbeitsplatz.[458]

310 Es obliegt dem Arbeitgeber, nachzuweisen, dass eine Umorganisation, die zum Wegfall des Arbeitsplatzes führt, auf den sich der Weiterbeschäftigungsanspruch bezieht, nicht der Verhinderung des Weiterbeschäftigungsanspruches diente.[459]

311 Macht der Arbeitgeber bereits im erstinstanzlichen Erkenntnisverfahren geltend, dass ihm die Weiterbeschäftigung unmöglich ist, ohne damit durchdringen zu können, weil

---

452 Pauly/Osnabrügge-Göbel, Handbuch Kündigungsrecht, § 29 Rn. 227.
453 LAG Nürnberg NZA 1993, 864.
454 LAG Rheinland-Pfalz NZA 1986, 196f.
455 LAG Köln NZA-RR 1996, 108f., 109.
456 GMP/Germelmann, § 62 Rn. 48; LAG Köln NZA-RR 2002, 214f.
457 LAG Köln NZA-RR 2002, 214f.
458 LAG Köln NZA-RR 1996, 108f.
459 Pauly/Osnabrügge-Göbel, Handbuch Kündigungsrecht, § 29 Rn. 234.

das Arbeitsgericht seine Darlegungen als unsubstantiiert ansieht, kann er diesen Einwand gleichwohl in der Zwangsvollstreckung im Verfahren über die Festsetzung eines Zwangsgeldes nach § 888 ZPO erneut vorbringen, sofern er seinen Vortrag nunmehr weiter substantiieren kann oder ein anderer Grund der Unmöglichkeit vorliegt.[460]

Der Vollstreckung des Weiterbeschäftigungsanspruches steht ebenfalls nicht entgegen, dass der Arbeitgeber nach der Verurteilung zur Weiterbeschäftigung den Arbeitnehmer unter Fortzahlung der Vergütung von der Arbeit **freistellt**. Von dieser Möglichkeit kann der Arbeitgeber nur dann Gebrauch machen, wenn er dies im Arbeitsvertrag ausdrücklich geregelt hat oder aber besondere Umstände des Einzelfalles vorliegen.[461]   312

Soweit **dritte Personen** die Weiterbeschäftigung des Arbeitnehmers ablehnen, etwa ein wichtiger oder gar der einzige Auftraggeber des Arbeitgebers, oder Arbeitskollegen des Arbeitnehmers, begründet dies die Unmöglichkeit der Weiterbeschäftigung nur dann, wenn der Arbeitgeber zuvor alles in seiner Macht Stehende unternommen hat, um diese dritten Personen von ihrer ablehnenden Haltung abzubringen.[462]   313

d) Verfahren

Allgemein anerkannt ist, dass die Vollstreckung des Weiterbeschäftigungsanspruches nach § 888 ZPO erfolgt.[463] Das nach § 62 Abs. 2 ArbGG, § 888 Abs. 1 ZPO auf Antrag des Gläubigers verhängte Zwangsgeld kann auch dann in entsprechender Anwendung von § 812 Abs. 1 Satz 2 BGB von der Staatskasse zurückgefordert werden, wenn der Gläubiger im Beschwerdeverfahren auf die Rechte aus dem Zwangsgeldbeschluss verzichtet.[464]   314

Umstritten ist, ob bei der Weigerung des Arbeitgebers, dem titulierten Anspruch auf Weiterbeschäftigung des Arbeitnehmers Rechnung zu tragen, ein **einheitliches Zwangsgeld** in einem Betrag festzusetzen ist oder ein **Zwangsgeld für jeden Arbeitstag** festzusetzen ist, in dem der Arbeitgeber der Weiterbeschäftigungspflicht nicht nachkommt.[465] Überwiegend wird jedoch angenommen, dass eine für jeden Tag der Nichterfüllung des Beschäftigungsanspruchs bestimmte Zwangsgeldfestsetzung nicht nur der Eigenart und Zielrichtung von § 888 ZPO widerspricht, sondern auch dem Gebot der Eindeutigkeit und Bestimmtheit vollstreckbarer gerichtlicher Entscheidungen, so dass ein einheitlicher Betrag anzudrohen und festzusetzen ist.[466]   315

---

460 Pauly/Osnabrügge-Göbel, Handbuch Kündigungsrecht, § 29 Rn. 235.
461 Pauly/Osnabrügge-Göbel, Handbuch Kündigungsrecht, § 29 Rn. 237.
462 Pauly/Osnabrügge-Göbel, Handbuch Kündigungsrecht, § 29 Rn. 240.
463 GMP/Germelmann, § 62 Rn. 48.
464 BAG AP Nr. 5 zu § 62 ArbGG 1979.
465 Pauly/Osnabrügge-Göbel, Handbuch Kündigungsrecht, § 29 Rn. 246.
466 GMP/Germelmann, § 62 Rn. 48; LAG Berlin NZA 1986, 36; LAG Köln NZA-RR 1996, 108f.

3. Muster

316

a) Muster: Außergerichtliche Aufforderung nach erstinstanzlichem Urteil

Sehr geehrter Herr Kollege ■■■,

in der oben bezeichneten Angelegenheit ist mir nunmehr die schriftliche Ausfertigung des am ■■■ vom Arbeitsgericht ■■■, Az. ■■■, verkündeten Urteils zugestellt worden. Ich gehe davon aus, dass Ihnen das Urteil mittlerweile ebenfalls zugestellt wurde.

Nach Ziff. 2 des Urteilstenors ist Ihre Auftraggeberin verpflichtet, meinen Mandanten über den ■■■ hinaus bis zum rechtskräftigen Abschluss des Rechtsstreits zu unveränderten Arbeitsbedingungen als Mechaniker in der Abteilung ■■■ im Werk ■■■ und der Lohngruppe ■■■ weiterzubeschäftigen.

Der so titulierte Leistungsanspruch meines Mandanten ist gemäß § 62 Abs. 1 ArbGG ohne Sicherheitsleistung vorläufig vollstreckbar. Nach der Rechtsprechung des BAG ist die sich daraus ergebende Verpflichtung zur vorläufigen Weiterbeschäftigung kein „nicht zu ersetzender Nachteil" im Sinne des § 62 Abs. 1 Satz 2 ArbGG, da Ihre Auftraggeberin durch die Arbeitsleistung meines Mandanten einen Gegenwert erhält und der bloße Nachteil, nicht frei handeln zu können, noch keinen nicht zu ersetzenden Nachteil darstellt (GMP-Germelmann, § 62 ArbGG Rn. 15).

Namens und im Auftrag meines Mandanten fordere ich Ihre Auftraggeberin hiermit auf, umgehend, spätestens aber bis

■■■

mitzuteilen, wie sie den Weiterbeschäftigungsanspruch meines Mandanten über den Zeitpunkt der Kündigungsfrist hinaus erfüllen wird.

Nur vorsorglich weise ich darauf hin, dass im Falle der Ablehnung der vorläufigen Weiterbeschäftigung gemäß Ziff. 2 des Urteilstenors beim Arbeitsgericht ■■■ ein Antrag auf Zwangsgeld, ersatzweise Zwangshaft, gemäß § 888 ZPO gestellt werden wird.

Abschließend weise ich noch darauf hin, dass selbstverständlich auch im Fall der Nichterfüllung der Weiterbeschäftigungspflicht nach Ablauf der Kündigungsfrist für meinen Mandanten Annahmeverzugsvergütungsansprüche gemäß § 615 BGB in der Höhe seiner bisherigen Vergütung entstehen. Diese werden erforderlichenfalls auch klagweise geltend gemacht.

Mit kollegialen Grüßen

Rechtsanwalt[467]

317

b) Muster: Antrag nach § 888 ZPO zur Vollstreckung eines Weiterbeschäftigungstitels

An das

Arbeitsgericht ■■■

In Sachen

Roland Müller ■■■

---

[467] Das Formular geht davon aus, dass das erstinstanzliche Urteil zu einem Zeitpunkt ergeht, in dem die Kündigungsfrist noch nicht abgelaufen ist.

Gläubiger

Prozessbevollmächtigter: Rechtsanwalt ▪▪▪

gegen

Firma XY, Inhaber ▪▪▪

Schuldner

Prozessbevollmächtigter: Rechtsanwalt ▪▪▪

zeige ich die Vertretung des Gläubigers an.

Namens und in Vollmacht des Gläubigers beantrage ich:

Gegen den Schuldner wird wegen der Nichtbeschäftigung des Gläubigers entsprechend dem Urteil des Arbeitsgerichts ▪▪▪ vom ▪▪▪, Az. ▪▪▪, als Mechaniker in der Abteilung ▪▪▪ im Werk ▪▪▪, Lohngruppe ▪▪▪, ein Zwangsgeld festgesetzt und für diesen Fall, dass dieses nicht beigetrieben werden kann, Zwangshaft.

Zur

Begründung

führe ich aus:

Der Schuldner ist nach dem im Antrag bezeichneten Urteil des Arbeitsgerichts ▪▪▪ vom ▪▪▪, Az. ▪▪▪, nach Ziff. 2 des Urteilstenors verpflichtet, den Gläubiger als Mechaniker in der Abteilung ▪▪▪ im Werk ▪▪▪ und in der Lohngruppe ▪▪▪ weiterzubeschäftigen.

Der Schuldner wurde durch Anwaltsschreiben vom ▪▪▪ unter Fristsetzung bis ▪▪▪ aufgefordert, den Gläubiger zu den bisherigen Bedingungen des Arbeitsvertrages tatsächlich weiterzubeschäftigen.

Beweis: Durchschrift des Anwaltsschreibens vom ▪▪▪

Trotz schriftlicher Aufforderung hat sich der Schuldner geweigert, den Gläubiger zu beschäftigen. Daher ist die Festsetzung eines empfindlichen Zwangsgeldes geboten.

Weiter wird beantragt, dem Gläubiger zum Zwecke der Zwangsvollstreckung eine vollstreckbare Ausfertigung des Festsetzungsbeschlusses zu erteilen.

Rechtsanwalt[468]

---

[468] Nach § 888 Abs. 1 Satz 1 ZPO dürfen Zwangsmittel nicht verhängt werden, wenn die Handlung nicht ausschließlich vom Willen des Schuldners abhängig ist. Die Beweislast dafür, dass die Handlung nicht ausschließlich vom Willen des Schuldners abhängt, trägt der Gläubiger, die Behauptungslast schon deshalb der Schuldner, weil es sich um „negative Tatsachen" handelt (Musielak-Lackmann, § 888 ZPO Rn. 6). Der Schuldner muss im Vollstreckungsverfahren nach § 888 ZPO die Tatsachen einschließlich der Beweismittel, aus denen sich die Unmöglichkeit der Weiterbeschäftigung ergibt, in einer für den Gläubiger überprüfbaren und substantiierten Weise darlegen. Es ist Sache des Gläubigers, die Darlegungen des Schuldners zu entkräften und die Beweise zu widerlegen. Der Gläubiger muss darlegen und beweisen, dass es dem Schuldner möglich ist, die geschuldete Handlung vorzunehmen (OLG Hamm NJW-RR 1988, 1087f.).

VII. Kostenfestsetzung

1. Grundlagen

318 Nach § 12a Abs. 1 Satz 1 ArbGG besteht im Urteilsverfahren des ersten Rechtszugs kein Anspruch der obsiegenden Partei auf Entschädigung wegen Zeitversäumnis und auf Erstattung der Kosten für die Zuziehung eines Prozessbevollmächtigten oder Beistands. Reisekosten, die einer Partei selbst zur Wahrnehmung ihrer Rechte entstehen, sind jedoch erstattungsfähig.[469] Die durch die Beauftragung eines Rechtsanwalts entstehenden Kosten sind im Rahmen **hypothetisch berechneter Reisekosten**, die der Partei sonst entstanden wären, erstattungsfähig.[470] § 12a Abs. 1 Satz 1 ArbGG will nämlich nur das Prozessrisiko für die unterliegende Partei begrenzen, es soll ihr aber nicht ein ungerechtfertigter Kostenvorteil verschafft werden. Die Reisekosten sind hypothetisch zu berechnen, d.h. es sind sämtliche Fahrt-, Unterkunfts- und sonstige Kosten zu berechnen, in Höhe dieser Kosten können dann die durch die Beauftragung des Rechtsanwalts entstandenen Gebühren und Auslagen erstattet verlangt werden. Dies gilt **auch**, soweit Reisekosten einer Partei **zur Aufnahme einer Klage** oder **zur Niederschrift der Geschäftsstelle** entstanden sind, auch diese Kosten können notwendige Kosten sein.[471] Neben den ersparten Reisekosten sind auch **ersparte Porto-** und **Telefonauslagen** sowie **Fotokopiekosten** der obsiegenden Partei als hypothetische Kosten festsetzbar.[472]

319 ### 2. Muster: Kostenfestsetzungsantrag bei hypothetisch berechneten Reisekosten

An das

Arbeitsgericht ■■■

In Sachen

X ./. Y

Az.: ■■■

hat die Beklagte nach dem Urteil des Arbeitsgerichts vom ■■■ die Kosten des Rechtsstreits zu tragen.

Es wird daher beantragt, die fiktiven Reisekosten der Klägerin festzusetzen, die entstanden wären, wenn sie den Gütetermin vom ■■■ in ■■■ und den Kammertermin vom ■■■ in ■■■ selbst wahrgenommen hätte, ebenfalls die fiktiven Reisekosten, die entstanden wären, wenn die Klägerin die Klage zu Protokoll beim Arbeitsgericht erhoben hätte. Die durch die Beauftragung eines Anwalts entstandenen Kosten sind im Rahmen hypothetisch berechneter Reisekosten erstattungsfähig.

Die fiktiven Reisekosten der Klägerin berechnen sich wie folgt:
1. Fiktive Reisekosten zur Erhebung der Klage

---

469 GMP/Germelmann, § 12a Rn. 20.
470 GMP/Germelmann, § 12a Rn. 21.
471 GMP/Germelmann, § 12a Rn. 21.
472 Meixner, Formularbuch Arbeitsgerichtsprozess, S. 204.

■■■ km à 0,25 € gemäß den §§ 19 Abs. 1 Nr. 1, 5 Abs. 2 Nr. 1 JVEG, insgesamt ■■■
2. Fiktive Reisekosten zur Wahrnehmung des Gütetermins vom ■■■
   ■■■ km à 0,25 € gemäß den §§ 19 Abs. 1 Nr. 1, 5 Abs. 2 Nr. 1 JVEG, insgesamt ■■■
3. Fiktive Reisekosten zum Kammertermin vom ■■■
   ■■■ km à 0,25 € gemäß den §§ 19 Abs. 1 Nr. 1, 5 Abs. 2 Nr. 1 JVEG, insgesamt ■■■

Ohne die Beauftragung der Bevollmächtigten wären diese Reisekosten der Klägerin entstanden.

Es wird daher beantragt, die tatsächlich angefallenen Rechtsanwaltskosten in Höhe der ersparten fiktiven Reisekosten in Höhe von insgesamt ■■■ € als erstattungsfähig festzusetzen. Zinsen in Höhe von 5 Prozentpunkten über dem Basiszinssatz nach § 247 BGB bitte ich zuzuschlagen.

Tatsächlich sind folgende Rechtsanwaltsgebühren und Auslagen angefallen:

Gegenstandswert:	■■■ €
Verfahrensgebühr Nr. 3100 VV, 1,3	■■■ €
Terminsgebühr Nr. 3104 VV, 1,2	■■■ €
Pauschale für Post und Telekommunikationsdienstleistungen VV Nr. 7002	■■■ €
Zwischensumme	■■■ €
Umsatzsteuer VV Nr. 7008	■■■ €
Gesamtsumme	■■■ €

Rechtsanwalt

VIII. Anwaltsgebühren

1. Streitwert

Die Streitwertberechnung in Bestandsstreitigkeiten richtet sich nach § 42 Abs. 4 GKG, der dem früheren § 12 Abs. 7 Satz 1 ArbGG a.F. entspricht.[473] Maßgebend ist somit für die Wertberechnung bei Streitigkeiten über das Bestehen, das Nichtbestehen oder die Kündigung eines Arbeitsverhältnisses höchstens der Betrag des für die Dauer eines Vierteljahres zu leistenden Arbeitsentgeltes, eine Abfindung wird nicht hinzugerechnet.

a) Vierteljahresverdienst

aa) Regelstreitwert oder Obergrenze: Strittig ist, ob der in § 42 Abs. 4 Satz 1 GKG genannte Vierteljahresverdienst einen **Regelstreitwert** oder eine **Obergrenze** des festzusetzenden Streitwerts darstellt. Das **BAG** vertritt die Auffassung, dass der Vierteljahresverdienst die Obergrenze des Streitwertes ist und dass es sich bei dem Vierteljahresentgelt nicht um einen regelmäßig festzusetzenden Streitwert handelt. Nach dem BAG ist bei einem Bestand des Arbeitsverhältnisses bis zu 6 Monaten in der Regel von einem Streitwert in Höhe eines Monatsgehaltes, bei einer Bestanddauer des Arbeitsverhältnis-

---

[473] BT-Drucks. 15/1971, 155; ErfKoArbR-Koch, § 12 ArbGG Rn. 14.

ses zwischen 6 und 12 Monaten regelmäßig von zwei Monatsverdiensten und bei einer Dauer von mehr als 12 Monaten ist nach Auffassung des BAG dem Bestand des Arbeitsverhältnisses ein gesteigerter Wert zuzuerkennen, was dann die Bewertung mit einem Vierteljahresentgelt rechtfertigt.[474] Die **Instanzgerichte** folgen dieser Rechtsprechung nur zum Teil.[475] Nach der **herrschenden Meinung** handelt es sich bei dem Vierteljahresverdienst um einen Regelstreitwert.[476] Ein niedrigerer Streitwert kommt nur dann in Betracht, wenn sich aus dem Antrag bzw. der Begründung zu dem Antrag ergibt, dass der Bestand bzw. Fortbestand des Arbeitsverhältnisses nur für einen kürzeren Zeitraum als 3 Monate begehrt wird.[477] Das LAG Niedersachsen und das LAG Hamm hingegen verringern den Gegenstandswert nicht auf die restliche Vertragszeit, sondern nehmen einen Abschlag vom Vierteljahresverdienst in Höhe von 20 % bzw. das LAG Hamm in Höhe von 50 % vor.[478]

322 *bb) Bezugspunkt der Berechnung:* Maßgeblich ist nicht der Verdienst zum Zeitpunkt der **letzten mündlichen Verhandlung** in der Tatsacheninstanz, sondern das Arbeitsentgelt, das der Arbeitnehmer bei Fortbestand des Arbeitsverhältnisses in den ersten drei Monaten nach dem streitigen Beendigungszeitpunkt beanspruchen könnte.[479]

323 *cc) Einzelheiten der Berechnung:* **Arbeitsentgelt** im Sinne von § 42 Abs. 4 Satz 1 GKG sind alle Beträge, die der Arbeitgeber auch im Falle des Annahmeverzuges schulden würde bzw. die im Falle der Entgeltfortzahlung im Krankheitsfalle zu leisten wären. Erfasst werden daher auch Zuschläge sowie Prämien, die Entgeltcharakter haben. Zahlungen, die nicht erkennbar reinen Entgeltcharakter besitzen, können bei der Bemessung des Arbeitsentgeltes nicht berücksichtigt werden, erfasst werden daher beispielsweise nicht Urlaubs- und Weihnachtsgratifikationen, wenn sie jederzeit widerruflich sind.[480] Ist ein 13. Monatsgehalt jedoch unzweifelhaft als Arbeitsentgelt vereinbart, ist es bei der Berechnung des Vierteljahreseinkommens anteilig zu berücksichtigen.[481] Gleiches gilt, wenn das 13. Monatsgehalt tarifvertraglich geschuldet ist und nicht eine freiwillige, jederzeit widerrufliche Leistung des Arbeitgebers darstellt.[482] Das Monatsentgelt entspricht dem Jahresbruttogehalt dividiert durch den Faktor 12;[483] Anwesenheits- oder Verkaufsprämien, Nacht-, Schicht-, Gefahr- und Leistungszulagen, Sachbezüge wie Kost und Unterkunft sind entsprechend den steuer- und sozialversicherungsrechtlich anzuwendenden Vorschriften einzubeziehen.[484]

---

[474] BAG AP Nr. 9 zu § 12 ArbGG 1979; dieser Meinung folgen: Hartmann, § 42 GKG Rn. 52; ErfKoArbR-Koch, § 12 ArbGG Rn. 15.
[475] So LAG Rheinland-Pfalz, NZA 1986, 496; LAG Berlin MDR 2004, 218.
[476] GMP/Germelmann, § 12 Rn. 96; Hümmerich, NZA-RR 2000, 225 ff., 226; LAG München NZA 1986, 496; s. zum ganzen auch KR-Friedrich, § 4 KSchG Rn. 277 f. m.w.N.
[477] GMP/Germelmann, § 12 Rn. 96; Hümmerich, NZA-RR 2000, 225 ff., 226; LAG München NZA 1986, 496; s. zum ganzen auch KR-Friedrich, § 4 KSchG Rn. 277.
[478] Hümmerich, NZA-RR 2000, 225 ff., 226 m.N.
[479] BAG AP Nr. 20 zu § 12 ArbGG 1953; GMP/Germelmann, § 12 Rn. 98; KR-Friedrich, § 4 KSchG Rn. 274.
[480] GMP/Germelmann, § 12 Rn. 97.
[481] LAG Köln NZA-RR 1996, 392; GMP/Germelmann, § 12 Rn. 97; Hümmerich, NZA-RR 2000, 226 ff., 229.
[482] Hümmerich, NZA-RR 2000, 226 ff., 229.
[483] Hümmerich, NZA-RR 2000, 226 ff., 229.
[484] Hümmerich, NZA-RR 2000, 226 ff., 229.

Bei den zu berücksichtigenden Sachbezügen darf nicht die Gewährung einer **privaten Nutzung des Dienst-Pkw** vergessen werden. Nach überwiegender Meinung ist der Wert des Sachbezugs nicht lediglich mit dem steuerlichen Sachbezugswert anzusetzen.[485] Vielmehr ist der wirkliche Wert der Sachleistung zugrunde zu legen. Da die Nutzungsentschädigung bei dem Entzug von Gebrauchsvorteilen eines Pkw abstrakt, d.h. ohne Rücksicht auf den tatsächlichen Ausgleich berechnet werden kann, kann als Wert des Sachbezugs der aus den **ADAC-Kostentabellen** ersichtliche Betrag angesetzt werden.[486]

324

dd) Muster

Muster: Streitwert, Kündigungsschutzklage

325

In Sachen

X./. Y

Az.: ∎∎∎

wird um formlose Bekanntgabe des Gegenstandswerts des Verfahrens gebeten.

Bei dem nach § 42 Abs. 4 Satz 1 GKG maßgeblichen Vierteljahresverdienst des Klägers handelt es sich nach überwiegender Meinung um einen Regelstreitwert (KR-Friedrich, § 4 KSchG Rn. 277 m.w.N.). Da das Arbeitsverhältnis zum Zeitpunkt des Ausspruchs der Kündigung bereits 8 Monate bestand und der Kläger mit der Klage die Fortsetzung des Arbeitsverhältnisses nicht nur für einen vorübergehenden Zeitraum erstrebt, ist nach § 42 Abs. 4 Satz 1 GKG als Streitwert ein Vierteljahresverdienst anzusetzen, auch wenn das Arbeitsverhältnis zum Zeitpunkt der Kündigung erst seit 8 Monaten bestanden hat.

Nach dem zwischen den Parteien bestehenden schriftlichen Arbeitsvertrag hat der Kläger Anspruch auf ein Jahresbruttoeinkommen in Höhe von 42.000,00 €, so dass der für den Streitwert maßgebende Vierteljahresverdienst 10.500,00 € beträgt.

Rechtsanwalt x

Muster: Kündigungsschutzklage – Streitwert durch Sachbezug mitgeprägt

326

In Sachen

X./. Y

Az.: ∎∎∎

beantrage ich gemäß § 32 Abs. 2 Satz 1 RVG i.V.m. § 63 Abs. 2 Satz 2 GKG. Nach § 42 Abs. 4 Satz 1 GKG ist maßgeblich der Vierteljahresverdienst.

Das Jahresbruttoeinkommen des Klägers beträgt ∎∎∎ €. Weiter ist zu berücksichtigen, dass nach dem zwischen den Parteien bestehenden schriftlichen Arbeitsvertrag der Kläger auch

---

485 So zwar BAG NZA 1999, 1038, allerdings bei Ablehnung einer Berechnung anhand der Tabelle von Sanden/Danner/Küppersbusch.
486 BAG AP Nr. 34 zu § 249 BGB; die lohnsteuerliche Bewertung ebenfalls nicht zum Ansatz bringt LAG Köln NZA 1994, 1104.

Anspruch hat auf die kostenfreie Nutzung des ihm überlassenen Dienst-Pkws, auch bei privater Nutzung. Dies stellt einen Sachbezug dar, der bei der Bemessung des Streitwertes ebenfalls zu berücksichtigen ist. Der Wert dieses Sachbezugs kann bei einem Pkw abstrakt, d.h. ohne Rücksicht auf die tatsächlich anfallenden Kosten berechnet werden, der steuerliche Sachbezugswert ist insoweit nicht maßgebend. Vielmehr können die Kosten gemäß der ADAC-Kostentabelle zugrunde gelegt werden (BAG AP Nr. 34 zu § 249 BGB; LAG Köln NZA 1994, 1104). Da die Beklagte dem Kläger einen Pkw der Marke Mercedes-Benz, Typ ■■■, auch zur unentgeltlichen privaten Nutzung zur Verfügung stellte, ergibt sich hieraus unter Bezug auf die ADAC-Kostentabelle ein Nutzungswert von ■■■ € täglich, mithin (■■■ € x 365 : 4) ■■■ € im Vierteljahr.[487]

Rechtsanwalt

b) Mehrere Kündigungen

327   *aa) Grundlagen:* Die Bewertung mehrerer zeitnahe ausgesprochener Kündigungen desselben Arbeitsverhältnisses, die Gegenstand eines Rechtsstreits, zu einem Rechtsstreit verbundener Verfahren sind oder in verschiedenen Verfahren erledigt werden, ist **stark umstritten.**[488] Das Meinungsspektrum reicht von der Auffassung, wonach die gegen verschiedene Kündigungen gerichteten Feststellungsanträge grundsätzlich jeweils einzeln mit einem Vierteljahresverdienst zu bewerten und sodann zu addieren sind,[489] bis zu der Auffassung, wonach der Vierteljahresverdienst jedenfalls dann die obere Grenze für die Festsetzung des Werts des Streitgegenstandes bildet, wenn in einem Rechtsstreit mehrere zeitlich aufeinander folgende Kündigungen durch Kündigungsschutzanträge angegriffen werden.[490] Nach dem LAG Hessen ist eine Klage, die nicht nur auf den zeitlich begrenzten Fortbestand des Arbeitsverhältnisses abzielt, regelmäßig mit dem Betrag von drei Bruttomonatsverdiensten zu bewerten, bei mehreren aufeinander folgenden Kündigungen gilt dies auch für die Kündigung mit dem frühesten Beendigungszeitpunkt. Weitere Kündigungen, die innerhalb von 6 Monaten nach Zugang der ersten Kündigung ausgesprochen werden, sind nach dem LAG Hessen regelmäßig mit dem Betrag eines Bruttomonatsverdienstes zu bewerten.[491] Viele Arbeitsgerichte wenden bei mehreren Kündigungen die **Differenztheorie** an. Danach wird für die erste Kündigung der Höchstwert nach § 42 Abs. 4 Satz 1 GKG zum Ansatz gebracht und für die weiteren Kündigungen ein Differenzwert, der sich aus dem Wert des Monatsentgelts berechnet, das der Arbeitnehmer zwischen den beiden Kündigungsterminen bezieht.[492]

---

487   Zur Berechnung vgl. Zirnbauer/Preis, Münchner Prozessformularbuch Arbeitsrecht, 2. Aufl., Q.I 1.1; ggf. ist bei einer Nutzung des Fahrzeugs nicht nur privat, sondern auch dienstlich, der im Wege der abstrakten Berechnung ermittelte Nutzungswert anteilig im Verhältnis von privater zu dienstlicher Nutzung zu quoteln, vgl. in diesem Zusammenhang Nägele, NZA 1997, 1196 ff., 1201.
488   KR-Friedrich, § 4 KSchG Rn. 279 m.w.N.
489   LAG Hamburg NZA 1995, 495 f.
490   BAG AP Nr. 8 zu § 12 ArbGG 1979; LAG München NZA-RR 2000, 661; LAG Nürnberg NZA 1992, 617; LAG Baden-Württemberg JurBüro 1992, 535 f.; LAG Baden-Württemberg JurBüro 1991, 106 f.; zu den Nuancen in der Rechtsprechung der einzelnen Landesarbeitsgerichte KR-Friedrich, § 4 KSchG Rn. 279.
491   LAG Hessen NZA-RR 1999, 156 ff.
492   S. insoweit Hümmerich, NZA-RR 2000, 225 ff., 226; KR-Friedrich, § 4 KSchG Rn. 279.

bb) Muster: Streitwertfestsetzung bei mehreren Kündigungen

In Sachen

X./.Y

Az.: ▬▬▬

beantrage ich gemäß § 32 Abs. 2 Satz 1 RVG i.V.m. § 63 Abs. 2 Satz 2 GKG Streitwertfestsetzung.

Es wird beantragt, den Streitwert auf 18.000,00 € festzusetzen. Nach dem schriftlichen Arbeitsvertrag der Parteien verdient der Kläger jährlich brutto 36.000,00 €, dies entspricht im Vierteljahr einem Betrag in Höhe von 9.000,00 € brutto. Angegriffen wurde mit der Klage sowohl die betriebsbedingte Kündigung vom 10.03.2000 mit Wirkung zum 30.06.2000 als auch die verhaltensbedingte Kündigung vom 15.09.2000 mit Wirkung zum 31.12.2000. Nach § 42 Abs. 4 Satz 1 GKG ist pro Kündigung als Streitwert ein Vierteljahresverdienst anzusetzen. Denn die Einzelstreitwerte für die im Rechtsstreit angegriffenen Kündigungen sind jeweils gesondert zu ermitteln und dann zu einem Gesamtstreitwert zu addieren, ein anderes Ergebnis ließe sich auch mit der punktuellen Streitgegenstandstheorie nicht vereinbaren (vgl. LAG Hamburg NZA 1995, 495 f; auch die Vertreter der sogenannten Differenztheorie kämen im vorliegenden Fall zu keinem anderen Ergebnis (vgl. KR-Friedrich, § 4 KSchG Rn. 279)).

Rechtsanwalt

c) Kündigungsschutzklage und Schleppnetzantrag

aa) Grundlagen: Ebenfalls **strittig** ist die Streitwertberechnung, wenn der Kündigungsschutzantrag verbunden ist mit dem Antrag auf Feststellung des unveränderten Fortbestehens des Arbeitsverhältnisses (Schleppnetzantrag). **Nach einer Meinung** führt der Schleppnetzantrag zu keiner Erhöhung des Streitwertes, da seine Bedeutung lediglich darin liege, dass bei weiteren Kündigungen die Frist des § 4 KSchG zur Klageerhebung nicht nochmals eingehalten werden müsse.[493] **Nach anderer Auffassung** wirkt sich der Schleppnetzantrag jedenfalls dann nicht streitwerterhöhend aus, wenn andere Beendigungssachverhalte nicht vorgetragen werden, also weder eine Folgekündigung noch ein sonstiger weiterer Auflösungstatbestand in das Verfahren einbezogen wird.[494]

bb) Muster: Streitwertfestsetzung bei Kündigungsschutzklage mit Schleppnetzantrag

In Sachen

X./.Y

Az.: ▬▬▬

---

[493] GMP/Germelmann, § 12 Rn. 103 a; LAG Hamm NZA-RR 2003, 321.
[494] KR-Friedrich, § 4 KSchG Rn. 279; LAG Hessen NZA-RR 1999, 156 ff.; LAG Köln NZA 1999, 224; vgl. in diesem Zusammenhang auch LAG München NZA-RR 2002, 657.

beantrage ich gemäß § 32 Abs. 2 Satz 1 RVG i.V.m. § 63 Abs. 2 Satz 2 GKG Streitwertfestsetzung.

Der Streitwert für Klagantrag Ziff. 1 ist gemäß § 42 Abs. 4 Satz 1 GKG mit einem Vierteljahresentgelt, also mit ■■■ €, zu bewerten.

Auch Klagantrag Ziff. 2 ist mit ■■■ € zusätzlich anzusetzen, da sich die Beklagte im Zuge des Verfahrens auch auf die angeblich nicht rechtzeitig angegriffene Kündigung im Anwaltsschriftsatz vom ■■■ berufen hat (KR-Friedrich § 4 KSchG Rn. 279; LAG Hessen NZA-RR 1999, 156 ff.; LAG Köln NZA 1999, 224).

Rechtsanwalt

d) Kündigungsschutzklage kombiniert mit Weiterbeschäftigungsantrag

331 *aa) Grundlagen:* Zu differenzieren ist zunächst, ob der Weiterbeschäftigungsanspruch als eigenständiger, zusätzlicher Klageanspruch geltend gemacht wird oder lediglich im Wege eines unechten Hilfsantrags, also hilfsweise für den Fall des Obsiegens mit dem Kündigungsschutzantrag.

332 Wird der **Weiterbeschäftigungsanspruch** im Wege eines **eigenständigen Klageantrags** verfolgt, so tritt eine Streitwerterhöhung ein. Strittig ist lediglich, ob die Streitwerterhöhung ein oder zwei Bruttomonatsgehälter beträgt.[495]

333 Wird der Weiterbeschäftigungsanspruch hilfsweise für den Fall des Obsiegens mit dem Kündigungsschutzantrag gestellt (**unechter Hilfsantrag**), ist streitig, unter welchen Voraussetzungen und in welchem Umfang durch den Hilfsantrag eine Streitwerterhöhung eintritt. Ein Teil der Landesarbeitsgerichte geht davon aus, dass der als unechter Hilfsantrag gestellte Weiterbeschäftigungsanspruch auch dann streitwerterhöhend wirkt, wenn über ihn überhaupt nicht entschieden wird, beispielsweise wenn die Klage zurückgenommen oder ein Vergleich geschlossen wird; strittig ist insoweit nur, ob der Hilfsantrag mit einem Bruttomonatsgehalt[496] oder mit zwei Bruttomonatsgehältern[497] anzusetzen ist. Nach der anderen Auffassung führt der im Wege eines uneigentlichen Hilfsantrags verfolgte Weiterbeschäftigungsantrag lediglich dann zu einer Erhöhung des Streitwerts, wenn über ihn eine Entscheidung ergeht.[498]

334 *bb) Muster: Streitwertfestsetzung bei Weiterbeschäftigungsantrag als Hauptantrag*

In Sachen

X . / . Y

Az.: ■■■

---

495 Ein Bruttomonatsgehalt: LAG Hessen NZA-RR 1999, 434; LAG Nürnberg NZA 1989, 862; zwei Bruttomonatsgehälter: LAG Hamm NZA 1989, 231; zum Ganzen s. auch Hümmerich, NZA-RR 2000, 225 ff., 226 m.w.N.
496 LAG München NZA 1992, 140; LAG Rheinland-Pfalz NZA 1992, 664 ff.
497 LAG Köln NZA 1996, 840; LAG Köln MDR 1995, 1150; LAG Hamm NZA 1989, 231.
498 LAG Hessen NZA-RR 1999, 434; LAG Düsseldorf NZA-RR 2000, 613; LAG Schleswig-Holstein AnwBl 2003, 308.

beantrage ich gemäß § 32 Abs. 2 Satz 1 RVG i.V.m. § 63 Abs. 2 Satz 2 GKG Streitwertfestsetzung.

Es wird beantragt, den Streitwert auf ▄▄▄ € festzusetzen. Für Klagantrag Ziff. 1 ist gemäß § 42 Abs. 4 Satz 1 GKG ein Vierteljahresverdienst festzusetzen. Für Klagantrag Ziff. 2 kommen zwei Bruttomonatsgehälter hinzu (vgl. LAG Hamm NZA 1989, 231; Hümmerich NZA-RR 2000, 225 ff., 226 m.w.N.).

Rechtsanwalt

cc) Muster: Streitwertfestsetzung bei Weiterbeschäftigungsantrag als unechter Hilfsantrag

In Sachen

X ./. Y

Az.: ▄▄▄

beantrage ich gemäß § 32 Abs. 2 Satz 1 RVG i.V.m. § 63 Abs. 2 Satz 2 GKG Streitwertfestsetzung wie folgt:

Gemäß § 42 Abs. 4 Satz 1 GKG ist für den Kündigungsschutzantrag ein Vierteljahresverdienst, mithin also ▄▄▄ €, anzusetzen. Der hilfsweise für den Fall des Obsiegens gestellte Hilfsantrag ist eine bedingte Klageerweiterung. Dieser Antrag ist – als bedingter – bereits gestellt und somit bei der Festsetzung des Streitwertes zu berücksichtigen. Darauf, ob über den Hilfsantrag entschieden wird, kommt es nicht an (LAG Köln NZA 1996, 840; LAG Köln MDR 1995, 150; LAG München NZA 1992, 140; LAG Rheinland-Pfalz NZA 1992, 664). Für den Hilfsantrag ist eine Streitwerterhöhung um zwei Bruttomonatsgehälter vorzunehmen (LAG Köln a.a.O.; LAG Hamm NZA 1989, 231).

Rechtsanwalt

e) Kündigungsschutzklage und Vergütungsansprüche

Werden in **kumulativer Klagehäufung** neben der Kündigungsschutzklage in demselben Verfahren auch Vergütungsansprüche geltend gemacht, so ist für die Streitwertberechnung danach zu differenzieren, ob es sich um Vergütungsansprüche handelt, die vom Ausgang des Kündigungsschutzverfahrens unabhängig sind oder nicht.

aa) Vergütungsforderung ist unabhängig vom Ausgang des Kündigungsschutzverfahrens: Insoweit ist **streitig**, ob der Streitwert der Kündigungsschutzklage und der Streitwert des Leistungsantrags zu addieren sind. Nach der einen Auffassung sind die Streitwerte stets zu addieren,[499] nach anderer Ansicht muss aus § 42 Abs. 5 Satz 1 Hs 1 GKG der Schluss gezogen werden, dass der Gesetzgeber damit ausdrücklich geregelt hat, dass auch vor Ausspruch der Kündigung fällige Geldbeträge den Streitwert nicht mehr erhöhen, wenn sie in dem gleichen Verfahren geltend gemacht werden, so dass

---

499 ErfKoArbR-Koch, § 12 ArbGG Rn. 17.

der Grundsatz der Hinzurechnung der bei Klageeinreichung fälligen Beträge im arbeitsgerichtlichen Verfahren nicht gilt.[500]

338 *bb) Vergütungsforderung ist vom Ausgang des Kündigungsschutzverfahrens abhängig:* Werden mit der Kündigungsschutzklage auch Vergütungsforderungen geltend gemacht, die nach dem Zeitpunkt, zu dem die Kündigung erklärt worden ist, fällig geworden sind, ist ebenfalls **umstritten**, ob eine Streitwertaddition vorzunehmen ist. Nach der Auffassung des BAG sind der Feststellungsanspruch auf Unwirksamkeit der Kündigung und der Leistungsanspruch zwar Ansprüche, die prozessual selbständig sind, die jedoch wirtschaftlich identisch sind, da der Feststellungsanspruch die Rechtsgrundlage für die Gehaltsforderung bilde, so dass jeweils lediglich der höhere Wert festzusetzen sei.[501] Die Mehrzahl der LAGs ist dieser Rechtsprechung jedoch nicht gefolgt und führt eine Streitwertaddition durch.[502] Teilweise wird auch eine vermittelnde Meinung vertreten und lediglich die bei Urteilserlass oder sonstiger Erledigung des Rechtsstreits fälligen Vergütungsansprüche hinzugerechnet und die Folgeansprüche lediglich mit einem Monatsentgelt bewertet.[503] Teilweise wird auch mit § 42 Abs. 5 Satz 1 Hs 2 GKG argumentiert, der zwar nicht unmittelbar anwendbar ist, aber das Argument liefert, dass wenn schon bereits fällige Forderungen nicht hinzugerechnet werden können, dies auch für Ansprüche gelten müsse, die noch nicht fällig sind.[504] Nach der strengen Auffassung folgt aus dem Rechtsgedanken des § 42 Abs. 5 GKG, dass aus sozialen Schutzzwecken auch dann, wenn der Wert der Vergütungsansprüche über dem Vierteljahresverdienst nach § 42 Abs. 4 Satz 1 GKG liegt, nicht über den Streitwert eines Vierteljahresverdienstes hinausgegangen werden kann.[505]

339 *cc) Muster: Streitwertfestsetzung bei Kündigungsschutzantrag in Kombination mit Zahlungsantrag*

In Sachen

X . / . Y

Az.: ■■■

beantrage ich gemäß § 32 Abs. 2 Satz 1 RVG i.V.m. § 63 Abs. 2 Satz 2 GKG Streitwertfestsetzung wie folgt:

Es wird beantragt, den Streitwert für den Klagantrag Ziff. 1 auf ■■■ € festzusetzen. Maßgeblich ist insoweit nach § 42 Abs. 4 Satz 1 GKG der Vierteljahresverdienst. Ausweislich des Arbeitsvertrages hat der Kläger ein Bruttojahresgehalt in Höhe von ■■■ €, so dass als Vierteljahresverdienst ein Betrag in Höhe von ■■■ € anzusetzen ist. Weiter wird beantragt, für Klagantrag Ziff. 2 ■■■ € festzusetzen. Es handelt sich dabei um die Vergütungsansprüche des Klägers in der Zeit vom ■■■ bis ■■■ Bei den Klaganträgen Ziff. 1 und 2 handelt es sich um

---

500 GMP/Germelmann, § 12 Rn. 104.
501 BAG AP Nr. 17 zu § 12 ArbGG 1953.
502 LAG Hamburg JurBüro 2002, 479f.; KR-Friedrich, § 4 KSchG Rn. 280 m.w.N.
503 LAG Hamm NZA-RR 2002, 380; ErfKoArbR-Koch, § 12 Rn. 17.
504 GMP/Germelmann, § 12 Rn. 106.
505 GMP/Germelmann, § 12 Rn. 107.

verschiedene Streitgegenstände. Die Feststellung, dass das Arbeitsverhältnis durch eine bestimmte Kündigung nicht beendet worden ist, umfasst nicht auch die Feststellung, dass für den Zeitraum nach dem beabsichtigten Wirksamwerden der Kündigung auch Entgelt zu bezahlen ist. Die Feststellung der Unwirksamkeit der Kündigung ist noch nicht zugleich die Feststellung des Vergütungsanspruchs. Klagantrag Ziff. 2 hat ferner wegen seines vollstreckbaren Inhalts auch einen anderen Streitgegenstand als Klagantrag Ziff. 1. Es liegt auch keine wirtschaftliche Identität der Klaganträge Ziff. 1 und 2 vor, da ein Erfolg mit dem Klagantrag Ziff. 1 nicht zugleich ein Obsiegen mit dem Klagantrag Ziff. 2 nach sich zieht, sondern Klagantrag Ziff. 2 weitere eigenständige Voraussetzungen hat. Daher sind die Streitwerte von Klagantrag Ziff. 1 und Klagantrag Ziff. 2 zu addieren (vgl. LAG Hamburg JurBüro 2002, 479 f.).

Rechtsanwalt

2. Anwaltsgebühren

Bei einer Kündigungsschutzklage fällt zunächst regelmäßig die **Verfahrensgebühr** an. Vorbemerkung 3 Abs. 2 VV bestimmt, dass die Verfahrensgebühr für das Betreiben des Geschäfts einschließlich der Information entsteht, und bestimmt so den Abgeltungsbereich der Verfahrensgebühr. Der Anspruch auf die Verfahrensgebühr entsteht, sobald der Rechtsanwalt von dem Mandanten bestellt wird und eine unter den Gebührentatbestand der Verfahrensgebühr fallende Tätigkeit ausgeübt hat. Im Regelfall entsteht die Verfahrensgebühr nach der Entgegennahme der ersten Information nach Erteilung des Auftrags durch den Mandanten, es kommt dabei nicht darauf an, wann sich der Anwalt bei Gericht bestellt hat.[506] Die Verfahrensgebühr gilt **alle Tätigkeiten** des Anwalts ab, die vom Beginn des ihm erteilten Auftrags bis zum Abschluss der Instanz im jeweiligen Rechtszug anfallen, falls nicht für sie eine besondere Gebühr vorgesehen ist oder es sich um ein als besondere Angelegenheit in § 18 RVG bezeichnetes Verfahren handelt. Die Verfahrensgebühr gilt ferner auch alle Tätigkeiten ab, die in § 19 RVG dem jeweiligen Rechtszug zugeordnet werden.[507] Abs. 2 der Vorbemerkung 3 VV erwähnt als Entstehungstatbestand für die Verfahrensgebühr ausdrücklich die „Information" und stellt damit klar, dass die Verfahrensgebühr bereits verdient ist, sobald der Anwalt beauftragt wird, in einem unter Teil 3 des Vergütungsverzeichnisses fallenden Verfahren für seine Partei tätig zu werden und diesbezüglich erste Informationen erhalten hat.

340

In einem arbeitsgerichtlichen Kündigungsschutzverfahren verdient der Anwalt im Regelfall zunächst die Verfahrensgebühr Nr. 3100 VV. Die Verfahrensgebühr Nr. 3100 VV entsteht mit einem **Gebührensatz von 1,3** und deckt die gesamte Tätigkeit des Rechtsanwalts ab – ausgenommen die Wahrnehmung von Terminen und Besprechungen sowie der Abschluss einer Einigung – und zwar von Beginn des ihm erteilten Auftrags bis zum Abschluss der Instanz, unerheblich ist, in welchem Verfahrensstadium der Rechtsanwalt zum Prozessbevollmächtigten bestellt wird. Gleichgültig ist für das Entstehen der Verfahrensgebühr auch, ob der Rechtsstreit schon anhängig ist oder ob dieser erst anhängig gemacht werden soll.[508]

341

---

506 AnwK-BRAGO/Gebauer, § 31 Rn. 7.
507 Gerold/Schmidt-v. Eicken, 15. Aufl., § 31 Rn. 22.
508 Mayer/Kroiß-Mayer, Nr. 3100 VV Rn. 2; Schneider/Mock, Das neue Gebührenrecht für Anwälte, § 14 Rn. 26.

§ 2 Gerichtliche Verfahren 1. Instanz

342 Endet der Auftrag des Anwalts, bevor der Anwalt die Kündigungsschutzklage bei Gericht eingereicht hat, entsteht nach **VV Nr. 3101 Nr. 1** lediglich eine Verfahrensgebühr mit einem Satz von 0,8. Strittig ist, ob bereits die Absendung der Klageschrift an das Gericht genügt oder ob der Schriftsatz bei Gericht zum Zeitpunkt der Beendigung des Auftrags eingegangen sein muss. Nach überwiegender Meinung ist es notwendig, dass der Schriftsatz bei Gericht eingegangen ist, seine Zustellung ist ebenso wenig notwendig wie es auch nicht erforderlich ist, dass das Gericht etwas veranlasst hat, z.B. Akten angelegt bzw. einen Termin anberaumt hat.[509] Diese Meinung verkennt jedoch, dass entscheidendes Kriterium für die Beschränkung der Verfahrensgebühr auf den Gebührensatz von 0,8 ist, dass in den unter Nr. 1 der Nr. 3101 VV genannten Konstellationen der Aufwand des Anwalts gegenüber dem Normalfall signifikant geringer ist. Deshalb muss man von Einreichung bereits dann ausgehen, wenn der tatsächliche Zugang bei Gericht ausschließlich von der Tätigkeit Dritter abhängig ist. Eingereicht im Sinne von Nr. 1 der Nr. 3101 VV ist die Kündigungsschutzklage im Übrigen auch dann, wenn sie beim unzuständigen Gericht eingereicht worden ist, da der Prozessbevollmächtigte damit in der Sache selbst nach außen hervorgetreten ist.[510] Die beschränkte Verfahrensgebühr VV Nr. 3101 entsteht außer bei vorzeitiger Beendigung des Auftrags nach Nr. 1 ferner, soweit lediglich beantragt wird, eine Einigung zwischen den Parteien über die in diesem Verfahren nicht rechtshängige Ansprüche vor Gericht zu protokollieren oder nach § 278 Abs. 6 ZPO festzustellen (VV Nr. 3101 Nr. 2, 1. Alternative). Die beschränkte Verfahrensgebühr entsteht auch, sofern Verhandlungen vor Gericht zur Einigung über in Nr. 3101 Nr. 2, 1. Alternative VV genannte Ansprüche geführt werden (Nr. 3101 Nr. 2 2. Alternative VV). Die Entstehungsvariante VV Nr. 3101 Nr. 3 gilt nur für FGG-Verfahren und ist somit für das arbeitsgerichtliche Verfahren bedeutungslos.

343 Der Gebührentatbestand Nr. 3101 Nr. 2, 1. Alternative VV, wonach eine reduzierte Verfahrensgebühr in Höhe von 0,8 für den Antrag entsteht, eine Einigung der Parteien oder mit Dritten über in diesem Verfahren nicht rechtshängige Ansprüche zu Protokoll zu nehmen oder nach § 278 Abs. 6 ZPO festzustellen, entspricht im Wesentlichen dem ehemaligen § 32 Abs. 2 BRAGO und regelt die sogenannte **Differenzverfahrensgebühr**. Der Gebührentatbestand ist bereits erfüllt, wenn ein Antrag auf Protokollierung einer Einigung der Parteien oder mit Dritten über in diesem Verfahren nicht rechtshängigen Ansprüche oder nach § 278 Abs. 6 ZPO festzustellen gestellt wird. Voraussetzung ist nicht, dass die Einigung auch Bestand behält. Die Gebühr bleibt auch dann erhalten, wenn die getroffene Einigung wieder entfällt, so z.B. bei Widerrufsvergleichen. Eine der Anmerkung Abs. 3 der Nr. 1000 VV entsprechende Regelung fehlt bei der Differenzverfahrensgebühr.[511] Wie § 32 Abs. 2 BRAGO verlangt der Gebührentatbestand Nr. 3101 VV Nr. 2 1. Alternative lediglich die **Protokollierung einer Einigung**. Ein Vergleich, der ein gegenseitiges Nachgeben voraussetzen würde, ist nicht erforderlich. Darüber hinaus ist ohnehin im RVG die aus der Zeit der BRAGO bekannte Vergleichs-

---

[509] Mayer/Kroiß-Mayer, Nr. 3101 VV Rn. 10 m.w.N.
[510] Mayer/Kroiß-Mayer, Nr. 3101 VV Rn. 12.
[511] Schneider/Mock, Das neue Gebührenrecht für Anwälte, § 14 Rn. 36; Mock, AGS 2004, 45 ff.; AnwK-RVG/Gebauer, Nr. 3101 VV Rn. 97.

gebühr zu einer **Einigungsgebühr** (vgl. Nr. 1000 VV) umgestaltet worden. Die Annahme einer Einigung setzt jedoch zumindest voraus, dass eine über die bloß deklaratorische Feststellung bestehender Verhältnisse hinaus verwertbare Regelung getroffen worden ist, sofern lediglich die tatsächlichen Verhältnisse festgestellt wurden, ist dies keine Einigung im Sinne von Nr. 3101 Nr. 2 1. Alternative VV.[512] Der Gebührentatbestand Nr. 2 1. Alternative der Nr. 3101 VV umfasst den Fall der Protokollierung einer Einigung der Parteien über die in diesem Verfahren nicht rechtshängigen Ansprüche, erweitert aber den Anwendungsbereich, da auch Vergleiche mit Dritten (z.B. Streithelfer) mit einbezogen werden. Der Gesetzgeber wollte damit dem Umstand Rechnung tragen, dass einem solchen Vergleich regelmäßig erhebliche Bemühungen des Anwalts vorausgehen, die eine Anhebung auf eine Gebühr mit einem Gebührensatz von 0,8 rechtfertigen. Darüber hinaus habe eine solche Regelung einen hohen Entlastungseffekt, weil die Prozessbevollmächtigten durch die Einbeziehung von Gegenständen, die bislang nicht bei dem Gericht an- bzw. rechtshängig gemacht worden sind, helfen, ein langwieriges weiteres gerichtliches Verfahren zu vermeiden.[513] Im arbeitsgerichtlichen Kündigungsschutzverfahren dürfte jedoch diese Erweiterung des Gebührentatbestands im Regelfall keine Rolle spielen, da das individualrechtliche arbeitsgerichtliche Verfahren im Regelfall vom Arbeitnehmer auf der einen und dem Arbeitgeber auf der anderen Seite ausschließlich geführt wird.

Nach § 278 Abs. 6 ZPO kann ein gerichtlicher Vergleich auch dadurch geschlossen werden, dass die Parteien einen **schriftlichen Vergleichsvorschlag des Gerichts** durch Schriftsatz gegenüber dem Gericht annehmen. Nach § 278 Abs. 6 Satz 2 ZPO stellt dann das Gericht das Zustandekommen und den Inhalt eines nach § 278 Abs. 6 Satz 1 ZPO geschlossenen Vergleichs durch Beschluss fest. Da auch derartige Vergleiche eine justizentlastende Wirkung haben, gleichzeitig aber auch wiederum umfangreiche anwaltliche Tätigkeiten voraussetzen, erhält der Anwalt auch bei einem Vergleich, der im Rahmen eines Verfahrens nach § 278 Abs. 6 ZPO abgeschlossen wird, die Differenzverfahrensgebühr nach Nr. 3101 Nr. 2, 1. Alternative VV in Höhe von 0,8.[514] Die Differenzverfahrensgebühr fällt jedoch nur an, wenn sich die Einigung auf gerichtlich nicht anhängige Gegenstände oder in einem anderen Verfahren anhängige Gegenstände bezieht. Die im selben Verfahren anhängigen Ansprüche werden ohnehin durch die Verfahrensgebühr Nr. 3100 VV abgedeckt.

344

Nach der 2. Alternative der Nr. 2 des Gebührentatbestandes Nr. 3101 VV entsteht die Differenzverfahrensgebühr auch dann, wenn vor Gericht zur Einigung über die in Nr. 2 des Gebührentatbestandes Nr. 3101 VV, 1. Alternative, genannten Ansprüche **Verhandlungen** geführt werden, z.B. wenn im Rahmen einer Kündigungsschutzklage im Gütetermin auch Verhandlungen zur Einigung über den Zeugnisanspruch, Resturlaubsansprüche oder etwaige Überstundenvergütung geführt werden. Der Gebührentatbestand Nr. 3101 Nr. 2, 2. Alternative VV verlangt ein Führen von Verhandlungen. Was unter Verhandlung zu verstehen ist, ist im RVG nicht geregelt. Da auch die Ter-

345

---

512 AnwK-RVG/Gebauer, Nr. 3101 VV Rn. 89; Mayer/Kroiß-Mayer, Nr. 3101 VV Rn. 25.
513 BT-Drucks. 15/1971, 211.
514 Mayer/Kroiß-Mayer, Nr. 3101 VV Rn. 27.

minsgebühr unabhängig von einer Antragstellung anfällt, kann ein Verhandeln im Sinne des Gebührentatbestandes Nr. 3101 Nr. 2, 2. Alternative VV nicht gleichgesetzt werden mit dem Stellen von Anträgen, abgesehen davon, dass ohnehin über in einem Verfahren nicht rechtshängige Ansprüche im Regelfall keine Anträge gestellt werden können. Unter „Verhandlung" im Sinne von Nr. 3101 Nr. 2, 2. Alternative VV ist daher entsprechend den Entstehungsvoraussetzungen der Terminsgebühr eine Besprechung über in diesem Verfahren nicht rechtshängige Ansprüche mit dem Ziel der Einigung zu verstehen. Eine Verhandlung zur Einigung liegt aber dann nicht vor, wenn beispielsweise in einem Gütetermin Einigungsgespräche über in diesem Verfahren nicht rechtshängige Ansprüche geführt werden und eine Partei einen bestimmten Sachverhalt mitregeln möchte, die andere Partei jedoch nicht bereit ist, in diesem Punkt „zu verhandeln".[515] Gegenstand der Verhandlungen vor Gericht zur Einigung müssen **nicht in diesem Verfahren rechtshängige Ansprüche** sein. Es kann sich somit um Ansprüche handeln, die bislang noch in keinem Verfahren rechtshängig sind, oder um Ansprüche, die in einem anderen Verfahren bereits rechtshängig sind,[516] beispielsweise die in einem anderen Verfahren geltend gemachten Vergütungsansprüche des Arbeitnehmers oder der Streit um die Entfernung einer Abmahnung aus der Personalakte. Nach dem ausdrücklichen Wortlaut des Gebührentatbestandes müssen die Verhandlungen vor Gericht geführt werden. Verhandlungen außerhalb des Gerichts fallen nicht unter den Wortlaut des Gebührentatbestandes Nr. 3101 Nr. 2, 2. Alternative VV. Teilweise wird eine **Lücke** darin gesehen, dass der Fall **außergerichtlicher Verhandlungen** nicht geregelt ist. Solche außergerichtlichen Verhandlungen gehörten zum Rechtszug und lösten sogar eine volle Terminsgebühr aus. Nach dieser Meinung ist kein Grund dafür ersichtlich, weshalb der Anwalt in den Fällen der außergerichtlichen Verhandlungen keine Verfahrensgebühr erhalten soll, zumal dies dem Grundsatz widerspreche, dass keine Gebühr nach einem höheren Wert anfallen könne als die jeweilige Verfahrensgebühr. Nach dieser Meinung ist im Falle außergerichtlicher Verhandlungen der Gebührentatbestand Nr. 3101 Nr. 2 VV analog anzuwenden, da es sonst für den Anwalt günstiger wäre, es zu einem gerichtlichen Termin kommen zu lassen, gerade dies aber habe nach dem erklärten Willen des Gesetzgebers durch die neuen Regelungen vermieden werden sollen.[517] Die **Voraussetzungen für eine analoge Anwendung** des Gebührentatbestandes Nr. 3101 Nr. 2, 2. Alternative VV sind entgegen dieser Auffassung jedoch **nicht gegeben**, da keine planwidrige Lücke im Gesetz vorhanden ist. Handelt es sich bei den Ansprüchen, die Gegenstand der außergerichtlichen Verhandlungen zur Einigung sind, um anderweitig bereits rechtshängige Ansprüche, so ist in dem jeweiligen Verfahren die Verfahrensgebühr bereits angefallen. Handelt es sich dagegen um Ansprüche, die bislang noch nicht rechtshängig waren, so entsteht in jedem Fall die Geschäftsgebühr nach Nr. 2400 VV. Der insoweit zur Verfügung stehende Gebührenrahmen erlaubt es ohne Weiteres, im Rahmen der Bemessung der konkreten Gebühr unter Berücksichtigung der Bemessungskriterien des § 14 RVG auch den durch die außergerichtlichen Verhandlungen entstandenen zusätzlichen Aufwand bei der Festle-

---

515 Mayer/Kroiß-Mayer, Nr. 3101 VV Rn. 30.
516 Mayer/Kroiß-Mayer, Nr. 3101 VV Rn. 32.
517 Schneider/Mock, Das neue Gebührenrecht für Anwälte, § 14 Rn. 42.

gung der konkreten Gebühr zu berücksichtigen. Darüber hinaus ist kein Grund dafür ersichtlich, weshalb außergerichtliche Verhandlungen über nicht rechtshängige Ansprüche zum Entstehen einer Differenzverfahrensgebühr führen sollen, nur weil zufällig zwischen den Parteien noch ein anderer Anspruch rechtshängig ist.[518]

Zu beachten ist ferner, dass die **Begrenzungsvorschrift des § 15 Abs. 3 RVG** in allen Fällen der beschränkten Verfahrensgebühr nach Nr. 3100 VV zum Tragen kommt. Insgesamt darf die Summe aus der 1,3 Verfahrensgebühr nach Nr. 3100 VV und der in den Varianten des Gebührentatbestandes Nr. 3101 VV entstandenen, auf 0,8 ermäßigten Verfahrensgebühr nicht mehr als eine 1,3 Gebühr aus dem Gesamtwert, also aus dem Streitwert, in dem die 1,3 Verfahrensgebühr entstanden ist, und dem Streitwert, in dem lediglich die auf 0,8 ermäßigte Verfahrensgebühr entstanden ist, ergeben.

Beispiel:
Werden im Verfahren einer Kündigungsschutzklage mit einem Streitwert von 8.000,00 € im Gütetermin auch Verhandlungen über die noch nicht rechtshängige Forderung des Arbeitnehmers auf Überstundenvergütung in Höhe von 2.000,00 € zur Einigung Verhandlungen geführt, so sind folgende Verfahrensgebühren angefallen:
- Verfahrensgebühr Nr. 3100 VV 1,3 (Wert: 8.000,00 €)   535,60 €
- Verfahrensgebühr Nr. 3101 Nr. 2, 2. Alternative VV 0,8
  (Wert: 2.000,00 €)   106,40 €
  Dies ergibt insgesamt   642,00 €

Nach § 15 Abs. 3 RVG ist jedoch die Begrenzung auf eine Verfahrensgebühr mit einem Gebührensatz von 1,3 aus dem Gegenstandswert von 10.000,00 € zu beachten, eine Gebühr mit einem Gebührensatz von 1,3 aus einem Wert von 10.000,00 € beträgt 631,80 €. Der Gesamtbetrag der Verfahrensgebühren nach Nr. 3100 VV und Nr. 3101 VV darf somit im Beispielsfall 631,80 € nicht übersteigen.

aa) Anrechnung bei anderweitiger Rechtshängigkeit: Unter der Geltung der BRAGO war streitig, ob eine Differenzprozessgebühr nach § 32 Abs. 2 BRAGO auch dann entsteht, wenn Ansprüche mitverglichen wurden, die bereits Gegenstand eines anderen Prozesses sind, für die derselbe Prozessbevollmächtigte bereits die volle Gebühr verdient hatte. Eine ähnliche Problematik stellte sich immer dann, wenn in der Berufungsinstanz Ansprüche mitverglichen wurden, die in einem anderen Rechtsstreit noch in 1. Instanz anhängig waren.[519]

Im Arbeitsrecht treten solche Fallgestaltungen häufig auf, beispielsweise wenn im Rahmen eines Kündigungsrechtsstreits ein ebenfalls zwischen den Parteien anhängiger weiterer Zahlungsrechtsstreit mitverglichen wird. Ein Teil der Rechtsprechung hat in diesem Zusammenhang die Auffassung vertreten, dass, wenn in einem Prozessvergleich Ansprüche aus einem anderen Rechtsstreit mitverglichen werden und der Rechtsanwalt die Partei in beiden Rechtsstreiten vertritt, der Rechtsanwalt neben der vollen

---

518 Mayer/Kroiß-Mayer, Nr. 3101 VV Rn. 34; im Ergebnis so auch Hansens/Braun/Schneider, Praxis des Vergütungsrechts, Teil 7 Rn. 260.
519 Vgl. zum Streitstand nach der BRAGO AnwK-BRAGO/Gebauer, § 32 Rn. 65 ff.

Prozessgebühr in dem mitverglichenen Rechtsstreit und der Vergleichsgebühr nicht eine weitere halbe Differenzprozessgebühr erhalte. Begründet wurde dies damit, dass unter Berücksichtigung des Normzwecks für die zusätzliche Entstehung der halben Differenzprozessgebühr nach § 32 Abs. 2 BRAGO dann kein Raum mehr bestehe, wenn derselbe Prozessbevollmächtigte in dem anderweitig rechtshängigen und nunmehr mitverglichenen Rechtsstreit bereits die volle Prozessgebühr verdient habe.[520]

351 Der Gesetzgeber hat versucht, diese Streitfrage mit der Anmerkung 1 zum Gebührentatbestand Nr. 3101 VV zu regeln.[521] Nach der Anmerkung 1 zum Gebührentatbestand Nr. 3101 VV ist, soweit in den Fällen der Nr. 3101 Nr. 2, also der Differenzverfahrensgebühr, der sich nach § 15 Abs. 3 RVG ergebende Gesamtbetrag der Verfahrensgebühren die Gebühr Nr. 3100 VV übersteigt, der übersteigende Betrag auf eine Verfahrensgebühr anzurechnen, die wegen desselben Gegenstandes in einer anderen Angelegenheit entsteht. Die auf Vorschlag des Rechtsausschusses neu formulierte Anrechnungsbestimmung stellt sicher, dass bei **Abschluss eines Mehrvergleichs** dem Rechtsanwalt die **Verfahrensgebühr** in der **anderen Angelegenheit** in **voller Höhe erhalten bleibt**.[522] Im Gesetzesentwurf lautete die entsprechende Anrechnungsbestimmung noch wie folgt:

352 „In den Fällen der Nr. 2 wird eine Gebühr nach dem Wert der nicht rechtshängigen Ansprüche auf eine Verfahrensgebühr, die wegen desselben Gegenstands in einem anderen Verfahren entsteht, angerechnet."

353 Der Unterschied liegt in folgendem: Wird im Rahmen einer Kündigungsschutzklage mit einem Streitwert über 8.000,00 € vor Gericht im Termin noch mit dem Ziel der Einigung Verhandlungen über eine anderweitig rechtshängige Zahlungsforderung in Höhe von 2.000,00 € geführt, so sind folgende Verfahrensgebühren entstanden:

354 Im Kündigungsrechtsstreit:
- Verfahrensgebühr Nr. 3100 VV, 1,3 (Wert: 8.000,00 €)   535,60 €
- Verfahrensgebühr Nr. 31001 Nr. 2, 2. Alternative VV 0,8 (Wert: 2.000,00 €)   106,40 €
- Dies ergibt insgesamt   642,00 €

355 Nach § 15 Abs. 3 RVG ist jedoch die Begrenzung auf eine Verfahrensgebühr mit einem Gebührensatz von 1,3 aus einem Gegenstandswert von 10.000,00 € zu beachten. Eine Gebühr mit einem Gebührensatz von 1,3 aus einem Wert von 10.000,00 € beläuft sich auf 631,80 €.

356 In dem anderweitig anhängigen Verfahren mit der Zahlungsforderung über 2.000,00 € ist folgende Verfahrensgebühr entstanden:
- Verfahrensgebühr Nr. 3100 VV, 1,3 (Wert: 2.000,00 €)   192,90 €

---

520 LAG Düsseldorf RVG-Letter 2004, 18 = NZA-RR 2004, 207 m.w.N.
521 Mayer/Kroiß-Mayer, Nr. 3101 VV Rn. 39.
522 BT-Drucks. 15/2487, 185.

357 Bei der Anrechnung der Differenzverfahrensgebühr könnte zunächst auf die Rechengröße der konkret berechneten Gebühr Nr. 3101 Nr. 2 VV, also auf den Wert von 106,40 €, zurückgegriffen werden. Allerdings können aufgrund der Begrenzung der Gebühren auf die aus dem Gesamtbetrag der Wertteile nach dem höchsten Gebührensatz berechnete Gebühr in dem Verfahren, in dem über die anderweitig rechtshängige Zahlungsforderung mit dem Ziel der Einigung mitverhandelt wurde, lediglich Verfahrensgebühren in Höhe von 631,80 € entstehen. Die Anmerkung stellt sicher, dass nicht die Rechengröße aus einer Gebühr mit einem Gebührensatz von 0,8 aus einem Gegenstandswert von 2.000,00 € in Höhe von 106,40 € auf die Verfahrensgebühr in dem Verfahren über die Forderung mit dem Wert von 2.000,00 € angerechnet wird, sondern lediglich der Mehrbetrag, der sich bei den Verfahrensgebühren in dem Verfahren, in dem die Differenzverfahrensgebühr entstanden ist, über die Verfahrensgebühr Nr. 3100 VV hinaus unter Berücksichtigung der Begrenzung des § 15 Abs. 3 RVG konkret ergibt. Dies bedeutet, dass im Beispielsfall aufgrund der Begrenzung nach § 15 Abs. 3 RVG der Verfahrensgebühren auf 631,80 € lediglich ein Betrag von 90,20 € (631,80 € abzüglich einer Gebühr Nr. 3100 VV, Gebührensatz 1,3, aus einem Gegenstandswert von 8.000,00 €) auf die in dem anderen Verfahren entstandene Verfahrensgebühr anzurechnen ist.

358 Die nach Anmerkung 1 zum Gebührentatbestand Nr. 3101 VV vorzunehmende Anrechnung lässt sich in folgender **Formel** ausdrücken:
- Gesamtbetrag der Verfahrensgebühren (ggf. gekürzt nach § 15 Abs. 3 RVG)
- Verfahrensgebühr aus dem Wert der anhängigen Gegenstände
- = gemäß Anmerkung Abs. 1 zu Nr. 3101 VV anzurechnender Betrag[523]

359 Die Anmerkung 1 zum Gebührentatbestand Nr. 3101 VV sieht die Anrechnung auf eine Verfahrensgebühr vor, die wegen desselben Gegenstands in einer anderen Angelegenheit „**entsteht**". Aus dieser Formulierung folgert eine Meinung, dass eine Anrechnung der Verfahrensgebühr nicht stattfindet, wenn die anderweitige Verfahrensgebühr bereits entstanden ist.[524] Diese Auffassung überzeugt jedoch nicht. Denn nach dieser Auffassung bleibt die Differenzverfahrensgebühr unangerechnet, wenn sie aus Anlass bereits rechtshängiger Ansprüche entstanden ist, sie wird aber angerechnet, wenn sie aus Anlass nicht anderweitig rechtshängiger Ansprüche entsteht. Für eine unterschiedliche Behandlung beider Fälle ist kein sachlicher Grund ersichtlich. Des Weiteren legt auch der Wortlaut der Anrechnungsbestimmung mit dem Wort „entsteht" nicht zwingend eine zeitliche Abfolge fest. Schließlich enthält die Anmerkung zum Gebührentatbestand Nr. 3201 VV eine der Anmerkung Nr. 1 zum Gebührentatbestand Nr. 3101 Nr. 2 VV vergleichbare Anrechnungsbestimmung. Diese Anrechnungsbestimmung zum Gebührentatbestand Nr. 3201 VV wurde vom Rechtsausschuss gegenüber dem ursprünglichen Gesetzesentwurf noch verändert. In der Begründung hierzu wird ausgeführt, dass die Neufassung der Anrechnungsbestimmung der Klarstellung dienen soll, dass die Anrechnung auch dann erfolgen soll, wenn die Verfahrensgebühr in dem anderen Verfahren erst entsteht, nachdem die Gebühr Nr. 3201 VV angefallen ist. Wei-

---
523 Mayer/Kroiß-Mayer, Nr. 3101 VV Rn. 41 ff.; Schneider/Mock, Das neue Gebührenrecht für Anwälte § 14 Rn. 28.
524 Schneider/Mock, Das neue Gebührenrecht für Anwälte § 14 Rn. 28; Mock AGS 2004, 47.

ter wird in der Gesetzesbegründung ausgeführt, dass diese Formulierung der Regelung in Abs. 2 der Anmerkung zu Nr. 3101 VV entspricht.[525] Aus dem Gesetzesmaterial ergibt sich somit der klare Wille des Gesetzgebers, eine zeitliche Differenzierung der Anrechnungsbestimmungen nicht vorzunehmen. Die Differenzverfahrensgebühr ist in dem von Anmerkung 1 zum Gebührentatbestand Nr. 3101 VV gezogenen Rahmen auf die im anderweitigen Verfahren bereits entstandene oder noch entstehende Verfahrensgebühr anzurechnen.[526]

a) Terminsgebühr Nr. 3104 VV

360 In einem individualarbeitsrechtlichen Klageverfahren wie z.B. einer Kündigungsschutzklage entsteht in vielen Fällen ferner eine Terminsgebühr nach Nr. 3104 VV.

361 Die Terminsgebühr Nr. 3104 VV, die **in jedem Rechtszug einmal** in Höhe von **1,2** entstehen kann, ersetzt die bisherige Verhandlungs- und Erörterungsgebühr nach § 31 Abs. 1 Nr. 2 BRAGO bzw. § 31 Abs. 1 Nr. 4 BRAGO. Gegenüber der Gebührenstruktur der BRAGO ist die Terminsgebühr eine völlig neu gestaltete Gebühr. Es kommt nicht mehr darauf an, ob in dem Termin Anträge gestellt werden oder ob die Sache erörtert wird, vielmehr genügt es für das Entstehen der Gebühr, dass der Rechtsanwalt einen Termin wahrnimmt. Die Unterschiede zwischen einer streitigen und nichtstreitigen Verhandlung, ein- oder zweiseitiger Erörterungen sowie zwischen Verhandlung zur Sache oder nur zur Prozess- oder Sachleitung entfallen weitgehend. Mit der Ausgestaltung der Terminsgebühr will der Gesetzgeber der Zielsetzung Rechnung tragen, dass der Anwalt nach seiner Bestellung zum Prozessbevollmächtigten in jeder Phase des Verfahrens zu einer frühen, der Sach- und Rechtslage entsprechenden Beendigung des Verfahrens beitragen soll.[527]

362 Die Entstehungsvoraussetzungen der Terminsgebühr Nr. 3104 VV sind zum einen in der Vorbemerkung 3 Abs. 3 von Teil 3 des Vergütungsverzeichnisses geregelt, zum anderen ergeben sich weitere Entstehungstatbestände der Terminsgebühr aus Abs. 1 Nr. 1-3 der Anmerkung zum Gebührentatbestand VV Nr. 3104.

363 Die Terminsgebühr VV Nr. 3104 entsteht nach der Vorbemerkung 3 Abs. 3 VV zunächst für die Vertretung des Mandanten in einem **gerichtlichen Verhandlungs-, Erörterungs- oder Beweisaufnahmetermin,** im arbeitsrechtlichen Verfahren entsteht sie somit im Regelfall spätestens mit der Wahrnehmung des Gütetermins. Aus dem Umkehrschluss aus Abs. 3 der Anmerkung zum Gebührentatbestand Nr. 3104 VV ergibt sich, dass auch die **Wahrnehmung eines Termins** für die Entstehung der Terminsgebühr ausreicht, um lediglich eine **bereits ausgehandelte Einigung über anhängige Gegenstände zu Protokoll** zu nehmen.[528]

364 Irgendwelche inhaltlichen Anforderungen an die Tätigkeiten des Rechtsanwalts anlässlich der Vertretung seines Auftraggebers in den genannten Terminen werden vom

---

525 BT-Drucks. 15/2487, 185 f.
526 Mayer/Kroiß-Mayer, Nr. 3101 VV Rn. 48; Hansens/Braun/Schneider, Praxis des Vergütungsrechts, Teil 7 Rn. 262.
527 BT-Drucks. 15/1971, 209.
528 Mayer/Kroiß-Mayer, Nr. 3104 VV Rn. 5; Schneider/Mock, Das neue Gebührenrecht für Anwälte, § 14 Rn. 65.

Gebührentatbestand nicht gestellt. Allein schon die Terminswahrnehmung löst den Gebührentatbestand aus, die Terminsgebühr hat insoweit den Charakter einer **Anwesenheitsgebühr**.[529] Allerdings ist eine vertretungsbereite Anwesenheit in einem solchen Termin erforderlich. Der Rechtsanwalt verdient die Terminsgebühr also nur dafür, dass er an dem Termin teilnimmt und willens ist, im Interesse seines Mandanten die Verhandlung, Erörterung oder Beweisaufnahme zu verfolgen, um – falls dies erforderlich wird – einzugreifen. Die bloße Anwesenheit des Anwalts ohne Vertretungsbereitschaft, beispielsweise wenn er erklärt, dass er nicht auftrete oder dass er an der Erörterung nicht teilnehmen werde oder dass er nur seine Mandatsniederlegung mitteilen wolle, löst die Terminsgebühr nicht aus, und zwar auch dann nicht, wenn der Rechtsanwalt im Termin anwesend bleibt.[530] Ist ein Termin als Verhandlungs-, Güte- oder Beweisaufnahmetermin vorgesehen, handelt es sich um einen Verhandlungs-, Erörterungs- oder Beweisaufnahmetermin im Sinne der Vorbemerkung 3 Abs. 3 VV unabhängig davon, was in dem Termin tatsächlich passiert. Es ist also nicht Voraussetzung für das Entstehen der Terminsgebühr in dieser Variante, dass dann auch tatsächlich verhandelt, erörtert oder Beweis erhoben wird; entscheidend ist nur, dass es sich bei Aufruf der Sache noch um einen der drei genannten Termine handelt.[531]

Nach Abs. 3 der Vorbemerkung 3 VV entsteht die Terminsgebühr ferner, wenn der Anwalt einen von einem **gerichtlich bestellten Sachverständigen anberaumten Termin** wahrnimmt. Da im arbeitsgerichtlichen Verfahren Beweisaufnahmen relativ selten sind, spielt auch diese Variante des Gebührentatbestandes im arbeitsgerichtlichen Verfahren keine große Rolle. Eine weitergehende inhaltliche Tätigkeit über die Wahrnehmung des Termins hinaus fordert der Gebührentatbestand vom Rechtsanwalt ebenfalls nicht. Die Gebühr entsteht bereits mit seiner Anwesenheit im Termin.[532] Zwar spricht das Gesetz in Abs. 3 der Vorbemerkung 3 bei dem Verhandlungs-, Erörterungs- oder Beweisaufnahmetermin von einer „Vertretung" durch den Rechtsanwalt, während bei dem vom Sachverständigen anberaumten Termin von einer „Wahrnehmung" des Termins durch den Rechtsanwalt die Rede ist, eine unterschiedliche Tätigkeitsqualität wird hierdurch aber nicht zum Ausdruck gebracht.[533]

365

Schließlich entsteht die Terminsgebühr nach Abs. 3 der Vorbemerkung 3 VV auch dann, wenn der Anwalt an auf die **Vermeidung oder Erledigung des Verfahrens** gerichteten **Besprechungen ohne Beteiligung des Gerichts** mitwirkt; sie entsteht allerdings nicht für Besprechungen mit dem Auftraggeber.[534]

366

Anmerkung 1 Nr. 1-3 zum Gebührentatbestand VV Nr. 3104 regelt verschiedene Fälle, in denen die volle Terminsgebühr anfällt, obwohl ein gerichtliches Verfahren endet, ohne dass eine mündliche Verhandlung stattgefunden hat. Aufgrund des **Vorrangs des**

367

---

529 Mayer/Kroiß-Mayer, Vorbem 3 VV Rn. 27.
530 Gerold/Schmidt-Müller-Rabe, VV Vorbem 3 Rn. 59f.; AnwK-RVG/Gebauer, VV Vorbem 3 Rn. 91f., der insoweit zwischen passiver und aktiver Anwesenheit unterscheidet.
531 Gerold/Schmidt-Müller-Rabe, VV Vorbem 3 Rn. 57.
532 Mayer/Kroiß-Mayer, Vorbem 3 VV Rn. 29f.; Gerold/Schmidt-Müller-Rabe, VV Vorbem 3 Rn. 80 „vertretungsbereite Teilnahme".
533 AnwK-RVG/Gebauer, VV Vorbem 3 Rn. 160.
534 S. hierzu näher oben unter Rn. 107ff.

Mündlichkeitsprinzips im arbeitsgerichtlichen Verfahren und des Ausschlusses einer Entscheidung ohne mündliche Verhandlung, wie sie in § 128 Abs. 2 ZPO vorgesehen ist, hat diese Entstehungsmodalität der Terminsgebühr im arbeitsgerichtlichen Verfahren keine Bedeutung. Denn im arbeitsgerichtlichen Verfahren kann auch im Einverständnis der Parteien eine Entscheidung im schriftlichen Verfahren nach § 128 Abs. 2 ZPO nicht erfolgen.[535] In der arbeitsgerichtlichen Praxis von erheblicher Bedeutung ist jedoch der in Abs. 1 Nr. 1 der Anmerkung zum Gebührentatbestand VV Nr. 3104 ebenfalls geregelte Fall, wonach die Terminsgebühr auch dann entsteht, wenn in einem Verfahren, für das mündliche Verhandlung vorgeschrieben ist, ein schriftlicher Vergleich geschlossen wird. Diese Regelung wird in der Literatur zum RVG weit überwiegend so verstanden, dass die Terminsgebühr nach Nr. 3104 VV bereits dann entsteht, wenn in einem Verfahren, in dem eine mündliche Verhandlung vorgeschrieben ist, ein **Vergleich nach § 278 Abs. 6 ZPO** abgeschlossen wird.[536] In dieses nahezu einmütige Meinungsbild hat eine Entscheidung des BGH vom 30.03.2004 (VI ZB 81/03) eine gewisse Verunsicherung hineingetragen. Der BGH-Beschluss betraf zwar noch die BRAGO; im Rahmen der Begründung seiner Entscheidung stellte der BGH aber u.a. fest, dass unter der Geltung des RVG bei einem Abschluss eines Vergleichs nach § 278 Abs. 6 ZPO zwar die Einigungsgebühr und die Verfahrensgebühr, nicht jedoch die Terminsgebühr entstehe.[537] Konkretisierend wies aber der BGH im Rahmen einer Gegenvorstellung im selben Verfahren in seinem Beschluss vom 30.06.2004 ausdrücklich darauf hin, dass die abweichende Rechtsauffassung zur Rechtslage unter dem RVG für den Beschluss vom 30.03.2004 nicht tragend gewesen sei. Er meldete zwar gewisse Bedenken an, ob auch der Fall des § 278 Abs. 6 ZPO erfasst ist, verwies aber darauf, dass, da in dem zur Entscheidung anstehenden Sachverhalt die Gebührenfestsetzung nach der BRAGO zu erfolgen hatte, kein Anlass bestehe, den genauen Anwendungsbereich der Regelung nach dem RVG zu klären.[538] Der BGH hat also die Frage, ob die Terminsgebühr nach Nr. 3104 VV bereits dann entsteht, wenn in einem Verfahren, in dem eine mündliche Verhandlung vorgeschrieben ist, ein Vergleich nach § 278 Abs. 6 ZPO abgeschlossen wird, noch nicht eindeutig negativ entschieden; eine gewisse gegenläufige Tendenz ist jedoch unverkennbar. Andererseits kommt es in der Praxis im arbeitsgerichtlichen Verfahren selten auf diesen Streitpunkt an. Häufig ist in derartigen Konstellationen nämlich ohnehin bereits schon die Terminsgebühr aufgrund der zur Vorbereitung des Vergleichs mit der Gegenseite regelmäßig durchgeführten Besprechung entstanden.

368 Nach Abs. 2 der Anmerkung zum Gebührentatbestand Nr. 3104 VV entsteht die Terminsgebühr auch dann, wenn in einem Termin Verhandlungen zur Einigung über in

---

535 GMP/Germelmann, § 46 Rn. 22.
536 Mayer/Kroiß-Mayer, Nr. 3104 VV Rn. 22; Gerold/Schmidt-Müller-Rabe, VV Nr. 3104 Rn. 58; AnwK-RVG/Gebauer, VV Nr. 3104 Rn. 31; Hansens/Braun/Schneider, Praxis des Vergütungsrechts, Teil 7 Rn. 347; Lutje, RVG von A bis Z, 266; Bischof/Jungbauer/Podlech-Trappmann, Kompaktkommentar RVG, VV RVG S. 543; Schneider/Mock, Das neue Gebührenrecht für Anwälte § 14 Rn. 76; a.A. Hartmann, VV Nr. 3104 Rn. 30.
537 BGH RVG-Letter 2004, 76 = AnwBl 2004, 593.
538 BGH RVG-Letter 2004, 100; kritisch dazu auch Henke, AnwBl 2004, 593f.; s. auch OLG Nürnberg, RVG-Letter 2005, 32 und Mayer, RVG-Letter 2005, 26f.

diesem Verfahren nicht rechtshängige Ansprüche geführt werden. Vergleichbar zur Differenzverfahrensgebühr nach VV Nr. 3101 Nr. 2 entsteht bei den Verhandlungen zur Einigung über in einem Verfahren nicht rechtshängige Ansprüche aus dem Wert dieser Ansprüche ebenfalls die volle 1,2 Terminsgebühr.[539] Mit der **Anrechnungsbestimmung in Abs. 2 der Anmerkung zum Gebührentatbestand VV Nr. 3104** will der Gesetzgeber erreichen, dass die Terminsgebühr nicht doppelt verdient wird.[540] Anzurechnen ist nach der Anrechnungsbestimmung in Abs. 2 der Anmerkung zu VV Nr. 3104 die Terminsgebühr nur insoweit, soweit sie den sich ohne Berücksichtigung der nicht rechtshängigen Ansprüche ergebenden Gebührenbetrag übersteigt. Zu ermitteln ist daher zunächst die Terminsgebühr aus dem Gesamtwert der rechtshängigen und nicht rechtshängigen Ansprüche, über die verhandelt wurde; von dem sich dann ergebenden Gebührenbetrag ist in Abzug zu bringen der Gebührenbetrag der fiktiven Terminsgebühr aus dem Wert der in diesem Verfahren anhängigen Ansprüche. Der sich dann ergebende Differenzbetrag ist der anzurechnende Betrag.[541]

Die Anrechnung des in der geschilderten Form ermittelten Gebührenbetrages ist vorzunehmen auf eine Terminsgebühr, die wegen desselben Gegenstands in einer anderen Angelegenheit entsteht. Der Wortlaut dieser Anrechnungsbestimmung wurde auf Anregung des Rechtsausschusses geändert, statt von einem anderen „Verfahren" spricht die Anrechnungsbestimmung in der Gesetz gewordenen Fassung von einer anderen „Angelegenheit". Damit wird ausgedrückt, dass die Anrechnung nicht nur auf eine Terminsgebühr erfolgen soll, die in der anderen Angelegenheit für die Vertretung in einem gerichtlichen Termin entsteht, sondern die Anrechnung soll auch dann erfolgen, wenn in der anderen Angelegenheit zwar ein Prozessauftrag erteilt wurde, aber ausschließlich **außergerichtliche Besprechungen** stattfinden, die nach Vorbemerkung 3 Abs. 3 VV ebenfalls die Terminsgebühr auslösten.[542] Wann die Terminsgebühr in der anderen Angelegenheit entsteht, ist für die Frage der Anrechnung nicht von Bedeutung, da der Gesetzgeber mit der Anrechnungsbestimmung verhindern will, dass die Terminsgebühr doppelt verdient wird. Eine Anrechnung hat also auch dann stattzufinden, wenn zu dem Zeitpunkt, zu dem die Verhandlungen zur Einigung über in diesem Verfahren nicht rechtshängige Ansprüche geführt werden, die Terminsgebühr bezüglich der in diesem Verfahren nicht anhängigen Ansprüche bereits anderweitig entstanden ist.[543] Mindestens erforderlich ist es jedoch, damit überhaupt eine Anrechnung auf eine hinsichtlich der in diesem Verfahren nicht anhängigen Ansprüche entstehenden Terminsgebühr vorgenommen werden kann, dass wegen dieser Ansprüche zumindest ein **Prozessauftrag** besteht. Fehlt dieser, so kann bezüglich der in diesem Verfahren nicht rechtshängigen Ansprüche keine Terminsgebühr entstehen, vielmehr fallen Bespre-

---

539 Mayer/Kroiß-Mayer, Nr. 3104 VV Rn. 37; Schneider/Mock, Das neue Gebührenrecht für Anwälte, § 14 Rn. 77.
540 Mayer/Kroiß-Mayer, Nr. 3104 VV Rn. 41; BT-Drucks. 15/1971, 212.
541 Mayer/Kroiß-Mayer, Nr. 3104 VV Rn. 39; näher zur Anrechnung auch Mayer, RVG-Letter 2004, 54 ff.
542 Mayer/Kroiß-Mayer, Nr. 3104 VV Rn. 41; BT-Drucks. 15/2487, 185.
543 Mayer/Kroiß-Mayer, Nr. 3104 VV Rn. 42; so offenbar auch Schneider/Mock, Das neue Gebührenrecht für Anwälte, § 14 Rn. 79, der lediglich hinsichtlich der Differenzverfahrensgebühr auf den Zeitpunkt des Entstehens der Gebühr abstellt.

chungen über diese Ansprüche noch in den Abgeltungsbereich der Geschäftsgebühr nach VV Nr. 2400.[544]

370 Nach Abs. 3 der Anmerkung zum Gebührentatbestand VV Nr. 3104 entsteht die Terminsgebühr nicht, wenn lediglich beantragt ist, eine Einigung der Parteien oder mit Dritten über nicht rechtshängige Ansprüche zu Protokoll zu nehmen. Dies entspricht auch der früheren Rechtslage nach der BRAGO. Im Gegenschluss aus Abs. 3 der Anmerkung zu VV Nr. 3104 ergibt sich jedoch, dass die Terminsgebühr mit einem Gebührensatz von 1,2 entsteht, soweit beantragt ist, eine Einigung der Parteien oder mit Dritten über rechtshängige Ansprüche zu Protokoll zu nehmen.[545]

b) Verminderte Terminsgebühr Nr. 3105 VV

371 Die **reduzierte Terminsgebühr Nr. 3105 VV** mit einem Gebührensatz von 0,5 soll ebenso wie die frühere Regelung des § 33 BRAGO dem in bestimmten Fallkonstellationen geringeren Umfang der anwaltlichen Tätigkeit Rechnung tragen, ist aber deutlich differenzierter als § 33 BRAGO und zieht die Konsequenzen daraus, dass die Terminsgebühr des RVG im Gegensatz zur Verhandlungsgebühr im Sinne der BRAGO nicht mehr zwischen streitiger und nicht streitiger Verhandlung unterscheidet.[546] Die verminderte Terminsgebühr nach Nr. 3105 VV setzt voraus, dass der Anwalt nur einen Termin wahrnimmt, in dem eine Partei nicht erschienen oder nicht ordnungsgemäß vertreten ist und lediglich ein Antrag auf Versäumnisurteil oder zur Prozess- und Sachleitung gestellt wird. Unabdingbare Voraussetzung für das Entstehen der verminderten Terminsgebühr nach Nr. 3105 VV ist, dass die gegnerische Partei nicht erschienen oder nicht ordnungsgemäß vertreten ist. Ist die gegnerische Partei jedoch ordnungsgemäß erschienen oder ordnungsgemäß vertreten, so fällt die volle Terminsgebühr mit einem Satz von 1,2 an, da bei gleichzeitiger Anwesenheit bzw. Vertretung beider Parteien im Termin in aller Regel ein Mehr an Tätigkeit durch den Anwalt erfolgt.[547]

372 Neben der **Säumnis einer Partei** oder der **nicht ordnungsgemäßen Vertretung einer Partei** setzt der Gebührentatbestand voraus, dass von dem erschienenen Rechtsanwalt lediglich ein Antrag auf Versäumnisurteil oder zur Prozess- oder Sachleitung gestellt wird. Die Reduzierung der Terminsgebühr auf 0,5 soll nur dann erfolgen, wenn der Rechtsanwalt im Termin tatsächlich keine weiteren Tätigkeiten als das Stellen eines Antrags auf Erlass eines Versäumnisurteils oder Anträge zur Prozess- oder Sachleitung entfaltet.[548] Liegt Säumnis der gegnerischen Partei vor oder ist diese nicht ordnungsgemäß vertreten, findet aber vor Erlass eines Versäumnisurteils **eine einseitige Erörterung** des erschienenen Anwalts mit dem Gericht statt, so fällt die **volle Terminsgebühr** mit einem Satz von 1,2 an.[549]

---

544 Mayer/Kroiß-Mayer, Nr. 3104 VV Rn. 42.
545 Mayer/Kroiß-Mayer, Nr. 3104 VV Rn. 49f.
546 Mayer/Kroiß-Mayer, Nr. 3105 VV Rn. 2.
547 Mayer/Kroiß-Mayer, Nr. 3105 VV Rn. 4; BT-Drucks. 15/1971, 212.
548 BT-Drucks. 15/1971, 212.
549 Mayer/Kroiß-Mayer, Nr. 3105 VV Rn. 5; Schneider/Mock, Das neue Gebührenrecht für Anwälte, § 14 Rn. 83; volle Terminsgebühr auch bei Flucht in die Säumnis, OLG Koblenz, RVG-Letter 2005, 50f.

Nach Abs. 1 Nr. 1 der Anmerkung zum Gebührentatbestand VV Nr. 3105 entsteht die verminderte Terminsgebühr von 0,5 auch dann, wenn das Gericht bei Säumnis **lediglich Entscheidungen zur Prozess- oder Sachleitung von Amts** wegen trifft. Auch bei dieser Entstehungsvariante der verminderten Terminsgebühr ist Voraussetzung, dass die gegnerische Partei nicht erschienen oder nicht ordnungsgemäß vertreten ist.[550] Der Gebührentatbestand greift beispielsweise ein, wenn der Beklagte nicht zum Kammertermin erscheint, der Anwalt des Klägers daraufhin keinen Antrag stellt und das Gericht von Amts wegen die Sache daraufhin vertagt.

Nach Abs. 1 Nr. 2 der Anmerkung zum Gebührentatbestand VV Nr. 3105 entsteht die verminderte Terminsgebühr nach VV Nr. 3105 auch, wenn eine Entscheidung gemäß § 331 Abs. 3 ZPO ergeht. Diese Entstehungsvariante der verminderten Terminsgebühr spielt im arbeitsgerichtlichen Verfahren jedoch keine Rolle, da die Vorschriften über das schriftliche Vorverfahren im arbeitsgerichtlichen Verfahren nicht angewandt werden können, vielmehr stellen die Regelungen über das Güteverfahren nach § 54 ArbGG und die Bestimmung über die Vorbereitung der streitigen Verhandlung in § 56 ArbGG Sonderregelungen dar. Auch können im arbeitsgerichtlichen Verfahren nicht nach § 276 Abs. 1 ZPO Fristen gesetzt werden, dies ist nur im Rahmen des § 56 Abs. 1 ArbGG möglich, bei Nichtbeachtung können dann die sich aus § 56 Abs. 2 ArbGG ergebenden Sanktionen eintreten.[551]

Nach Abs. 3 der Anmerkung zum Gebührentatbestand VV Nr. 3105 ist § 333 ZPO nicht entsprechend anzuwenden. Nach **§ 333 ZPO** ist als nicht erschienen auch die Partei anzusehen, die in dem Termin zwar erscheint, aber nicht verhandelt. Im **Gütetermin** ist auch eine Säumnis gegeben, wenn die erschienene Partei in der Güteverhandlung nicht verhandelt, wobei sich der Begriff des Verhandelns in diesem Zusammenhang nicht auf die Stellung der Anträge, sondern allein darauf bezieht, ob die Partei zur Sache Erklärungen abgibt oder diese verweigert.[552]

Abs. 3 der Anmerkung zu VV Nr. 3105 stellt ausdrücklich klar, dass der im Termin anwesende Rechtsanwalt einen Anspruch auf die volle Terminsgebühr mit einem Satz von 1,2 erwirbt, wenn die gegnerische Partei zwar zum Termin erschienen ist, sich aber nicht erklärt bzw. nicht verhandelt. Dasselbe Ergebnis ergibt sich aber auch bereits schon aus der Tatbestandsvoraussetzung der Gebühr, dass es sich um einen Termin handeln muss, in dem eine Partei nicht erschienen oder nicht ordnungsgemäß vertreten ist.[553]

c) Einigungsgebühr VV Nr. 1000 und VV Nr. 1003

Zu den Zielen, die der Gesetzgeber mit dem RVG verfolgte, gehörte u.a. die **Förderung der außergerichtlichen Erledigung**. Daher wurde ihrer Bedeutung entsprechend mit der ersten – symbolträchtigen – Nr. 1000 die Einigungsgebühr in das Vergütungsverzeich-

---

550 Mayer/Kroiß-Mayer, Nr. 3105 VV Rn. 6; Schneider/Mock, Das neue Gebührenrecht für Anwälte, § 14 Rn. 87.
551 GMP/Germelmann, § 46 Rn. 21.
552 GMP/Germelmann, § 54 Rn. 5.
553 Mayer/Kroiß-Mayer, Nr. 3105 VV Rn. 10.

nis eingestellt.[554] Die Einigungsgebühr Nr. 1000 VV hat gegenüber der früheren Vergleichsgebühr des § 23 BRAGO einen weiteren Anwendungsbereich. Sie setzt nämlich nicht mehr wie die frühere Regelung in § 23 BRAGO voraus, dass ein Vergleich im Sinne des § 779 BGB zustande gekommen ist, sondern es **genügt**, wenn **durch Vertrag der Streit oder die Ungewissheit der Parteien über ein Rechtsverhältnis beseitigt wird**.[555] Lediglich bei einem Anerkenntnis oder einem Verzicht ohne sonstige Regelungen entsteht die Einigungsgebühr nicht. Eine Einigung mit Entstehen der Einigungsgebühr nach Nr. 1000 VV ist somit auch dann zu bejahen, wenn in einem Rechtsstreit der Kläger die Klage zum Teil zurücknimmt und der Beklagte im Übrigen die Klageforderung anerkennt. Haben die Parteien dies verabredet und beruht diese Entscheidung nicht nur auf einem einseitigen Entschluss des Klägers bzw. auf einem entsprechenden Entschluss des Beklagten, ist die Einigungsgebühr entstanden.[556] Auch der reine Ratenzahlungsvergleich löst nunmehr die Einigungsgebühr aus, denn ein gegenseitiges Nachgeben ist für den Gebührentatbestand nicht mehr erforderlich.[557]

378 Werden nicht lediglich eine Klagerücknahme protokolliert ohne sonstige Vereinbarungen oder ein Anerkenntnis, entsteht nunmehr in aller Regel die Einigungsgebühr.[558]

379 Was die Höhe der Einigungsgebühr anbelangt, so entsteht sie mit einem Gebührensatz von 1,5.

380 Der Gebührentatbestand VV Nr. 1003 bestimmt jedoch, dass dann, wenn über den Gegenstand ein anderes gerichtliches Verfahren als ein selbständiges Beweisverfahren anhängig ist, die Einigungsgebühr nach Nr. 1000 VV nur mit einem Gebührensatz von 1,0 entsteht. Wird somit in einem Kündigungsrechtsstreit beispielsweise im **Gütetermin** oder im **Kammertermin** eine Einigung gefunden, so entsteht die Einigungsgebühr nach Nr. 1003 VV mit einem **Gebührensatz von 1,0**.

C. Verhaltensbedingte Kündigung aus Sicht des Arbeitgebervertreters

I. Vorprozessuale Situation

1. Mandatsannahme

a) Allgemeines

381 Anders als bei der Vertretung eines Arbeitnehmers im Rahmen einer Kündigungsschutzangelegenheit ist die Lage des für den Arbeitgeber tätigen Anwalts weniger durch Zeitdruck als durch den Umstand geprägt, dass er erst zu sehr unterschiedlichen Zeitpunkten in das Verfahren einbezogen wird. Im Idealfall hat sich der Arbeitgeber bereits vor Ausspruch der Kündigung anwaltlich beraten lassen. Häufig aber wird der Anwalt auf Arbeitgeberseite erst dann eingeschaltet, wenn der Arbeitnehmer sich

---

554 BT-Drucks. 15/1971, 147.
555 BT-Drucks. 15/1971, 204.
556 Mayer/Kroiß-Klees, Nr. 1000 VV Rn. 28.
557 Bischof/Jungbauer/Podlech-Trappmann, Kompaktkommentar RVG, VV RVG S. 438; Schneider/Mock, Das neue Gebührenrecht für Anwälte, § 10 Rn. 28.
558 Mayer/Kroiß-Klees, Nr. 1000 VV Rn. 29.

gegen die Kündigung mit der Kündigungsschutzklage zur Wehr gesetzt hat und diese dem Arbeitgeber zusammen mit der Ladung zum Gütetermin zugestellt wurde. Vielfach werden Anwälte aber auch erst nach dem Scheitern des Gütetermins mit der Vertretung beauftragt.

b) Hinweis nach § 49b Abs. 5 BRAO sowie Belehrung über die Kostentragungspflicht nach § 12a Abs. 1 Satz 2 ArbGG

Auch der für den Arbeitgeber tätige Rechtsanwalt muss vor Übernahme des Auftrags nach § 49b Abs. 5 BRAO den Interessenten darauf hinweisen, dass sich die zu erhebenden Gebühren in dem Kündigungsschutzverfahren nach **Gegenstandswert** richten.[559] Sinnvollerweise ist dieser Hinweis nach § 49b Abs. 5 BRAO zu verbinden mit der Belehrung über die Kostentragungspflicht nach § 12a Abs. 1 ArbGG,[560] die jedoch unterbleiben kann, wenn feststeht, dass die Partei kein Prozessrisiko treffen kann, weil eine **Rechtsschutzversicherung** in vollem Umfang eintritt.[561]

2. Beurteilung der Prozessaussichten des Arbeitgebers

Während der für den Arbeitnehmer tätige Anwalt in diesem Verfahrensstadium durchaus Möglichkeiten hat, durch die Einleitung bestimmter fristgebundener Maßnahmen[562] noch die Prozessaussichten seines Mandanten entscheidend zu fördern, bleiben dem für den Arbeitgeber tätigen Anwalt, der erst nach Erhebung der Kündigungsschutzklage beauftragt worden ist, vergleichsweise wenige Möglichkeiten zu einer positiven Gestaltung. Seine Aufgabe besteht in erster Linie in der Verteidigung der einmal ausgesprochenen Kündigung, hierzu ist es zunächst entscheidend wichtig zu wissen, wie die Prozessaussichten des Mandanten einzuschätzen sind.

a) Prüfung der Kündigung auf irreparable Mängel

Der für den Arbeitgeber tätige Anwalt hat in diesem Verfahrensstadium zuallererst die streitbefangene Kündigung daraufhin zu überprüfen, ob sie **irreparable Mängel** aufweist mit der Folge, dass dem Mandanten geraten werden muss, schnellst möglich eine weitere, mangelfreie Kündigung auszusprechen, um nicht unter dem Gesichtspunkt des Annahmeverzugslohns wichtige Zeit zu verlieren. Im Regelfall sind folgende Fehlerquellen der ausgesprochenen Kündigung zu überprüfen:

aa) Mangelnde Schriftform: Zunächst ist zu prüfen, ob das gesetzliche Schriftformerfordernis des § 623 BGB durch die vom Mandanten ausgesprochene Kündigung gewahrt wird. Entscheidend ist die **Unterschrift**.[563] Stellt sich bei dieser Überprüfung heraus, dass die ausgesprochene Kündigung die Schriftform des § 126 Abs. 1 BGB nicht wahrt, muss dem Mandanten geraten werden, unverzüglich eine nicht an diesem Mangel leidende Kündigungserklärung nachzuschieben.

---

559 S. hierzu Rn. 9ff. und die Muster Rn. 123.
560 S. hierzu das Muster Rn. 123.
561 S. oben Rn. 8.
562 S. oben unter Rn. 201ff.
563 S. hierzu näher oben unter Rn. 182ff.

386 Vorsicht ist ebenfalls geboten, wenn das Kündigungsschreiben zwar unterschrieben worden ist, allerdings der Unterschrift das „i. A."-Kennzeichen vorangestellt wurde. Bei den „i. A." ausgesprochenen Kündigungen stellt sich nämlich die Frage, ob die Verwendung des Kürzels „i. A." als Kennzeichnung einer Vertreter- oder einer Botenhandlung zu verstehen ist. Die Verwendung des Kürzels „i. A." statt „i. V." indiziert ein Handeln als Bote, dieser gibt im Gegensatz zum Vertreter nicht eine eigene, sondern eine fremde Willenserklärung in fremdem Namen ab, so dass, da keine eigene Erklärung in eigener Verantwortung vorliegt, sein Handeln die Schriftform nicht erfüllen kann.[564] Bei der Abgrenzung von Bote und Vertreter bei Verwendung des Kürzels „i. A." sind auch die weiteren begleitenden Umstände und die soziale Stellung des Handelnden maßgeblich zu berücksichtigen. Je untergeordneter und je weniger mit eigenen Entscheidungsspielräumen in Personalangelegenheiten verbunden die Stellung im Betrieb ist, desto eher ist bei der Verwendung des Kürzels „i. A." im Zusammenhang mit der Unterzeichnung einer Kündigung ein Handeln als Bote anzunehmen.[565] Sofern unter Verwendung des „i. A."-Kennzeichens eine Kündigung ausgesprochen worden ist und nicht sicher ausgeschlossen werden kann, dass die Verwendung des Kürzels „i. A." zu einer Bewertung des Handels als Bote führt, dürfte in diesen Fällen ebenfalls dem Arbeitgeber dringend anzuraten sein, sicherheitshalber eine dem Schriftformerfordernis eindeutig genügende Kündigung nachzuschieben.

387 *bb) Inhaltliche Mängel des Kündigungsschreibens:* Das Schriftformerfordernis des § 623 BGB verlangt nicht, dass der **Kündigungsgrund** im Kündigungsschreiben angegeben wird. Über die Erfordernisse des § 623 BGB hinausgehende Anforderungen an den Inhalt des Kündigungsschreibens ergeben sich jedoch vielfach aus **spezialgesetzlichen Regelungen** und auch aus **Tarifverträgen**.[566] Besondere Vorsicht ist geboten, wenn das Erfordernis besteht, die Kündigungsgründe in der Kündigung anzugeben, wie z.B. nach § 15 Abs. 3 BBiG oder nach § 54 BMT-G II, § 54 BMT-G-O oder § 47 Abs. 2 TVAL II. Zu berücksichtigen ist hier, dass die Rechtsprechung des BAG verlangt, dass in der Kündigung die Gründe so genau bezeichnet werden müssen, dass der Kündigungsempfänger genügend klar erkennen kann, was gemeint ist und was ihm beispielsweise im Falle einer verhaltensbedingten Kündigung zur Last gelegt wird. Auch eine vermeintliche Noblesse des Arbeitgebers, welcher bei einer verhaltensbedingten Kündigung den Vorfall, der Anlass für die Kündigung ist, nicht im Kündigungsschreiben angibt, sondern stattdessen darauf verweist, dass dem Arbeitnehmer die Gründe für die Kündigung im Rahmen eines bestimmten Gesprächs ausführlich mitgeteilt worden seien, rächt sich bei dem Vorliegen derartiger zusätzlicher Voraussetzungen an den Inhalt des Kündigungsschreibens.[567]

388 Stellt man als Vertreter des Arbeitgebers fest, dass eine Kündigung im Streit ist, die den weitergehenden gesetzlichen oder tarifvertraglichen Anforderungen an den Inhalt des Kündigungsschreibens nicht entspricht, ist ebenfalls bereits in diesem Stadium dem

---

564 Klein, NZA 2004, 1198 ff., 1199.
565 Klein, NZA 2004, 1198 ff., 1200.
566 S. hierzu näher oben Rn. 189 ff.
567 Vgl. in diesem Zusammenhang oben Rn. 190.

Arbeitgeber zu raten, eine diesen Mangel vermeidende weitere Kündigung nachzuschieben.

cc) Kündigung durch Vertreter ohne Vorlage der Originalvollmacht (Kündigung durch einen Vertreter des Arbeitgebers?): Wurde die Kündigungserklärung nicht vom Arbeitgeber selbst unterzeichnet, sondern von einem Vertreter, ist ebenfalls zu prüfen, ob weiteres Handeln erforderlich ist. Zu prüfen ist daher, ob eine der Personen gehandelt hat, die nach der Rechtsprechung des BAG eine Stellung im Betrieb des Arbeitgebers bekleiden, mit der das Kündigungsrecht verbunden zu sein pflegt.[568] Wurde die Kündigung jedoch von einer Person ausgesprochen, die nach der Rechtsprechung des BAG nicht zu diesem Personenkreis gehört,[569] muss mit der Kündigung eine **Originalvollmacht** des Arbeitgebers übermittelt werden, ansonsten besteht die Gefahr, dass der Arbeitnehmer die Kündigung wegen fehlender Vollmachtsvorlage zurückweist.

389

dd) Mängel bei der Betriebsratsanhörung: Ist im Betrieb des Arbeitgebers ein Betriebsrat vorhanden, so ist es auch empfehlenswert, bereits in diesem Verfahrensstadium zumindest zu überprüfen, ob die **Betriebsratsanhörung** überhaupt stattgefunden hat oder ob sie ersichtlich mangelhaft ist, um dann die Empfehlung aussprechen zu können, vorsorglich nach erneuter Anhörung des Betriebsrats die Kündigung erneut auszusprechen. Riskant wäre es, abzuwarten, ob das Thema Betriebsratsanhörung im Kündigungsschutzverfahren überhaupt thematisiert wird.

390

ee) Fehlende Zustimmung des Integrationsamtes zur Kündigung eines schwerbehinderten Arbeitnehmers: Eine Kündigung eines Arbeitsverhältnisses mit einem Schwerbehinderten ohne vorherige Zustimmung des **Integrationsamtes** ist gemäß § 134 BGB nichtig.[570] Es kann jedoch nicht darauf vertraut werden, dass die Kündigung gleichwohl gemäß § 7 KSchG wirksam wird, wenn der Arbeitnehmer nicht innerhalb der 3-Wochen-Frist des § 4 Satz 1 KSchG Kündigungsschutzklage erhebt. Denn das BAG hat entgegen einer teilweise in der Literatur vertretenen Meinung entschieden, dass § 4 Satz 4 KSchG nicht nur in den Fällen nachträglicher Zustimmung einer Behörde zu einer Kündigung, sondern auch in den Fällen gilt, in denen die Kündigung der vorherigen Zustimmung einer Behörde bedarf.[571] Wenn das Arbeitsverhältnis mit einem Schwerbehinderten gekündigt wurde, ohne dass die Zustimmung des Integrationsamtes überhaupt beantragt worden ist, hat die Frist des § 4 Satz 4 KSchG gar nicht zu laufen begonnen, so dass der Arbeitnehmer daher in den meisten Fällen auch weiterhin bis zur Grenze der Verwirkung Klage auf Feststellung des Fortbestandes des Arbeitsverhältnisses erheben kann.[572]

391

---

568 S. hierzu im Einzelnen oben Rn. 196.
569 S. hierzu im Einzelnen oben Rn. 197.
570 BAG AP Nr. 21 zu Einigungsvertrag Anlage 1 Kapitel 19; ErfKoArbR-Rolfs, § 85 SGB IX Rn. 14.
571 BAG NZA 2003, 1335 ff.
572 ErfKoArbR-Rolfs, § 85 SGB IX Rn. 14; etwas einschränkend insoweit Schmidt, NZA 2004, 79 ff., wonach die einheitliche Klagefrist des § 4 Satz 1 KSchG nur dann nicht in Lauf gesetzt wird, wenn der Arbeitgeber vor Ausspruch der Kündigung die behördliche Zustimmung nach § 85 SGB IX nicht beantragt hat, obwohl ihm der den besonderen Kündigungsschutz begründende Umstand bekannt war.

392 *ff) Kündigung bei Verstoß gegen das Kündigungsverbot des § 9 MuSchG:* Nach § 9 Abs. 1 Satz 1 MuSchG ist die Kündigung gegenüber einer Frau während der **Schwangerschaft** und bis zum Ablauf von vier Monaten nach der **Entbindung** unzulässig, wenn dem Arbeitgeber zur Zeit der Kündigung die Schwangerschaft oder Entbindung bekannt war oder innerhalb zweier Wochen nach Zugang der Kündigung mitgeteilt wird.[573] Eine unter Verstoß gegen das Kündigungsverbot des § 9 Abs. 1 MuSchG erklärte Kündigung ist wegen Verstoßes gegen ein gesetzliches Verbot gemäß § 134 BGB unheilbar nichtig.[574] Auch insoweit stellt sich jedoch die Frage, ob die Kündigung gleichwohl als von Anfang an gemäß § 7 KSchG rechtswirksam gilt, wenn die betroffene Arbeitnehmerin es versäumt, innerhalb der 3-Wochen-Frist des § 4 Satz 1 KSchG Klage zu erheben. Da § 4 Satz 4 KSchG auch auf die Fälle anzuwenden ist, in denen eine Kündigung der vorherigen Zustimmung einer Behörde bedarf,[575] wird die einheitliche Klagefrist des § 4 Satz 1 KSchG nicht in Lauf gesetzt, wenn der Arbeitgeber nicht vor Ausspruch der Kündigung die behördliche Zustimmung gemäß § 9 Abs. 3 MuSchG beantragt hat, obwohl ihm der den besonderen Kündigungsschutz begründende Umstand bekannt war.[576]

393 *gg) Kündigung während der Elternzeit:* Nach § 18 Abs. 1 Satz 1 BErzGG darf der Arbeitgeber das Arbeitsverhältnis ab dem Zeitpunkt, von dem an **Elternzeit** verlangt worden ist, höchstens jedoch 8 Wochen vor Beginn der Elternzeit, und während der Elternzeit nicht kündigen. Ausnahmsweise kann nach § 18 Abs. 1 Satz 2-4 BErzGG die Arbeitgeberkündigung durch die Aufsichtsbehörde für zulässig erklärt werden. § 18 BErzGG ist ein gesetzliches Verbot im Sinne von § 134 BGB mit der Folge, dass eine ohne behördliche Genehmigung erklärte Kündigung unheilbar nichtig ist.[577] Ist eine Kündigung durch den Arbeitgeber während der Elternzeit ausgesprochen worden, ohne dass die erforderliche Zustimmung der Aufsichtsbehörde beantragt worden ist, kann der Arbeitnehmer ohne Begrenzung durch die 3-Wochen-Frist das Fehlen der Zulässigkeitserklärung nach § 18 Abs. 1 Satz 2 BErzGG bis zur Grenze der Verwirkung jederzeit geltend machen.[578]

b) Beurteilung der Rechtslage

394 Sofern die Überprüfung der streitbefangenen Kündigung auf evidente, irreparable Mängel nicht dazu führt, dass dem Arbeitgeber geraten werden muss, zur Vermeidung weiterer Nachteile eine weitere, diesmal mangelfreie Kündigung nachzuschieben, hat die Beurteilung der Rechtslage auf der Basis der jetzt vorliegenden Kündigung zu erfolgen.

395 *aa) Bewertung der Kündigungsgründe:* Um einen Überblick über die Prozessaussichten zu gewinnen, müssen zunächst die Kündigungsgründe, auf die der Arbeitgeber die Kündigung stützt, daraufhin überprüft werden, ob sie tragfähig sind für eine Kündigung des Arbeitsverhältnisses. Die **Bewertung der Kündigungsgründe** ist in diesem

---

573 S. zu den Einzelheiten und den Voraussetzungen dieses Kündigungsverbots oben Rn. 202 ff.
574 APS / Rolfs, § 9 MuSchG Rn. 59.
575 BAG NZA 2003, 1335 ff.
576 Schmidt, NZA 2004, 79 ff.
577 APS / Rolfs, § 18 BErzGG Rn. 19.
578 BAG NZA 2003, 1335 ff.

Verfahrensstadium regelmäßig nur vorläufig, denn häufig liegen lediglich die Informationen des Mandanten, also des Arbeitgebers, vor, nicht jedoch auch die Sachdarstellung des betroffenen Arbeitnehmers, nicht selten jedoch auch ist die Bewertung der Kündigungsgründe dadurch erschwert, dass in der Zeit zwischen Mandatserteilung und Gütetermin nicht mehr die Möglichkeit besteht, alle Angaben vom Mandanten zu erhalten, die für eine sorgfältige Sachverhaltsermittlung erforderlich sind. Gleichwohl ist eine erste Einschätzung in diesem Verfahrensstadium sinnvoll und notwendig.

bb) Beurteilung des Annahmeverzugsrisikos: Ein sehr hohes und im Regelfall nicht zu unterschätzendes Risiko stellt das **Annahmeverzugsrisiko** für den Arbeitgeber im Kündigungsschutzprozess dar. Der Arbeitgeber läuft nämlich Gefahr, dann, wenn sich im weiteren Verlauf des Rechtsstreits die Kündigung als unwirksam erweisen sollte, den zwischenzeitlich aufgelaufenen Vergütungsrückstand an den klagenden Arbeitnehmer nachzahlen zu müssen, ohne hierfür eine Arbeitsleistung erhalten zu haben.

Zu beachten ist, dass nach der Rechtsprechung des BAG der Arbeitgeber bereits in Annahmeverzug gerät, wenn er dem Arbeitnehmer unberechtigterweise kündigt, ohne dass es eines Arbeitsangebots des Arbeitnehmers bedarf. Nach § 615 BGB hat der Arbeitgeber die vereinbarte Vergütung fortzuzahlen, wenn er in Annahmeverzug gerät. Die Voraussetzungen des Annahmeverzuges richten sich auch für das Arbeitsverhältnis nach den §§ 293 ff. BGB. Danach muss der Schuldner in der Regel die geschuldete Leistung tatsächlich anbieten. Nach § 295 BGB genügt jedoch ein wörtliches Angebot, wenn der Gläubiger erklärt hat, er werde die Leistung nicht annehmen oder wenn zur Bewirkung der Leistung eine Handlung des Gläubigers erforderlich ist. Ist für die vom Gläubiger vorzunehmende Handlung eine Zeit nach dem Kalender bestimmt, bedarf es ausnahmsweise überhaupt keines Angebots, wenn der Gläubiger die Handlung nicht rechtzeitig vornimmt, § 296 BGB. Das **BAG** führt in diesem Zusammenhang § **296 BGB** an und sieht die nach dem Kalender bestimmte Mitwirkungshandlung des Arbeitgebers darin, dem Arbeitnehmer einen funktionsfähigen Arbeitsplatz zur Verfügung zu stellen und ihm Arbeit zuzuweisen. Da der Arbeitgeber mit der Kündigung dem Arbeitnehmer den entgegengesetzten Willen zu erkennen gibt, muss der **Arbeitgeber** den Arbeitnehmer **wieder zur Arbeit auffordern**, wenn er trotz der Kündigung nicht in Annahmeverzug geraten will.[579]

Der Eintritt von Annahmeverzug ist ausgeschlossen, wenn der Arbeitnehmer nicht leistungswillig oder nicht leistungsfähig ist, dies folgt aus § 297 BGB.[580] **Leistungsunwilligkeit** des Arbeitnehmers ist in diesem Zusammenhang nicht bereits dann anzunehmen, wenn er im Rechtsstreit über die Unwirksamkeit der Kündigung einen Antrag auf Auflösung des Arbeitsverhältnisses gegen Abfindung in den §§ 9, 10 KSchG stellt.[581] Auch wenn der Arbeitnehmer einen möglichen Weiterbeschäftigungsanspruch nicht geltend macht oder ein Auslandsaufenthalt vorliegt, entfällt der Leistungswille des

---

579 BAG AP Nr. 34 zu § 615 BGB; BAG AP Nr. 39 zu § 615 BGB; BAG Nr. 79 zu § 615 BGB; s. hierzu auch ErfKoArbR-Preis, § 615 BGB Rn. 29.
580 Pauly/Osnabrügge-Rinck, Handbuch Kündigungsrecht, § 32 Rn. 5.
581 BAG AP Nr. 22 zu § 615 BGB; Pauly/Osnabrügge-Rinck, Handbuch Kündigungsrecht, § 32 Rn. 6.

Arbeitnehmers nicht.[582] Die Leistungsbereitschaft des Arbeitnehmers muss während des gesamten Verzugszeitraums vorliegen,[583] sie kann entfallen, wenn festgestellt werden kann, dass dem Arbeitnehmer der ernste Wille fehlt, seine Arbeitsleistung in geschuldetem Umfang zu erbringen, beispielsweise wenn der Arbeitnehmer im Vorprozess geltend gemacht hat, das Arbeitsverhältnis sei völlig zerrüttet und könnte unter keinen Umständen mehr fortgeführt werden.[584]

399 In der Praxis häufiger als die Fälle der Leistungsunwilligkeit sind die Fälle der **fehlenden Leistungsfähigkeit**.[585] Ist der Arbeitnehmer erkrankt, so ist er leistungsunfähig, Annahmeverzug ist daher ausgeschlossen.[586] Zu beachten ist aber aus der Sicht des den Arbeitgeber vertretenden Anwalt, dass nach der Rechtsprechung des BAG die Verzugsfolgen (§ 615 BGB) nach unwirksamer Arbeitgeberkündigung unabhängig davon eintreten, ob der arbeitsunfähig erkrankte Arbeitnehmer seine wiedergewonnene Arbeitsfähigkeit dem Arbeitgeber **anzeigt**. Denn wenn der Arbeitgeber mit der Kündigung deutlich gemacht habe, seiner Mitwirkungsverpflichtung im Sinne einer Eröffnung der Arbeitsmöglichkeit, der fortlaufenden Planung und Konkretisierung des Arbeitseinsatzes und Ausübung des Direktionsrechtes nicht nachkommen zu wollen, so ist aufgrund dieser Zäsur der Arbeitnehmer jedenfalls solange von den ihm sonst obliegenden Anzeige- und Nachweispflichten befreit, als der Arbeitgeber nicht von sich aus die Kündigung „zurücknimmt" oder wenigstens eine Arbeitsmöglichkeit – ggf. unter Vorbehalt – eröffnet. Dies gilt selbst dann, wenn der Arbeitnehmer zum Zeitpunkt der Entlassung auf unbestimmte Zeit arbeitsunfähig erkrankt war und die während des Kündigungsschutzprozesses erfolgte Wiederherstellung der Arbeitsfähigkeit dem Arbeitgeber nicht mitgeteilt hatte.[587]

400 Nach § 615 Satz 2 BGB muss sich jedoch der Arbeitnehmer das anrechnen lassen, was er durch anderweitige Verwendung seiner Arbeitskraft erwirbt, gleiches gilt für **böswillig unterlassenen Zwischenverdienst**. Hat der Arbeitnehmer also eine neue Arbeitsstelle gefunden und ein neues Arbeitsverhältnis angetreten, so ist das Risiko von Annahmeverzugsvergütungsansprüchen für den Arbeitgeber deutlich geringer und beschränkt sich im Grundsatz zunächst auf die Vergütungsdifferenz, wenn das neue Arbeitsverhältnis des Arbeitnehmers schlechter dotiert ist als das bisherige. Unabhängig davon jedoch darf nicht aus dem Blick verloren werden, dass der Arbeitnehmer den gerade angetretenen Arbeitsplatz auch in Kürze wieder verlieren kann, so dass das Annahmeverzugsvergütungsrisiko in alter Brisanz wieder auflebt.[588] Zu beachten ist, dass § 11 KSchG lex specialis gegenüber § 615 Satz 2 BGB ist, diese Sonderregelung verdrängt, soweit das Kündigungsschutzgesetz zur Anwendung kommt, § 615 Satz 2 BGB.[589]

---

582 ErfKoArbR-Preis, § 615 BGB Rn. 47.
583 BAG NZA 2004, 1064.
584 BAG NZA 2003, 1387 f.
585 Pauly/Osnabrügge-Rinck, Handbuch Kündigungsrecht, § 32 Rn. 7.
586 ErfKoArbR-Preis, § 615 BGB Rn. 51; vgl. auch LAG Hamm NZA-RR 1996, 281 ff.
587 BAG AP Nr. 60 zu § 615 BGB.
588 Pauly/Osnabrügge-Rinck, Handbuch Kündigungsrecht, § 32 Rn. 9.
589 BAG AP Nr. 47 zu § 615 BGB; ErfKoArbR-Preis, § 615 BGB Rn. 88; HaKo-Fiebig, § 11 KSchG Rn. 1.

C. Verhaltensbedingte Kündigung aus Sicht des Arbeitgebervertreters

Ein u.U. taktisch einzusetzendes Instrument ist es auf Arbeitgeberseite, dem Arbeitnehmer vorsorglich einen **für die Dauer des Kündigungsrechtsstreits befristeten** neuen **Arbeitsvertrag** zu den bisherigen Bedingungen oder eine durch die rechtskräftige Feststellung der Wirksamkeit der Kündigung **auflösend bedingte Fortsetzung des Vertrages anzubieten**. Zwar endet der Annahmeverzug des Arbeitgeber auch dann nicht, wenn ein solches Angebot des Arbeitgebers erfolgt und der Arbeitnehmer das Angebot ablehnt, allerdings kann die Ablehnung eines solchen Angebots ein **böswilliges Unterlassen anderweitigen Erwerbs** im Sinne des § 615 Satz 2 BGB darstellen. Für die Beurteilung kommt es nach der Rechtsprechung auf die Umstände des Einzelfalles, insbesondere auf die Art und Begründung der Kündigung und das Verhalten des Arbeitgebers im Kündigungsprozess an.[590] Wird lediglich über eine betriebsbedingte Kündigung gestritten, so ist nach der Rechtsprechung des BAG dem Arbeitnehmer die vorläufige Weiterbeschäftigung in der Regel zumutbar, gleiches gilt für die Fälle der krankheitsbedingten Kündigung. Wird die Kündigung auf verhaltensbedingte Gründe gestützt, spricht dieser Umstand eher für die Unzumutbarkeit der Weiterarbeit für den Arbeitnehmer im Betrieb, insbesondere, wenn eine außerordentliche Kündigung erklärt wird, da der Arbeitnehmer bereits durch diese Art der Kündigung in seinem Ansehen beeinträchtigt wird.[591] Aber auch im Falle einer verhaltensbedingten Kündigung muss der Arbeitnehmer die mangelnde Zumutbarkeit der Beschäftigung konkret darlegen.[592]

401

Wichtig ist jedoch, dass dann, wenn Arbeitgeber und Arbeitnehmer nach Ausspruch einer Kündigung die befristete Weiterbeschäftigung des Arbeitnehmers nach Ablauf der Kündigungsfrist bis zum rechtskräftigen Abschluss des Kündigungsschutzprozesses vereinbaren, die **Befristung** nach § 14 Abs. 4 TzBfG zu ihrer Wirksamkeit der **Schriftform** bedarf; wird diese nicht eingehalten, gilt der Arbeitsvertrag nach § 16 Satz 1 TzBfG als auf unbestimmte Zeit geschlossen.[593]

402

Ausgehend von diesen Rahmenbedingungen ist das Risiko für den Arbeitgeber zu kalkulieren, Annahmeverzugsvergütungsansprüchen ausgesetzt zu sein. Für den Arbeitgeber ist es daher äußerst wertvoll zu wissen, ob der Arbeitnehmer wieder eine neue Arbeitsstelle gefunden hat und wie solide diese neue arbeitsvertragliche Basis ist. Ist der betreffende Arbeitnehmer von Langzeit- oder Dauerarbeitslosigkeit bedroht, sollte – vor allem bei kurzen Kündigungsfristen oder gar in Fällen außerordentlicher fristloser Kündigungen – möglichst schnell, vielleicht sogar schon vorgerichtlich, versucht werden, eine vergleichsweise Regelung herbeizuführen, Aufgabe des für den Arbeitgeber tätigen Anwalts ist insoweit, diesem zu verdeutlichen, dass mit der Zahlung einer ggf. unangenehm hohen Abfindung erhebliche Risiken vermieden werden können.[594]

403

Läuft eine längere Kündigungsfrist, so kann durchaus zunächst einmal mit Vergleichsverhandlungen abgewartet werden, denn oft wird dem Arbeitnehmer erst im Rahmen

404

---

590 BAG AP Nr. 39 zu § 615 BGB.
591 BAG AP Nr. 39 zu § 615 BGB; BAG NZA 2004, 90ff., 91 m.w.N.; HaKo-Fiebig, § 11 KSchG Rn. 35.
592 BAG NZA 2004, 90f., 91.
593 BAG AP Nr. 6 zu § 14 TzBfG.
594 Pauly/Osnabrügge-Rinck, Handbuch Kündigungsrecht, § 32 Rn. 11.

seiner Tätigkeit nach Ausspruch der Kündigung bewusst, dass die Beziehungen zum Arbeitgeber durch die Erhebung der Kündigungsschutzklage beeinträchtigt sind und dass das verschlechterte Arbeitsklima einen Verbleib im Betrieb erschwert, was nicht selten zu einer Reduzierung zunächst vorhandener hoher Abfindungsvorstellungen führt.[595]

405 Ist der Arbeitgeber entschlossen, aus welchen Gründen auch immer, auf jeden Fall das Arbeitsverhältnis mit dem Arbeitnehmer nicht weiterzuführen, so empfiehlt es sich regelmäßig aus Sicht des den Arbeitgeber beratenden Anwalts, den Arbeitnehmer auch bereits während der noch laufenden Kündigungsfrist unwiderruflich von der Arbeit **freizustellen** und ihn aus dem betrieblichen Zusammenhang somit herauszulösen. Denn häufig führt dies auf Seiten des betroffenen Arbeitnehmers dazu, dass ihm bewusst wird, dass sein Verbleib im Unternehmen unsicher ist, auch wird auf diese Weise von außen zwangsweise der **Ablösungsprozess** des Arbeitnehmers von seiner bisherigen Arbeitsstelle herbeigeführt, was sich ebenfalls im weiteren Verlauf des Kündigungsschutzverfahrens dahingehend auswirken kann, dass der Arbeitnehmer sich letzten Endes mit der Beendigung des Arbeitsverhältnisses abfindet und ggf. einem Abfindungsvergleich zustimmt.

3. Rechtsschutzversicherung

406 Ist der Mandant rechtsschutzversichert – was verschiedentlich auch bei Arbeitgebern festzustellen ist –, so übernimmt es auch hier vielfach der Anwalt, die **Deckungszusage** der **Rechtsschutzversicherung** für seine Tätigkeit im Namen des Mandanten einzuholen.[596]

II. Verhalten im Rechtsstreit

1. Prüfung, ob die deutsche Gerichtsbarkeit gegeben ist

a) Grundlagen

407 Die Gerichtsbarkeit in Arbeitssachen durch die Gerichte für Arbeitssachen setzt voraus, dass für den jeweiligen Rechtsstreit überhaupt die deutsche Gerichtsbarkeit gegeben ist. Diese erfasst zwar grundsätzlich **alle Personen**, die sich im Geltungsbereich des Arbeitsgerichtsgesetzes aufhalten, also **auch Ausländer**, jedoch sind nach den §§ 18-20 GVG bestimmte Personen und Organisationen von der deutschen Gerichtsbarkeit ausgenommen, sie genießen Exterritorialität oder Immunität. Die §§ 18-20 GVG sind auch für das arbeitsgerichtliche Verfahren einschlägig.[597]

408 Zu beachten ist in diesem Zusammenhang insbesondere, dass Sonderregelungen gelten für Arbeitnehmer bei den Stationierungsstreitkräften. Zwar ist Arbeitgeber der bei den Stationierungsstreitkräften beschäftigten Arbeitnehmer weder die Beschäftigungsdienststelle noch die Truppe als solche, sondern der jeweilige Entsendestaat,[598] aller-

---

595 Pauly/Osnabrügge-Rinck, Handbuch Kündigungsrecht, § 32 Rn. 13.
596 Zur Frage der gesonderten Vergütung einer derartigen anwaltlichen Tätigkeit s. näher oben unter Rn. 215.
597 GMP-Matthes, § 1 Rn. 7.
598 BAG NZA 1993, 981 ff.

C. Verhaltensbedingte Kündigung aus Sicht des Arbeitgebervertreters

dings ist gleichwohl die Kündigungsschutzklage nicht beispielsweise gegen die Vereinigten Staaten von Amerika oder die Republik Frankreich zu richten. Vielmehr gilt eine **gesetzliche Prozessstandschaft der Bundesrepublik Deutschland** nach Art. 56 Abs. 8 Satz 2 des NATO-Truppenstatut-Zusatzabkommens.[599] Zu beachten ist darüber hinaus, dass eine nicht gegen die Bundesrepublik Deutschland, sondern gegen den Entsendestaat der Stationierungsstreitkräfte, beispielsweise die Republik Frankreich, gerichtete Kündigungsschutzklage nicht die 3-Wochen-Frist des § 4 KSchG wahrt, auch verneint die herrschende Meinung die Möglichkeit einer Berichtigung und geht von der Versäumung der Klagefrist aus.[600]

Der für den Arbeitgeber tätige Anwalt wird in einem solchen Fall die **Rüge**, dass der falsche Klagegegner verklagt worden sei, erst dann erheben, wenn für den Kläger keine Möglichkeit mehr besteht, die 3-Wochen-Frist einzuhalten.

409

b) Muster: Rüge bei Kündigungsschutzklage unter Missachtung der gesetzlichen Prozessstandschaft der Bundesrepublik Deutschland nach dem Zusatzabkommen zum NATO-Truppenstatut

410

In Sachen

61

X ./. Republik Frankreich

Az.: ▇▇▇

zeige ich die Vertretung der Beklagten an.

Richtig ist, dass der Kläger seit ▇▇▇ bei den französischen Stationierungsstreitkräften als Koch beschäftigt ist.

Der Kläger hat die Kündigungsschutzklage gegen die Republik Frankreich erhoben. Nach Art. 56 Abs. 8 Satz 2 des Zusatzabkommens zum NATO-Truppenstatut besteht jedoch im vorliegenden Fall eine gesetzliche Prozessstandschaft der Bundesrepublik Deutschland. Der Kläger hätte daher die Klage gegen die Bundesrepublik Deutschland richten müssen. Die gegen die Republik Frankreich, einen anderen Klagegegner, gerichtete Klage wahrt jedoch die 3-Wochen-Frist des § 4 KSchG nicht. Nach der Rechtsprechung des BAG ist in einem solchen Fall keine Berichtigung möglich, nach herrschender Meinung führt die gegen den Entsendestaat gerichtete Klage zu einer Versäumung der Klagefrist (HaKo-Gallner § 4 KSchG m.w.N.).

Da dem Kläger die Kündigung bereits am ▇▇▇ zugegangen ist, scheidet auch zum gegenwärtigen Zeitpunkt die Möglichkeit aus, die Klagefrist des § 4 KSchG durch die Erhebung einer neuen, diesmal gegen die Bundesrepublik Deutschland als Prozessstandschafterin gerichteten Klage noch zu wahren.

Ein weiteres Vorgehen des Klägers gegen die Kündigung vom ▇▇▇ ist somit aussichtslos.

Rechtsanwalt

---

599 S. hierzu näher oben unter Rn. 127 ff.
600 HaKo-Gallner, § 4 KSchG Rn. 40 m.w.N.

2. Prüfung der Internationalen Zuständigkeit

a) Grundlagen

411 Immer häufiger im Zuge der steigenden Internationalisierung des Arbeitsmarktes stellt sich die Frage, ob das angerufene deutsche Arbeitsgericht überhaupt international zuständig ist. Vielfach ist die internationale Zuständigkeit der Arbeitsgerichte durch völkerrechtliche Verträge geregelt, nur soweit diese nicht eingreifen, bestimmt sich die internationale Zuständigkeit der Arbeitsgerichte nach den Vorschriften der ZPO über die örtliche Zuständigkeit, §§ 12 ff..[601]

412 Zu beachten ist ferner die **EG-Verordnung Nr. 44/2001** über die gerichtliche Zuständigkeit und die Anerkennung und Vollstreckung von Entscheidungen in Zivil- und Handelssachen. Sie gilt, wenn der Beklagte seinen Wohnsitz in einem EG-Mitgliedsstaat – mit Ausnahme von Dänemark – hat, bei juristischen Personen ist der satzungsmäßige Sitz, die Hauptverwaltung oder Hauptniederlassung maßgebend, die Verordnung geht dem EuGVÜ und dem nationalen Recht vor.[602]

413 Nach Art. 19 Nr. 1 der Verordnung kann ein Arbeitgeber, der seinen Wohnsitz im Hoheitsgebiet eines Mitgliedsstaats hat, vor den Gerichten des Mitgliedsstaats, in dem er seinen Wohnsitz hat, verklagt werden, wahlweise kann er ferner nach Art. 19 Nr. 2 der Verordnung in einem anderen Mitgliedsstaat verklagt werden, und zwar
- vor dem Gericht des Ortes, an dem der Arbeitnehmer gewöhnlich seine Arbeit verrichtet und zuletzt gewöhnlich verrichtet hat, oder
- wenn der Arbeitnehmer seine Arbeit gewöhnlich nicht in ein und demselben Staat verrichtet oder verrichtet hat, vor dem Gericht des Ortes, an dem sich die Niederlassung, die den Arbeitnehmer eingestellt hat, befindet bzw. befand.

414 Nach Art. 18 Abs. 1 der Verordnung Nr. 44/2001 bleibt Art. 5 Nr. 5 der genannten Verordnung ebenfalls im Rahmen des Arbeitsvertrages anwendbar. Somit ergibt sich nach Art. 5 Nr. 5 der Verordnung Nr. 44/2001, dass ein Arbeitgeber, der einen Wohnsitz im Hoheitsgebiet eines Mitgliedsstaates hat, in einem anderen Mitgliedsstaat verklagt werden kann, wenn es sich um Streitigkeiten aus dem Betrieb einer Zweigniederlassung, einer Agentur oder einer sonstigen Niederlassung handelt, und zwar vor den Gerichten des Ortes, an dem sich diese befindet. Die Verordnung stellt somit dem Arbeitnehmer wahlweise drei Gerichtsstände zur Verfügung:

415 Er kann **erstens** seinen Arbeitgeber nach Art. 19 Nr. 1 vor den Gerichten des Mitgliedsstaates verklagen, in dem dieser seinen Wohnsitz bzw. Sitz hat, der allgemeine Gerichtsstand gilt daher auch im Arbeitsrecht. **Darüber hinaus** kann der Arbeitgeber auch am Ort seiner Zweigniederlassung usw. verklagt werden, soweit sich die Streitigkeit aus deren Betrieb ergibt, Art. 5 Nr. 5 i.V.m. Art. 18 Abs. 1 der Verordnung Nr. 44/2001. **Schließlich** kann der Arbeitnehmer vor dem Gericht des Ortes klagen, an dem er „gewöhnlich seine Arbeit verrichtet oder zuletzt gewöhnlich seine Arbeit verrichtet

---

[601] BAG AP Nr. 12 zu internationales Privatrecht / Arbeitsrecht; GMP-Matthes, § 1 Rn. 30.
[602] GMP-Matthes, § 1 Rn. 34a.

hat". **Fehlt** es daran, so ist das Gericht des Ortes zuständig, „an dem sich die Niederlassung, die den Arbeitnehmer eingestellt hat, befindet bzw. befand".[603]

Art. 18-21 der Verordnung 44/2001 gelten dann, wenn ein individueller Arbeitsvertrag oder Ansprüche aus einem individuellen Arbeitsvertrag den Gegenstand des Verfahrens bilden. Das bedeutet, dass nicht nur eine Klage auf Feststellung der Arbeitnehmereigenschaft, sondern auch Ansprüche aller Art aus dem Arbeitsverhältnis erfasst werden, dabei ist kein enger Maßstab anzulegen, so dass auch Ansprüche aus einem faktischen Arbeitsverhältnis und konkurrierende Deliktsansprüche einbezogen sind.[604] Bei einer Kündigungsschutzklage richtet sich die internationale Zuständigkeit nach der Verordnung (EG) Nr. 44/2001.[605]

Der „gewöhnliche Arbeitsort" im Sinne von Art. 19 Nr. 2a der Verordnung (EG) Nr. 44/2001 liegt im Regelfall dort, wo die geschuldete Arbeitsleistung erbracht wird, bei stationärer Tätigkeit ist dies meist der Betrieb.[606]

b) Muster: Rüge der fehlenden internationalen Zuständigkeit

In Sachen

X . / . Y

Az.: ■■■

zeige ich die Vertretung der Beklagten an.

Ich rüge zunächst die fehlende

internationale Zuständigkeit

des angerufenen Gerichts.

Zur

Begründung

führe ich aus:

Richtig ist, dass der Beklagte französischer Staatsangehöriger ist und in Straßburg/ Frankreich ein Unternehmen betreibt, welches sich mit Programmieraufgaben und Softwareentwicklungsarbeiten beschäftigt. Richtig ist ferner, dass der Kläger beim Beklagten angestellt ist. Das angerufene Arbeitsgericht in Freiburg – Kammern Offenburg – ist international für diesen Rechtsstreit nicht zuständig. Zwar kann ein Arbeitgeber, der seinen Wohnsitz im Hoheitsgebiet eines Mitgliedstaats hat, nach Art. 19 Nr. 2a auch in einem anderen Mitgliedstaat vor dem Gericht des Ortes, an dem der Arbeitnehmer gewöhnlich seine Arbeit verrichtet oder zuletzt gewöhnlich verrichtet hat, verklagt werden. Der Kläger verrichtet jedoch nicht entgegen den Angaben in der Klageschrift seine Arbeit „gewöhnlich" in Kehl/Deutschland. Vielmehr hat der Kläger für den Beklagten lediglich einen in

---

603 Däubler, NZA 2003, 1297ff., 1299.
604 Däubler, NZA 2003, 1297, 1299.
605 Reiter, NZA 2004, 1246ff., 1254.
606 Däubler, NZA 2003, 1297ff., 1299.

Straßburg mit speziell angepasster Software ausgestatteten Server bei einem Kunden in Kehl angeliefert und installiert. Dabei handelt es sich um eine untergeordnete Auslieferungstätigkeit. Der zentrale Bereich der Arbeitstätigkeit des Beklagten ist im Unternehmen des Klägers in Straßburg. Dort ist er während 5 Tagen der Woche mit Programmieraufgaben beschäftigt. Dass er nach erfüllter Programmiertätigkeit auch von dem Beklagten und seinen Mitarbeitern programmierte und mit den notwendigen Programminstallationen versehene Computer vor Ort beim Kunden, sowohl in Frankreich wie auch in Deutschland, anliefert und dort aufstellt, führt jedoch noch nicht dazu, dass diese Tätigkeit in Deutschland als der „gewöhnliche Arbeitsort" des Klägers im Sinne von Art. 19 Nr. 2 a der Verordnung (EG) Nr. 44/2001 des Rates zu qualifizieren ist. Vielmehr ist Mittelpunkt der Berufstätigkeit des Klägers eindeutig Straßburg. In den dortigen Firmenräumlichkeiten der Beklagten verfügt der Kläger über ein Büro, dort verbringt er den weitaus überwiegenden Anteil seiner Arbeitszeit (vgl. insoweit EuGH AP Nr. 2 zu Brüssler Abkommen Art. 5).

Daher ist das angerufene Gericht nach Art. 19 Nr. 2 der Verordnung (EG) Nr. 44/2001 des Rates international nicht zuständig.

Da ferner auch kein sonstiger durch die Verordnung (EG) Nr. 44/2001 des Rates eröffneter Gerichtsstand zur internationalen Zuständigkeit eines deutschen Gerichts führt und da des Weiteren die genannte Verordnung dem EuGVÜ und dem nationalen Recht vorgeht (GMP-Matthes, §1 Rn. 34 a), sind die deutschen Gerichte für Arbeitssachen im vorliegenden Fall international nicht zuständig.

Rechtsanwalt

3. Prüfung der örtlichen Zuständigkeit

a) Grundlagen

419 Die örtliche Zuständigkeit ist vom Arbeitsgericht **von Amts wegen** zu prüfen, nicht erst auf Einrede des Beklagten. Die rügelose Einlassung des Beklagten begründet die Zuständigkeit des Arbeitsgerichts nur, wenn er zuvor auf die Unzuständigkeit des Gerichts hingewiesen worden ist.[607]

420 Eine Erörterung der Streitsache in der Güteverhandlung ist noch keine Verhandlung zur Hauptsache. Die Belehrung über die Unzuständigkeit des Gerichts und die Bedeutung der rügelosen Einlassung kann jederzeit im Laufe des Verfahrens erfolgen. Erst wenn danach der Beklagte rügelos weiterverhandelt, wird die Zuständigkeit begründet. Ist die Belehrung unterblieben, kann der Beklagte jederzeit die Unzuständigkeit rügen. Das Gericht hat dann nach § 17a Abs. 3 GVG zu verfahren.[608]

421 Aus Sicht des für den Arbeitgeber tätigen Anwalts hat die Rüge der örtlichen Unzuständigkeit des angerufenen Arbeitsgerichts eher **praktische Bedeutung**, ermöglicht sie doch, dass der Rechtsstreit an ein anderes, vielleicht verkehrsmäßig günstiger gelegenes Arbeitsgericht verwiesen wird oder an ein Arbeitsgericht, von dem man sich eine vielleicht etwas arbeitgeberfreundlichere Haltung als von dem derzeit angerufenen Arbeitsgericht erhofft. Allein entscheidende Bedeutung hat die Rüge deshalb nicht,

---

607 GMP-Matthes, § 2 Rn. 183.
608 GMP-Matthes, § 2 Rn. 177.

weil auch die bei einem örtlich unzuständigen Arbeitsgericht eingereichte und nach den §§ 48 Abs. 1 Nr. 1 ArbGG, 17a Abs. 2 und Abs. 3 GVG an das zuständige Gericht verwiesene Klage die 3-Wochen-Frist des § 4 KSchG wahrt, wobei dies auch noch bei einer Verweisung nach dem Ende der 3-Wochen-Frist gilt.[609]

b) Muster: Rüge der örtlichen Unzuständigkeit

In Sachen

X./. Y

Az.: ▪▪▪

zeige ich die Vertretung der Beklagten an.

Zunächst rüge ich die örtliche Zuständigkeit des angerufenen Arbeitsgerichts ▪▪▪. Zur

Begründung

führe ich aus:

Die Behauptung des Klägers, er habe als beratender Sicherheitsingenieur im Wesentlichen von seinem Wohnsitz aus gearbeitet, ist unzutreffend und wird bestritten. Der Kläger war vielmehr der Niederlassung in ▪▪▪ der Beklagten zugeordnet. Dort verfügte er über ein eigenes Büro. Er hatte sich täglich zu Beginn der Arbeit in diesem Büro einzufinden und nahm dort die ihm jeweils übertragenen Beratungsaufträge entgegen. Nach der Abwicklung dieser Aufträge kehrte er auch wiederum in dieses Büro in ▪▪▪ zurück und erledigte dort die erforderlichen Abschlussarbeiten. Die Behauptung des Klägers, er habe seine Arbeit von seinem Wohnsitz aus erledigt und dort ein sogenanntes Home-Office unterhalten, entspricht somit nicht den tatsächlichen Verhältnissen, das angerufene Arbeitsgericht ▪▪▪ ist somit nicht nach § 46 Abs. 2 ArbGG i.V.m. § 29 ZPO örtlich zuständig.

Rechtsanwalt

4. Verfahren bis zum Gütetermin

a) Vertretungsanzeige

aa) Grundlagen: Hat der Beklagte – was in der Praxis fast den Regelfall darstellt – den Anwalt mit seiner Vertretung im arbeitsgerichtlichen Verfahren beauftragt, nachdem ihm die Kündigungsschutzklage mit Ladung zum Gütetermin zugestellt worden ist, wird der für den Beklagten tätige Anwalt sich im Regelfall unverzüglich beim Arbeitsgericht für seinen Mandanten **bestellen**. Denn nur so ist sichergestellt, dass er auch von etwa weiter vom Kläger eingereichten Schriftsätzen, beispielsweise mit Klageerweiterungen, und von in der Praxis vielfach vorkommenden Terminsverlegungen sicher Kenntnis erlangt.

---

[609] BAG NZA 1994, 237 ff., 239; LAG Köln NZA-RR 1998, 561 f.; HaKo-Gallner, § 4 KSchG Rn. 130.

§ 2 Gerichtliche Verfahren 1. Instanz

424 *bb) Muster: Vertretungsanzeige*

In Sachen

X ./. Y

Az.: ▪▪▪

zeige ich die Vertretung der Beklagten an. Die Ladung zum Gütetermin am ▪▪▪ um ▪▪▪ Uhr ist mir bekannt.

Rechtsanwalt

b) Verlegungsantrag

425 *aa) Grundlagen:* Nach § 61a Abs. 1 ArbGG sind die Bestandsstreitigkeiten vorrangig zu erledigen. Wenn der vom Beklagten beauftragte Rechtsanwalt zum Zeitpunkt des anberaumten Gütetermins nicht verfügbar ist, weil er beispielsweise einen schon seit längerem anberaumten anderen Termin wahrzunehmen hat, wird er einen Terminsverlegungsantrag stellen. Nach § 46 Abs. 2 Satz 2 ArbGG gilt die erleichterte Möglichkeit zur Terminsverlegung nach § 227 Abs. 3 ZPO in der **Zeit vom 01.07.-31.08.** im arbeitsgerichtlichen Verfahren nicht. Allerdings stellt die urlaubsbedingte Abwesenheit eines Prozessvertreters oder einer Partei in der Hauptferienzeit im Regelfall einen ausreichenden Grund für die Terminsverlegung dar, wenn nicht überwiegende Interessen der Gegenpartei dem entgegenstehen.[610] Aber auch außerhalb der Zeit vom 01.07.-31.08. erfolgt vielfach auf einen entsprechenden Verlegungsantrag des von der beklagten Partei beauftragten Rechtsanwalts eine Verlegung des Gütetermins, wenn er einen **erheblichen Grund** im Sinne von § 227 Abs. 1 ZPO ins Feld führen kann. Ein solcher erheblicher Grund kann beispielsweise die Kollision des vorgesehenen Gütetermins mit einem schon seit längerem anberaumten anderweitigen Gerichtstermin sein.

426 *bb) Muster: Verlegungsantrag*

In Sachen

X ./. Y

Az.: ▪▪▪

zeige ich die Vertretung der Beklagten an. Die Ladung zum Gütetermin am ▪▪▪ um ▪▪▪ Uhr in ▪▪▪ ist mir bekannt.

Leider bin ich gezwungen,

Terminsverlegung

beantragen zu müssen. Zur

---

610 GMP/Germelmann, § 246 Rn. 27a.

Begründung

führe ich aus, dass ich am ▪▪▪ um ▪▪▪ einen schon seit längerem anberaumten Termin vor dem LAG ▪▪▪ wahrzunehmen habe. Ich bitte daher, dem Verlegungsgesuch zu entsprechen.

Vorsorglich für den Fall, dass das Gericht neuen Gütetermin für den ▪▪▪ bestimmten sollte, weise ich schon jetzt darauf hin, dass ich am Vormittag des ▪▪▪ einen ebenfalls schon länger anberaumten Kammertermin beim Arbeitsgericht ▪▪▪ wahrzunehmen habe.[611]

Rechtsanwalt

c) Schriftsätzlicher Vortrag

Nach § 47 Abs. 2 ArbGG erfolgt eine Aufforderung an den Beklagten, sich auf die Klage schriftlich zu äußern, in der Regel nicht. Die Bestimmung ist an sich überflüssig, da bereits in § 46 Abs. 2 Satz 2 ArbGG festgelegt ist, dass das schriftliche Vorverfahren der §§ 275-277 ZPO im arbeitsgerichtlichen Verfahren keine Anwendung findet.[612]

427

Ob eine schriftliche Klageerwiderung zur Vorbereitung der Güteverhandlung bei Gericht einzureichen ist oder nicht, ist somit eine rein **taktisch zu entscheidende Frage**. Steht der Beklagtenvertreter in der ungünstigen Situation, eine schon auf den ersten Blick mit erheblichen Schwachstellen versehene Kündigung vertreten zu müssen, ist es sicherlich nicht angezeigt, schriftsätzlich den Gütetermin vorzubereiten. Denn dann, wenn sich der Beklagtenvertreter erst im Gütetermin zum Streitgegenstand äußert, bestehen bessere Chancen, durch einen **rhetorisch geschickten Auftritt** beim Gericht und auch beim Klägervertreter eine günstigere Wirkung zu erzeugen, da auf Seiten des Gerichts und der Klägerseite weniger Chancen als bei schriftsätzlichem Vortrag bestehen, jedes vorgetragene Argument in all seinen Aspekten zu hinterfragen.

428

Hat man jedoch als Beklagtenvertreter eine durchaus fundierte Kündigung zu vertreten, ist es sicherlich empfehlenswert, schriftsätzlich den Gütetermin vorzubereiten, um zu verhindern, dass das Gericht im Gütetermin eine zu weit gehende Abfindung vorschlägt. Da häufig zwischen der Mandatserteilung und dem Gütetermin nur wenige Tage Zeit bleiben, wird ein schriftsätzlicher Vortrag des Beklagten vielfach zwar noch rechtzeitig beim Gericht eingereicht werden können, von diesem aber nicht mehr rechtzeitig vor dem Gütetermin an den Kläger weitergeleitet werden, so dass der Klägervertreter in den Gütetermin ohne Kenntnis der Ausführungen der Beklagtenseite zur Rechtfertigung der Kündigung gehen muss, was die taktischen Aussichten der Beklagtenseite weiter vergrößert.

429

---

611 Häufig haben Arbeitsgerichte für die Durchführung von Güteterminen feste Terminstage eingeplant, so dass man vorhersehen kann, auf welchen neuen Wochentag das Gericht nach der Aufhebung des ursprünglich anberaumten Termins neu terminieren wird. Sofern bereits dann wieder eine Terminskollision absehbar ist, sollte dies dem Gericht schon mit dem Verlegungsantrag mitgeteilt werden.
612 GMP/Germelmann, § 47 Rn. 20.

5. Gütetermin

430 Auch für den Vertreter der Beklagtenseite stellt der Gütetermin das geeignete Forum dar, in dem der aufgetretene Konflikt der Parteien zügig und mit kalkulierbaren Folgen geregelt werden kann. Allgemein gültige Regeln, mit welcher „**Strategie**" man als Beklagtenvertreter im Gütetermin am besten fährt, lassen sich nicht aufstellen. Hierzu sind die Fähigkeiten und Qualitäten der jeweils beteiligten Anwälte und auch die Sachverhalte zu unterschiedlich.

431 Dies vorausgeschickt kann jedoch festgehalten werden, dass dann, wenn der Beklagtenvertreter eine **Kündigung** zu verteidigen hat, die **juristisch schwer angreifbar** erscheint, es sicherlich sinnvoll ist, wenn der Beklagtenvertreter im Gütetermin nach ausführlicher mündlicher Darlegung der Kündigungsgründe und der sozialen Rechtfertigung der Kündigung aus seiner Sicht einen Vergleichsvorschlag unterbreitet, und zwar um den „Lästigkeitswert" des noch weiterzuführenden Kündigungsschutzverfahrens und evtl. prozessualer Imponderabilien abzugelten. Ist der Kläger persönlich im Gütetermin anwesend, kann ihm auch – was für manche Arbeitnehmer häufig überraschend ist – auch vor Augen geführt werden, dass nicht zwangsläufig jede Kündigungsschutzklage zu einer Abfindung führt, sondern dass durchaus die Möglichkeit besteht, und dass diese im vorliegenden Fall sogar sehr wahrscheinlich ist, dass das Arbeitsgericht zu dem Ergebnis kommt, dass die Kündigung rechtlich nicht zu beanstanden ist, und die Klage abweisen wird mit der Folge, dass der klagende Arbeitnehmer keinerlei Abfindung erhält.

432 Sind die **Prozessaussichten** eher als **offen** zu qualifizieren oder spricht manches dafür, dass die Verteidigung der Kündigung schwer werden wird, ist es häufig ein gangbarer Weg für den Beklagtenvertreter, im Gütetermin keinen eigenen Vorschlag einer Abfindungssumme zu unterbreiten, sondern stattdessen um einen gerichtlichen Vorschlag zu bitten, da sich die Gerichte im Gütetermin insoweit meist an der Faustformel orientieren. So kann ein Vorschlag, der von neutraler Seite wie beispielsweise dem Gericht stammt, beim Arbeitnehmer leichter auf Gehör stoßen.[613] Liegt ein eher kurzes Arbeitsverhältnis vor, führt ein Vergleichsvorschlag des Gerichts orientiert an der Faustformel im Regelfall noch zu durchaus erträglichen Abfindungsbeträgen.

433 Wichtig ist es jedoch für den für die Beklagtenseite tätigen Anwalt, stets das Annahmeverzugsvergütungsrisiko seines Mandanten im Auge zu behalten und diesem vor Augen zu führen, welche Zahlungsverpflichtungen auf ihn im allerungünstigsten Fall zukommen können. Ratsam ist es daher in einer solchen prozessualen Lage durchaus, auf Seiten des Beklagtenvertreters zunächst einmal im Wege eines widerruflichen Vergleichs eine gütliche Einigung zu akzeptieren, die zu einer höheren Abfindung führt, als sich der Arbeitgeber ursprünglich vorgestellt hatte, denn häufig zeigt sich, dass nach entsprechender Belehrung und Darstellung der rechtlichen Risiken letzten Endes aus rationalen Gründen doch einer Abfindung zugestimmt wird, die über dem ursprünglich als äußerste Grenze bezeichneten Betrag liegt.

---

613 Pauly/Osnabrügge-Rinck, Handbuch Kündigungsrecht, § 32 Rn. 34.

6. Weiteres Verfahren und Kammertermin

a) Grundlagen

Ist die Güteverhandlung erfolglos, fordert nach § 61a Abs. 3 ArbGG der Vorsitzende den Beklagten auf, binnen einer angemessenen Frist, die mindestens zwei Wochen betragen muss, im Einzelnen unter Beweisantritt schriftlich auf die Klage zu erwidern, wenn der Beklagte bislang noch nicht oder noch nicht ausreichend auf die Klage erwidert hat. Des Weiteren setzt der Vorsitzende auch dem Kläger eine angemessene Frist zur schriftlichen Erwiderung, § 61a Abs. 4 ArbGG. Regelmäßig erfolgt ferner noch der Hinweis darauf, dass **Angriffs- und Verteidigungsmittel**, die erst nach Ablauf der jeweils gesetzten Fristen vorgebracht werden, nach § 61a Abs. 5 ArbGG nur zuzulassen sind, wenn nach der freien Überzeugung des Gerichts ihre Zulassung die Erledigung des Rechtsstreits nicht verzögert oder wenn die Partei die Verspätung genügend entschuldigt.

434

Damit ist der Rechtsstreit nunmehr für den für den Arbeitgeber tätigen Anwalt in eine **entscheidende Phase** getreten. Nach § 1 Abs. 2 Satz 4 KSchG hat der Arbeitgeber die Tatsachen zu beweisen, die die Kündigung bedingen. Bei einer verhaltensbedingten Kündigung muss der Arbeitgeber daher alle tatsächlichen Voraussetzungen eines verhaltensbedingten Kündigungsgrundes darlegen und ggf. beweisen, einschließlich der für den Arbeitnehmer im Rahmen der abschließenden Interessenabwägung nachteiligen Umstände.[614] Nicht ausreichend sind schlagwortartige Angaben, wie z.B. häufiges Zu-spät-Kommen, Arbeitsverweigerung, Beleidigungen, auch in zeitlicher Hinsicht obliegt ihm eine Substantiierungspflicht, soweit es sich um abmahnungspflichtige Tatbestände handelt, muss der Arbeitgeber insbesondere darlegen, zu welchem Zeitpunkt und wegen welchen vertragswidrigen Verhaltens er den Arbeitnehmer abgemahnt hat.[615] Der Arbeitgeber hat auch die Rechtswidrigkeit des Verhaltens des Arbeitnehmers zu beweisen, ihn trifft ferner die Darlegungs- und Beweislast dafür, dass solche Tatsachen nicht vorgelegen haben, die die Handlung des Arbeitnehmers als gerechtfertigt erscheinen lassen.[616] Allerdings braucht der Arbeitgeber nicht von vornherein alle nur denkbaren Rechtfertigungsgründe des Arbeitnehmers zu widerlegen, die Darlegungslast ist abgestuft; der Umfang der Darlegungs- und Beweislast richtet sich danach, wie substantiiert sich der gekündigte Arbeitnehmer auf die Kündigungsgründe einlässt, nicht ausreichend ist es, wenn der Arbeitnehmer Rechtfertigungsgründe pauschal ohne nähere Substantiierung vorbringt.[617]

435

Die Prüfung der Sozialwidrigkeit einer verhaltensbedingten Kündigung ist grundsätzlich **in drei Stufen** vorzunehmen. Zunächst ist ein arbeitsvertragswidriges Verhalten des Arbeitnehmers festzustellen, dieses muss zu konkreten Störungen des Arbeitsverhältnisses führen, die auch in Zukunft zu befürchten sind (**Prognoseprinzip**).[618] Nach dem Prognoseprinzip ist auch zu prüfen, ob eine Wiederholungsgefahr besteht, d.h. zu

436

---

614 HaKo-Fiebig, § 1 KSchG Teil D Rn. 294.
615 KR-Etzel, § 1 KSchG Rn. 435.
616 HaKo-Fiebig, § 1 KSchG Teil D Rn. 296 m.w.N.
617 HaKo-Fiebig, § 1 KSchG Teil D Rn. 297.
618 APS-Dörner, § 1 KSchG Rn. 272.

befürchten ist, der Arbeitnehmer werde auch in Zukunft gleichartige Pflichtverletzungen begehen, oder ob das vergangene Ereignis – selbst ohne Wiederholung – sich auch künftig weiter belastend auswirkt.[619]

437 Erforderlich ist weiter, dass die Störung nicht durch eine **Umsetzung** beseitigt werden kann. Wenn die Möglichkeit einer zumutbaren anderweitigen Beschäftigung auf einem freien Arbeitsplatz in demselben Betrieb oder in einem anderen Betrieb des Unternehmens besteht, entfällt der Kündigungsgrund.[620] In der dritten Stufe schließlich ist eine **Interessenabwägung** vorzunehmen, dabei ist das Interesse des Arbeitnehmers an der Erhaltung des Arbeitsplatzes bis zu dem Zeitpunkt, an dem das Arbeitsverhältnis ohne Ausspruch der Kündigung enden würde, dem Interesse des Arbeitgebers an der Auflösung des Arbeitsverhältnisses gegenüberzustellen.[621]

438 Der Tatbestand einer ordentlichen verhaltensbedingten Arbeitgeberkündigung setzt zunächst ein (in der Regel) schuldhaftes Fehlverhalten des Arbeitnehmers voraus. In Abgrenzung zu den Kündigungsgründen bei einer personenbedingten Kündigung ist bei einer verhaltensbedingten Kündigung unter einem kündigungsrelevanten „Verhalten" eine solche Handlungsweise des Arbeitnehmers zu sehen, die ihm vorwerfbar, von ihm steuerbar ist.[622] Liegt dagegen nur ein objektiv pflichtwidriges Verhalten des Arbeitnehmers vor, so kann dies ausnahmsweise dann eine ordentliche Kündigung sozial rechtfertigen, wenn die Folgen für den Arbeitgeber erheblich waren (z.B. wegen eines erheblichen Schadens oder erheblicher Störung des Betriebsfriedens) oder wenn aufgrund objektiver Umstände mit wiederholten Pflichtwidrigkeiten des Arbeitnehmers zu rechnen ist.[623] Ein Rechtsirrtum des Arbeitnehmers, der irrig sein Verhalten als rechtmäßig ansieht, schließt eine verhaltensbedingte Kündigung nicht aus.[624] Als für eine verhaltensbedingte Kündigung relevante Pflichtverletzungen des Arbeitnehmers kommen z.B. sowohl Arbeitspflichtverletzungen (z.B. Arbeitsverweigerung, Verspätungen, unentschuldigtes Fehlen usw.) wie auch Verletzung von Nebenpflichten in Betracht. Notwendig ist bei Vorliegen einer Verletzung einer Haupt- oder Nebenpflicht aus dem Arbeitsverhältnis stets, dass sich das Fehlverhalten betrieblich auswirkt.[625]

439 Als weiteres Tatbestandsmerkmal erfordert die ordentliche verhaltensbedingte Arbeitgeberkündigung das Vorliegen einer **Abmahnung**. In der Rechtsprechung des BAG ist eine Abmahnung mit Warnfunktion regelmäßig vor Kündigungen aus verhaltensbedingten Gründen erforderlich, die sich als Störungen im Leistungsbereich auswirken.[626] Eine Abmahnung ist aber dann entbehrlich, wenn es entweder um schwere Pflichtverletzungen geht, deren Rechtswidrigkeit dem Arbeitnehmer ohne Weiteres erkennbar ist und bei denen eine Billigung des Verhaltens offensichtlich ausgeschlossen

---

619 APS-Dörner, § 1 KSchG Rn. 272 m.w.N.
620 APS-Dörner, § 1 KSchG Rn. 273.
621 APS-Dörner, § 1 KSchG Rn. 274.
622 ErfKoArbR-Ascheid, § 1 KSchG Rn. 286.
623 APS-Dörner, § 1 KSchG Rn. 276 m.w.N.
624 ErfKoArbR-Ascheid, § 1 KSchG Rn. 292.
625 APS-Dörner, § 1 KSchG Rn. 341; vgl. auch BAG AP Nr. 26 zu § 1 KSchG 1969 Verhaltensbedingte Kündigung.
626 APS-Dörner, § 1 KSchG Rn. 367 m.w.N.

C. Verhaltensbedingte Kündigung aus Sicht des Arbeitgebervertreters

ist oder wenn eine Vertragsverletzung hartnäckig oder uneinsichtig begangen wird und mit einer vertrags- und gesetzmäßigen Abwicklung des Arbeitsvertrages nicht mehr zu rechnen ist.[627] Liegt dagegen eine Störung im **Vertrauensbereich** vor (der Vertrauensbereich betrifft den Glauben des Arbeitgebers an die Gutwilligkeit, Loyalität und Redlichkeit des Arbeitnehmers und den Glauben daran, dass dieser nicht unlauter sich gegen die Interessen des Arbeitgebers stellt), so ist nach der Rechtsprechung des BAG im Gegensatz zu Störungen im Leistungs- und Verhaltensbereich grundsätzlich keine Abmahnung erforderlich. Denn eine Abmahnung kann zerstörtes Vertrauen nicht wiederherstellen.[628] Zwar ist auch bei Störungen im sogenannten Vertrauensbereich das Abmahnungserfordernis, soweit ein steuerbares Verhalten des Arbeitnehmers in Rede steht, grundsätzlich zu prüfen, Voraussetzung ist allerdings, dass erwartet werden kann, dass das Vertrauen durch eine derartige Abmahnung wiederhergestellt werden kann.[629]

Liegt ein Pflichtverstoß vor, der das Vorliegen einer Abmahnung erfordert, ist weitere Tatbestandsvoraussetzung für eine ordentliche verhaltensbedingte Arbeitgeberkündigung, dass es nach erfolgter Abmahnung zu einem vergleichbaren **Wiederholungsfall** gekommen ist. Ist auch diese Voraussetzung erfüllt, so ist schließlich eine Interessenabwägung vorzunehmen. Zu berücksichtigen sind dabei Gesichtspunkte der Arbeits- und Betriebsdisziplin, die Aufrechterhaltung der Funktionsfähigkeit des Betriebes oder des Unternehmens, der Eintritt eines Vermögensschadens, Wiederholungsgefahr, die Schädigung des Ansehens des Arbeitgebers in der Öffentlichkeit, der Schutz der übrigen Belegschaft, Art, Schwere und Häufigkeit der vorgeworfenen Pflichtwidrigkeiten, früheres Verhalten des Arbeitnehmers, Mitverschulden des Arbeitgebers, die Dauer der Betriebszugehörigkeit, Lebensalter des Arbeitnehmers sowie die Lage auf dem Arbeitsmarkt.[630]

440

Im sich dann anschließenden Kammertermin wird der Rechtsstreit einer Entscheidung zugeführt. Sofern das Gericht im Kammertermin nochmals einen erneuten Versuch macht, zu einer gütlichen Einigung zu gelangen, unterscheidet sich die Taktik im Grundsatz nicht wesentlich von dem Verhalten in der Güteverhandlung. Allerdings ist vielfach für den Arbeitgeber das Risiko, Annahmeverzugslohn zahlen zu müssen, bis zum Kammertermin deutlich größer geworden, so dass sich für den Arbeitnehmer verbesserte Chancen für einen Abfindungsvergleich ergeben.

441

Häufig sieht das Gericht jedoch die Möglichkeiten einer gütlichen Einigung mit Ablauf des Gütetermins als abschließend ausgelotet an und beschränkt sich in der Kammerverhandlung darauf, den Rechtsstreit prozessual abzuarbeiten und einer Entscheidung zuzuführen.

442

---

627 APS-Dörner, § 1 KSchG Rn. 367 m.w.N.
628 APS-Dörner, § 1 KSchG Rn. 368.
629 LAG Köln NZA-RR 2003, 303 ff.; BAG NZA 1997, 1281 ff.
630 APS-Dörner, § 1 KSchG Rn. 433.

443 b) Muster: Klageerwiderung bei ordentlicher Kündigung aus verhaltensbedingten Gründen

In Sachen

X ./. Y

Az.: ■■■

nehme ich Bezug auf Ziff. 2 des Beschlusses vom ■■■ und führe aus:

I.

Der am ■■■ geborene X ist bei der Beklagten seit dem ■■■ als gewerblicher Arbeitnehmer beschäftigt. Maßgeblich ist der schriftliche Arbeitsvertrag der Parteien vom ■■■

Beweis: Arbeitsvertrag vom ■■■, in Fotokopie anliegend (Anlage B 1)

Der Bruttostundenlohn des Klägers beträgt ■■■ € bei einer ■■■-Stunden-Woche.

Zutreffend geht der Kläger in der Klageschrift davon aus, dass die Bestimmungen des Kündigungsschutzgesetzes Anwendung finden.

II.

Der Kläger wird von der Beklagten in der Abteilung ■■■ eingesetzt. Regelmäßiger Arbeitsbeginn für diese Abteilung ist morgens 7 Uhr. Der Kläger kam jedoch zwischen dem 21.10.2003 und dem 10.11.2003 vier Mal bis zu 45 Minuten zu spät morgens zur Arbeit.

Beweis: Zeuge AB ■■■

Der vorgenannte Zeuge AB ist in der Abteilung ■■■, in der der Kläger beschäftigt ist, als Abteilungsleiter tätig und hat die in Rede stehenden Verspätungen des Klägers seinerzeit jeweils festgestellt.

Aufgrund der genannten Verspätungen erteilte die Beklagte dem Kläger unter dem 21.11.2003 eine schriftliche Abmahnung.

Beweis: Abmahnung vom 21.11.2003, in Fotokopie anliegend (Anlage B 2)

In der Folgezeit verspätete sich der Kläger zwischen dem 04.05.2004 und dem 02.06.2004 erneut mehrere Male, und zwar am ■■■ um 15 Minuten, am ■■■ um 30 Minuten und am ■■■ um 45 Minuten.

Beweis: Zeuge AB, bb

Der Zeuge AB hat auch diese Verspätungen des Klägers seinerzeit festgestellt. Aufgrund dieser weiteren Verspätungen wurde der Kläger von der Beklagten erneut schriftlich am 02.06.2004 abgemahnt.

Beweis: Abmahnung vom 02.06.2004, in Fotokopie anliegend (Anlage B 3)

Gleichwohl versäumte es der Kläger auch in der Folgezeit, morgens pünktlich zur Arbeit zu erscheinen. Nur wenige Tage nach der Abmahnung vom 02.06.2004 verspätete er sich am 14.06.2004 um 13 Minuten, am 22.08.2004 um 31 Minuten und am 23.08.2004 um 27 Minuten.

Beweis: Zeuge AB, bb

Der Zeuge AB hat diese weiteren Verspätungen des Klägers jeweils festgestellt. Die Beklagte hat daraufhin das mit dem Kläger bestehende Arbeitsverhältnis am 30.08.2004 fristgemäß zum 31.10.2004 gekündigt.

III.

Die Kündigung vom 30.08.2004 ist im Sinne von § 1 Abs. 2 KSchG sozial gerechtfertigt, da sie durch Gründe, die in dem Verhalten des Klägers liegen, bedingt ist. Der Kläger hat mehrfach durch schuldhaft verspätetes Erscheinen im Betrieb seine Arbeitspflicht verletzt. Nach ständiger Rechtsprechung des BAG kann ein wiederholt schuldhaft verspätetes Erscheinen im Betrieb trotz entsprechender vorheriger Abmahnungen als Verletzung der Arbeitspflicht eine fristgerechte Kündigung gemäß § 1 Abs. 1 und Abs. 2 Satz 1 KSchG begründen (AP Nr. 36 zu § 1 KSchG 1969 Verhaltensbedingte Kündigung). Der Kläger ist am 14.06.2004, am 22.08.2004 und am 23.08.2004 schuldhaft zu spät im Betrieb erschienen. Der Vortrag des Klägers in der Klageschrift, er habe in den Tagen, an denen er sich verspätete, den Wecker überhört und verschlafen, entschuldigt oder rechtfertigt seine Pflichtverletzung im Rahmen des Arbeitsvertrages nicht. Wer wiederholt den Wecker überhört und verschläft, muss eben für einen lauteren Wecker oder für ein Aufwecken durch zuverlässige Dritte sorgen bzw. nicht – wie der Kläger in der Klageschrift eingeräumt hat – am 21.08.2004 spät, sondern frühzeitig zu Bett gehen.

Die Verspätungen des Klägers haben auch jeweils zu erheblichen Betriebsablaufstörungen bei der Beklagten geführt. Aufgrund der Ausgestaltung des Produktionsprozesses in der Abteilung ■■■, in der der Kläger beschäftigt ist – er ist dort für die Vorbereitung der von den anderen Arbeitskollegen weiterzubearbeitenden Grundmaterialien zuständig –, war jeweils für die Dauer der Verspätungen des Klägers der Produktionsprozess in der betreffenden Abteilung lahmgelegt.

Beweis: Zeuge AB, bb

Da der Kläger trotz zweier Abmahnungen gleichwohl erneut am 14.06.2004, 22. und 23.08.2004 zu spät im Betrieb erschienen ist, musste die Beklagte davon ausgehen, dass der Kläger in Zukunft sein Verhalten nicht ändern wird, sondern weiterhin gleichartige Pflichtverletzungen begehen und damit weiterhin erhebliche Betriebsablaufstörungen hervorrufen wird.

Bei der gebotenen Interessenabwägung hat die Beklagte die erheblichen, nachhaltigen Verletzungen der Arbeitspflicht durch den Kläger und die aufgetretenen erheblichen Betriebsablaufstörungen mit den Interessen des Klägers am Erhalt des Arbeitsplatzes und insbesondere mit den Unterhaltspflichten des Klägers für seine beiden Kinder abgewogen. Zwar sind Unterhaltspflichten im Rahmen einer verhaltensbedingten Kündigung grundsätzlich berücksichtigungsfähig, sie sind bei der Interessenabwägung von größerem Gewicht, wenn sie mit dem verhaltensbedingten Kündigungsgrund im Zusammenhang stehen. Dass der Kläger mit der Eingehung des Arbeitsverhältnisses u.a. auch den Zweck verfolgt hat, seine Unterhaltspflichten erfüllen zu können, tritt jedoch nach der Rechtsprechung des BAG in den Hintergrund, wenn der Arbeitnehmer gewichtige Pflichten aus dem Arbeitsvertrag trotz Abmahnung wiederholt vorsätzlich verletzt, in diesem Fall können Unterhaltspflichten des Arbeitnehmers bei der Interessenabwägung kaum von Gewicht oder im Extremfall sogar völlig vernachlässigbar sein (BAG AP Nr. 36 zu § 1 KSchG 1969 Ver-

Mayer

haltensbedingte Kündigung). Aus diesem Grunde hat sich die Klägerin dazu entschlossen, das Arbeitsverhältnis mit dem Beklagten durch die streitbefangene Kündigung vom 30.08.2004 zu beenden, zumal auch eine Umsetzung des Klägers im Betrieb auf einen Arbeitsplatz, bei dem es auf einen regelmäßig pünktlichen Arbeitsbeginn weniger ankommt, ebenso nicht möglich war wie auch eine Weiterbeschäftigung auf einem anderen freien Arbeitsplatz im Betrieb der Beklagten; zum einen war kein freier Arbeitsplatz vorhanden, zum anderen ist der Kläger aufgrund seiner Qualifikation im Betrieb der Beklagten nur in dem Bereich der Vorbereitung der Produktionsgrundstoffe der Abteilung ■■■ einsetzbar, für alle weitergehenden Tätigkeiten müsste der Kläger zumindest über die abgeschlossene Ausbildung als ■■■ verfügen, was jedoch nicht der Fall ist.

Nach alledem ist die Kündigung der Beklagten rechtlich nicht zu beanstanden, die Klage ist daher abweisungsreif.

Rechtsanwalt

c) Antrag auf Ausschluss der vorläufigen Vollstreckbarkeit nach § 62 Abs. 1 Satz 2 ArbGG wegen nicht zu ersetzenden Nachteils

444 *aa) Grundlagen:* Im Kündigungsschutzverfahren ist für den Arbeitgeber häufig nachteilig, dass nach § 62 Abs. 1 Satz 1 ArbGG die Urteile der Arbeits- und Landesarbeitsgerichte ohne besondere gerichtliche Entscheidung schon **kraft Gesetzes vorläufig vollstreckbar** sind. Der für den Beklagten tätige Anwalt muss in diesem Zusammenhang an die Möglichkeit eines Vollstreckungsschutzantrages nach § 62 Abs. 1 Satz 2 ArbGG denken. Danach hat das Arbeitsgericht auf Antrag des Beklagten die vorläufige Vollstreckbarkeit im Urteil auszuschließen, wenn der Beklagte glaubhaft macht, dass die Vollstreckung ihm einen **nicht zu ersetzenden Nachteil** bringen würde. Lediglich solche Nachteile, die nur schwer zu ersetzen oder schwer abzusehen sind, reichen nach dieser Vorschrift nicht aus, die vorläufige Vollstreckbarkeit des arbeitsgerichtlichen Urteils auszuschließen.[631] Hat der Kläger neben der Kündigungsschutzklage auch einen Weiterbeschäftigungsantrag gestellt, stellt sich die Frage, ob ein nicht zu ersetzender Nachteil eintreten kann, wenn später festgestellt würde, dass die angegriffene Kündigung wirksam ist. Ein nicht zu ersetzender Nachteil im Sinne des § 62 Abs. 1 Satz 2 ArbGG liegt jedoch insoweit nicht vor, da einerseits der Arbeitgeber durch die Arbeitsleistung des Arbeitnehmers einen Gegenwert erhält[632] und zum anderen der bloße Nachteil, nicht frei handeln zu können, noch keinen nicht zu ersetzenden Nachteil darstellt.[633] Dass die stattgefundene Beschäftigung nicht rückgängig gemacht werden kann, stellt keinen unersetzbaren Nachteil dar. Vielmehr muss die Beschäftigung sonstige Schäden in einem Ausmaß befürchten lassen, dass aller Wahrscheinlichkeit nach vom Arbeitnehmer kein Ersatz zu erlangen sein wird.[634] Kein Fall der Einstellung der Zwangsvollstreckung wegen eines nicht zu ersetzenden Nachteils liegt vor, wenn der Arbeitgeber zur Weiterbeschäftigung des Arbeitnehmers verpflichtet wird, danach jedoch erneut

---

631 BAG NZA 1985, 702 ff., 706.
632 GMP/Germelmann, § 62 Rn. 15.
633 BAG NZA 1985, 702, 706 f.
634 BAG NZA 1985, 702, 706 f.

eine Kündigung ausspricht oder ein anderer Beendigungstatbestand eintritt. In diesem Fall endet die Wirkung der Verurteilung der vorläufigen Weiterbeschäftigung aufgrund des zuerst verkündeten Urteils, zur Durchführung des Weiterbeschäftigungsanspruches bedarf es nunmehr eines neuen Titels.[635] Wenn sich also der Arbeitgeber nach dem erstinstanzlichen Urteil dem vorläufig vollstreckbaren Weiterbeschäftigungsanspruch entziehen möchte, bleibt ihm auf jeden Fall die Möglichkeit, ggf. eine **neue Kündigung** auszusprechen.

Ein Vollstreckungsschutzantrag nach § 62 Abs. 1 Satz 2 ArbGG hat jedoch insbesondere bei der Vollstreckung von Zahlungstiteln bzw. wegen geldwerter Leistungen Bedeutung. Ein nicht zu ersetzender Nachteil besteht dann, wenn von der Vermögenslosigkeit des Vollstreckungsgläubigers ausgegangen und nicht damit gerechnet werden kann, dass im Falle der Abänderung oder Aufhebung der Entscheidung eine Rückzahlung erfolgen könnte.[636] Bei **ausländischen Arbeitnehmern** kann die vorläufige Vollstreckbarkeit nicht mit der pauschalen Behauptung ausgeschlossen werden, der ausländische Arbeitnehmer werde sich einem etwaigen Rückforderungsanspruch des Arbeitgebers durch die Rückkehr in sein Heimatland entziehen, falls in einer späteren Entscheidung zu seinen Ungunsten entschieden werde.[637] Die Tatsache, dass der Vollstreckungsgläubiger ein arbeitslos gewordener Ausländer ist, rechtfertigt die Einstellung der Zwangsvollstreckung nicht.[638] Wenn jedoch die Gefahr besteht, dass der Arbeitnehmer ohne Angabe eines neuen Wohnsitzes ins Ausland verzieht, kann ein Antrag nach § 62 Abs. 1 Satz 2 ArbGG Erfolg haben, dafür müssen aber stets konkrete Anhaltspunkte vorgetragen werden.[639]

445

Die tatsächlichen Voraussetzungen für den Antrag nach § 62 Abs. 1 Satz 2 ArbGG sind glaubhaft zu machen. Mittel der Glaubhaftmachung sind sämtliche in der ZPO vorgesehenen Beweismittel sowie die Versicherung an Eides statt.[640]

446

Die Entscheidung über den Ausschluss der vorläufigen Vollstreckbarkeit muss in der **Urteilsformel** erfolgen.[641] Hat das Gericht den Antrag übergangen, so kann in entsprechender Anwendung des § 321 ZPO Urteilsergänzung erfolgen.

447

Der Antrag kann unmittelbar in der Klageerwiderung gestellt werden, aber auch noch bis zum Schluss der letzten mündlichen Verhandlung, ggf. noch beim LAG.[642] Nach Verkündung des erstinstanzlichen Urteils ist für Anträge auf Einstellung der Zwangsvollstreckung das Arbeitsgericht nicht mehr zuständig, es hilft nur noch ein Antrag nach § 62 Abs. 1 Satz 3 ArbGG.[643]

448

---

635 GMP/Germelmann, § 62 Rn. 15.
636 GMP/Germelmann, § 62 Rn. 16.
637 ArbG Reutlingen AP Nr. 1 zu § 62 ArbGG 1979.
638 LAG Bremen AP Nr. 2 zu § 62 ArbGG 1979.
639 Bauer/Lingemann/Diller/Hausmann, Anwaltsformularbuch Arbeitsrecht, S. 960.
640 GMP/Germelmann, § 62 Rn. 22.
641 GMP/Germelmann, § 62 Rn. 25.
642 Bauer/Lingemann/Diller/Hausmann, Anwaltsformularbuch Arbeitsrecht, S. 968.
643 Bauer/Lingemann/Diller/Hausmann, Anwaltsformularbuch Arbeitsrecht, S. 968f.; LAG Bremen BB 1999, 374.

Mayer

449 **bb) Muster: Antrag auf Ausschluss der vorläufigen Vollstreckbarkeit nach § 62 Abs. 1 Satz 2 ArbGG wegen nicht zu ersetzenden Nachteils**

In Sachen

X ./. Y

Az.: ■■■

zeige ich die Vertretung des Beklagten an.

Namens und im Auftrag des Beklagten beantrage ich:
1. Die Klage wird abgewiesen.
2. Hilfsweise: Die vorläufige Vollstreckbarkeit wird gemäß § 62 Abs. 1 Satz 2 ArbGG ausgeschlossen.

Zur

Begründung

führe ich aus:

I.

■■■

II.

Auch der Antrag auf Ausschluss der vorläufigen Vollstreckbarkeit nach § 62 Abs. 1 Satz 2 ArbGG ist begründet. Der Kläger hat vor wenigen Tagen einen früheren Arbeitskollegen, der noch bei der Beklagten beschäftigt ist, unter dem Siegel der Verschwiegenheit Mitteilung davon gemacht, dass er in wenigen Monaten beabsichtigt, nach ■■■ auszuwandern. Wie der Kläger ebenfalls mitgeteilt hat, beabsichtigt er dabei, alle Brücken hinter sich abzubrechen und insbesondere in einem neuen Ort eine neue Existenz aufzubauen. Er habe es satt, ständig von seiner wegen Unterhaltsforderungen gegen ihn vollstreckenden geschiedenen Ehefrau belästigt zu werden. Er habe eine neue Bekannte kennen gelernt, und könnte in deren Heimatland in ■■■ unter neuem Namen eine frische Existenz unbelastet aufbauen. Als Starthilfe komme ihm dabei der im vorliegenden Rechtsstreit geltend gemachte Zahlungsanspruch sehr gelegen.

Glaubhaftmachung: Eidesstattliche Versicherung des Mitarbeiters XY, im Original anliegend

Die Beklagte hat versucht, die Angaben des Mitarbeiters XY zu verifizieren. Dabei hat sich herausgestellt, dass der Kläger auch bereits seine Wohnung gekündigt und gegenüber seiner früheren Vermieterin angekündigt hat, er werde bald einen Flug nach ■■■ buchen.

Glaubhaftmachung: Eidesstattliche Versicherung der Frau ■■■, Vermieterin der Wohnung des Klägers, im Original anliegend

Würde die Beklagte erstinstanzlich zur Zahlung des vom Kläger eingeklagten Betrages verurteilt, würde ihr ein nicht zu ersetzender Nachteils im Sinne von § 62 Abs. 1 Satz 2 ArbGG drohen. Denn sie müsste damit rechnen, den aufgrund eines vorläufig vollstreckbaren Urteils an den Kläger zu zahlenden Betrag nicht wieder zurückzuerhalten, wenn das Urteil in der Berufungsinstanz geändert würde. Nach den Ankündigungen des Klägers beabsichtigt er, alle Brücken in Deutschland abzubrechen, ins Ausland zu ziehen und sich dort an einem unbekannten Ort aufzuhalten. Eine Rechtsverfolgung der Beklagten vor dem Gericht in ▬▬▬ wäre aussichtslos, da der Kläger nicht auch zuletzt, um sich vor der gegen ihn ebenfalls vollstreckenden früheren Ehefrau der Vollstreckung zu entziehen, keine Anschrift hinterlassen wird. Zudem gibt es in ▬▬▬ kein Meldesystem, so dass der Kläger, wenn er einmal in ▬▬▬ eingereist ist, nicht mehr auffindbar ist.

Nachteile durch den Ausschluss der vorläufigen Vollstreckbarkeit drohen dem Kläger dagegen nicht. Die Beklagte verfügt über solide wirtschaftliche Verhältnisse.

Somit ist dem Antrag auf Ausschluss der vorläufigen Vollstreckbarkeit nach § 62 Abs. 1 Satz 2 ArbGG wegen nicht zu ersetzenden Nachteils stattzugeben.

Rechtsanwalt

7. Urteilsverkündung

S. hierzu näher die Ausführungen unter oben Rn. 298 ff. 450

8. Kostenfestsetzung und Anwaltsgebühren

Sofern die Klage abgewiesen worden ist, besteht gleichwohl nach § 12a Abs. 1 Satz 1 ArbGG im Urteilsverfahren des ersten Rechtszugs kein Anspruch der obsiegenden Partei auf Entschädigung wegen Zeitversäumnis und auf Erstattung der Kosten für die Zuziehung eines Prozessbevollmächtigten oder Beistands. Die durch die Beauftragung eines Rechtsanwalts entstandenen Kosten sind jedoch im Rahmen **hypothetisch berechneter Reisekosten,** die der Partei sonst entstanden wären, erstattungsfähig. S. hierzu und zum entsprechenden Kostenfestsetzungsantrag näher unter oben Rn. 319 f.; zu den Anwaltsgebühren s. näher oben Rn. 321 ff. 451

D. Betriebsbedingte Kündigung aus Sicht des Arbeitnehmervertreters

I. Vorprozessuale Situation

1. Allgemeine Grundsätze (Mandantenkontakt, Terminsvergabe, Mandatsannahme und weitere Mandatsführung)

Was den ersten Mandantenkontakt, Terminsvergabe, Mandatsannahme und die weitere Mandatsführung anbelangt, so gelten zunächst die für die verhaltensbedingte Kündigung aus Sicht des Arbeitnehmervertreters oben dargelegten Grundsätze.[644] 452

2. Besonderheiten bei der betriebsbedingten Kündigung

a) Grundlagen

Gegen betriebsbedingte Kündigungen wird seltener als gegen verhaltens- und personenbedingte Kündigungen geklagt. Dies hängt zunächst damit zusammen, dass der Grundsatz der freien unternehmerischen Entscheidung bei betriebsbedingten Kündigungen die Kündigung erleichtert.[645] Während bei einer verhaltensbedingten Kündigung dem Arbeitnehmer das ihm zum Vorwurf gemachte Verhalten aus seiner eigenen 453

---

644 S. hierzu oben Rn. 165 ff.
645 Pauly/Osnabrügge-Ruge, Handbuch Kündigungsrecht, § 2 Rn. 57.

Wahrnehmung bekannt ist, fehlen im Falle einer betriebsbedingten Kündigung im Regelfall dem Arbeitnehmer zunächst die zur Beurteilung der Rechtswirksamkeit der Kündigung erforderlichen **Informationen**. Nach § 1 Abs. 3 Satz 1, 2. Hs KSchG hat der Arbeitgeber auf Verlangen des Arbeitnehmers dem Arbeitnehmer die Gründe mitzuteilen, die zu der getroffenen sozialen Auswahl geführt haben. Sinn und Zweck dieser Regelung besteht in erster Linie darin, dass der gekündigte Arbeitnehmer die Erfolgsaussichten eines Kündigungsschutzprozesses abschätzen kann.[646] Damit sind zunächst die subjektiven Auswahlüberlegungen gemeint, die der Arbeitgeber tatsächlich angestellt hat. Hierzu zählen die sozialen Daten: Dauer der Betriebszugehörigkeit, Lebensalter, Unterhaltsverpflichtungen sowie eine Schwerbehinderung und Ausführungen dazu, wie der Arbeitgeber die von ihm berücksichtigten Faktoren untereinander in ein Verhältnis gesetzt hat.[647] Die Namen sämtlicher in die Sozialauswahl einbezogener Arbeitnehmer müssen mitgeteilt werden.[648] Allerdings kann vom Arbeitgeber in diesem Rahmen nicht verlangt werden, dass er eine vollständige Auflistung der Sozialdaten aller objektiv vergleichbarer Arbeitnehmer seines Betriebes vorlegt.[649]

454 Die Beachtung der **Mitteilungspflicht** ist jedoch keine Wirksamkeitsvoraussetzung für die betriebsbedingte Kündigung.[650] Der **Auskunftsanspruch** ist jedoch unverzüglich nach dem Rechtsgedanken des § 626 Abs. 2 Satz 3 BGB zu erfüllen.[651] Erfüllt der Arbeitgeber den vor Einreichung der Kündigungsschutzklage erhobenen Auskunftsanspruch schuldhaft erst im Prozess, ist er wegen positiver Vertragsverletzung **schadensersatzpflichtig**, wenn der Arbeitnehmer bei Kenntnis der Tatsachen keine Kündigungsschutzklage erhoben hätte.[652] Strittig ist jedoch, ob sich der Schadensersatzanspruch auch auf die Prozesskosten erstreckt.[653]

455 b) Muster: Außergerichtliches Auskunftsverlangen an den Arbeitgeber nach § 1 Abs. 3 Satz 1 2. Hs KSchG

68 Sehr geehrter Herr ■■■,

unter Vorlage der auf mich lautenden schriftlichen Vollmacht zeige ich an, dass mich Ihr Mitarbeiter, Herr ■■■, mit der Wahrnehmung seiner rechtlichen Interessen beauftragt hat. Herr ■■■ hat mir Ihre ihm gegenüber am ■■■ erklärte betriebsbedingte Kündigung vom ■■■ vorgelegt.

Damit mein Mandant die Aussichten einer etwaigen Kündigungsschutzklage abschätzen kann, fordere ich Sie hiermit namens und im Auftrag meines Mandanten auf, unverzüglich Auskunft zu erteilen über die der betriebsbedingten Kündigung meines Mandanten vorausgegangene Sozialauswahl. Nach § 1 Abs. 3 Satz 1 2. Hs KSchG sind Sie nämlich verpflichtet,

---

646 APS-Kiel § 1 KSchG Rn. 732.
647 ErfKoArbR-Ascheid, § 1 KSchG Rn. 493; BAG AP Nr. 12 zu § 1 KSchG betriebsbedingte Kündigung.
648 APS-Kiel § 1 KSchG Rn. 732; BAG AP Nr. 12 zu § 1 KSchG betriebsbedingte Kündigung.
649 BAG AP Nr. 12 zu § 1 KSchG 1969 betriebsbedingte Kündigung.
650 ErfKoArbR-Ascheid, § 1 KSchG Rn. 496.
651 APS-Kiel, § 1 KSchG Rn. 733.
652 APS-Kiel, § 1 KSchG Rn. 733.
653 Für die Erstreckung auf die Kosten des Prozesses APS-Kiel § 1 KSchG Rn. 733; keine Erstattung der erstinstanzlichen Kosten ErfKoArbR-Ascheid, § 1 KSchG Rn. 496.

auf Verlangen meines Mandanten die Gründe anzugeben, die zu der getroffenen sozialen Auswahl geführt haben. Sie haben also Angaben darüber zu machen, welche Arbeitnehmer Ihrer Auffassung nach zum auswahlrelevanten Personenkreis gehören, und zwar unter Angabe der Auswahlkriterien, auch sind Sie gehalten anzugeben, nach welchen Bewertungsmaßstäben Sie die soziale Auswahl vorgenommen haben. Frist zur Erledigung Ihrer Auskunftsverpflichtung setze ich bis zum ■■■

Vorsorglich weise ich darauf hin, dass eine Verletzung Ihrer Auskunftsverpflichtung, die Sie unverzüglich zu erfüllen haben, Sie unter dem Gesichtspunkt der positiven Vertragsverletzung zum Schadensersatz verpflichtet. Zu diesem Schaden können nicht nur kostenträchtige Fehldispositionen Ihres Mitarbeiters gehören, sondern auch etwaige Prozesskosten eines erstinstanzlichen arbeitsgerichtlichen Verfahrens.

Hochachtungsvoll

Rechtsanwalt

3. Sonstige vorprozessuale Überlegungen

Auch bei der betriebsbedingten Kündigung muss die Kündigungserklärung einer Prüfung auf mögliche Mängel unterzogen werden. Insoweit kann auf die Ausführungen im Rahmen der verhaltensbedingten Kündigung verwiesen werden (s. oben Rn. 181ff.). Ebenfalls sind etwaige fristgebundene Maßnahmen zur Wahrung der Rechte besonderer Personengruppen zu beachten (vgl. oben Rn. 201ff.). Auch hinsichtlich der weiteren Mandatsführung gelten die Ausführungen bezüglich der verhaltensbedingten Kündigung hier entsprechend (vgl. oben Rn. 214ff.). 456

II. Klage

1. Klagefrist, Klageanträge und Verfahren

Insoweit gelten die Ausführungen zur verhaltensbedingten Kündigung auch bei der betriebsbedingten Kündigung entsprechend. Auf die Ausführungen oben unter Rn. 226ff. wird verwiesen. 457

2. Darlegungs- und Beweislast

Vielfach entscheidende Bedeutung in Kündigungsschutzverfahren gegen betriebsbedingte Kündigungen hat die **Darlegungs- und Beweislast**. Nicht selten werden Verfahren von einer Partei verloren, weil die Darlegungs- und Beweislast verkannt wurde und nicht entsprechend vorgetragen wurde. 458

Im Einzelnen gilt für die Tatbestandsvoraussetzungen einer betriebsbedingten Kündigung folgende Darlegungs- und Beweislast: 459

a) Dringendes betriebliches Erfordernis im Sinne von § 1 Abs. 2 Satz 1 3. Alternative KSchG

Die Darlegungs- und Beweislast hängt insoweit zunächst davon ab, ob die betriebsbedingte Kündigung auf **außer- oder innerbetriebliche Gründe** gestützt wird. Nach ständiger Rechtsprechung des BAG[654] können sich dringende betriebliche Erfordernisse, 460

---

[654] Z.B. BAG NZA 2003, 608ff.; BAG AP Nr. 24 zu § 1 KSchG 1969 betriebsbedingte Kündigung; BAG AP Nr. 11 zu § 1 KSchG 1969.

die einer Weiterbeschäftigung des Arbeitnehmers entgegenstehen, aus außerbetrieblichen wie auch innerbetrieblichen Umständen ergeben. Zu den **innerbetrieblichen Gründen** zählen Rationalisierungsmaßnahmen, Umstellungen oder Einschränkungen der Produktion, Zusammenlegung von Arbeitsbereichen, Produktionsverlagerung ins Ausland oder auf Fremdunternehmen, Stilllegung eines Betriebs oder Betriebsteils und die Entscheidung, den Personalbestand auf Dauer zu reduzieren.[655] Wird die Kündigung auf einen innerbetrieblichen Grund gestützt, so wird von den Arbeitsgerichten nur geprüft, ob eine derartige unternehmerische Entscheidung tatsächlich vorliegt und durch ihre Umsetzung das Beschäftigungsbedürfnis im behaupteten Umfang entfallen ist. Der – nicht auf Schlagworte beschränkte – Vortrag des Arbeitgebers muss erkennen lassen, ob das Bedürfnis an der Tätigkeit des gekündigten Arbeitnehmers wegfällt.[656] Innerbetriebliche Gründe können nicht daraufhin überprüft werden, ob sie sachlich gerechtfertigt oder zweckmäßig sind, sondern nur darauf, ob sie **offenbar unsachlich, unvernünftig oder unwillkürlich** sind.[657]

461 Zu den **außerbetrieblichen** Gründen für eine betriebsbedingte Kündigung zählen Absatzschwierigkeiten, Auftragsmangel, Auftragsverlust, Umsatzrückgang, Streichung von Haushaltsmitteln und Wegfall von Drittmitteln. Bei außerbetrieblichen Gründen muss der Arbeitgeber sowohl die Entwicklung der Umsatzzahlen und der Auftragsbestände als auch deren unmittelbare Auswirkung auf den Arbeitsplatz im Einzelnen darlegen, außerbetriebliche Ursachen müssen innerbetrieblich umgesetzt werden, etwa durch Betriebs- oder Produktionseinschränkung, Rationalisierungs- oder Umstrukturierungsmaßnahmen oder Stilllegung von Betriebsabteilungen. Die außerbetrieblichen Umstände müssen unmittelbar zum Wegfall der Beschäftigungsmöglichkeit führen.[658] Die durch außerbetriebliche Gründe verursachte und darauf gestützte Unternehmerentscheidung führt zu einer **Selbstbindung des Arbeitgebers**. Er darf das Personal nur insoweit abbauen, wie dies die zur Rechtfertigung der Kündigung benannte außerbetriebliche Ursache erfordert.[659] Beruft sich der Arbeitgeber auf außerbetriebliche Gründe als Ursache seiner Kündigung, unterwirft er die Kündigung in vollem Umfang der arbeitsgerichtlichen Überprüfung, die andererseits verkürzt wird, wenn er sich allein auf die getroffene Unternehmerentscheidung beruft.[660]

462 Ein außerbetrieblicher Grund, wenn er nicht selbst als Kündigungsgrund angeführt wird, sondern nur zum Anlass für eine organisatorische Maßnahme genommen wird, verändert jedoch den für innerbetriebliche Gründe geltenden Prüfungsmaßstab nicht.[661]

---

655 Pauly/Osnabrügge-Ruge, Handbuch Kündigungsrecht, § 2 Rn. 67; vgl. auch BAG NZA 2003, 608.
656 BAG NZA 2003, 608ff., 610; Pauly/Osnabrügge-Ruge, Handbuch Kündigungsrecht, § 2 Rn. 67.
657 BAG AP Nr. 42 zu § 1 KschG betriebsbedingte Kündigung; BAG NZA 1999, 1098ff.; Pauly/Osnabrügge-Ruge, Handbuch Kündigungsrecht, § 2 Rn. 67.
658 Pauly/Osnabrügge-Ruge, Handbuch Kündigungsrecht, § 2 Rn. 68; BAG AP Nr. 45 zu § 1 KSchG betriebsbedingte Kündigung.
659 BAG AP Nr. 45 zu § 1 KSchG 1969 betriebsbedingte Kündigung.
660 Pauly/Osnabrügge-Ruge, Handbuch Kündigungsrecht, § 2 Rn. 68.
661 BAG AP Nr. 42 zu § 1 KSchG 1969 betriebsbedingte Kündigung; Pauly/Osnabrügge-Ruge, Handbuch Kündigungsrecht, § 2 Rn. 69.

D. Betriebsbedingte Kündigung aus Sicht des Arbeitnehmervertreters

Für die Darlegungslast des Arbeitgebers im Kündigungsschutzprozess bedeutet dies, dass er dann, wenn er sich auf außerbetriebliche Gründe stützt, im Einzelnen vortragen und im Bestreitensfall beweisen muss, dass die geltend gemachten außerbetrieblichen Umstände vorliegen und ihretwegen die Beschäftigungsmöglichkeit für den von der Kündigung betroffenen Arbeitnehmer nicht länger vorhanden ist. Stützt er sich jedoch auf innerbetriebliche Gründe, muss er die Bestandteile der Unternehmerentscheidung benennen und den daraus folgenden Wegfall der Beschäftigungsmöglichkeiten darlegen.[662]

463

Im Prozess müssen die verschiedenen Ebenen der Darlegungs- und der Erklärungslast unterschieden werden. Ob und in welchem Umfang die Erklärungspflicht des Arbeitnehmers besteht, hängt davon ab, was der **behauptungsbelastete Arbeitgeber** vorbringt:

464

- Fehlt bereits ein schlüssiger und damit erheblicher Tatsachenvortrag dazu, dass und welche unternehmerische Entscheidung getroffen wurde oder dass ihre Umsetzung im Betrieb für einen Überhang an Arbeitskräften führt, braucht sich der Arbeitnehmer nicht weiter zu erklären,
- Bringt der Arbeitgeber diese Umstände dagegen vor, konkretisiert sie aber nicht näher, muss sich der Arbeitnehmer hierzu einlassen, braucht aber ebenfalls keine Details vorzubringen,
- Hat sich der Arbeitnehmer ausreichend erklärt, obliegt es wieder dem Arbeitgeber, tatsächliche Einzelheiten für den Kündigungsgrund vorzutragen.[663]

Auch die Dringlichkeit des betrieblichen Erfordernisses muss der Arbeitgeber nach § 1 Abs. 2 Satz 4 KSchG behaupten und beweisen, da der Arbeitgeber die Tatsachen zu beweisen hat, die die Kündigung bedingen. Im Einzelnen ergibt sich folgendes Bild:

465

- Auf der ersten Ebene der Vortragslast des Arbeitgebers reicht es allerdings aus, wenn er behauptet, er habe die Kündigung durch andere Maßnahmen **nicht vermeiden** können,
- Nun ist es Sache des **Arbeitnehmers** darzutun, dass seine Entlassung trotz der Umsetzung der hinzunehmenden Unternehmerentscheidung durch eine bestimmte innerbetriebliche Maßnahme, die in den Rahmen der umgestaltenden Betriebsorganisation gepasst hätte, **vermieden** worden wäre,
- Schließlich obliegt es dem Arbeitgeber, im Einzelnen vorzutragen und erforderlichenfalls zu beweisen, weshalb eine solche Maßnahme **nicht möglich oder nicht zumutbar** war.[664]

Wird die Kündigung lediglich auf einen innerbetrieblichen Grund gestützt, der nur der sogenannten Missbrauchskontrolle dahingehend unterliegt, ob die Unternehmerentscheidung offenbar unsachlich, unvernünftig oder willkürlich ist,[665] trägt der Arbeitnehmer, der sich darauf beruft, die Darlegungs- und Beweislast dafür, dass die getrof-

466

---

662 HaKo-Gallner, § 1 Teil F KSchG Rn. 598.
663 HaKo-Gallner, § 1 Teil F KSchG Rn. 798.
664 HaKo-Gallner, § 1 Teil F KSchG Rn. 801.
665 BAG NZA 1999, 1098 ff.

fene unternehmerische Entscheidung offensichtlich unsachlich, unvernünftig oder willkürlich ist.[666]

b) Weiterbeschäftigungsmöglichkeit auf einem freien Arbeitsplatz

467 Das Fehlen einer Weiterbeschäftigungsmöglichkeit hat der Arbeitgeber zu beweisen. Ihn trifft gemäß § 1 Abs. 2 Satz 4 KschG die Darlegungslast dafür, dass eine Kündigung wegen Wegfalls des bisherigen Arbeitsplatzes durch dringende betriebliche Erfordernisse bedingt ist, ohne dass eine andere Beschäftigung möglich oder zumutbar wäre.[667] Auch insoweit gilt allerdings eine **abgestufte Behauptungslast**. Ihr Umfang ist davon abhängig, wie sich der Arbeitnehmer auf die Begründung der Kündigung einlässt:

- Bestreitet der Arbeitnehmer nur den Wegfall des Arbeitsplatzes, genügt der allgemeine Vortrag des Arbeitgebers, wegen der betrieblichen Notwendigkeit sei eine Weiterbeschäftigung zu den gleichen Bedingungen nicht möglich.
- Der Arbeitnehmer ist nun gehalten darzulegen, wie er sich eine anderweitige Beschäftigung vorstellt, falls sein bisheriger Arbeitsplatz tatsächlich weggefallen sein sollte.
- Erst dann muss der Arbeitgeber eingehend erläutern, aus welchen Gründen eine Umsetzung nicht möglich gewesen wäre.[668]

c) Sozialauswahl

468 Nach § 1 Abs. 3 Satz 3 KSchG trifft den Arbeitnehmer die Darlegungs- und die objektive Beweislast für die Tatsachen, aus denen sich die Unrichtigkeit der Sozialauswahl ergibt.[669]

469 Es gilt aber auch hier eine **abgestufte Behauptungslast**:

- Zunächst ist es Sache des Arbeitnehmers, die Fehlerhaftigkeit der Sozialauswahl zu rügen, sonst hat der Arbeitgeber keine Veranlassung, zur sozialen Auswahl Stellung zu nehmen.[670]
- Kennt der Arbeitnehmer alle zur rechtlichen Bewertung maßgebenden Tatsachen, muss er substantiiert vortragen und die Fehlerhaftigkeit der Sozialauswahl darlegen.[671]
- Ist der Arbeitnehmer dazu nicht in der Lage und fordert er deshalb den Arbeitgeber auf, die Gründe mitzuteilen, die ihn zu der getroffenen Auswahl veranlasst haben, hat der Arbeitgeber als Folge seiner materiellen Auskunftspflicht nach § 1 Abs. 3 Satz 1 Hs 2 KSchG einen mit tatsächlichen Einzelheiten versehenen Vortrag zu halten.[672] Mitzuteilen sind nicht nur die berücksichtigten Auswahlkriterien wie Lebensalter, Dauer der Betriebszugehörigkeit und Unterhaltsverpflichtungen als

---

666 BAG AP Nr. 10 zu § 1 KSchG 1969 betriebsbedingte Kündigung; BAG AP Nr. 19 zu § 1 KSchG 1969 betriebsbedingte Kündigung; HaKo-Gallner, § 1 Teil F KSchG Rn. 802; Pauly/Osnabrügge-Ruge, Handbuch Kündigungsrecht, § 2 Rn. 82.
667 BAG AP Nr. 50 zu § 1 KSchG 1969 betriebsbedingte Kündigung.
668 BAG AP Nr. 50 zu § 1 KSchG 1969 betriebsbedingte Kündigung; HaKo-Gallner, § 1 Teil F KSchG Rn. 803.
669 BAG AP Nr. 18 zu § 1 KSchG 1969 soziale Auswahl.
670 HaKo-Gallner, § 1 Teil F KSchG Rn. 804.
671 BAG AP Nr. 17 zu § 1 KSchG 1969 soziale Auswahl; HaKo-Gallner, § 1 Teil F KSchG Rn. 804.
672 HaKo-Gallner, § 1 Teil F KSchG Rn. 804.

solche, sondern auch der Bewertungsmaßstab, mithin die Angabe, welches Gewicht den verschiedenen Sozialdaten beigemessen worden ist. Auch muss der Arbeitgeber in diesem Zusammenhang auch angeben, welche konkreten Arbeitnehmer seiner Meinung nach zum auswahlrelevanten Personenkreis gehören. Da der jeweilige Gekündigte die Arbeitnehmer namentlich zu benennen hat, die nach seiner Meinung die Kündigung weniger hart treffen würde als ihn, kann er bei Unkenntnis auch die entsprechende Auskunft vom Arbeitgeber verlangen. Der Arbeitgeber muss jedoch nur die subjektiven Auswahlüberlegungen mitteilen, eine vollständige Auflistung der sozialen Daten aller objektiv vergleichbaren Arbeitnehmer seines Betriebes kann dagegen nicht verlangt werden. Der Arbeitgeber genügt seiner Auskunftspflicht, wenn er sich auf die Arbeitnehmer beschränkt, die er als vergleichbar erachtet, selbst wenn sich aus dem Inhalt seiner Auskunft die materielle Unrichtigkeit seiner Auffassung ergibt.[673]

- Gibt der Arbeitgeber keine oder keine vollständige Auskunft über seine subjektiven Erwägungen ab, kann der Arbeitnehmer wegen fehlender eigener Kenntnis seiner aus § 1 Abs. 3 KSchG i.V.m. § 138 Abs. 1 ZPO abzuleitenden Substantiierungspflicht, die Namen sozial stärkerer Arbeitnehmer zu nennen, nicht genügen. In einer solchen Fallgestaltung ist der der fehlenden Kenntnis des Arbeitnehmers entsprechende Vortrag, es seien sozial stärkere Arbeitnehmer als er vorhanden, schlüssig und ausreichend. Dieser der Kenntnis des Arbeitnehmers entsprechende Vortrag, der Arbeitgeber habe soziale Gesichtspunkte nicht ausreichend beachtet, ist zugleich unstreitig, wenn der Arbeitgeber bei seiner die Auskunft verweigernden Haltung verbleibt, denn er hat damit nach § 138 Abs. 2 ZPO nicht hinreichend bestritten und damit zugestanden im Sinne von § 138 Abs. 3 ZPO.[674]

- Die gleichen Erwägungen gelten dann, wenn dem Vortrag des Arbeitgebers zu entnehmen ist, dass er die Sozialauswahl nicht unter Berücksichtigung des Vortrags des Arbeitnehmers auf aus dessen Sicht vergleichbare Arbeitnehmer erstreckt hat und wenn er es unterlässt, seinen Vortrag im Prozess zu ergänzen. Die aus § 1 Abs. 3 Satz 1 letzter Hs KSchG folgende subjektiv determinierte materielle Mitteilungspflicht des Arbeitgebers wird bei dieser Fallgestaltung ergänzt durch die prozessuale Erklärungspflicht nach § 138 ZPO. Ergibt sich aus der Mitteilung des Arbeitgebers, dass er Tatsachen, die gemäß § 1 Abs. 3 KSchG erheblich sein können – hier die Nichtberücksichtigung der Arbeitnehmer einer bestimmten Betriebsabteilung –, in seine subjektiven Erwägungen nicht einbezogen hat, und behauptet der gekündigte Arbeitnehmer bei fehlender eigener Kenntnis, gerade aus diesen Tatsachen ergebe sich die Unrichtigkeit der sozialen Auswahl, so ist es eine Obliegenheit des Arbeitgebers, seinen Vortrag hinsichtlich dieser Tatsachen zu ergänzen. Andernfalls ist der dem Kenntnisstand des Arbeitnehmers entsprechende und ihm konkreter nicht mögliche Vortrag, soziale Gesichtspunkte seien nicht ausreichend berücksichtigt, als unstreitig anzusehen. Insoweit greift der Grundsatz, dass die ZPO keine unerfüllbaren Anforderungen an die Vortragslast einer Partei hinsichtlich solcher Tatsachen stellt, die in der Sphäre und dem Erkenntnisbereich des Geg-

---

673 BAG AP Nr. 17 zu § 1 KSchG 1969 soziale Auswahl.
674 BAG AP Nr. 18 zu § 1 KSchG 1969 soziale Auswahl; HaKo-Gallner, § 1 Teil F KSchG Rn. 804.

ners liegen und dem Vortragspflichtigen selbst verschlossen sind. Ein notwendigerweise hinsichtlich der Sozialdaten unsubstantiierte Hinweis des Arbeitnehmers auf mögliche vergleichbare weitere Arbeitnehmer, zu deren Sozialdaten der Arbeitgeber sich im Prozess auch nicht ergänzend erklärt, reicht nur dann nicht – als nicht hinreichend bestrittener Vortrag – aus, wenn der Arbeitnehmer die Zahl der vergleichbaren Arbeitnehmer sowie ihre Namen und Sozialdaten selbst kennt.[675]

- Hat der Arbeitgeber den gesetzlichen Anforderungen der sozialen Auswahl nicht genügt, z.B. den auswahlrelevanten Personenkreis verkannt oder einen der drei Sozialindikatoren Betriebszugehörigkeit, Lebensalter und Unterhaltspflicht nicht berücksichtigt, besteht eine von ihm auszuräumende tatsächliche Vermutung, dass auch die Auswahlentscheidung selbst objektiv fehlerhaft und die Kündigung sozialwidrig ist, allerdings kann die Sozialauswahl im Ergebnis zufällig richtig sein.[676]

3. Zeitpunkt des Vortrags und Taktik

470 Aufgrund der oben dargestellten abgestuften Darlegungs- und Beweislast bei den Tatbestandsmerkmalen für eine betriebsbedingte Kündigung hängt es stark von dem jeweiligen Kenntnisstand des Arbeitnehmers und dem Zeitpunkt und dem Inhalt des Vortrags des Arbeitgebers ab, wann der Arbeitnehmer zu den jeweiligen Tatbestandsvoraussetzungen einer betriebsbedingten Kündigung vorzutragen hat und mit welcher Substantiierung sein Vortrag versehen sein muss. Verfügt der Arbeitnehmer über ausreichende Kenntnisse oder hat der Arbeitgeber – wie bei fundierten betriebsbedingten Kündigungen häufig – bereits schon zum Gütetermin substantiiert vorgetragen, ist es, sofern der Gütetermin sinnvolle Vergleichsgespräche ermöglichen soll, auch dem für den Arbeitnehmer tätigen Rechtsanwalt dringend anzuraten, nach Möglichkeit bis zum Gütetermin seinerseits substantiiert und entsprechend der Darlegungs- und Beweislast zu entgegnen.

471 Liegen dem für den Arbeitnehmer tätigen Anwalt die erforderlichen Informationen nicht vor oder hat der Arbeitgeber bis zum Gütetermin noch nicht substantiiert zu seiner Kündigung vorgetragen, ist nur eine eingeschränkte Prognose über die Chancen, gegen die Kündigung erfolgreich vorzugehen, möglich.

4. Muster

472 a) Muster: Klage bei betriebsbedingter Kündigung

[zu Rubrum und Klageantrag / -anträgen vgl. oben die Muster unter Rn. 267)

Zur

Begründung

führe ich aus:

---

675 BAG AP Nr. 18 zu § 1 KSchG 1969 soziale Auswahl; HaKo-Gallner, § 1 Teil F KSchG Rn. 804.
676 HaKo-Gallner, § 1 Teil F KSchG Rn. 805.

Der am ▬▬▬ geborene Kläger ist verheiratet und hat drei unterhaltspflichtige Kinder. Er wird bei der Beklagten seit dem ▬▬▬ als ▬▬▬ beschäftigt. Grundlage ist der Arbeitsvertrag der Parteien vom ▬▬▬

Beweis: Arbeitsvertrag ▬▬▬, in Fotokopie anliegend (Anlage K 1)

Das regelmäßige monatliche Gehalt des Klägers beträgt ▬▬▬

Beweis: Lohn- und Gehaltsabrechnung vom ▬▬▬, in Fotokopie anliegend (Anlage K 2)

Das Kündigungsschutzgesetz findet im vorliegenden Fall Anwendung. Denn die Beklagte beschäftigt regelmäßig mehr als 10 Arbeitnehmer ausschließlich der zu ihrer Berufsausbildung Beschäftigten.[677]

Ein Betriebsrat ist nicht vorhanden (alternativ an passender Stelle im Schriftsatz: Ein Betriebsrat besteht. Die ordnungsgemäß Anhörung des Betriebsrates vor Ausspruch der streitbefangenen Kündigung wird mit Nichtwissen bestritten).

Die Beklagte kündigte das Arbeitsverhältnis der Parteien mit Kündigungsschreiben vom ▬▬▬, dem Kläger zugegangen am ▬▬▬, ordentlich aus betriebsbedingten Gründen zum ▬▬▬

Beweis: Kündigung vom ▬▬▬, in Fotokopie anliegend (Anlage K 3)

Es wird bestritten, dass die Kündigung des Arbeitsverhältnisses mit dem Kläger durch dringende betriebliche Erfordernisse, die einer Weiterbeschäftigung des Klägers bei der Beklagten entgegenstehen, bedingt ist. Vorsorglich wird weiter bestritten, dass die Beklagte eine korrekte Sozialauswahl vorgenommen hat. Der Kläger verfügt über keinerlei Informationen über die von der Beklagten getroffene Sozialauswahl. Der Kläger fordert daher die Beklagte gemäß § 1 Abs. 3 Satz 1, 2. Hs KSchG auf, die Gründe anzugeben, die zu der getroffenen Sozialauswahl geführt haben. Mitzuteilen sind nicht nur die berücksichtigten Auswahlkriterien als solche, sondern auch der Bewertungsmaßstab, mithin die Angabe, welches Gewicht den verschiedenen Sozialdaten beigemessen worden ist. Anzugeben ist auch, welche konkreten Arbeitnehmer nach Auffassung der Beklagten zum auswahlrelevanten Personenkreis gehören; da dem Kläger die Namen der insoweit von der Beklagten bei der Sozialauswahl zum auswahlrelevanten Personenkreis gezählten Mitarbeiter nicht bekannt sind, ist auch insoweit entsprechend Auskunft durch die Beklagte zu erteilen.

Nach dem derzeitigen Stand liegt kein dringendes betriebliches Erfordernis im Sinne von § 1 Abs. 2 Satz 1 3. Alternative KSchG vor.

Da die Kündigung auch durch keine personen- oder verhaltensbedingten Kündigungsgründe sozial gerechtfertigt ist, ist die streitbefangene Kündigung unwirksam.

Rechtsanwalt

---

[677] Ggf. Anwendbarkeit des KSchG näher ausführen, s. hierzu oben Rn. 231 ff.

473 b) Muster: Replik bei mangelhafter sozialer Auswahl

An das

Arbeitsgericht ■■■.

In Sachen

X ./. Y

Az.: ■■■

nehme ich Bezug auf Ziff. ■■■ des Beschlusses vom ■■■ und führe aus:

Die streitbefangene Kündigung ist rechtsunwirksam, da sie sozial ungerechtfertigt ist. Dringende betriebliche Erfordernisse, die einer Weiterbeschäftigung des Klägers im Betrieb der Beklagten entgegenstehen, liegen nicht vor. Denn es fehlt bereits an einem schlüssigen und damit auch erheblichen Tatsachenvortrag der Beklagten dazu, dass und welche unternehmerische Entscheidung getroffen worden ist.

Unabhängig davon hat die Klage jedoch bereits schon deshalb auf jeden Fall Erfolg, weil die von der Beklagten nach eigenem Vortrag vorgenommene Sozialauswahl eklatant fehlerhaft ist. Denn die Mitarbeiterin C. H., die mit dem Kläger vergleichbar ist, sie ist nämlich ebenfalls Sachbearbeiter mit kaufmännischer Ausbildung, weist eine kürzere Betriebszugehörigkeit als der Kläger auf und ist auch angesichts der weiteren Sozialdaten, sie ist nämlich 25 Jahre alt, nach Kenntnis des Klägers ledig, nicht schwerbehindert und erst seit ca. 2 Jahren im Betrieb beschäftigt, deutlich weniger sozial schutzwürdig als der Kläger. Bereits deshalb kann die angegriffene Kündigung keinen Bestand haben.

Rechtsanwalt

c) Schreiben und Schriftsätze im Zusammenhang mit der Möglichkeit der Weiterbeschäftigung und der geänderten Arbeitsbedingungen

474 Nach der Entscheidung des BAG vom 27.09.1984[678] muss der Arbeitgeber nach dem **Grundsatz der Verhältnismäßigkeit** auch vor jeder ordentlichen Beendigungskündigung von sich aus dem Arbeitnehmer eine beiden Parteien zumutbare Weiterbeschäftigung auf einem freien Arbeitsplatz auch zu geänderten Bedingungen anbieten. Er muss bei den Verhandlungen mit dem Arbeitnehmer klarstellen, dass bei Ablehnung des Änderungsangebots eine Kündigung beabsichtigt ist, und dem Arbeitnehmer eine Überlegungsfrist von einer Woche einräumen. Dieses Angebot kann der Arbeitnehmer unter einem dem § 2 KSchG entsprechenden Vorbehalt annehmen. Dann muss der Arbeitgeber eine Änderungskündigung aussprechen. Lehnt der Arbeitnehmer dagegen das Änderungsangebot vorbehaltlos und endgültig ab, kann der Arbeitgeber eine Beendigungskündigung aussprechen. Unterlässt es der Arbeitgeber, dem Arbeitnehmer vor Ausspruch einer Beendigungskündigung ein mögliches und zumutbares **Änderungsangebot** zu unterbreiten, dann ist die Kündigung sozial ungerechtfertigt, wenn der

---

678 BAG AP Nr. 8 zu § 2 KSchG 1969.

Arbeitnehmer einem vor der Kündigung gemachten entsprechenden Vorschlag zumindest unter Vorbehalt zugestimmt hätte.⁶⁷⁹

aa) Muster: Änderungsangebot des Arbeitgebers

Sehr geehrter Herr ■■■,

hiermit bieten wir Ihnen eine Weiterbeschäftigung zu geänderten Arbeitsbedingungen ab dem ■■■ an. Sie sind derzeit als bauleitender Obermonteur bei uns beschäftigt. Ab dem ■■■ können Sie von uns als Monteur zu einem Stundenlohn von ■■■ € brutto weiterbeschäftigt werden. Die übrigen Regelungen des Arbeitsvertrages würden unverändert fortgelten.

Diese Änderung würde dazu führen, dass § ■■■ Ihres Arbeitsvertrages mit Wirkung zum ■■■ wie folgt geändert würde:

■■■

Bitte teilen Sie uns bis zum

■■■ [Frist eine Woche]

schriftlich mit, ob Sie das vorstehende Angebot annehmen. Bei Ablehnung dieses Änderungsangebotes oder für den Fall, das Sie sich innerhalb der gesetzten Frist uns gegenüber nicht äußern, werden wir eine ordentliche Beendigungskündigung aussprechen.

Mit freundlichen Grüßen

■■■

bb) Muster: Replik bei Verletzung des Grundsatzes des Vorrangs der Änderungskündigung vor der Beendigungskündigung

An das

Arbeitsgericht ■■■

In Sachen

X ./. Y

Az.: ■■■

ist die angegriffene Kündigung bereits deshalb sozial ungerechtfertigt, weil die Beklagte dem Kläger vor Ausspruch der angegriffenen Beendigungskündigung ein mögliches und zumutbares Änderungsangebot nicht unterbreitet hat.

Es kann dahingestellt bleiben, ob tatsächlich dringende betriebliche Erfordernisse vorliegen, die einer Weiterbeschäftigung des Klägers als Obermonteur entgegenstehen. Unstreitig besteht jedoch bei der Beklagten die Möglichkeit einer Weiterbeschäftigung des Klägers auf einem freien Arbeitsplatz als Monteur. Schon seit Monaten sucht die Beklagte einen weiteren Monteur.

---

679 BAG a.a.O.; HaKo-Gallner, § 1 Teil F. KSchG Rn. 632 ff.

Vor Ausspruch der streitbefangenen Kündigung hätte daher die Beklagte zunächst prüfen müssen, ob nicht eine Weiterbeschäftigung des Klägers zu geänderten Arbeitsbedingungen möglich ist, und zwar im vorliegenden Fall nicht mehr als Obermonteur, sondern als Monteur. Unzweifelhaft verfügt der Kläger über die hierfür erforderlichen Fähigkeiten und Kenntnisse. Eine Tätigkeit als Monteur bei der Beklagten kommt nach dem sozialen und wirtschaftlichen Status für den Kläger auch ohne Weiteres in Betracht, auch ist der Vergütungsunterschied nicht erheblich und auch an die Qualifikation werden keine gravierend unterschiedlichen Anforderungen bei einem Monteur und einem Obermonteur gestellt. Nach der Rechtsprechung des BAG (AP Nr. 8 zu § 2 KSchG 1969) hätte die Beklagte vor Ausspruch der Beendigungskündigung dem Kläger von sich aus die Weiterbeschäftigung auf dem freien Arbeitsplatz als Monteur bei der Beklagten anbieten, ihm gegenüber klarstellen müssen, dass bei Ablehnung des Änderungsangebots eine Kündigung beabsichtigt ist, und ihm eine Überlegungsfrist von 1 Woche einräumen müssen.

Einem solchen Änderungsangebot der Beklagten hätte der Kläger zumindest unter Vorbehalt angesichts der derzeitigen Lage auf dem Arbeitsmarkt und angesichts der nur geringfügigen Unterschiede bei der Vergütung zugestimmt.

Daher ist die Kündigungsschutzklage in vollem Umfang begründet.

Rechtsanwalt

5. Urteilsverkündung

477 S. hierzu die Ausführungen unter oben Rn. 298 ff.

6. Anwaltsgebühren

478 S. hierzu die Ausführungen unter oben Rn. 321 ff.

7. Kostenfestsetzung

479 S. hierzu die Ausführungen unter oben Rn. 319 f.

E. Betriebsbedingte Kündigung aus Sicht des Arbeitgebervertreters

I. Vorprozessuale Situation

480 Für die Mandatsannahme gelten die Ausführungen unter oben Rn. 382 f. entsprechend.

481 Was die Beurteilung der Prozessaussichten des Arbeitgebers anbelangt, so ist grundsätzlich die Ausgangslage für den Arbeitgeber bei betriebsbedingten Kündigungen besser als bei verhaltens- oder personenbedingten Kündigungen.[680] In der Praxis „halten" jedoch vielfach betriebsbedingte Kündigungen vor Gericht nicht, weil – insbesondere zur Frage der Unternehmerentscheidung bzw. deren Umsetzung – **nicht hinreichend vorgetragen wird**.[681] Auch aus der abgestuften Darlegungs- und Beweislast bei den einzelnen Tatbestandsvoraussetzungen einer betriebsbedingten Kündigung[682] folgen für den Arbeitgeber Risiken im Kündigungsschutzprozess um eine betriebsbedingte Kün-

---

[680] Pauly / Osnabrügge-Ruge, Handbuch Kündigungsrecht, § 2 Rn. 57.
[681] Gilberg, NZA 2003, 817 ff.
[682] S. hierzu im Einzelnen oben unter Rn. 465 ff.

digung, wenn die von der Rechtsprechung aufgestellten, ausdifferenzierten Grundsätze nicht hinreichend beachtet werden.

Darüber hinaus muss auch bei der betriebsbedingten Kündigung die Kündigung vorab auf irreparable Mängel überprüft werden.[683]

II. Verhalten im Rechtsstreit

1. Zuständigkeit

Zunächst hat auch bei der betriebsbedingten Kündigung die Prüfung zu erfolgen, ob die deutsche Gerichtsbarkeit gegeben ist,[684] ob das angerufene Gericht international[685] und örtlich[686] zuständig ist.

2. Verfahren bis zum Gütetermin

Liegt eine fundierte betriebsbedingte Kündigung vor und sind die entsprechenden Informationen durch den Arbeitgeber auch rechtzeitig abrufbar, empfiehlt es sich, schon zum Gütetermin ausreichend vorzutragen, damit im Gütetermin nicht seitens des Gerichts ein sich häufig an der Faustformel orientierender Abfindungsvergleich in den Raum gestellt wird, der dazu führt, dass sich der Kläger bei allen künftigen Vergleichsgesprächen an diesem Wert orientiert. Sinnvoller ist es, ausreichend vorzutragen, sofern dies zeitlich möglich ist, und verlässliche Informationen vorliegen, bei denen nicht die Gefahr besteht, dass man den Vortrag im weiteren Rechtsstreit korrigieren muss, um dann im Gütetermin allenfalls zur Vermeidung eines Restrisikos und eines gewissen „Lästigkeitswerts" der Weiterführung des Verfahrens eine deutlich unterhalb der Faustformel anzusiedelnde Abfindung anzubieten.

3. Weiteres Verfahren bis zum Kammertermin

Scheitert der Gütetermin, so sind die Kündigungsgründe innerhalb der vom Gericht gesetzten Frist unter Beachtung der jeweils geltenden Darlegungs- und Beweislast[687] vorzutragen. Der den Arbeitgeber vertretende Anwalt darf insbesondere auch nicht übersehen, dass auch zur Unternehmerentscheidung bzw. deren Umsetzung hinreichend vorgetragen wird. Vielfach wird auf Arbeitgeberseite gerade zur Unternehmerentscheidung bzw. besser formuliert zur Organisationsentscheidung nur ungenügend vorgetragen.[688] Wenn möglich sollte ein schriftlicher Gesellschafter-, Geschäftsführer- oder Vorstandsbeschluss über die getroffene Organisationsentscheidung im Kündigungsschutzprozess vorgelegt werden.[689]

Wenn irgend möglich, sollte sich der Arbeitgeberanwalt **nicht auf außerbetriebliche, sondern auf innerbetriebliche Gründe** berufen. Dies bedeutet, dass die unternehmerische Entscheidung damit begründet wird, dass der Geschäftsführer, der Vorstand oder

---

683 S. hierzu oben unter Rn. 385 ff.
684 S. hierzu näher oben unter Rn. 408 ff.
685 S. hierzu oben unter Rn. 412 ff.
686 S. hierzu oben unter Rn. 420 ff.
687 S. hierzu oben Rn. 465 ff.
688 S. hierzu Gilberg, NZA 2003, 817 ff.
689 Pauly/Osnabrügge-Ruge, Handbuch Kündigungsrecht, § 2 Rn. 61.

die Gesellschafter eine bestimmte Maßnahme beschlossen haben. In diesem Beschluss sollte kein Bezug zu außerbetrieblichen Ursachen wie z.B. zu einem Auftragsverlust hergestellt werden. Leicht nachvollziehbare außerbetriebliche Umstände, die Anlass der Organisationsentscheidung gewesen sind, können in der Kündigungsschutzklage zur Verdeutlichung der Unternehmerentscheidung kurz angesprochen werden, es sollte aber ausdrücklich darauf hingewiesen werden, dass sie nur Anlass der auf innerbetrieblichen Gründen beruhenden Organisationsentscheidung waren.[690]

4. Urteilsverkündung

487 S. hierzu die Ausführungen unter oben Rn. 298 ff.

5. Anwaltsgebühren

488 S. hierzu näher die Ausführungen unter oben Rn. 321 ff.

6. Kostenfestsetzung

489 Soweit die Klage abgewiesen worden ist, besteht gleichwohl nach § 12a Abs. 1 Satz 1 ArbGG im Urteilsverfahren des 1. Rechtszugs kein Anspruch der obsiegenden Partei auf Entscheidung wegen Zeitversäumnis und auf Erstattung der Kosten für die Zuziehung eines Prozessbevollmächtigten oder Beistands. Die durch die Beauftragung eines Rechtsanwalts entstandenen Kosten sind jedoch im Rahmen hypothetisch berechneter Reisekosten, die der Partei sonst entstanden wären, erstattungsfähig. S. hierzu und zum entsprechenden Kostenfestsetzungsantrag näher unter oben Rn. 319 f.

490 **7. Muster: Klageerwiderung bei betriebsbedingter Kündigung**

In Sachen

X./.Y

Az.: ■■■

nehme ich Bezug auf Ziff. 2 des Beschlusses vom ■■■ und führe aus:

I.

Die am ■■■ geborene X ist bei der Beklagten seit dem ■■■ als Chefsekretärin beschäftigt. Maßgeblich ist der schriftliche Arbeitsvertrag der Parteien vom ■■■

Beweis: Arbeitsvertrag vom ■■■, in Fotokopie anliegend (Anlage B 1)

Das monatliche Bruttogehalt der Klägerin beträgt ■■■ €.

Zutreffend geht die Klägerin in der Klageschrift davon aus, dass die Bestimmungen des Kündigungsschutzgesetzes Anwendung finden, die Beklagte beschäftigt regelmäßig mehr als 10 Arbeitnehmer ausschließlich der zu ihrer Berufsausbildung Beschäftigten.

Ein Betriebsrat besteht bei der Beklagten nicht.

---

690 Pauly/Osnabrügge-Ruge, Handbuch Kündigungsrecht, § 2 Rn. 70.

II.

Die streitbefangene Kündigung ist als ordentliche betriebsbedingte Kündigung sozial gerechtfertigt.

Die Beklagte betreibt eine Fachklinik. Die Gesellschafterversammlung der Beklagten vom ▬▬▬ hat beschlossen, in der von ihr betriebenen Klinik ab sofort lediglich noch die Bereiche Orthopädie und Handchirurgie für die Patienten anzubieten und nicht mehr ebenfalls den Fachbereich Gynäkologie.

Beweis: Gesellschafterbeschluss vom ▬▬▬, in Fotokopie anliegend (Anlage B 2)

In Umsetzung dieses Beschlusses sind keine weiteren gynäkologischen Patienten mehr aufgenommen worden, zum Zeitpunkt des Gesellschafterbeschlusses waren bereits alle gynäkologischen Patienten entlassen. Der Chefarzt der Abteilung Gynäkologie ist bei der Beklagten mit Wirkung zum ▬▬▬ ausgeschieden, mit ihm wurde ein Auflösungsvertrag abgeschlossen. Die ebenfalls in der Abteilung Gynäkologie tätigen Ober- und Assistenzärzte sind ebenfalls sämtlich bei der Beklagten ausgeschieden, mit ihnen konnten ebenfalls jeweils Aufhebungsverträge geschlossen werden.

Die Klägerin war bislang als „Chefsekretärin" für den Chefarzt der Abteilung Gynäkologie tätig. Da die von der Beklagten betriebene Klinik künftig nicht mehr drei Chefärzte, sondern lediglich noch zwei Chefärzte hat, nämlich die Chefärzte für die Abteilungen Orthopädie und Handchirurgie, ist auch das Bedürfnis zur Beschäftigung einer dritten Chefsekretärin für einen Chefarzt entfallen, deren Arbeitsplatz ist ersatzlos weggefallen.

Ein anderer freier Arbeitsplatz, auf dem die Klägerin hätte weiterbeschäftigt werden können, ist in der von der Beklagten betriebenen Klinik ▬▬▬ nicht vorhanden, die Beklagte betreibt lediglich die vorgenannte Fachklinik.

Die Beklagte hat unter den drei vorhandenen Chefsekretärinnen für die Chefärzte eine Sozialauswahl getroffen. Die beiden anderen verbleibenden Chefsekretärinnen weisen jedoch im Vergleich zur Klägerin eine weitaus längere Betriebszugehörigkeit auf, beide sind verheiratet und haben Kinder; die Klägerin jedoch ist ledig, hat die kürzeste Betriebszugehörigkeit und keine weiteren Unterhaltspflichten.

Weitere Arbeitnehmer waren in den Kreis der Sozialauswahl mangels Vergleichbarkeit nicht einzubeziehen. Deshalb ist die von der Beklagten ausgesprochene, von der Klägerin mit der Kündigungsschutzklage angegriffene betriebsbedingte Kündigung der Beklagten vom ▬▬▬ sozial gerechtfertigt, die Klage der Klägerin ist abweisungsreif.

Rechtsanwalt

8. Muster: Klageerwiderung bei betriebsbedingter Kündigung wegen Betriebsstilllegung

In Sachen

X ./. Y

Az.: ▬▬▬

nehme ich Bezug auf Ziff. 2 des Beschlusses vom ▬▬▬ und führe aus:

I.

Der am ▬▬▬ geborene X ist bei der Beklagten seit dem ▬▬▬ als Baufacharbeiter mit einem monatlichen Entgelt von zuletzt ▬▬▬ € beschäftigt. Maßgeblich ist der schriftliche Arbeitsvertrag der Parteien vom ▬▬▬

Beweis: Arbeitsvertrag vom ▬▬▬, in Fotokopie anliegend (Anlage B 1)

Zutreffend geht der Kläger in der Klageschrift davon aus, dass die Bestimmungen des Kündigungsschutzgesetzes Anwendung finden. Die Beklagte beschäftigt in der Regel mehr als 10 Arbeitnehmer ausschließlich der zu ihrer Berufsausbildung Beschäftigten.

Ein Betriebsrat besteht bei der Beklagten nicht.

II.

Die ausgesprochene, vom Kläger mit der Kündigungsschutzklage angegriffene Kündigung der Beklagten vom ▬▬▬ ist als betriebsbedingte Kündigung sozial gerechtfertigt.

Die Gesellschafter der Beklagten haben am 05.06.2004 eine Sitzung abgehalten, in der beschlossen wurde, die werbende Tätigkeit des Betriebs der Beklagten – eines auf Industriebauten spezialisierten Baugeschäfts – sofort und das operative Geschäft spätestens zum 31.12.2004 vollständig einzustellen, allen Mitarbeitern zum frühest möglichen Zeitpunkt zu kündigen, den Stellenplan jeweils entsprechend dem Ausscheiden der Mitarbeiter zu reduzieren, aus Rechtsgründen nicht bis spätestens 31.12.2004 kündbare Arbeitnehmer ab dann freizustellen und vorhandene Aufträge nur noch im Rahmen des Möglichen abzuarbeiten.

Beweis: Gesellschafterbeschluss vom 05.06.2004, in Fotokopie anliegend (Anlage B 2)

Dementsprechend wurde von der Beklagten allen Arbeitnehmern gekündigt, dem Kläger ging die an ihn gerichtete Kündigung am 25.06.2004 zu.

Konsequenz der von der Beklagten getroffenen Organisationsentscheidung ist es, dass für jeden einzelnen der gekündigten Arbeitnehmer eine Beschäftigungsmöglichkeit spätestens mit dem Ablauf der für ihn einschlägigen Kündigungsfrist wegfällt (vgl. BAG AP Nr. 115 zu § 1 KSchG 1969 betriebsbedingte Kündigung). Ein anderer freier Arbeitsplatz, auf dem der Kläger weiterbeschäftigt werden könnte, ist nicht vorhanden. Die Beklagte betreibt lediglich das Bauunternehmen, das sie gemäß des am 05.06.2004 getroffenen Gesellschafterbeschluss stilllegen will.

Eine Sozialauswahl war nicht durchzuführen, da aufgrund des unternehmerischen Stilllegungskonzepts von der Beklagten alle Arbeitsverhältnisse sofort und gleichzeitig gekündigt wurden (BAG AP Nr. 115 zu § 1 KSchG 1969 betriebsbedingte Kündigung).[691]

Die von der Beklagten ausgesprochene betriebsbedingte Kündigung des Arbeitsverhältnisses mit dem Kläger ist somit sozial gerechtfertigt, die Klage des Klägers ist abweisungsreif.

Rechtsanwalt

---

[691] Zu beachten ist aber, dass dann, wenn einem Teil der Arbeitnehmer zu einem bestimmten Zeitpunkt und bei einem anderen Teil der Arbeitnehmer zu einem späteren Zeitpunkt die Kündigungen ausgesprochen werden, die Gefahr besteht, dass eine etappenweise Betriebsstilllegung vorliegt mit der Folge, dass gemäß § 1 Abs. 3 KSchG bei der Auswahl der jeweils zu Kündigenden die Grundsätze über die soziale Auswahl zu beachten sind – vgl. insoweit BAG AP Nr. 4 zu § 22 KO.

F. Personenbedingte Kündigung aus Sicht des Arbeitnehmervertreters

I. Vorprozessuale Situation

1. Erster Mandantenkontakt, Terminsvergabe, Mandatsannahme und weitere Mandatsführung

Was den ersten Mandantenkontakt und die Terminsvergabe anbelangt, so ergeben sich bei der personenbedingten Kündigung gegenüber der verhaltens- und der betriebsbedingten Kündigung keine Besonderheiten, so dass auf die Ausführungen unter oben Rn. 165 f. verwiesen werden kann. Gleiches gilt für den Komplex der Mandatsannahme, auch insoweit kann auf die Ausführungen unter oben Rn. 167 bis Rn. 213 verwiesen werden. Gleiches gilt auch für die weitere Mandatsführung, insoweit wird auf die Ausführungen unter oben Rn. 214 bis Rn. 225 verwiesen.

2. Besonderheiten bei der personenbedingten Kündigung

a) Grundlagen

Nach § 1 Abs. 2 Satz 1, 1. Alternative KSchG ist eine Kündigung, wenn sie nicht durch Gründe bedingt ist, die in der Person des Arbeitnehmers liegen, sozial ungerechtfertigt. Gründe in der Person im Sinne von § 1 Abs. 2 Satz 1 1. Alternative KSchG betreffen die persönlichen Eigenschaften und Fähigkeiten des Arbeitnehmers.[692] Mit der Befugnis zur personenbedingten Kündigung hat der Arbeitgeber die Möglichkeit, das Arbeitsverhältnis aufzulösen, wenn der Arbeitnehmer die erforderliche Eignung und Fähigkeiten nicht (mehr) besitzt, um die geschuldete Arbeitsleistung zu erbringen.[693] Da sich diese Umstände auch im Verhaltensbereich des Arbeitnehmers niederschlagen können, ist eine eindeutige **Grenzziehung** gegenüber verhaltensbedingten Gründen oft schwierig.[694] Die Abgrenzung der personenbedingten Kündigungsgründe von den verhaltensbedingten Kündigungen erfolgt üblicherweise so, dass eine personenbedingte Kündigung angenommen wird, wenn die Quelle der kündigungsrechtlich relevanten Äquivalenzstörung vom Arbeitnehmer nicht gesteuert werden kann, wie etwa bei einer schweren Erkrankung oder bei konstitutionell bedingtem Nachlassen der Leistungsfähigkeit, während der Grund einer Äquivalenzstörung dann dem Verhalten des Arbeitnehmers zugerechnet wird, wenn er sich willensgesteuert anders verhalten könnte, als er sich tatsächlich verhält, so bei bewusstem und gewolltem Zurückhalten der Arbeitsleistung. Wenn der Arbeitnehmer zwar will, aber sich nicht vertragskonform verhalten kann, ist dies ein Fall der personenbedingten Kündigung, wenn der Arbeitnehmer jedoch kann, aber sich nicht vertragskonform verhalten will, ist dies ein Fall für eine verhaltensbedingte Kündigung.[695] Berührt eine Kündigung beide Bereiche, liegt ein Mischtatbestand vor, bei dem sich die Abgrenzung in erster Linie danach richtet, aus welchem der in § 1 Abs. 2 KSchG genannten Bereiche die sich auf den Bestand des

---

[692] HaKo-Gallner, § 1 Teil E KSchG Rn. 426.
[693] BAG AP Nr. 9 zu § 1 KSchG 1969 personenbedingte Kündigung; HaKo-Gallner, § 1 Teil E KSchG Rn. 426.
[694] BAG AP Nr. 9 zu § 1 KSchG 1969 personenbedingte Kündigung.
[695] Berkowsky, NZA-RR 2001, 393 ff.

Arbeitsverhältnisses nachteilig auswirkende Störung kommt.[696] Eine personenbedingte Kündigung setzt unabdingbar die Nicht- oder Schlechterfüllung der Leistung voraus. Wer beanstandungsfrei leistet und wer eine erfüllungsgemäße Leistung erbringt, die vom Arbeitgeber nicht zurückgewiesen werden kann, dem kann nicht gekündigt werden.[697] Zu unterscheiden sind objektive und subjektive Leistungsmängel. Sogenannte objektive Leistungsmängel liegen vor, wenn außerhalb der Persönlichkeit des Arbeitnehmers liegende, zur Verrichtung der Arbeit erforderliche Voraussetzungen fehlen bzw. rechtliche oder tatsächliche Leistungshindernisse bestehen (z.B. Krankheit, berufliche Zulassung, insbesondere staatliche Lehrbefähigung, ärztliche Approbation oder sonstige Berufsausübungserlaubnis, Befähigungsnachweis, Fahrerlaubnis, Arbeitserlaubnis, Straf- oder Untersuchungshaft). Subjektive Leistungsmängel liegen vor, wenn dem Arbeitnehmer Eigenschaften fehlen, die er dem Arbeitsvertragsinhalt nach haben müsste, z.B. mangelnde Fähigkeit zur Menschenführung, fundamentale, unüberwindbare Glaubenshindernisse oder persönliche Ungeeignetheit aus charakterlichen Gründen.[698]

b) Voraussetzungen der personenbedingten Kündigung

494 Eine Kündigung ist personenbedingt sozial gerechtfertigt, wenn **vier Voraussetzungen** erfüllt sind:

- Der Arbeitnehmer ist aufgrund seiner persönlichen Eigenschaften und Fähigkeiten nicht mehr in der Lage, künftig seine arbeitsvertraglichen Verpflichtungen zu erfüllen (**Negativprognose**).
- Die persönlichen Umstände müssen in Zukunft zu **konkreten betrieblichen Störungen** führen.
- Ein **milderes Mittel** als das der Kündigung darf nicht vorhanden sein, insbesondere darf keine Weiterbeschäftigungsmöglichkeit bestehen.
- Das Lösungsinteresse des Arbeitgebers muss die Bestandschutzbelange des Arbeitnehmers überwiegen (**Interessenabwägung**).[699]

495 *aa) Negativprognose:* Zum Zeitpunkt der Kündigung muss die auf konkrete Tatsachen gestützte Prognose gerechtfertigt sein, dass der Arbeitnehmer in Zukunft die von ihm geschuldete Arbeitsleistung ganz oder teilweise nicht mehr in ausreichendem Maße erbringen kann.[700]

496 *bb) Erhebliche Beeinträchtigung betrieblicher Interessen:* Die Leistungsunfähigkeit oder -einschränkung des Arbeitnehmers muss zu einer konkreten und erheblichen Beeinträchtigung der betrieblichen oder wirtschaftlichen Interessen des Arbeitgebers führen, die im Zeitpunkt der Kündigung noch andauert, bloße – abstrakte oder konkrete – Gefährdungen genügen nicht.[701]

---

696 BAG AP Nr. 9 zu § 1 KSchG 1969 personenbedingte Kündigung; HaKo-Gallner, § 1 Teil E KSchG Rn. 428.
697 ErfKoArbR-Ascheid, § 1 KSchG Rn. 175.
698 Pauly/Osnabrügge-Ruge, Handbuch Kündigungsrecht, § 2 Rn. 166.
699 HaKo-Gallner, § 1 Teil E KSchG Rn. 429 ff.
700 Pauly/Osnabrügge-Ruge, Handbuch Kündigungsrecht, § 2 Rn. 167; BAG NZA 2003, 483 ff., 485.
701 Pauly/Osnabrügge-Ruge, Handbuch Kündigungsrecht, § 2 Rn. 168; HaKo-Gallner, § 1 Teil E KSchG Rn. 436.

cc) *Weiterbeschäftigung auf einem freien Arbeitsplatz oder sonstige mildere Mittel:* 497
Nach dem **ultima-ratio-Prinzip** muss der Arbeitgeber vorrangig mildere Mittel ausschöpfen, soweit dadurch die betrieblichen oder vertraglichen Interessen hinreichend gewahrt werden.[702] Insbesondere die Weiterbeschäftigung auf einem freien Arbeitsplatz, auf dem die Mängel nicht oder nur unbedeutend zum Tragen kommen, stellt ein milderes Mittel als die Kündigung dar. Ist eine Änderung der Arbeitsbedingungen oder eine Umschulung nötig, um die Um- oder Versetzung vorzunehmen, lassen sich drei Konstellationen unterscheiden:

- Lehnt der Arbeitnehmer eine einvernehmliche Vertragsänderung ab, behält er sich aber vor, eine noch auszusprechende Änderungskündigung zumindest unter dem Vorbehalt ihrer sozialen Rechtfertigung bzw. Wirksamkeit zu akzeptieren, genießt die Änderungskündigung Vorrang vor der Beendigungskündigung.
- Versagt er sein Einverständnis im Unterschied dazu endgültig und vorbehaltlos, ist der Arbeitgeber frei, eine Beendigungskündigung zu erklären.
- Sozialwidrig ist die Beendigungskündigung nach § 1 Abs. 2 Satz 3 KSchG auch, wenn die Weiterbeschäftigung des Arbeitnehmers nach zumutbaren Umschulungs- oder Fortbildungsmaßnahmen möglich ist und der Arbeitnehmer sein Einverständnis hiermit erklärt. Entscheidend ist, ob bei Beendigung der Umschulungs- oder Fortbildungsmaßnahme ein freier Arbeitsplatz bestehen wird, einen freien Arbeitsplatz zu schaffen wird vom Arbeitgeber nicht verlangt.[703]

Auf die Weiterbeschäftigung eines Arbeitnehmers nach zumutbaren Umschulungs- oder Fortbildungsmaßnahmen (§ 1 Abs. 2 Satz 3 KSchG) kann der Arbeitgeber aber jedenfalls dann nicht verwiesen werden, wenn bei Ausspruch der Kündigung kein entsprechender anderweitiger Arbeitsplatz frei ist und auch nicht mit hinreichender Sicherheit voraussehbar ist, dass nach Abschluss der Maßnahmen eine Beschäftigungsmöglichkeit aufgrund der durch die Fortbildung oder Umschulung erworbenen Qualifikation besteht.[704] Eine Pflicht, einen besetzten Arbeitsplatz „**freizukündigen**", besteht nicht.[705] Uneinheitlich wird die Frage beantwortet, ob bei einer personenbedingten Kündigung das Erfordernis einer vorherigen Abmahnung besteht. Teilweise wird darauf hingewiesen, dass eine **Abmahnung** grundsätzlich nicht erforderlich ist.[706] Nach anderer Auffassung ist auch vor personenbedingten Kündigungen eine Abmahnung zu fordern, wenn der Arbeitgeber kurzfristig behebbare Mängel in der fachlichen Eignung zum Anlass einer Kündigung nehmen will.[707] Das BAG hat bei Eignungsmängel im subjektiv-künstlerischen Bereich eines Orchestermusikers bei einer personenbedingten Kündigung eine Abmahnung als erforderlich angesehen.[708] 498

---

702 Pauly/Osnabrügge-Ruge, Handbuch Kündigungsrecht, § 2 Rn. 169.
703 HaKo-Gallner, § 1 Teil E KSchG Rn. 437.
704 BAG AP Nr. 1 zu § 1 KSchG 1969 Umschulung.
705 HaKo-Gallner, § 1 Teil E KSchG Rn. 439.
706 Pauly/Osnabrügge-Ruge, Handbuch Kündigungsrecht, § 2 Rn. 170.
707 APS-Dörner, § 1 KSchG Rn. 128.
708 BAG AP Nr. 8 zu § 1 KSchG 1969.

499 *dd) Interessenabwägung:* An die Interessenabwägung sind nach der Rechtsprechung des BAG **strenge Maßstäbe** anzulegen.[709] Bei der umfassenden Interessenabwägung ist vor allem zu prüfen, ob der Arbeitgeber die aufgrund des personenbedingten Kündigungsgrundes eingetretene Störung des Arbeitsverhältnisses billigerweise noch hinnehmen muss oder ob die Kündigung bei verständiger Würdigung und Abwägung der beiderseitigen Interessen der Vertragsparteien und des Betriebes billigenswert und angemessen erscheint.[710] Im Rahmen der Interessenabwägung sind die Dauer der Betriebszugehörigkeit, das Lebensalter, die sozialen Verhältnisse des Arbeitnehmers (Unterhaltspflichten), die Lage auf dem Arbeitsmarkt, die Ursachen des personenbedingten Grundes und die wirtschaftliche Situation des Arbeitgebers zu berücksichtigen. Je länger der Arbeitnehmer zur Zufriedenheit des Arbeitgebers seinen arbeitsvertraglichen Pflichten nachgekommen ist, desto erheblicher muss das Ausmaß der betrieblichen und der wirtschaftlichen Belastungen des Arbeitgebers sein.[711]

3. Krankheitsbedingte Kündigung

a) Grundlagen

500 Die in der Praxis im Arbeitsrecht am häufigsten vorkommende Fallgruppe der personenbedingten Kündigung ist die krankheitsbedingte Kündigung. Hierunter ist eine Kündigung wegen Krankheit zu verstehen. Entgegen einem vielfach bei Arbeitnehmern noch vorzufindenden Irrtum ist auch der Ausspruch einer Kündigung selbstverständlich möglich, wenn der Arbeitnehmer erkrankt ist; auch während der Erkrankung geht die Kündigung grundsätzlich wirksam zu.

501 Nach der Rechtsprechung des BAG ist eine krankheitsbedingte Kündigung in **drei Stufen** zu prüfen. Zunächst ist eine negative Prognose hinsichtlich des voraussichtlichen Gesundheitszustandes erforderlich (negative Gesundheitsprognose). Die entstandenen und prognostizierten Fehlzeiten müssen ferner zu einer erheblichen Beeinträchtigung betrieblicher Interessen führen. In der dritten Stufe ist eine Interessenabwägung vorzunehmen, bei der zu prüfen ist, ob die erhebliche Beeinträchtigung der betrieblichen Interessen zu einer unzumutbaren Belastung des Arbeitgebers führt.[712]

502 Zunächst ist somit eine negative Prognose des weiteren Gesundheitszustandes erforderlich, die im Zeitpunkt des Zugangs der Kündigung objektiv die Besorgnis weiterer Erkrankung(en) im bisherigen Umfang rechtfertigt (**negative Gesundheitsprognose**).[713] Die **Beweislast** trägt der Arbeitgeber. Der Beweis kann durch ein ärztliches Sachverständigengutachten geführt werden.[714] Häufige Erkrankungen in der Vergangenheit können eine Indizwirkung begründen, das Wiederauftreten von Grundleiden indiziert eine hohe Wiederholungsgefahr, dann hat der Arbeitnehmer seinerseits darzulegen,

---

709 Pauly/Osnabrügge-Ruge, Handbuch Kündigungsrecht, § 2 Rn. 171.
710 BAG NZA 2003, 483 ff., 485.
711 Pauly/Osnabrügge-Ruge, Handbuch Kündigungsrecht, § 2 Rn. 171.
712 BAG AP Nr. 26 zu § 1 KSchG 1969 Krankheit; BAG AP Nr. 36 zu § 1 KSchG 1969 Krankheit; BAG NZA 2000, 768 ff.
713 HaKo-Gallner, § 1 Teil E KSchG Rn. 500.
714 Pauly/Osnabrügge-Ruge, Handbuch Kündigungsrecht, § 2 Rn. 173.

weshalb mit einer alsbaldigen Genesung zu rechnen ist.[715] Für die zur sozialen Rechtfertigung einer Kündigung bei häufigen Kurzerkrankungen anzustellende Gesundheitsprognose können häufige Kurzerkrankungen in der Vergangenheit für einen entsprechenden Krankheitsverlauf in der Zukunft sprechen. Der Arbeitgeber darf sich dann darauf beschränken, diese Fehlzeiten darzulegen. Der Arbeitnehmer muss im Rahmen seiner prozessualen Mitwirkungspflicht nach § 138 Abs. 2 ZPO dartun, weshalb die Besorgnis weiterer Erkrankungen unberechtigt sein soll. Dieser Mitwirkungspflicht genügt der Arbeitnehmer schon dann, wenn er die Behauptung des Arbeitgebers bestreitet und die Ärzte von der Schweigepflicht entbindet, die ihn behandelt haben, soweit darin die Darstellung liegt, die Ärzte hätten die künftige gesundheitliche Entwicklung ihm gegenüber bereits tatsächlich positiv beurteilt. Trägt er selbst konkrete Umstände, wie die Krankheitsursachen, vor, so müssen diese geeignet sein, die Indizwirkung der bisherigen Fehlzeiten zu erschüttern; er muss jedoch nicht den Gegenbeweis führen, dass nicht mit weiteren künftigen Erkrankungen zu rechnen sei.[716] Auf Betriebsunfällen beruhende krankheitsbedingte Fehlzeiten können eine negative Zukunftsprognose ebenso wenig rechtfertigen, wie auf einmaligen Ursachen beruhende Fehltage.[717] Weil es für die soziale Rechtfertigung einer Kündigung auf den Zeitpunkt ihres Ausspruchs ankommt, kann die negative Prognose nicht durch Umstände, die erst nach Erklärung der Kündigung, insbesondere während des anschließenden Kündigungsschutzprozesses auftreten, korrigiert werden. Dies gilt auch dann, wenn sich die Prognose im weiteren Verlauf als objektiv falsch erweist, der Arbeitnehmer also wider Erwarten wieder arbeitsfähig wird oder die Ursache häufiger Kurzerkrankungen entfällt.[718] Entschließt sich der Arbeitnehmer noch kurz vor dem Ausspruch der Kündigung zu einer Operation, hat er sich jedoch zuvor gegenüber dem Arbeitgeber auch nach mehrmonatiger Bedenkzeit noch unentschlossen gezeigt, ob er sich dieser Operation unterziehen soll, braucht der Arbeitgeber die Erfolgsaussichten einer möglichen, mit einem erheblichen Risiko behafteten Operation nicht in seine Prognose über die weitere Dauer der Arbeitsunfähigkeit einzubeziehen.[719] Auch eine den Gesundheitszustand verbessernde, erst nach Zugang der Kündigung vorgenommene Änderung der Lebensführung durch den Arbeitnehmer ist für die negative Gesundheitsprognose unbeachtlich.[720]

Eine negative Gesundheitsprognose kann auch aus **häufigen Kurzerkrankungen** abgeleitet werden. Zum Zeitpunkt des Zugangs der Kündigung müssen objektive Tatsachen vorliegen, die die Besorgnis weiterer Erkrankungen im bisherigen Umfang rechtfertigen. Häufige Kurzerkrankungen in der Vergangenheit können für eine entsprechende Entwicklung des Krankheitsbildes sprechen, dies gilt aber nicht, wenn die Krankheiten ausgeheilt sind.[721] Dabei ist bei einem bereits länger bestehenden Arbeits-

---

715 Pauly/Osnabrügge-Ruge, Handbuch Kündigungsrecht, § 2 Rn. 173.
716 BAG AP Nr. 21 zu § 1 KSchG 1969 Krankheit.
717 BAG NZA 1994, 309 ff.
718 Berkowsky, NZA-RR 2001, 393 ff., 397.
719 BAG AP Nr. 16 zu § 1 KSchG 1969 Krankheit.
720 BAG AP Nr. 22 zu § 1 KSchG 1969 Krankheit.
721 HaKo-Gallner, § 1 Teil E KSchG Rn. 507.

verhältnis ein Beobachtungszeitraum anzusetzen, der zwischen 15 und 24 Monaten beträgt.[722] Weiter relevant ist, ob die Erkrankungen eine steigende, gleich bleibende oder fallende Tendenz aufweisen und ob sie mit einer gewissen Häufigkeit oder Regelmäßigkeit auftreten.[723]

504 Ist die Fehlzeitenprognose nach den oben dargestellten Grundsätzen begründet, so sind zudem **hinreichende erhebliche betriebliche Störungen** infolge der anzunehmenden Fehlzeiten zu prognostizieren. Die Prognose erheblicher Fehlzeiten indiziert nicht ohne Weiteres die Prognose erheblicher Betriebsbeeinträchtigungen, sie müssen vielmehr gesondert dargelegt und festgestellt werden. Betriebsbeeinträchtigungen können vielfältiger Art sein: Es kann zu erheblichen Produktionsausfällen kommen; es können erhebliche Überstunden der übrigen Arbeitnehmer erforderlich werden oder Probleme der Maschinensteuerung oder der Personalführung auftreten. Solche betrieblichen Beeinträchtigungen sind aber nur dann erheblich, wenn sie über das durch vorhersehbare Fehlzeiten – Krankheit im üblichen Umfang, Fortbildung, Betriebsratstätigkeit – verursachte Maß signifikant hinausgehen; unter dieser Schwelle sind sie kündigungsrechtlich irrelevant, weil vom Unternehmen betriebsorganisatorisch zwangsläufig zu berücksichtigen.[724] Bei **krankheitsbedingter dauernden Leistungsunfähigkeit** ist nach der Rechtsprechung des BAG in aller Regel ohne Weiteres von einer erheblichen Beeinträchtigung der betrieblichen Interessen auszugehen; der dauernden Leistungsunfähigkeit steht die Ungewissheit der Wiederherstellung der Arbeitsfähigkeit gleich, wenn in den nächsten 24 Monaten mit einer anderen Prognose nicht gerechnet werden kann.[725]

505 Die in der Prüfungsstufe 2 erforderliche erhebliche Beeinträchtigung betrieblicher Interessen kann nicht nur durch Störungen im Betriebsablauf, sondern auch durch wirtschaftliche Belastungen hervorgerufen werden, und zwar durch die Höhe der **Entgeltfortzahlungskosten**. Bei der Prüfung, ob eine ungewöhnlich hohe wirtschaftliche Belastung des Arbeitgebers durch solche Kosten vorliegt, ist auf die Kosten des Arbeitsverhältnisses des gekündigten Arbeitnehmers abzustellen, nicht auf die Gesamtbelastung des Arbeitgebers durch Entgeltfortzahlungskosten oder seine wirtschaftliche Belastbarkeit insgesamt. Ob die finanziellen Belastungen dem Arbeitgeber noch zumutbar sind, hängt insbesondere ab von der Dauer des ungestörten Bestands des Arbeitsverhältnisses, der Ursache der Erkrankung sowie davon, ob die Fehlzeiten des gekündigten Arbeitnehmers deutlich höher sind als die von Arbeitnehmern in vergleichbaren Tätigkeiten. Grundsätzlich kündigungsrechtlich irrelevant sind Entgeltfortzahlungskosten, die jährlich für weniger als 6 Wochen angefallen sind.[726]

506 Die Höhe der kündigungsrechtlich relevanten Entgeltfortzahlungskosten ermittelt das BAG in der Weise, dass es zuerst die für die Fehlzeitenprognose unerheblichen vergangenheitsbezogenen Fehlzeiten ausklammert und sodann für die prognoserelevanten Fehlzeiten von 6 Wochen jährlich die darauf entfallenden Entgeltfortzahlungskosten

---

722 Pauly/Osnabrügge-Ruge, Handbuch Kündigungsrecht, § 2 Rn. 184.
723 Pauly/Osnabrügge-Ruge, Handbuch Kündigungsrecht, § 2 Rn. 184.
724 Berkowsky, NZA-RR 2001, 393 ff., 397.
725 BAG NZA 2002, 1081 ff.; BAG AP Nr. 36 zu § 1 KSchG 1969 Krankheit.
726 Berkowsky, NZA-RR 2001, 393 ff., 397.

berechnet. Dabei ist die Ermittlung eines jährlichen Durchschnittswertes zulässig. Die auf die prognoserelevanten Fehlzeiten bis zu 6 Wochen pro Jahr entfallenden Kosten nennt das BAG „die vom Arbeitgeber hinzunehmende Mindestgrenze", die diese Quote übersteigenden Kosten sind die „kündigungsrechtlich relevante wirtschaftliche Belastung" des Arbeitgebers.[727] Die Berücksichtigung der Entgeltfortzahlungskosten im Rahmen der Beeinträchtigung der betrieblichen Interessen ist in der Literatur umstritten.[728]

In der 3. Prüfungsstufe, der **Interessenabwägung,** ist zu prüfen, ob und wie lange das Arbeitsverhältnis ungestört gelaufen ist, ob der Arbeitgeber eine Personalreserve vorhält und neben den Betriebsablaufstörungen auch noch hohe Entgeltfortzahlungskosten aufzuwenden hatte, darüber hinaus sind das Alter, der Familienstand und die Unterhaltspflichten des Arbeitnehmers und eine Schwerbehinderung zu berücksichtigen.[729] Auch die Situation auf dem Arbeitsmarkt kann in die Interessenabwägung eingestellt werden.[730]

507

Ist der Arbeitnehmer auf Dauer krankheitsbedingt nicht mehr in der Lage, die geschuldete Arbeit auf seinem bisherigen Arbeitsplatz zu leisten, ist er zur Vermeidung einer Kündigung aber auf einem leidensgerechten Arbeitsplatz im Betrieb oder Unternehmen weiterzubeschäftigen, falls ein solcher gleichwertiger, jedenfalls zumutbarer Arbeitsplatz frei und der Arbeitnehmer zu dieser zu leistenden Arbeit geeignet ist. Gegebenenfalls hat der Arbeitgeber einen solchen Arbeitsplatz durch Ausübung seines Direktionsrechts freizumachen und sich auch um die evtl. erforderliche Zustimmung des Betriebsrats zu bemühen.[731]

508

b) Vorprozessuale Maßnahmen

Da die Rechtsprechung bei der negativen Gesundheitsprognose auf den Zeitpunkt der Kündigung abstellt, wird der für den Arbeitnehmer tätige Anwalt zunächst überprüfen müssen, ob angesichts des Umfangs der Arbeitsunfähigkeitszeiten eine Indizwirkung besteht, dann sollte beizeiten versucht werden, eine ärztliche Bescheinigung zu erhalten, aus der sich ergibt, dass eine negative Gesundheitsprognose nicht besteht bzw. zukünftig nicht mehr mit erheblichen Fehlzeiten zu rechnen ist. Auch ist zu überprüfen, welche Krankheitszeiträume auf ausgeheilten, lang zurückliegenden oder einmaligen Ursachen beruhen und nicht mehr seit einem bestimmten Datum aufgetreten oder auf Betriebsunfälle zurückzuführen sind.[732]

509

4. Sonstige vorprozessuale Überlegungen

Auch bei der personenbedingten Kündigung muss die Kündigungserklärung einer Prüfung auf mögliche Mängel unterzogen werden. Insoweit kann auf die Ausführungen im Rahmen der verhaltensbedingten Kündigung verwiesen werden (s. oben Rn. 181 ff.).

510

---

727 Berkowsky, NZA-RR 2001, 393 ff., 398.
728 HaKo-Gallner, § 1 Teil E KSchG Rn. 517; Berkowsky, NZA-RR 2001, 393 ff., 398.
729 Pauly/Osnabrügge-Ruge, Handbuch Kündigungsrecht, § 2 Rn. 189.
730 HaKo-Gallner, § 1 Teil E KSchG Rn. 523.
731 BAG NZA 1997, 709 ff.
732 Vgl. Pauly/Osnabrügge-Ruge, Handbuch Kündigungsrecht, § 2 Rn. 186.

§ 2 Gerichtliche Verfahren 1. Instanz

Ebenfalls sind etwaige fristgebundene Maßnahmen zur Wahrung der Rechte besonderer Personengruppen zu beachten (vgl. oben Rn. 201 ff.). Auch hinsichtlich der weiteren Mandatsführung geltend die Ausführungen bezüglich der verhaltensbedingten Kündigung hier entsprechend (vgl. oben Rn. 214 ff.).

II. Klage

1. Klagefrist, Klageanträge und Verfahren

511 Insoweit gelten die Ausführungen zur verhaltensbedingten Kündigung auch bei der personenbedingten Kündigung entsprechend. Auf die Ausführungen oben unter Rn. 226 ff. wird verwiesen.

2. Darlegungs- und Beweislast

512 Bei der personenbedingten Kündigung, insbesondere bei deren in der Praxis am häufigsten auftretenden Fall, der krankheitsbedingten Kündigung, muss auf die Darlegungs- und Beweislast geachtet werden. Auch bei dieser Kündigungsform werden nicht selten Verfahren verloren, weil die Darlegungs- und Beweislast verkannt und nicht entsprechend vorgetragen wurde.[733]

3. Zeitpunkt des Vortrags und Taktik

513 Sofern es für den Arbeitnehmeranwalt möglich ist, die zur Beurteilung der Aussichten der Kündigungsschutzklage erforderlichen Informationen über die gesundheitlichen Verhältnisse des Mandanten rechtzeitig vor dem Gütetermin zu erhalten, können auch bei einer personenbedingten Kündigung im Gütetermin fundierte Einigungsgespräche geführt werden.[734] Häufig lassen sich aber insbesondere bei krankheitsbedingter Kündigung die gesundheitlichen Zukunftsaussichten des Arbeitnehmers erst nach einer Beweiserhebung, beispielsweise durch die Vernehmung der von der ärztlichen Schweigepflicht entbundenen behandelnden Ärzte des Arbeitnehmers erkennen.

4. Muster

514 a) Muster: Klage bei krankheitsbedingter Kündigung [zu Rubrum und Klageantrag/-anträge vgl. oben die Muster unter Rn. 235 ff.]

Zur

Begründung

führe ich aus:

Der am ■■■ geborene Kläger ist verheiratet und hat drei unterhaltspflichtige Kinder. Er wird bei der Beklagten seit dem ■■■ als ■■■ beschäftigt. Grundlage ist der Arbeitsvertrag der Parteien vom ■■■

---

733 Zu den Einzelheiten der Darlegungs- und Beweislast s. die Darstellung der Besonderheiten bei der personenbedingten Kündigung oben unter Rn. 494 ff.
734 Zur Bedeutung des Gütetermins allgemein s. oben unter Rn. 279 ff.

Beweis: Arbeitsvertrag vom ■■■, in Fotokopie anliegend (Anlage K 1)

Das regelmäßige monatliche Gehalt des Klägers beträgt ■■■ €.

Beweis: Lohn- und Gehaltsabrechnung vom ■■■, in Fotokopie anliegend (Anlage K 2)

Das Kündigungsschutzgesetz findet im vorliegenden Fall Anwendung. Denn die Beklagte beschäftigt regelmäßig mehr als 10 Arbeitnehmer ausschließlich der zu ihrer Berufsausbildung Beschäftigten.[735]

Ein Betriebsrat ist nicht vorhanden (alternativ an passender Stelle im Schriftsatz: Ein Betriebsrat besteht. Die ordnungsgemäße Anhörung des Betriebsrats vor Ausspruch der streitbefangenen Kündigung wird mit Nichtwissen bestritten).

Die Beklagte kündigte das Arbeitsverhältnis der Parteien mit Kündigungsschreiben vom ■■■, dem Kläger zugegangen am ■■■, ordentlich aus krankheitsbedingten Gründen zum ■■■

Beweis: Kündigung vom ■■■, in Fotokopie anliegend (Anlage K 3)

Die Beklagte begründet die streitbefangene Kündigung mit wiederholt aufgetretenen Kurzerkrankungen des Klägers in den letzten 12 Monaten und leitet hieraus für den Gesundheitszustand des Klägers ab, dass auch in Zukunft weitere Erkrankungen im bisherigen Umfang zu besorgen sind. Abgesehen davon, dass der von der Beklagten insoweit zugrunde gelegte Beobachtungszeitraum von 12 Monaten zu kurz ist, um eine negative Gesundheitsprognose rechtfertigen zu können, liegen die Voraussetzungen für eine krankheitsbedingte Kündigung des Weiteren auch deshalb nicht vor, weil in Zukunft nicht mehr mit erheblichen Fehlzeiten des Klägers gerechnet werden muss.

Denn sämtliche von der Beklagten im Kündigungsschreiben aufgeführten Fehlzeiten des Klägers waren als allergische Reaktionen des Kläger auf einen bestimmten Stoff, der in manchen Nahrungsmitteln vorkommt, nämlich ■■■, zurückzuführen.

Beweis: Dr. U.V. [mit ladungsfähiger Anschrift]

Herr Dr. U.V. hat den Kläger bei allen in Rede stehenden Erkrankungen behandelt, der Kläger entbindet hiermit ausdrücklich Herrn Dr. U.V. von seiner ärztlichen Schweigepflicht. Bei der letzten krankheitsbedingten Fehlzeit des Klägers – die im Übrigen 8 Wochen vor Ausspruch der streitbefangenen Kündigung zu Ende ging – wurde schließlich durch Tests herausgefunden, auf welchen Stoff der Kläger allergisch reagiert.

Beweis: Dr. U. V., b. b.

Nachdem dem Kläger bekannt geworden ist, auf welchen Stoff er allergisch reagiert, nimmt er Nahrungsmittel, in denen der Stoff ■■■ enthalten ist, nicht mehr zu sich, seither hat er auch keinerlei allergische Reaktion mehr erlitten. Da alleinige Ursache für die aufgetretenen allergischen Reaktionen die Sensibilität des Klägers gegenüber dem Stoff ■■■ war, und dieser Stoff nur in sehr wenigen, bekannten Nahrungsmitteln vorkommt, ist in Zukunft mit keinen allergiebedingten Fehlzeiten des Klägers mehr zu rechnen.

---

735 Ggf. Anwendbarkeit des KSchG näher ausführen, s. hierzu oben Rn. 231 ff.

Beweis:
1. Dr. U. V., b. b.,
2. Sachverständigengutachten

Da bereits lange vor Ausspruch der streitbefangenen Kündigung die Ursache für die Kurzerkrankungen des Klägers beseitigt war – die Beklagte hätte dies auch durch eine Nachfrage beim Kläger vor Ausspruch der streitbefangenen Kündigung in Erfahrung bringen können – scheitert die von der Beklagten ausgesprochene krankheitsbedingte Kündigung bereits daran, dass eine negative Gesundheitsprognose nicht gegeben ist.

Vorsorglich wird mit Nichtwissen bestritten, dass die Erkrankungen des Klägers zu den von der Beklagten behaupteten Produktionsausfällen und der von ihr behaupteten Anzahl von Überstunden der Arbeitnehmer ▆▆▆ und ▆▆▆ geführt haben.

Rechtsanwalt

515   b) Muster: Replik bei krankheitsbedingter Kündigung (unschlüssige negative Gesundheitsprognose)

An das

Arbeitsgericht ▆▆▆

In Sachen

X ./. Y

Az.: ▆▆▆

nehme ich Bezug auf Ziff. ▆▆▆ des Beschlusses vom ▆▆▆ und führe aus:

Die streitbefangene Kündigung ist rechtsunwirksam, da sie sozial ungerechtfertigt ist. Entgegen der Behauptung der Beklagten liegen die Voraussetzungen für eine personenbedingte Kündigung in Form der krankheitsbedingten Kündigung beim Kläger nicht vor.

Die Beklagte begründet die ausgesprochene Kündigung mit den krankheitsbedingten Fehlzeiten des Klägers im Zeitraum vom ▆▆▆ bis zum ▆▆▆ und vom ▆▆▆ bis zum ▆▆▆ und leitet hieraus eine negative Gesundheitsprognose für die Zukunft ab. Dabei verkennt die Beklagte jedoch, dass beide genannten Fehlzeiten ausschließlich auf vom Kläger ohne sein Verschulden erlittene Betriebsunfälle beruhten. Die Fehlzeit vom ▆▆▆ bis zum ▆▆▆ war durch [jetzt näher ausführen] verursacht worden, die weitere Fehlzeit vom ▆▆▆ bis zum ▆▆▆ durch den Vorfall vom ▆▆▆, [jetzt näher ausführen]. Da nach der Rechtsprechung des BAG auf Betriebsunfällen beruhende krankheitsbedingte Fehlzeiten eine negative Zukunftsprognose nicht begründen können (BAG NZA 1994, 309 ff.), scheitert bereits daran die von der Beklagten ausgesprochene krankheitsbedingte Kündigung.

Rechtsanwalt

c) Muster: Replik bei Beschäftigungsmöglichkeit auf leidensgerechtem Arbeitsplatz

An das

Arbeitsgericht ▪▪▪

In Sachen

X ./. Y

Az.: ▪▪▪

nehme ich Bezug auf Ziff. ▪▪▪ des Beschlusses vom ▪▪▪ und führe aus:

Die streitbefangene Kündigung ist rechtsunwirksam, da sie sozial ungerechtfertigt ist. Gründe für eine krankheitsbedingte Kündigung des Arbeitsverhältnisses mit dem Kläger liegen nicht vor.

Zwar ist richtig, dass der Kläger ab 28.06.2004 bis 21.11.2004 arbeitsunfähig erkrankt war und dass er vom 30.11.2004 an erneut arbeitsunfähig erkrankte. Gleichwohl ist die von der Beklagten am 21.12.2004 ausgesprochene personenbedingte Kündigung unwirksam. Denn der Kläger ist an Asthma bronchiale erkrankt. Wie die Beklagte im Schriftsatz vom ▪▪▪ unter Ziff. ▪▪▪ selbst ausführt, hat eine Überprüfung des betriebsärztlichen Dienstes ergeben, dass Personen mit Atmungsproblemen oder allergischen Reaktionen nicht mit Woeralit-Pulverlack W 808 arbeiten dürfen. Der betriebsärztliche Dienst der Beklagten hat in seiner Stellungnahme vom 11.11.2004, auf die sich die Beklagte im Schriftsatz vom ▪▪▪ berufen hat, u.a. ausgeführt, dass der Kläger an seinem bisherigen Arbeitsplatz nicht weiterbeschäftigt werden kann, da von seinem behandelnden Lungenfacharzt eine bronchiale Hyperreagibilität als Grundvoraussetzung des Asthma bronchiale eindeutig festgestellt worden ist.

Nach den geschlossenen arbeitsvertraglichen Vereinbarungen ist der Kläger nach näherer Anweisung der Beklagten verpflichtet, alle verkehrsüblichen Arbeiten im Stahlbau zu leisten.

Beweis: Arbeitsvertrag vom ▪▪▪, in Fotokopie anliegend (Anlage K ▪▪▪)

Bislang hatte die Beklagte den Kläger ausschließlich in der Abteilung ▪▪▪ beschäftigt, lediglich in dieser Abteilung wird jedoch mit Woeralit-Pulverlack W 808 gearbeitet.

Aufgrund seiner Vorbildung kann der Kläger von der Beklagten auch ohne Weiteres mit Arbeiten im Stahlbau in den Abteilungen ▪▪▪ und ▪▪▪ eingesetzt werden, in denen im Gegensatz zur Abteilung ▪▪▪, in der der Kläger bislang eingeteilt war, nicht mit Woeralit-Pulverlack W 808 gearbeitet wird.

Da in der Abteilung ▪▪▪, in der nicht mit Woeralit-Pulverlack W 808 gearbeitet wird, derzeit noch eine Stelle frei ist,

Beweis: Stellengesuch in der Tageszeitung ▪▪▪, in Fotokopie anliegend (Anlage K ▪▪▪)

hätte die Beklagte aufgrund des ultima-ratio-Prinzips vor Ausspruch der streitbefangenen Beendigungskündigung den Kläger in die Abteilung ▪▪▪ versetzen müssen.[736]

Rechtsanwalt

---

[736] Sachverhalt der Entscheidung des BAG NZA 1997, 709ff. nachgebildet, nach der vorgenannten Entscheidung ist der Arbeitgeber sogar verpflichtet, einen leidensgerechten Arbeitsplatz durch Ausübung seines Direktionsrechts freizumachen.

d) Muster: Replik bei fehlerhafter Interessenabwägung

An das

Arbeitsgericht ▪▪▪

In Sachen

X ./. Y

Az.: ▪▪▪

nehme ich Bezug auf Ziff. ▪▪▪ des Beschlusses vom ▪▪▪ und führe aus:

Die streitbefangene Kündigung ist rechtsunwirksam, da sie sozial ungerechtfertigt ist. Gründe, die eine krankheitsbedingte Kündigung des Arbeitsverhältnisses mit dem Kläger rechtfertigen könnten, liegen nicht vor.

Zwar ist richtig, dass der Kläger zu den im Schriftsatz der Beklagten vom ▪▪▪ im Einzelnen dargestellten Zeiträumen jeweils arbeitsunfähig erkrankt war.

Mit Nichtwissen wird jedoch bestritten, dass die krankheitsbedingten Fehlzeiten des Klägers zu den von der Beklagten behaupteten Produktionsausfällen und der von ihr behaupteten Überstundenanzahl der Arbeitnehmer ▪▪▪ und ▪▪▪ geführt haben. Doch hierauf wird es letztlich nicht entscheidend ankommen. Denn wie sich aus der von der Beklagten im Schriftsatz vom ▪▪▪ unter Ziff. ▪▪▪ im Einzelnen dargestellten, von ihr vor Ausspruch der Kündigung vorgenommenen Interessenabwägung ergibt, hat sie auf Seiten des Klägers nur sein Alter und seine Betriebszugehörigkeit berücksichtigt, nicht jedoch aber auch, dass der Kläger verheiratet ist, 7 Kinder hat und zu 60 % als Schwerbehinderter anerkannt ist. Bei einer krankheitsbedingten Kündigung sind im Rahmen der Interessenabwägung die Schwerbehinderung und die Unterhaltspflichten des Arbeitnehmers stets mit zu berücksichtigen (BAG NZA 2000, 768 ff.). Da diese wesentlichen Gesichtspunkte bei der Interessenabwägung nicht zugunsten des Klägers eingestellt worden sind, ist die von der Beklagten vorgenommene Interessenabwägung eklatant fehlerhaft, so dass die angegriffene Kündigung keinen Bestand haben kann.

Rechtsanwalt

5. Urteilsverkündung

S. hierzu die Ausführungen unter oben Rn. 298 ff.

6. Anwaltsgebühren

S. hierzu die Ausführungen unter oben Rn. 321 ff.

7. Kostenfestsetzung

S. hierzu die Ausführungen unter oben Rn. 319 f.

G. Personenbedingte Kündigung aus Sicht des Arbeitgebervertreters

I. Vorprozessuale Situation

Für die Mandatsannahme gelten die Ausführungen unter oben Rn. 382 ff. entsprechend. 521

Die **Prozessaussichten des Arbeitgebers** bei einer personenbedingten, insbesondere bei einer krankheitsbedingten Kündigung, sind vielfach nur schwer abschätzbar. Denn häufig zeigt sich erst durch die Beweisaufnahme im Prozess, ob eine negative Gesundheitsprognose gerechtfertigt ist, da vielfach Arbeitnehmer im Vorfeld nicht bereit sind, ihre Ärzte von der ärztlichen Schweigepflicht zu entbinden, so dass lediglich die Fehlzeiten des Arbeitnehmers in der Vergangenheit Beurteilungsgrundlage sein können. Selbst wenn sich ein Arbeitnehmer vorprozessual zu Unrecht geweigert hat, die ihn behandelnden Ärzte von der Schweigepflicht zu entbinden, ist es ihm nach der Rechtsprechung des BAG nicht verwehrt, die vom Arbeitgeber behauptete negative Gesundheitsprognose zu bestreiten.[737] Ein weiterer Unsicherheitsfaktor für den Arbeitgeber ist die Darlegung der Beeinträchtigung betrieblicher Interessen auf der zweiten Stufe der in drei Stufen zu prüfenden krankheitsbedingten Kündigung. Der Arbeitgeber muss konkret darlegen, welche betrieblichen Störungen zu befürchten sind. Allerdings geht die Rechtsprechung von einer Beeinträchtigung betrieblicher Interessen in aller Regel ohne Weiteres aus, wenn in den nächsten 24 Monaten mit einer günstigen Gesundheitsprognose nicht gerechnet werden kann. Nach der Rechtsprechung des BAG steht die Ungewissheit der Wiederherstellung der Arbeitsfähigkeit einer krankheitsbedingten dauernden Leistungsunfähigkeit gleich.[738] 522

Ein Rechtsstreit um eine personenbedingte, insbesondere um eine krankheitsbedingte Kündigung, ist daher immer mit erheblichen **Prozessrisiken** für den Arbeitgeber behaftet. Um zu versuchen, dieses Risiko etwas herabzusetzen, sollte – wenn der Arbeitgeberanwalt bereits in diesem Verfahrensstadium eingeschaltet wird – dem Arbeitgeber geraten werden, zumindest vor Ausspruch einer krankheitsbedingten Kündigung den Arbeitnehmer mit der Bitte um weitere Auskünfte über seinen Gesundheitszustand anzuschreiben.[739] 523

Der für den Arbeitgeber tätige Anwalt wird bei der Beratung seines Mandanten im Zusammenhang mit einer krankheitsbedingten Kündigung auch berücksichtigen müssen, dass nach der Rechtsprechung eine personenbedingte Kündigung keine Sanktion für vergangene Vertragsstörungen ist, sie ist zukunftsbezogen und gibt dem Arbeitgeber die Möglichkeit, zu erwartenden betriebliche Beeinträchtigungen zuvor zu kommen. Dabei kommt es nach der Rechtsprechung des BAG für die betrieblichen Beeinträchtigungen auf den künftigen Handlungsspielraum des Arbeitgebers im Zeitpunkt der Kündigung an, nicht aber darauf, ob er in der Vergangenheit Zurückhaltung geübt hat und mit dem Ausspruch einer krankheitsbedingten Kündigung lange zugewartet 524

---

[737] BAG NZA 2002, 1081 ff., 1084.
[738] BAG NZA 2002, 1081 ff., 1085.
[739] S. Muster unten unter Rn. 533.

hat.[740] Aus Arbeitgebersicht ist es daher u.U. eher nachteilig, wenn mit dem Ausspruch einer krankheitsbedingten Kündigung lange zugewartet wird, da dies möglicherweise dazu führt, dass im Zeitpunkt des Ausspruchs der Kündigung nicht mehr davon gesprochen werden kann, dass für die nächsten 24 Monate nicht mit einer günstigeren Gesundheitsprognose zu rechnen ist.

525 Neben diesen Überlegungen muss der für den Arbeitgeber tätige Anwalt selbstverständlich auch bei der personenbedingten Kündigung die Kündigung vorab auf irreparable Mängel überprüfen, damit aus Sicht des Arbeitgebers nicht wertvolle Zeit verloren wird, bis eine mangelfreie Kündigungserklärung nachgeschoben wird. Zu den insoweit zu überprüfenden Problemkreisen s. im Einzelnen oben Rn. 385 ff.

II. Verhalten im Rechtsstreit

1. Zuständigkeit

526 Zunächst hat auch bei der personenbedingten Kündigung die Prüfung zu erfolgen, ob die deutsche Gerichtsbarkeit gegeben ist,[741] und ob das angerufene Gericht international[742] und örtlich[743] zuständig ist.

2. Verfahren bis zum Gütetermin

527 Da in vielen Fällen der personenbedingten, insbesondere der krankheitsbedingten Kündigung erst nach der Durchführung der Beweisaufnahme durch die Vernehmung sachverständiger Zeugen oder der Einholung eines Sachverständigengutachtens feststeht, ob eine negative Gesundheitsprognose gegeben ist und ob bezogen auf den Kündigungszeitpunkt für die nächsten 24 Monate nicht mit einer günstigeren Prognose gerechnet werden kann, ist der Ausgang des Verfahrens im Gütetermin häufig völlig offen. Mehr oder minder zutreffende subjektive Einschätzungen des Arbeitnehmers über seinen Gesundheitszustand stehen den Fehlzeiten der Vergangenheit gegenüber. Insbesondere wenn die negative Gesundheitsprognose auf häufige Kurzerkrankungen gestützt ist, ist ein **Abfindungsvergleich** mit einer überschaubaren Abfindung für den Arbeitgeber angesichts des ansonsten gegebenen Annahmeverzugsvergütungsrisikos keine schlechte Lösung. Die Bereitschaft des Arbeitnehmers bei krankheitsbedingten Kündigungen, auf Abfindungsvergleiche einzugehen, ist unterschiedlich ausgeprägt; teilweise haben sich Arbeitnehmer aufgrund ihrer häufigen Fehlzeiten bereits schon innerlich von ihrem Arbeitsplatz entfernt, so dass die Bereitschaft zur Beendigung des Arbeitsverhältnisses durch einen Abfindungsvergleich durchaus vorhanden ist, andere Arbeitnehmer wiederum klammern sich – aus verständlichen Gründen – angesichts ihrer gesundheitlichen Schwierigkeiten an ihren Arbeitsplatz.

3. Weiteres Verfahren bis zum Kammertermin

528 Kommt man im Gütetermin nicht zu einer Lösung, so sind die Kündigungsgründe innerhalb der vom Gericht gesetzten Fristen unter Beachtung der jeweils geltenden

---

740 BAG NZA 2002, 1081 ff., 1085.
741 S. hierzu oben unter Rn. 408 ff.
742 S. hierzu näher oben unter Rn. 412 ff.
743 S. hierzu oben unter Rn. 420 ff.

Darlegungs- und Beweislast⁷⁴⁴ vorzutragen. Der für den Arbeitgeber tätige Anwalt muss dabei insbesondere beachten, dass die Rechtsprechung bei den Anforderungen an den Vortrag des Arbeitnehmers zur Erfüllung seiner Darlegungslast vielfach sehr großzügige Maßstäbe anlegt, so dass nur davor gewarnt werden kann, den Vortrag des Arbeitnehmers als unerheblich anzusehen, keine ordnungsgemäße Darlegung beispielsweise des Umstands, dass eine negative Gesundheitsprognose aus bestimmten Gründen nicht bestehe, anzunehmen und nicht selbst mit weiterem Beweisantritt, beispielsweise durch Einholung eines medizinischen Sachverständigengutachtens, zu reagieren.

4. Urteilsverkündung
S. hierzu die Ausführungen unter oben Rn. 298 ff.   529

5. Anwaltsgebühren
S. hierzu näher die Ausführungen unter oben Rn. 321 ff.   530

6. Kostenfestsetzung
Soweit die Klage abgewiesen worden ist, besteht gleichwohl nach § 12a Abs. 1 Satz 1 ArbGG im Urteilsverfahren des 1. Rechtszugs kein Anspruch der obsiegenden Partei auf Entschädigung wegen Zeitversäumnis und auf Erstattung der Kosten für die Zuziehung eines Prozessbevollmächtigten oder Beistands. Die durch die Beauftragung eines Rechtsanwalts entstandenen Kosten sind jedoch im Rahmen hypothetisch berechneter Reisekosten, die der Partei sonst entstanden wären, erstattungsfähig. S. hierzu und zum entsprechenden Kostenfestsetzungsantrag näher unter oben Rn. 319 f.   531

7. Muster: Außergerichtliches Anschreiben an einen erkrankten Arbeitnehmer   532

An

Herrn A. B.

...

...

Betr.: Ihre Fehlzeiten

Sehr geehrter Herr B.,

nach unseren Feststellungen haben Sie in den letzten Jahren unverhältnismäßig häufig wegen krankheitsbedingter Arbeitsunfähigkeit an Ihrem Arbeitsplatz gefehlt, und zwar im Einzelnen wie folgt:

22.01.2001-31.01.2001

25.02.2002-22.03.2002

09.09.2002-01.10.2002

09.12.2002-30.12.2002

---

744 S. hierzu im Einzelnen oben unter Rn. 494 ff.

09.01.2003-31.01.2003

20.06.2003-04.07.2003

12.01.2004-26.01.2004

Mithin haben Sie seit 2001 an insgesamt ▰▰▰ Arbeitstagen gefehlt, dies entspricht einer krankheitsbedingten Fehlquote von über ▰▰▰ %. Sie sind auch derzeit wieder arbeitsunfähig erkrankt.

Ihre Abwesenheiten führen zu Störungen im betrieblichen Ablauf. Auch führen die besonders hohen Entgeltfortzahlungskosten und die damit verbundenen wirtschaftlichen Belastungen zu einer erheblichen Beeinträchtigung der betrieblichen Interessen.

Ihre Krankheiten sind uns nach Art und Ursache unbekannt, wir gehen aber davon aus, dass Ihr Arbeitsplatz keine negativen Auswirkungen auf Ihre Gesundheit hat.

Im Rahmen unserer Fürsorgepflicht bitten wir Sie jedoch, uns dies, andernfalls evtl. vorhandene arbeitsplatzbedingte Auswirkungen auf Ihre Gesundheit, ärztlich zu bestätigen. Bei dieser Gelegenheit bitten wir Sie auch, eine ärztliche Beurteilung Ihrer zukünftigen gesundheitlichen Entwicklung vornehmen zu lassen und uns hierüber eine Bescheinigung vorzulegen, insbesondere erwarten wir auch eine ärztliche Antwort auf die Frage, ob wir auch in Zukunft immer wieder mit krankheitsbedingten Fehlzeiten von Ihnen von mehr als 30 Arbeitstagen pro Jahr rechnen müssen.

Die Kosten für diese ärztliche Bescheinigung werden von uns bei Rechnungsvorlage erstattet.

Ihre Rückäußerung auf dieses Anschreiben erwarten wir bis spätestens ▰▰▰

Mit freundlichen Grüßen

▰▰▰

8. Muster: Klagebegründung bei krankheitsbedingter Kündigung mit negativer Gesundheitsprognose

In Sachen

X ./. Y

Az.: ▰▰▰

nehme ich Bezug auf Ziff. 2 des Beschlusses vom ▰▰▰ und führe aus:

I.

Der am 01.07.1970 geborene X ist bei der Beklagten seit 01.10.1996 als Lackschleifer beschäftigt. Maßgeblich ist der schriftliche Arbeitsvertrag der Parteien vom ▰▰▰

Beweis: Arbeitsvertrag vom ▰▰▰, in Fotokopie anliegend (Anlage B 1)

Der Stundenlohn des Klägers betrug zunächst 12,00 €.

G. Personenbedingte Kündigung aus Sicht des Arbeitgebervertreters

Zutreffend geht der Kläger in der Klageschrift davon aus, dass die Bestimmungen des Kündigungsschutzgesetzes Anwendung finden. Die Beklagte beschäftigt in der Regel mehr als 10 Arbeitnehmer ausschließlich der zu ihrer Berufsausbildung Beschäftigten.

Ein Betriebsrat besteht.

II.

Die streitbefangene, vom Kläger mit der Kündigungsschutzklage angegriffene Kündigung der Beklagten vom 03.02.2005 ist als personenbedingte Kündigung sozial gerechtfertigt.

Beim Kläger besteht eine negative Gesundheitsprognose. Seit dem Jahre 1997 fehlte er krankheitsbedingt an folgenden Tagen:

1997:

15.01.-24.01.	■■■ Arbeitstage
26.03.-25.04.	■■■ Arbeitstage
27.11.-01.12.	■■■ Arbeitstage

1998:

19.03.-17.04.	■■■ Arbeitstage

1999:

06.01.-11.01.	■■■ Arbeitstage
05.02.-22.02.	■■■ Arbeitstage
30.03.-30.04.	■■■ Arbeitstage
04.05.-10.05.	■■■ Arbeitstage

2000:

03.04.-06.04.	■■■ Arbeitstage
24.05.-29.05.	■■■ Arbeitstage
01.06.-08.06.	■■■ Arbeitstage
20.07.-04.08.	■■■ Arbeitstage
06.12.	1 Arbeitstag

2001:

15.02.-19.02.	■■■ Arbeitstage
26.09.-26.10.	■■■ Arbeitstage

2002:

04.03.-03.04.	■■■ Arbeitstage

20.05.-28.06.	▬▬▬ Arbeitstage
12.09.-30.09.	▬▬▬ Arbeitstage

2003:

09.04.-14.07.	▬▬▬ Arbeitstage
02.09.-16.10.	▬▬▬ Arbeitstage
04.11.-14.11.	▬▬▬ Arbeitstage

2004:

07.04.-28.04.	▬▬▬ Arbeitstage
14.05.-17.05.	▬▬▬ Arbeitstage
08.07.-19.08.	▬▬▬ Arbeitstage
20.08.-01.10.	▬▬▬ Arbeitstage
05.10.-05.11.	▬▬▬ Arbeitstage

Beweis: Zeuge U. W., ▬▬▬ Straße, ▬▬▬ Ort

Der vorbenannte Zeuge U.W. ist bei der Beklagten in der Personalabteilung beschäftigt und hat seit Beginn der Beschäftigung des Klägers bei der Beklagten die Personalakte des Klägers bearbeitet.

Dies sind im Zeitraum 1997-2004 insgesamt ▬▬▬ Arbeitstage, davon ▬▬▬ Tage mit Entgeltfortzahlung.

Beweis: Zeuge U. W., b. b.

Dies entspricht in den einzelnen Jahren folgenden Ausfallquoten:

1997 ▬▬▬ %

1998 ▬▬▬ %

1999 ▬▬▬ %

2000 ▬▬▬ %

2001 ▬▬▬ %

2002 ▬▬▬ %

2003 ▬▬▬ %

2004 ▬▬▬ %

Die Ausfallquote des Klägers liegt signifikant höher als bei den anderen von der Beklagten beschäftigten Arbeitnehmer, dort liegt sie durchschnittlich bei ▬▬▬ %, und ebenfalls signifikant höher als bei den anderen von der Beklagten beschäftigten Lackschleifer, dort liegt die Ausfallquote in den Jahren 1997-2004 bei durchschnittlich ▬▬▬ %.

G. Personenbedingte Kündigung aus Sicht des Arbeitgebervertreters

Aus den häufig aufgetretenen Kurzerkrankungen in den Jahren 1997-2004 beim Kläger ist zu folgern, dass auch in der Zukunft ein entsprechender Krankheitsverlauf gegeben sein wird und auch in der Zukunft erneut häufige Kurzerkrankungen mit erheblichen Fehlzeiten jährlich beim Kläger auftreten werden.

Näheres kann die Beklagte zum Gesundheitszustand nicht darlegen, da der Kläger auf das außergerichtliche Anschreiben der Beklagten vom ■■■ innerhalb der dort bis zum ■■■ gesetzten Frist nicht reagiert hat,

Beweis: Schreiben der Beklagten vom ■■■, in Fotokopie anliegend (Anlage B 2)

und auch sonst keine weiteren Erläuterungen gegenüber der Beklagten zu seinem Gesundheitszustand abgegeben hat. Insbesondere hat er auch nicht die ihn behandelnden Ärzte gegenüber der Beklagten von ihrer ärztlichen Schweigepflicht entbunden.

Bei dieser Sachlage kann sich die Beklagte darauf beschränken, die Fehlzeiten in der Vergangenheit darzulegen (BAG AP Nr. 21 zu § 1 KSchG 1969 Krankheit). Aus den erheblichen Fehlzeiten wegen häufiger Kurzerkrankungen in der Vergangenheit folgt die negative Gesundheitsprognose für die Zukunft des Klägers.

Die bisherigen und nach der negativen Gesundheitsprognose zu erwartenden Auswirkungen des Gesundheitszustands des Klägers haben in der Vergangenheit zu einer erheblichen Beeinträchtigung der betrieblichen Interessen geführt, aufgrund der negativen Gesundheitsprognose wird es auch in Zukunft zu einer erheblichen Beeinträchtigung betrieblicher Interessen kommen. Denn durch die häufigen Kurzerkrankungen ist es zu erheblichen Störungen im Betriebsablauf der Beklagten gekommen. Der Kläger ist einer von 5 von der Beklagten beschäftigten Lackschleifer. Die häufigen Kurzerkrankungen des Klägers haben in der Vergangenheit dazu geführt, dass der gesamte Fertigungsprozess in einzelnen Abteilungen ins Stocken geriet, weil andere Arbeitnehmer auf die Zuarbeit des Klägers als Lackschleifer angewiesen waren. Die verbleibenden übrigen Lackschleifer waren daher in erheblichem Umfange gezwungen, Überstunden zu leisten [ggf. die Störungen im Betriebsablauf näher ausführen]. Aufgrund der negativen Gesundheitsprognose wird es auch in Zukunft durch die zu erwartenden weiteren Kurzerkrankungen zu einer erheblichen Beeinträchtigung der betrieblichen Interessen der Beklagten durch Störungen im Betriebsablauf kommen. Hinzu kommt ferner, dass eine erhebliche wirtschaftliche Beeinträchtigung der betrieblichen Interessen der Beklagten in Zukunft durch die zu erwartenden weiteren Kosten für Entgeltfortzahlung aufgrund der Erkrankungen des Klägers zu besorgen ist. In den Jahren 1997-2004 fielen folgende Kosten für Entgeltfortzahlung aufgrund der Erkrankungen des Klägers an:

1997 ■■■ €

1998 ■■■ €

1999 ■■■ €

2000 ■■■ €

2001 ■■■ €

2002 ■■■ €

2003 ■■■ €

2004 ∎∎∎ €

Beweis: Zeuge U. W., b. b.

Da die Beklagte eine Belastung mit Lohnfortzahlungskosten für 6 Wochen, das sind 30 Arbeitstage im Jahr, nach der Rechtsprechung des BAG als Mindestbelastung hinzunehmen hat (vgl. BAG AP Nr. 21 zu § 1 KSchG 1969 Krankheit), führt dies bei der von der Beklagten zugrunde gelegten Jahresarbeitszeit von ∎∎∎ Arbeitstagen zu einem Anteil von rund 12 %. Die Fehlzeiten des Klägers in den Jahren 2002, 2003 und 2004 führen jedoch zu einem Durchschnitt von ∎∎∎ Fehltagen pro Jahr, dies ergibt einen jährlich zu erwartenden Ausfall von ∎∎∎ Arbeitstagen. Die Lohnfortzahlungskosten hierfür betragen nach heutigem Stand ∎∎∎ € und überschreiten die Kosten für die als Mindestbelastung hinzunehmenden Lohnfortzahlungskosten für 30 Arbeitstage im Jahre, die zu einem Betrag in Höhe von ∎∎∎ € führen, um das 2,5-fache. Demzufolge liegt eine erhebliche Beeinträchtigung betrieblicher Interessen der Beklagten nicht nur durch Störungen des Betriebsablaufs durch die Fehlzeiten des Klägers, sondern auch durch die in Zukunft zu erwartende weitere Kostenbelastung durch Lohnfortzahlungskosten vor.

Auch die bei der Prüfung einer krankheitsbedingten Kündigung wegen häufiger Kurzerkrankung durchzuprüfende 3. Stufe, nämlich die Interessenabwägung, führt im vorliegenden Fall zu der Annahme, dass die erheblichen Beeinträchtigungen zu einer billigerweise nicht mehr hinzunehmenden Belastung der Beklagten führen. In die Betrachtung ist insoweit einzustellen, dass der Kläger mit ∎∎∎ Jahren noch sehr jung ist, auch ist zu berücksichtigen, dass ein durch übermäßig viele Fehltage des Klägers ungestörtes Arbeitsverhältnis der Parteien nur wenige Monate bestand. Weiter ist zu berücksichtigen, dass nichts dafür spricht, dass die häufigen Kurzerkrankungen mit dem Arbeitsplatz des Klägers zu tun haben, insbesondere hat er derartiges auch im Hinblick auf das Schreiben der Beklagten vom ∎∎∎, in dem diese Frage ausdrücklich angesprochen wurde,

Beweis: Schreiben der Beklagten vom ∎∎∎, in Fotokopie bereits vorgelegt als Anlage B 2

nicht geäußert. Schließlich ist noch festzuhalten, dass der Kläger auch keine Unterhaltspflichten hat. Andere Überbrückungsmaßnahmen wie die Einstellung von Aushilfskräften oder die Anordnung weiterer Überstunden sind der Beklagten nicht abzuverlangen. Die Beklagte kann angesichts der völlig unregelmäßigen Anzahl und auch Dauer der Fehlzeiten des Klägers nicht gezielt Aushilfskräfte einstellen, zumal diese auch in der von dem Kläger geforderten Qualifikation auf dem Arbeitsmarkt nicht ohne Weiteres zu erhalten sind. Hinzu kommt ferner, dass die häufigen Kurzerkrankungen schon in der Vergangenheit zu einer für die anderen in Frage kommenden Arbeitskollegen des Klägers nicht mehr hinzunehmenden Anzahl von Überstunden geführt hat [näher ausführen].

Die in der 3. Stufe bei der Prüfung einer krankheitsbedingten Kündigung vorzunehmende Interessenabwägung führt somit im vorliegenden Fall zu dem Ergebnis, dass der Beklagten die erheblichen betrieblichen Beeinträchtigungen durch die häufigen Kurzerkrankungen des Klägers nicht mehr zuzumuten sind und zu einer billigerweise nicht mehr hinzunehmenden Belastung der Beklagten führen.

Demzufolge ist die streitbefangene Kündigung als krankheitsbedingte Kündigung sozial gerechtfertigt.

Eine anderweitige Beschäftigungsmöglichkeit des Klägers bei der Beklagten besteht nicht, ein freier Arbeitsplatz ist nicht vorhanden.

Auch die Anhörung des Betriebsrats vor Ausspruch der streitbefangenen Kündigung ist ordnungsgemäß erfolgt [jetzt näher ausführen].

Nach alledem ist die angegriffene Kündigung nicht zu beanstanden, die Klage des Klägers ist abzuweisen.

Rechtsanwalt

9. Muster: Personenbedingte Kündigung bei lang anhaltender Krankheit

In Sachen

X ./. Y

Az.: ▄▄▄

nehme ich Bezug auf Ziff. 2 des Beschlusses vom ▄▄▄ und führe aus:

I.

Die am ▄▄▄ 1975 geborene Klägerin ist bei der Beklagten seit dem 01.07.2003 als Kinderpflegerin in dem von der Beklagten betriebenen Kindergarten mit einem monatlichen Entgelt von zuletzt 1.500,00 € brutto beschäftigt. Maßgeblich ist der schriftliche Arbeitsvertrag der Parteien vom 15.06.2003.

Beweis: Arbeitsvertrag vom 15.06.2003, in Fotokopie anliegend (Anlage B 1)

Zutreffend geht die Klägerin in der Klageschrift davon aus, dass die Bestimmungen des Kündigungsschutzgesetzes Anwendung finden. Die Beklagte beschäftigt in der Regel mehr als 10 Arbeitnehmer ausschließlich der zu ihrer Berufsausbildung Beschäftigten.

Ein Betriebsrat besteht bei der Beklagten nicht.

II.

Die von der Beklagten am 15.01.2005 ausgesprochene, von der Klägerin mit der Kündigungsschutzklage angegriffene Kündigung der Beklagten ist als krankheitsbedingte Kündigung bei lang anhaltender Krankheit sozial gerechtfertigt.

Die Klägerin hat am 01.02.2003 einen unverschuldeten Verkehrsunfall als Fahrradfahrerin erlitten, seit diesem Zeitpunkt ist sie arbeitsunfähig erkrankt. Nach dem Wissen der Beklagten hat die Klägerin bei dem Unfallereignis ein Polytrauma mit zahlreichen Knochenbrüchen und einen Schädelbasisbruch erlitten. Zum Zeitpunkt des Ausspruchs der streitbefangenen Kündigung am 15.01.2005 bestand die Arbeitsunfähigkeit der Klägerin 11,5 Monate, im Sinne der Rechtsprechung des BAG liegt somit eine lang anhaltende Erkrankung vor (BAG NZA 1999, 978 ff., 979). Aufgrund der bisherigen Dauer der Erkrankung der Klägerin und den der Beklagten bekannten erheblichen Verletzungen, die die Klägerin bei dem Unfallereignis erlitten hat, ist davon auszugehen, dass die Gesundheitsprognose der Klägerin auch in Zukunft negativ ist und nicht mit einer Wiederherstellung ihrer Arbeitsfähigkeit zu rechnen ist.

Hinzu kommt ferner, dass auf Anfrage der Beklagten mit Schreiben vom 15.12.2004

Beweis: Schreiben der Beklagten vom 15.12.2004, in Fotokopie anliegend (Anlage B 2) die Klägerin mit Schreiben vom 12.01.2005 der Beklagten ein ärztliches Attest vom 12.01.2005 übersandte, aus dem hervorgeht, dass angesichts der schweren Verletzungen der Klägerin eine Wiederherstellung ihrer Arbeitsfähigkeit vor Ende Januar 2007 keinesfalls erwartet werden kann. Die negative Gesundheitsprognose der Klägerin besteht somit, bezogen auf den Zeitpunkt des Ausspruchs der streitbefangenen Kündigung, auf jeden Fall mindestens noch für mehr als 24 Monate, nach der Rechtsprechung des BAG steht die Ungewissheit der Wiederherstellung der Arbeitsfähigkeit einer krankheitsbedingten dauernden Leistungsunfähigkeit dann gleich, wenn in den nächsten 24 Monaten mit einer anderen Prognose nicht gerechnet werden kann (BAG NZA 1999, 978 ff.; BAG NZA 2002, 1081 ff.).

Da eine krankheitsbedingte dauernde Leistungsunfähigkeit vorliegt, liegt auch, ohne dass es weiterer Darlegungen bedürfte, nach der Rechtsprechung des BAG eine Beeinträchtigung der betrieblichen Interessen der Beklagten vor.

Auch die von der Beklagten durchgeführte Interessenabwägung führt dazu, dass die ausgesprochene Kündigung vom 15.01.2005 gerechtfertigt ist. Es ist zu berücksichtigen, dass die Klägerin noch relativ jung ist, keine Unterhaltsverpflichtungen hat und das Arbeitsverhältnis bis zu dem Zeitpunkt des Eintritts der Störung lediglich knapp 8 Monate bestand. Darüber hinaus ist bei dauernder oder diesem Tatbestand gleichstehender Arbeitsunfähigkeit auf unabsehbare Zeit nur bei Vorliegen einer besonderen Schutzbedürftigkeit des Arbeitnehmers von dem Arbeitgeber trotz der erheblichen Störung des Arbeitsverhältnisses auf nicht absehbare Zeit deren Fortsetzung billigerweise hinzunehmen (BAG AP Nr. 30 zu § 1 KSchG 1969 Krankheit). Angesichts des Alters der Klägerin und der kurzen Dauer des ungestörten Bestands des Arbeitsverhältnisses liegen diese Voraussetzungen im vorliegenden Fall eindeutig nicht vor.

Nach alledem ist die von der Beklagten ausgesprochene Kündigung sozial gerechtfertigt, die Klage der Klägerin ist abweisungsreif.

Rechtsanwalt

10. Muster: Replik bei erstmaliger Behauptung einer positiven Gesundheitsprognose durch den Kläger im Prozess

535

82

In Sachen

X./.Y

Az.: ■■■

hat der Kläger erstmals im Schriftsatz vom ■■■ unter Ziff. ■■■ behauptet, dass trotz der von der Beklagten im Schriftsatz vom ■■■ unter Ziff. ■■■ im Einzelnen dargelegten erheblichen Fehlzeiten, die im Übrigen unstreitig sind, gleichwohl eine negative Gesundheitsprognose für die Zukunft nicht bestehe, weil durch die Behandlung bei Herrn Dr. ■■■ im Zeitraum von ■■■ bis zum ■■■ vor Ausspruch der streitbefangenen Kündigung die Ursache für die häufigen Fehlzeiten des Klägers, nämlich seine Allergie gegen den Stoff ■■■, ermittelt worden sei und dass er deshalb, weil er künftig den Kontakt mit diesem in einzelnen Nahrungsmitteln ausschließlich vorkommenden Stoff vermeide, nicht mit weiteren Fehlzeiten zu rechnen sei.

Von der Beklagten wird zunächst dieser Vortrag des Klägers bestritten. Befremdlich ist in diesem Zusammenhang, dass die Beklagte den Kläger vor Ausspruch der Kündigung mit Schreiben vom ▪▪▪ nach seinem Gesundheitszustand befragt hatte.

Beweis: Schreiben der Beklagten vom ▪▪▪, in Fotokopie anliegend (Anlage B ▪▪▪)

Gleichwohl hat sich der Kläger auf dieses Schreiben innerhalb der ihm dort gesetzten Frist nicht zu seinem angeblich so stark verbesserten Gesundheitszustand geäußert, vielmehr hat er auf das Schreiben der Beklagten vom ▪▪▪ keinerlei Stellungnahme abgegeben.

Aufgrund der erheblichen Fehlzeiten des Klägers in der Vergangenheit, und selbst bei unterstellter Richtigkeit der Behauptung des Klägers, ausschließliche Ursache für die Fehlzeiten in der Vergangenheit sei seine allergische Reaktion gegenüber dem Stoff ▪▪▪ gewesen, muss künftig mit erheblichen krankheitsbedingten Fehlzeiten in dem bisherigen Umfang des Klägers gerechnet werden, angesichts der Vielzahl der Nahrungsmittel, in welchen dieser Stoff vorkommt, und weil sogar selbst geringste Mengen genügen, bei entsprechender Disposition eine erhebliche allergische Reaktion auszulösen.

Beweis: Medizinisches Sachverständigengutachten

Rechtsanwalt

H. Änderungskündigung

I. Vorprozessuale Situation

1. Grundlagen

Nach der Legaldefinition des § 2 Abs. 1 KSchG liegt eine Änderungskündigung vor, wenn der Arbeitgeber das Arbeitsverhältnis kündigt und dem Arbeitnehmer im Zusammenhang mit der Kündigung die Fortsetzung des Arbeitsverhältnisses zu geänderten Arbeitsbedingungen anbietet. Die Änderungskündigung besteht somit aus **zwei Willenserklärungen**, sie enthält einmal eine **Kündigungserklärung** und zum anderen eine **Angebotserklärung**.[745]

536

Die Änderungskündigung dient einerseits zur einseitigen Durchsetzung von Vertragsänderungen, die über das Direktionsrecht des Arbeitgebers hinausgehen und bei denen die einvernehmliche Neuregelung gescheitert ist.[746] Darüber hinaus beansprucht das Instrument der Änderungskündigung aber auch dort Geltung, wo der Arbeitgeber das Arbeitsverhältnis an sich beenden will, nach dem sich aus dem Grundsatz der Verhältnismäßigkeit abgeleiteten Prinzip des Vorrangs der Änderungskündigung aber gehalten ist, den Arbeitnehmer zu geänderten Arbeitsbedingungen weiterzubeschäftigen. Von daher muss der Arbeitgeber vor der Beendigungskündigung von sich aus prüfen, ob eine anderweitige Tätigkeit in dem Beschäftigungsbetrieb des Arbeitnehmers oder in einem anderen Betrieb des Unternehmers möglich ist.[747]

537

---

745 HaKo-Pfeiffer, § 2 KSchG Rn. 5.
746 Bauer / Lingemann / Diller / Hausmann, Anwaltsformularbuch Arbeitsrecht, 489.
747 HaKo-Pfeiffer, § 2 KSchG Rn. 2.

538 Spricht der Arbeitgeber eine Änderungskündigung aus, hat der Arbeitnehmer **drei Möglichkeiten** zu reagieren:
- Der Arbeitnehmer kann das Änderungsangebot vorbehaltlos annehmen; dies führt zu der vom Arbeitgeber nach Ablauf der Kündigungsfrist bezweckten Vertragsänderung.
- Der Arbeitnehmer kann das Änderungsangebot aber auch unter dem Vorbehalt annehmen, dass die Änderung der Arbeitsbedingungen nicht sozial ungerechtfertigt ist.
- Der Arbeitnehmer kann schließlich das Änderungsangebot des Arbeitgebers von vornherein ablehnen. Die Kündigung führt dann nach Ablauf der Kündigungsfrist zur Beendigung des Arbeitsverhältnisses.[748]

539 Die Annahme des Änderungsangebots kann **ausdrücklich oder durch schlüssiges Verhalten** erfolgen. Eine widerspruchs- und vorbehaltlose Weiterarbeit zu geänderten Bedingungen, die sich unmittelbar auf das Arbeitsverhältnis auswirken (geänderte Arbeitstätigkeit, anderer Arbeitsort bzw. andere Arbeitszeit) nach Ablauf der Widerspruchsfrist des § 2 Satz 2 KSchG ist regelmäßig als schlüssige Annahme anzusehen.[749] Durch die vorbehaltlose Annahme des Änderungsangebots durch den Arbeitnehmer werden die geänderten Arbeitsbedingungen mit Ablauf der maßgeblichen Kündigungsfrist Vertragsinhalt.[750] Die Annahmeerklärung ist eine empfangsbedürftige Willenserklärung.[751] Die vorbehaltlose Annahme des in einer Änderungskündigung enthaltenen Änderungsangebots ist nicht an die Höchstfrist von 3 Wochen nach Zugang der Kündigung (§ 2 Satz 2 KSchG) gebunden, vielmehr bestimmt sich die Frist nach § 147 Abs. 2 BGB.[752]

540 Nimmt der Arbeitnehmer das Änderungsangebot unter dem Vorbehalt an, dass die Änderung der Arbeitsbedingungen nicht sozial ungerechtfertigt ist, bewirkt dies kraft Gesetzes, dass der durch die Annahme zustande gekommene Änderungsvertrag unter der mit Rückwirkung ausgestatteten auflösenden Bedingung steht, dass die Sozialwidrigkeit der Änderung der Arbeitsbedingungen gerichtlich festgestellt wird.[753] Nach § 2 Satz 2 KSchG ist die Erklärung, mit der der Vorbehalt abgegeben wird, fristgebunden. Der Arbeitnehmer muss den Vorbehalt **innerhalb der Kündigungsfrist**, spätestens jedoch innerhalb von 3 Wochen nach Zugang der Kündigung, erklären. Entscheidend für die Wahrung der Frist ist der Zugang der Vorbehaltserklärung, § 130 BGB.[754] Die Erklärung des Vorbehalts ist an keine bestimmte Form gebunden. Eine schlüssige Annahme unter Vorbehalt ist in der Erhebung der Änderungsschutzklage mit dem Antrag nach § 4 Satz 2 KSchG zu sehen. Soll der Vorbehalt zusammen mit der Kündi-

---

748 HaKo-Pfeiffer, § 2 KSchG Rn. 3.
749 APS-Künzel, § 2 KSchG Rn. 172.
750 HaKo-Pfeiffer, § 2 KSchG Rn. 127.
751 APS-Künzel, § 2 KSchG Rn. 173; ErfKoArbR-Ascheid, § 2 KSchG Rn. 35.
752 BAG AP Nr. 71 zu § 2 KSchG 1969; ErfKoArbR-Ascheid, § 2 KSchG Rn. 36; kritisch hierzu APS-Künzel, § 2 KSchG Rn. 173 und HaKo-Pfeiffer, § 2 KSchG Rn. 127, die in der Überlegungsfrist des § 2 Satz 2 KSchG für die Änderungskündigung eine gesetzliche Konkretisierung des § 147 Abs. 2 BGB sehen.
753 ErfKoArbR-Ascheid, § 2 KSchG Rn. 39.
754 ErfKoArbR-Ascheid, § 2 KSchG Rn. 41.

gungsschutzklage erklärt werden, kommt es für den Zugang der Vorbehaltserklärung nicht auf den Eingang der Klage bei Gericht an, sondern auf den Tag von deren **Zustellung an den Arbeitgeber.**[755] Mit der Annahme des Änderungsangebots unter dem Vorbehalt, dass die Änderung der Arbeitsbedingungen nicht sozial ungerechtfertigt ist, wird dem Arbeitnehmer das Risiko abgenommen, im Falle einer für ihn negativ ausgehenden Überprüfung der Sozialwidrigkeit den Prozess und somit den Arbeitsplatz zu verlieren.[756] Wenn der Arbeitnehmer den Weg des § 2 KSchG geht und das Änderungsangebot unter dem Vorbehalt annimmt, dass die Änderung der Arbeitsbedingungen sozial gerechtfertigt ist, ist Gegenstand des gerichtlichen Verfahrens allein die Wirksamkeit der Änderung der Arbeitsbedingungen.[757]

Lehnt der Arbeitnehmer das Änderungsangebot ab, ist ihm der Weg der Änderungsschutzklage verschlossen. Der Streit geht dann ausschließlich um die Frage der Wirksamkeit der Beendigung des Arbeitsverhältnisses, der Arbeitnehmer kann die Änderungskündigung mit der normalen Kündigungsschutzklage nach § 4 KSchG angreifen.[758]

541

Die Änderungskündigung ist als **personenbedingte, verhaltensbedingte** oder **betriebsbedingte Änderungskündigung** möglich. Die personenbedingte Änderungskündigung ist in Betracht zu ziehen, wenn der Arbeitnehmer seine bisherige Tätigkeit nicht mehr wie früher fortsetzen kann und ein anderer freier Arbeitsplatz, dem er genügen würde, vorhanden ist, beispielsweise wenn wegen zunehmenden Alters die Leistungsfähigkeit abnimmt, aber andere dem angemessene Arbeitsplätze vorhanden sind.[759] Eine verhaltensbedingte Änderungskündigung kommt in Betracht, wenn durch die Änderung der Arbeitsbedingungen mit dem Ende eines vertragswidrigen Verhaltens gerechnet werden kann.[760] Hauptanwendungsbereich des § 2 KSchG in der Praxis ist jedoch die betriebsbedingte Änderungskündigung.[761]

542

Bei der Prüfung der sozialen Rechtfertigung der Änderungskündigung ist, unabhängig davon, ob der Arbeitnehmer das Änderungsangebot abgelehnt oder unter Vorbehalt angenommen hat, eine **zweistufige Prüfung** vorzunehmen:

543

- In einem ersten Schritt ist zu fragen, ob Person, Verhalten oder dringende betriebliche Erfordernisse im Sinne des § 1 Abs. 2 KSchG die Kündigung bedingen (**Sozialwidrigkeitsprüfung**).
- In einem zweiten Schritt wird sodann geprüft, ob die vorgeschlagene Änderung von dem Arbeitnehmer billigerweise hingenommen werden muss (**Zumutbarkeitsprüfung**).[762]

---

755 ErfKoArbR-Ascheid, § 2 KSchG Rn. 43.
756 HaKo-Pfeiffer, § 2 KSchG Rn. 29.
757 HaKo-Pfeiffer, § 2 KSchG Rn. 26.
758 ErfKoArbR-Ascheid, § 2 KSchG Rn. 37.
759 ErfKoArbR-Ascheid, § 2 KSchG Rn. 50.
760 ErfKoArbR-Ascheid, § 2 KSchG Rn. 51.
761 ErfKoArbR-Ascheid, § 2 KSchG Rn. 52.
762 HaKo-Pfeiffer, § 2 KSchG Rn. 37; ErfKoArbR-Ascheid, § 2 KSchG Rn. 48.

2. Erster Mandantenkontakt, Terminsvergabe, Mandatsannahme und weitere Mandatsführung

544 Insoweit gelten für den für den Arbeitnehmer tätigen Anwalt die Ausführungen unter oben Rn. 165 ff. und für den für den Arbeitgeber tätigen Anwalt die Ausführungen unter oben Rn. 382 ff. entsprechend.

3. Anwaltsgebühren und Streitwert

545 Die durch das Kostenrechtsmodernisierungsgesetz[763] vorgenommenen Änderungen im Gerichtskostengesetz haben den Meinungsstreit, wie der Streitwert einer Änderungskündigung zu bemessen ist, nicht beseitigt.[764] Wird das Änderungsangebot abgelehnt, so geht es um einen Kündigungsschutzantrag gemäß § 4 Satz 1 KSchG, maßgeblich ist dann für den Streitwert ein Vierteljahresverdienst nach § 42 Abs. 4 Satz 1 GKG. S. hierzu im Einzelnen näher oben unter Rn. 322 ff.

546 **Höchst streitig** ist jedoch der Streitwert für eine Änderungsschutzklage gemäß § 4 Satz 2 KSchG. Nach einer Auffassung bemisst sich der Wert der Änderungsschutzklage nach § 42 Abs. 4 Satz 1 GKG nach dem Wert der dreimonatigen Differenz zwischen den alten Arbeitsbedingungen und den mit der Änderungskündigung angebotenen Bedingungen.[765] Dieser Auffassung folgt auch eine Reihe von Landesarbeitsgerichten.[766] Teilweise wird die vierteljährliche Vergütungsdifferenz beispielsweise um einen Bruttomonatsverdienst erhöht, wenn die vierteljährliche Vergütungsdifferenz dem Interesse des Klägers an dem Verfahren nicht ausreichend Rechnung trägt.[767] Nach einer anderen Auffassung ist für die Bemessung des Streitwerts von einem Vierteljahresverdienst auszugehen, da das wirtschaftliche Interesse des Klägers nach Annahme des Änderungsangebots unter Vorbehalt jedoch geringer als bei einer Beendigungskündigung ist, wird der Wert auf ein oder zwei Bruttoverdienste reduziert.[768] Das **BAG** wendet als Rechtsgrundlage für die Bemessung des Gebührenstreitwerts bei einer Änderungsschutzklage § 17 Abs. 3 GKG aF (jetzt § 42 Abs. 3 Satz 1 GKG) i.V.m. § 3 ZPO an, geht grundsätzlich vom 3-fachen Jahresbetrag des Werts der Änderung aus, Höchstgrenze sind aber dabei die in den Regelungen in § 42 Abs. 4 Satz 1 und 2 GKG genannten Beträge, wobei der jeweils niedrigere Höchstwert maßgeblich ist, weil sonst dem auf Kostenbegrenzung gerichteten Schutzzweck dieser Normen nicht genüge getan würde.[769]

547 Sucht ein Arbeitnehmer, der eine Änderungskündigung erhalten hat, einen Anwalt zur Beratung auf, so fällt insoweit zunächst eine Beratungsgebühr nach Nr. 2100 VV mit einem Gebührensatz von 0,1-1,0 an, die jedoch nach VV Nr. 2102 auf einen Betrag von 190,00 € gekappt ist, wenn sich die anwaltliche Tätigkeit auf ein erstes Beratungs-

---

763 BGBl. 2004 I, 718.
764 Natter, NZA 2004, 686 ff., 688.
765 GMP/Germelmann, § 12 Rn. 112; APS-Linck, § 12 ArbGG Rn. 21.
766 Hümmerich, NZA-RR 2000, 225 ff., 227.
767 So LAG Brandenburg JurBüro 2000, 309 f. Erhöhung um einen Bruttomonatsverdienst, weil der Kläger durch Änderungskündigung eine Vorgesetztenstellung verloren hatte.
768 APS-Linck, § 12 ArbGG Rn. 22 m.w.N.; s. auch GMP/Germelmann, § 12 Rn. 113.
769 BAG AP Nr. 1 zu § 17 GKG 1975; GMP/Germelmann, § 12 Rn. 112.

gespräch beschränkt und man der Auffassung folgt, dass der Arbeitnehmer als Verbraucher im Sinne des Gebührentatbestandes VV Nr. 2102 anzusehen ist.[770] Wenn Gegenstand der Beratung ist, welche der drei bei der Änderungskündigung gegebenen Optionen, nämlich Annahme des Änderungsangebots, Annahme des Änderungsangebots unter Vorbehalt und Ablehnung greifen soll, ist als Gegenstandswert der anwaltlichen Tätigkeit nicht der Wert eines Änderungsschutzantrags, sondern der Vierteljahresverdienst nach § 42 Abs. 4 Satz 1 GKG anzusetzen, da Gegenstand der Beratung u.a. auch der Bestand des Arbeitsverhältnisses überhaupt ist.

Wird der Anwalt beauftragt, für den Arbeitnehmer die Annahme der angebotenen Vertragsänderung oder die Annahme der angebotenen Vertragsänderung unter Vorbehalt zu erklären, fällt eine Geschäftsgebühr nach Nr. 2400 VV mit einem Gegenstandswert des Änderungsschutzantrags an. 548

Wird der für den Arbeitgeber tätige Anwalt bereits in einem Stadium beteiligt, in dem es noch um den Ausspruch der Änderungskündigung geht, kann auch er eine Beratungsgebühr nach Nr. 2100 VV mit einem Gebührensatz von 0,1 – 1,0 und einem Vierteljahresverdienst als Gegenstandswert gemäß § 42 Abs. 4 Satz 1 GKG verdienen. Eine Kappung durch den Gebührentatbestand VV Nr. 2102 tritt auf jeden Fall nicht ein, da der Arbeitgeber nicht Verbraucher im Sinne dieses Gebührentatbestandes ist. Erklärt der Anwalt im Auftrag des Arbeitgebers eine Änderungskündigung, so ist als Gegenstandswert auf jeden Fall der Vierteljahresverdienst gemäß § 42 Abs. 4 Satz 1 GKG zum Ansatz zu bringen. Wird der für den Arbeitgeber tätige Rechtsanwalt erst beauftragt, nachdem die Änderungsschutzklage dem Arbeitgeber zugestellt wurde, verdient er, wenn er sofort Prozessauftrag erhält, die Verfahrengebühr nach Nr. 3100 VV mit einem Gegenstandswert des Änderungsschutzantrags. 549

II. Klage

1. Grundlagen

Was das Stadium der Klage anbelangt, so gelten zur personen-, verhaltens- und betriebsbedingten Änderungskündigung die Ausführungen zu den Beendigungskündigungen entsprechend. Auf die diesbezüglichen Ausführungen wird verwiesen. Besonderheiten ergeben sich jedoch durch die bei der Änderungskündigung vorzunehmende zweistufige Prüfung.[771] 550

2. Muster

a) Muster: Annahme der Änderungskündigung unter Vorbehalt 551

An

Firma AB GmbH

z.H. des Geschäftsführers Herrn ■■■

---

770 S. hierzu näher oben unter Rn. 73ff.
771 S. hierzu oben unter Rn. 544.

███
███

Sehr geehrter Herr ███,

mit Schreiben vom ███, mir zugegangen am, haben Sie mir zum ███ mit dem Angebot gekündigt, mich zu den in Ihrem Schreiben vom ███ genannten Bedingungen weiterzubeschäftigen. Dieses Angebot nehme ich unter dem Vorbehalt an, dass diese Änderung nicht sozial ungerechtfertigt ist.

Mit freundlichen Grüßen

███

552   b) Muster: Klage gegen Änderungskündigung

An das

Arbeitsgericht ███

In Sachen

███ ./. ███

[volles Rubrum]

zeige ich die Vertretung des Klägers an.

Namens und im Auftrag des Klägers erhebe ich

Klage

und beantrage:

Es wird festgestellt, dass die Änderung der Arbeitsbedingungen durch die Änderungskündigung vom ███, zugegangen am ███, sozial ungerechtfertigt und unwirksam ist.

Zur

Begründung

führe ich aus:

I.

Der am ███ geborene Kläger ist verheiratet und hat drei unterhaltspflichtige Kinder. Er wird bei der Beklagten seit dem ███ als ███ beschäftigt. Grundlage ist der Arbeitsvertrag der Parteien vom ███

Beweis: Arbeitsvertrag vom ███, in Fotokopie anliegend (Anlage K 1)

Das regelmäßige monatliche Gehalt des Klägers beträgt ███ €.

Beweis: Lohn- und Gehaltsabrechnung vom ███, in Fotokopie anliegend (Anlage K 2)

Das Kündigungsschutzgesetz findet im vorliegenden Fall Anwendung. Denn die Beklagte beschäftigt regelmäßig mehr als 10 Arbeitnehmer ausschließlich der zu ihrer Berufsausbildung Beschäftigten.

Ein Betriebsrat ist nicht vorhanden (alternativ an passender Stelle im Schriftsatz: Ein Betriebsrat besteht. Die ordnungsgemäße Anhörung des Betriebsrats vor Ausspruch der streitbefangenen Kündigung wird mit Nichtwissen bestritten).

Die Beklagte hat das Arbeitsverhältnis mit dem Kläger mit Schreiben vom ■■■, dem Kläger zugegangen am ■■■, fristgerecht zum ■■■ gekündigt. Die Kündigung war verbunden mit dem Angebot, die Beschäftigung nahtlos ab ■■■ zu den in dem Schreiben vom ■■■ geänderten Bedingungen fortzusetzen.

Beweis: Schreiben der Beklagten vom ■■■, in Fotokopie anliegend (Anlage K 3)

Der Kläger hat mit Schreiben vom ■■■ das Angebot zur Fortsetzung des Arbeitsverhältnisses zu den geänderten Bedingungen unter Vorbehalt gemäß § 2 KSchG angenommen.

Beweis: Durchschrift des Schreibens des Klägers vom ■■■, in Fotokopie anliegend (Anlage K 4)

II.

Die ausgesprochene Änderungskündigung ist sozial ungerechtfertigt. Es liegen weder personen-, noch verhaltens-, noch betriebsbedingte Gründe vor.

[jetzt näher ausführen]

■■■

Rechtsanwalt

c) Muster: Klage gegen Änderungskündigung bei Lohnkürzung

An das

Arbeitsgericht ■■■

In Sachen

■■■ ./. ■■■

[volles Rubrum]

zeige ich die Vertretung des Klägers an.

Namens und im Auftrag des Klägers erhebe ich

Klage

und beantrage:

Es wird festgestellt, dass die Änderung der Arbeitsbedingungen durch die Änderungskündigung vom ■■■, zugegangen am ■■■, sozial ungerechtfertigt und unwirksam ist.

Zur

Begründung

führe ich aus:

I.

Der am ▬▬▬ geborene Kläger ist verheiratet und hat drei unterhaltspflichtige Kinder. Er wird bei der Beklagten seit dem ▬▬▬ als ▬▬▬ beschäftigt. Grundlage ist der Arbeitsvertrag der Parteien vom ▬▬▬

Beweis: Arbeitsvertrag vom ▬▬▬, in Fotokopie anliegend (Anlage K 1)

Das regelmäßige monatliche Gehalt des Klägers beträgt ▬▬▬ €.

Beweis: Lohn- und Gehaltsabrechnung vom ▬▬▬, in Fotokopie anliegend (Anlage K 2)

Das Kündigungsschutzgesetz findet im vorliegenden Fall Anwendung. Denn die Beklagte beschäftigt regelmäßig mehr als 10 Arbeitnehmer ausschließlich der zu ihrer Berufsausbildung Beschäftigten.

Ein Betriebsrat ist nicht vorhanden (alternativ: Ein Betriebsrat besteht. Die ordnungsgemäße Anhörung des Betriebsrats vor Ausspruch der streitbefangenen Kündigung wird mit Nichtwissen bestritten).

Die Beklagte hat das Arbeitsverhältnis mit dem Kläger mit Schreiben vom ▬▬▬, dem Kläger zugegangen am ▬▬▬, fristgerecht zum ▬▬▬ gekündigt. Die Kündigung war verbunden mit dem Angebot, die Beschäftigung nahtlos ab ▬▬▬ zu den in dem Schreiben vom ▬▬▬ geänderten Bedingungen fortzusetzen.

Beweis: Schreiben der Beklagten vom ▬▬▬, in Fotokopie anliegend (Anlage K 3)

Der Kläger hat mit Schreiben vom ▬▬▬ das Angebot zur Fortsetzung des Arbeitsverhältnisses zu den geänderten Bedingungen unter Vorbehalt gemäß § 2 KSchG angenommen.

Beweis: Durchschrift des Schreibens des Klägers vom ▬▬▬, in Fotokopie anliegend (Anlage K 4)

II.

Die streitbefangene Änderungskündigung ist als betriebsbedingte Änderungskündigung sozial ungerechtfertigt und daher unwirksam. Denn wie sich aus dem Kündigungsschreiben ergibt, besteht die Änderung darin, dass die dem Kläger bislang gezahlte außertarifliche Zulage in Höhe eines Fahrgeldes von ▬▬▬ € pro Arbeitstag ersatzlos gestrichen werden soll. Begründet wird diese Maßnahme damit, dass die Beklagte die Lohnkosten senken wolle, um mehr liquide Mittel für mögliche Investitionen in der Zukunft zu erhalten.

Nach der Rechtsprechung des BAG ist jedoch eine Änderungskündigung zum Zwecke der Lohnsenkung nur dann gerechtfertigt, wenn durch die mit der Änderungskündigung angestrebte Entgeltsenkung die Stilllegung eines Betriebs oder die Reduzierung der Belegschaft verhindert werden kann und soll. Derartige Kostenzwänge oder eine derartige Motivation ist aber bei der Beklagten nicht gegeben. Weder soll die Stilllegung eines Betriebes verhindert werden noch die Reduzierung der Belegschaft. Eine betriebsbedingte Änderungskündigung allein zum Zwecke der Entgeltsenkung ist im vorliegenden Fall sozial ungerechtfertigt und daher unwirksam.

Rechtsanwalt

3. Urteilsverkündung

S. hierzu näher die Ausführungen oben unter Rn. 298ff.   554

4. Anwaltsgebühren

S. hierzu näher die Ausführungen oben unter Rn. 321ff.   555

5. Kostenfestsetzung

S. hierzu näher die Ausführungen oben unter Rn. 319f.   556

I. Nachträgliche Zulassung der Kündigungsschutzklage nach § 5 KSchG

I. Grundlagen

1. Allgemeines

Durch die Änderung des § 4 KSchG i.V.m. § 23 Abs. 1 Satz 2 – 4 KSchG, wonach die dreiwöchige Klagefrist nicht mehr nur im Hinblick auf die Sozialwidrigkeit der Kündigung, sondern für die Geltendmachung aller Unwirksamkeitsgründe zu beachten ist, gewinnt die nachträgliche Klagezulassung gemäß § 5 KSchG wegen der Fiktionswirkung des § 7 KSchG verstärkt an Bedeutung. Nach § 5 Abs. 1 Satz 1 KSchG ist auf Antrag eines Arbeitnehmers die Kündigungsschutzklage nachträglich zuzulassen, wenn der Arbeitnehmer nach erfolgter Kündigung trotz Anwendung aller ihm nach Lage der Umstände zuzumutenden Sorgfalt verhindert war, die Klage innerhalb von 3 Wochen nach Zugang der schriftlichen Kündigung zu erheben. Nach § 5 Abs. 1 Satz 2 KSchG gilt gleiches, wenn eine Frau von ihrer Schwangerschaft aus einem von ihr nicht zu vertretenden Grund erst nach Ablauf der Frist des § 4 Satz 1 KSchG Kenntnis erlangt hat. Erfährt eine werdende Mutter aus einem von ihr nicht zu vertretenden Grund erst nach Ablauf der 3-Wochen-Frist von ihrer Schwangerschaft, rechtfertigt dieser subjektive Umstand die nachträgliche Zulassung der Klage. Das Problem stellte sich bis 31.12.2003 nicht, weil § 9 Abs. 1 Satz 1 Hs 2 MuSchG als sonstiger Unwirksamkeitsgrund im Sinne des § 13 Abs. 3 KSchG bis zum In-Kraft-Treten des Arbeitsmarktreformgesetzes nicht der Klagefrist des § 4 KSchG unterfiel.[772] § 233 ZPO ist im Rahmen der Zulassung einer verspäteten Kündigungsschutzklage **nicht entsprechend anzuwenden**; § 5 KSchG stellt insoweit eine abschließende Sonderregelung dar.[773]   557

2. Anwendungsbereich

§ 5 KSchG gilt für Klagen gegen alle schriftlichen Kündigungen.[774] Dies ergibt sich aus der Neufassung des § 5 Abs. 1 KSchG: „... nach Zugang der schriftlichen Kündigung   558

---

[772] HaKo-Gallner, § 5 KSchG Rn. 1a.
[773] APS-Ascheid, § 5 KSchG Rn. 5.
[774] APS-Ascheid, § 5 KSchG Rn. 6.

zu erheben ..." und entspricht soweit der Neufassung des § 4 Satz 1 KSchG „... nach Zugang der schriftlichen Kündigung ...".[775]

3. Voraussetzungen für die nachträgliche Zulassung

a) Verspätete Klageerhebung

559 Die nachträgliche Zulassung der Kündigungsschutzklage setzt voraus, dass der Arbeitnehmer Tatsachen vorträgt, aus denen sich ergibt, dass die Frist tatsächlich versäumt ist. Es reicht nicht aus, dass hierüber nur Zweifel bestehen.[776]

b) Schlüssigkeit des Vortrags hinsichtlich § 1 Abs. 1 und § 23 KSchG

560 Beruft sich der Arbeitnehmer auf die Sozialwidrigkeit der Kündigung, muss er Tatsachen vortragen, aus denen sich die Anwendung des KSchG ergeben soll, er muss also durch Tatsachenvortrag behaupten, dass die Wartezeit nach § 1 Abs. 1 KSchG erfüllt ist und dass der betriebliche Geltungsbereich des KSchG gemäß § 23 KSchG gegeben ist;[777] ob die Aussage zutrifft, ist nicht Gegenstand der Prüfung des Zulassungsverfahrens.[778]

c) Rechtsschutzinteresse

561 Schließlich setzt der Zulassungsantrag ein Rechtsschutzinteresse voraus, trägt der Kläger z.B. Tatsachen vor, aus denen sich die Rechtzeitigkeit der Klageerhebung ergibt, fehlt dem Antrag auf nachträgliche Zulassung das Rechtsschutzbedürfnis.[779]

4. Schuldlose Verhinderung an der rechtzeitigen Klageerhebung

562 Die nachträgliche Zulassung einer verspäteten Klage setzt voraus, dass der Arbeitnehmer nach erfolgter Kündigung trotz Anwendung aller ihm nach Lage der Umstände zuzumutenden Sorgfalt verhindert war, die Klage innerhalb von 3 Wochen nach Zugang der schriftlichen Kündigung zu erheben. Da er alle ihm zuzumutende Sorgfalt beachtet haben muss, darf ihm noch nicht einmal leichte Fahrlässigkeit vorwerfbar sein.[780]

563 Dabei ist auf die dem Arbeitnehmer **konkret zuzumutende Sorgfaltspflicht** abzustellen, es kommt also darauf an, zu welchem Personenkreis der Arbeitnehmer gehört und wie sich seine persönlichen Verhältnisse darstellen, es gilt ein subjektiver Maßstab.[781] Von einem höher qualifizierten Arbeitnehmer ist also größere Sorgfalt zu erwarten als von einer angelernten Hilfskraft.[782] Was das Maß der geforderten Sorgfalt anbelangt, so wird teilweise aus der Einführung der neuen einheitlichen Klagefrist durch das Arbeitsmarktreformgesetz, welche dem Interesse des Arbeitgebers an einer schnellen Klärung

---

775 Pauly/Osnabrügge-Friedhofen, Handbuch Kündigungsrecht, § 20 Rn. 5.
776 APS-Ascheid, § 5 KSchG Rn. 7; Pauly/Osnabrügge-Friedhofen, Handbuch Kündigungsrecht, § 20 Rn. 10; kritisch insoweit HaKo-Gallner, § 5 KSchG Rn. 5ff.
777 APS-Ascheid, § 5 KSchG Rn. 8.
778 HaKo-Gallner, § 5 KSchG Rn. 13.
779 APS-Ascheid, § 5 KSchG Rn. 9.
780 APS-Ascheid, § 5 KSchG Rn. 10.
781 Pauly/Osnabrügge-Friedhofen, Handbuch Kündigungsrecht, § 20 Rn. 11.
782 HaKo-Gallner, § 5 KSchG Rn. 15.

der Rechtslage ein erheblich größeres Gewicht beimisst als dies nach dem alten Rechtszustand der Fall war, angenommen, dass die Sorgfaltsanforderungen an den Arbeitnehmer künftig eher höher angesetzt werden.[783]

5. Einzelfälle der Versäumung der Klagefrist des § 4 KSchG

a) Arbeitgeber

Der Arbeitgeber ist nicht verpflichtet, den Arbeitnehmer auf die einzuhaltende Frist hinzuweisen, er muss die Kündigung also nicht gleichsam mit einer Rechtsmittelbelehrung versehen. Ein Verschulden des Arbeitnehmers ist jedoch auszuschließen, wenn der Arbeitgeber die Unterlassung der Klageerhebung veranlasst, insbesondere wenn er den Arbeitnehmer arglistig von der Klageerhebung abgehalten hat.[784]

564

b) Ausländische Arbeitnehmer

Den Arbeitgeber trifft auch gegenüber einem ausländischen Arbeitnehmer keine Pflicht, auf die Notwendigkeit der Einhaltung der Klagefrist hinzuweisen. Die Unkenntnis des Arbeitnehmers von der Klagefrist führt nicht zur nachträglichen Zulassung, weil heute jeder Arbeitnehmer die Grundzüge des Kündigungsschutzrechtes kennen muss oder sich diese Kenntnisse alsbald nach Zugang der Kündigungserklärung bei einer zuverlässigen Stelle beschaffen muss. Kennt der ausländische Arbeitnehmer die Klagefrist nicht, handelt er nur schuldhaft, wenn er nach dem Zugang der Kündigung nicht rechtzeitig Rechtsrat einholt. Besteht für ihn keine Möglichkeit dazu, ist die Klage nachträglich zuzulassen.[785]

565

c) Betriebsrat

Der Arbeitnehmer, der sich irrtümlich damit begnügt, beim Betriebsrat nach § 3 KSchG Einspruch gegen die Kündigung zu erheben, versäumt fahrlässig die Klagefrist.[786]

566

d) Bevollmächtigter

Die Frage, ob der Arbeitnehmer sich das Verschulden seines Prozessbevollmächtigten in entsprechender Anwendung von § 85 Abs. 2 ZPO anrechnen lassen muss, ist äußerst umstritten.[787]

567

e) Krankheit

Krankheit kann nur dann die nachträgliche Zulassung der Kündigungsschutzklage rechtfertigen, wenn die Erkrankung die rechtzeitige Klageerhebung objektiv unmöglich gemacht hat. Solange die Krankheit nicht die Entscheidungsfähigkeit beeinträchtigt, kann der Arbeitnehmer seine Rechte auch dadurch ausreichend wahrnehmen, dass er Angehörige oder Bekannte mit der Klageerhebung beauftragt. Der Arbeitnehmer kann sogar durch Telegramm Klage erheben, auch durch Telefax oder Teleko-

568

---

783 Pauly/Osnabrügge-Friedhofen, Handbuch Kündigungsrecht, § 20 Rn. 12.
784 APS-Ascheid, § 5 KSchG Rn. 16; Pauly/Osnabrügge-Friedhofen, Handbuch Kündigungsrecht, § 20 Rn. 14.
785 Pauly/Osnabrügge-Friedhofen, Handbuch Kündigungsrecht, § 20 Rn. 16 m.w.N.
786 HaKo-Gallner, § 5 KSchG Rn. 52 m.w.N.
787 S. hierzu im Einzelnen APS-Ascheid, § 5 KSchG Rn. 27 ff. m.w.N.

pie.⁷⁸⁸ Dies gilt auch im Falle eines **Krankenhausaufenthalts**. Die nachträgliche Klagezulassung kommt nur in Betracht, wenn die klinische Behandlung während des Laufs der Klagefrist Außenkontakte ausschließt oder doch so erschwert, dass die Wahrnehmung der gegebenen Kontaktmöglichkeiten unzumutbar war. Leichte Erkrankungen rechtfertigen nicht die nachträgliche Klagezulassung.⁷⁸⁹

569 Bei allen Krankheitsfällen verlängert sich die 3-Wochen-Frist nicht etwa um den Zeitraum der Erkrankung. Erkrankt der Arbeitnehmer erst im letzten Teil der Frist, kommt bei objektiver Verhinderung eine nachträgliche Zulassung in Betracht; war der Arbeitnehmer im ersten Teil der Frist erkrankt, muss er nach seiner Genesung noch innerhalb der Frist unverzüglich tätig werden.⁷⁹⁰

f) Urlaub, Ortsabwesenheit oder Haft

570 Eine Kündigung geht dem Arbeitnehmer nach herrschender Meinung auch dann zu, wenn er sich nicht an seinem Wohnort aufhält, etwa verreist oder inhaftiert ist. Der Zugang ist bewirkt, wenn die Erklärung derart in den Machtbereich des Arbeitnehmers gelangt ist, dass es ihm unter gewöhnlichen Umständen möglich ist, sie zur Kenntnis zu nehmen. Es kommt dagegen nicht darauf an, ob er tatsächlich von ihr erfährt.⁷⁹¹ Die Klagefrist verstreicht ungeachtet dessen 3 Wochen nach dem Zugangszeitpunkt.⁷⁹² Kehrt der Arbeitnehmer erst nach Ablauf der 3-Wochen-Frist zurück, kommt ein Antrag auf nachträgliche Zulassung der Kündigungsschutzklage in Betracht. Der Arbeitnehmer braucht **grundsätzlich keine Vorkehrungen** für einen möglichen Zugang einer Kündigung zu treffen, die Post vor allem nicht nachsenden lassen.⁷⁹³ Gibt der Arbeitnehmer allerdings eine Urlaubsanschrift an, hat er dafür zu sorgen, dass ihn die dort eingehende Post tatsächlich ohne größere Verzögerungen erreicht, die Kündigung geht in dieser Konstellation an der angegebenen Urlaubsadresse zu.⁷⁹⁴

571 Eine nachträgliche Zulassung scheidet ebenfalls aus, wenn der Arbeitnehmer aufgrund besonderer Umstände, beispielsweise einer Ankündigung des Arbeitgebers, darauf gefasst sein musste, dass ihm während seiner Abwesenheit an seinem Wohnort eine Kündigung zugeht. Versäumt er es dennoch, für den Fall des Zugangs vorzusorgen, verschuldet er die Fristversäumnis fahrlässig.⁷⁹⁵

572 Kehrt der Arbeitnehmer dagegen an seinen Wohnort zurück, bevor die 3-Wochen-Frist verstrichen ist, muss er die verbleibende Zeit nutzen, um Kündigungsschutzklage zu erheben, dabei kann auch einem einfachen Arbeitnehmer **keine Überlegungsfrist** – z.B. von drei Tagen – zugebilligt werden.⁷⁹⁶

---

788 Pauly/Osnabrügge-Friedhofen, Handbuch Kündigungsrecht, § 20 Rn. 21.
789 Pauly/Osnabrügge-Friedhofen, Handbuch Kündigungsrecht, § 20 Rn. 21.
790 APS-Ascheid, § 5 KSchG Rn. 45.
791 HaKo-Gallner, § 5 KSchG Rn. 60.
792 HaKo-Gallner, § 5 KSchG Rn. 60.
793 HaKo-Gallner, § 5 KSchG Rn. 61 m.w.N.
794 HaKo-Gallner, § 5 KSchG Rn. 61.
795 HaKo-Gallner, § 5 KSchG Rn. 61.
796 HaKo-Gallner, § 5 KSchG Rn. 62.

6. Antrag auf nachträgliche Zulassung

a) Form des Antrags

An die Form des Antrags auf nachträgliche Zulassung der Kündigungsschutzklage werden keine hohen Anforderungen gestellt, er braucht nicht ausdrücklich gestellt zu werden, es genügt, wenn aus der Eingabe erkennbar wird, dass die Zulassung einer verspäteten Klage erstrebt wird.[797] Erhebt ein Rechtsanwalt Klage und stellt er keinen Antrag nach § 5 KSchG, kann ein solcher nicht ohne Weiteres unterstellt werden. Allein die Tatsache einer verspäteten Klageerhebung reicht jedoch als Zulassungsantrag nicht aus, es muss aus der Eingabe der Wille erkennbar sein, dass die Klage trotz erkannter Verspätung gewollt ist.[798] **§ 236 Abs. 2 Satz 2 ZPO**, wonach Wiedereinsetzung in den vorigen Stand auch ohne ausdrücklichen Antrag gewährt werden kann, ist **nicht entsprechend anwendbar**.[799]

573

b) Inhalt des Antrags

Nach § 5 Abs. 2 Satz 1 KSchG ist mit dem Antrag auf nachträgliche Zulassung der Klage die Klageerhebung zu verbinden; ist die Klage bereits eingereicht, so ist auf sie im Antrag Bezug zu nehmen. Die Klageerhebung kann aber auch noch nach Antragseinreichung nachgeholt werden, wenn dies innerhalb der 2-Wochen-Frist geschieht.[800]

574

Nach § 5 Abs. 2 Satz 2 KSchG muss der Antrag die Angabe der die nachträgliche Zulassung begründenden Tatsachen und der Mittel für deren Glaubhaftmachung enthalten. Der Kläger hat diejenigen Tatsachen vorzutragen, anhand derer das Gericht prüfen kann, ob der Arbeitnehmer trotz Anwendung aller ihm nach Lage der Umstände zuzumutenden Sorgfalt verhindert war, die Klage fristgerecht einzureichen. Erforderlich ist ein **umfassender Sachvortrag**, um das fehlende Verschulden an der Fristversäumnis gemäß § 5 Abs. 1 KSchG prüfen zu können. Der Arbeitnehmer hat in den Fällen der Ortabwesenheit z.B. die genauen Zeitpunkte der Abreise und der Rückkehr, des Auffindens der Kündigungserklärung etc. darzulegen; in den Fällen verspäteter Postbeförderung hat er z.B. darzulegen, wann die Klageschrift gefertigt worden ist, wann sie mit welcher Versendungsart bei der Post aufgegeben wurde und ob er dabei Erkundigungen zur Postlaufzeit eingeholt hat und wenn ja, mit welchem Ergebnis.[801] Für die Verfahrensvoraussetzung des § 5 Abs. 2 Satz 2 KSchG – die Zulässigkeit des Gesuchs – genügt es, wenn die Mittel der Glaubhaftmachung im Antrag benannt, mit anderen Worten angeboten werden. Angegeben werden müssen sie schon im Antrag oder mindestens bei Ablauf der 2-Wochen-Frist des § 5 Abs. 3 Satz 1 KSchG. Sie müssen dem Gesuch aber weder beigefügt bzw. präsent sein, noch sind sie innerhalb der 2-Wochen-Frist des § 5 Abs. 3 Satz 1 KSchG beizubringen. Vorliegen müssen sie erst, bevor der Beschluss gefasst wird.[802]

575

---

797 Pauly/Osnabrügge-Friedhofen, Handbuch Kündigungsrecht, § 20 Rn. 30; APS-Ascheid, § 5 KSchG Rn. 64.
798 APS-Ascheid, § 5 KSchG Rn. 64.
799 APS-Ascheid, § 5 KSchG Rn. 64; Pauly/Osnabrügge-Friedhofen, Handbuch Kündigungsrecht, § 20 Rn. 30.
800 APS-Ascheid, § 5 KSchG Rn. 68.
801 Pauly/Osnabrügge-Friedhofen, Handbuch Kündigungsrecht, § 20 Rn. 32.
802 HaKo-Gallner, § 5 KSchG Rn. 32; APS-Ascheid, § 5 KSchG Rn. 75.

c) Antragsfrist

576 Nach § 5 Abs. 3 Satz 1 KSchG ist der Antrag nur innerhalb von 2 Wochen nach Behebung des Hindernisses zulässig, nach Ablauf von 6 Monaten, vom Ende der versäumten Frist an gerechnet, kann der Antrag nicht mehr gestellt werden. Abs. 2 bindet somit das Zulassungsgesuch an eine absolute zeitliche Grenze. Die 2-Wochen-Frist beginnt, wenn das Hindernis, das der rechtzeitigen Klageerhebung entgegenstand, behoben ist. Da der Begriff des Hindernisses in § 5 Abs. 3 Satz 1 KSchG an § 5 Abs. 1 KSchG anknüpft, gilt auch insoweit ein **subjektiv-individueller Beurteilungsmaßstab**.[803] Die Antragsfrist beginnt deshalb spätestens mit der Kenntnis vom Wegfall des Hindernisses für die Klageerhebung. Sie kann aber auch schon vorher beginnen, wenn die Kenntnis vom Wegfall des Hindernisses bei Aufbieten der zumutbaren Sorgfalt hätte erlangt werden können, also die fortbestehende Unkenntnis nicht mehr unverschuldet ist.[804]

577 Für die Fristberechnung gelten die allgemeinen Vorschriften, §§ 187 ff. BGB. Der Tag, an dem das Hindernis für die Klageerhebung wegfällt, wird nicht mitgerechnet. Fällt das Ende der Antragsfrist auf einen Samstag, Sonn- oder Feiertag, läuft die Antragsfrist erst am darauf folgenden Werktag ab, § 193 BGB.[805]

578 Eine **Wiedereinsetzung in den vorigen Stand** bei Versäumung der 2-Wochen-Frist wie auch bei der 6-Monats-Frist ist ausgeschlossen. Beide Fristen sind keine Notfristen, wegen deren Versäumnis es keine Wiedereinsetzung in den vorigen Stand gibt.[806] Wegen der sich aus § 7 KSchG ergebenden Wirkungen ist die Regelung in § 5 KSchG abschließend.[807]

d) Darlegungs- und Beweislast

579 Der Arbeitnehmer hat darzulegen und zu beweisen, dass er die Antragsfrist des § 5 Abs. 3 KSchG gewahrt hat.[808]

7. Entscheidung über den Antrag

580 Nach § 5 Abs. 4 Satz 1 KSchG entscheidet die Kammer über den Zulassungsantrag durch **Beschluss**. Dies schließt eine einheitliche Entscheidung über ihn und die Kündigungsschutzklage durch Urteil aus.[809]

581 Nach § 5 Abs. 4 Satz 2 KSchG ist als Rechtsmittel gegen den Beschluss über den Zulassungsantrag die sofortige Beschwerde an das LAG (§ 78 Abs. 1 Satz 3 ArbGG) vorgesehen.

---

803 HaKo-Gallner, § 5 KSchG Rn. 34.
804 KR-Friedrich, § 5 KSchG Rn. 104a.
805 APS-Ascheid, § 5 KSchG Rn. 86.
806 KR-Friedrich, § 5 KSchG Rn. 122 m.w.N.
807 APS-Ascheid, § 5 KSchG Rn. 89.
808 APS-Ascheid, § 5 KSchG Rn. 90.
809 HaKo-Gallner, § 5 KSchG Rn. 68.

8. Streitwert

Der Gebührenstreitwert richtet sich nach dem Wert der Hauptsache, also grundsätzlich ein Bruttovierteljahresverdienst.[810]

II. Muster: Antrag auf nachträgliche Zulassung der Klage

An das

Arbeitsgericht ▆▆▆

In Sachen

▆▆▆ ./. ▆▆▆

[volles Rubrum]

zeige ich die Vertretung des Klägers an.

Namens und im Auftrag des Klägers erhebe ich

Klage

und beantrage:
1. Es wird festgestellt, dass das Arbeitsverhältnis der Parteien durch die Kündigung der Beklagten vom ▆▆▆, zugegangen am ▆▆▆, nicht aufgelöst ist.
2. Die Klage wird nachträglich zugelassen.

Zur

Begründung

führe ich aus:

I.

[Eine Klagebegründung des Kündigungsschutzantrages ist vorzunehmen, s. zu den einzelnen Kündigungsarten z.B. die Muster unter Rn. 473 u. 515]

II.

Die Kündigungsschutzklage ist gem. § 5 Abs. 1 Satz 1 KSchG nachträglich zuzulassen, da der Kläger nach erfolgter Kündigung trotz Anwendung aller ihm nach Lage der Umstände zuzumutenden Sorgfalt verhindert war, die Klage innerhalb von 3 Wochen nach Zugang der schriftlichen Kündigung zu erheben.

Der Kläger war nämlich vom ▆▆▆ bis ▆▆▆ in ▆▆▆ im Staat ▆▆▆ in Urlaub, er kehrte nach Deutschland erst am ▆▆▆ zurück.

Beweis: 1. ▆▆▆, als Urkunde,
2. Eidesstattliche Versicherung des Antragstellers,
3. Eidesstattliche Versicherung der Ehefrau des Antragstellers

---

810 HaKo-Gallner, § 5 KSchG Rn. 89.

Am Tag seiner Rückkehr aus dem Urlaub fand der Kläger in seinem Briefkasten einen am ▬▬▬ abgestempelten Brief vor, welcher die mit der Kündigungsschutzklage angegriffene ordentliche Arbeitgeberkündigung vom ▬▬▬ enthielt.

Glaubhaftmachung:
1. Eidesstattliche Versicherung des Antragstellers
2. Eidesstattliche Versicherung der Ehefrau des Antragstellers

Der am ▬▬▬ abgestempelte Brief dürfte am Tag nach seiner Abstempelung in den Briefkasten des Klägers eingeworfen worden sein und gilt damit als zugegangen.

Während der Zeit des Auslandsurlaubs des Antragstellers wurde dessen Briefkasten nicht kontrolliert. Der Kläger lebt zusammen mit seiner Ehefrau unter der im Rubrum genannten Anschrift und hatte während der Zeit seines Urlaubs auch niemanden mit der Kontrolle seines Briefkastens beauftragt.

Glaubhaftmachung:
1. Eidesstattliche Versicherung des Antragstellers
2. Eidesstattliche Versicherung der Ehefrau des Antragstellers

Der Antragsteller hat Kenntnis von der Kündigung seines Arbeitgebers erst am ▬▬▬ erhalten. Die 3-Wochen-Frist des § 4 KSchG war jedoch bereits am ▬▬▬ abgelaufen.

Da der Antragsteller ohne sein Verschulden daran gehindert war, innerhalb der Klagefrist des § 4 KSchG Klage zu erheben, ist auf seinen Antrag hin die Kündigungsschutzklage nachträglich zuzulassen. Denn der Antragsteller war trotz Anwendung aller ihm nach Lage der Umstände zuzumutenden Sorgfalt verhindert, die Klage innerhalb von 3 Wochen nach Zugang der schriftlichen Kündigung zu erheben. Ohne Vorliegen besonderer Umstände wird von einem Arbeitnehmer nicht verlangt, dass er Vorsorge dafür trifft, dass ihm die Post an seinen Urlaubsort nachgesandt wird, insbesondere, wenn er sich im Ausland befindet (APS-Ascheid, § 5 KSchG Rn. 51).

Die Frist des § 5 Abs. 3 Satz 1 KSchG ist gewahrt, seit der Rückkehr des Antragstellers aus dem Urlaub und seiner erstmaligen Kenntnis von der Kündigung sind bis zur Einreichung der Kündigungsschutzklage verbunden mit dem vorliegenden Antrag auf nachträgliche Zulassung der Kündigungsschutzklage sogar weniger als eine Woche vergangen.

Somit ist wie beantragt die Kündigungsschutzklage des Klägers nachträglich zuzulassen.

Rechtsanwalt

J. Klage auf Entfernung einer Abmahnung aus der Personalakte

I. Vorprozessuale Situation

1. Allgemeines

584   Hat der Arbeitnehmer eine Abmahnung erhalten, die aus seiner Sicht unrichtig ist, ist häufig die Frage schwierig zu entscheiden, wie seine Interessen am besten zu wahren sind. Ist der Arbeitnehmer nämlich an einem Fortbestand des Arbeitsverhältnisses trotz der unrichtigen Abmahnung weiterhin interessiert, führt ein gerichtlicher Streit um die Entfernung der – unrichtigen – Abmahnung aus der Personalakte häufig zu einer weiteren Belastung des Arbeitsverhältnisses. Andererseits jedoch setzt eine verhaltensbe-

dingte Kündigung in der Regel zumindest eine vorherige Abmahnung voraus. Die Existenz einer Abmahnung gefährdet daher den Bestand des Arbeitsverhältnisses, da ein – angeblicher oder tatsächlicher – erneuter Verstoß gegen arbeitsvertragliche Pflichten zu einer Kündigung führt, bei der es in den seltensten Fällen noch die Möglichkeit zu einer Rückkehr zu einem „ungestörten" Arbeitsverhältnis gibt.

2. Grundlagen

Eine **Abmahnung** liegt vor, wenn der Arbeitgeber in einer für den Arbeitnehmer hinreichend deutlich erkennbaren Art und Weise Leistungsmängel beanstandet und damit den Hinweis verbindet, dass im Wiederholungsfalle der Inhalt oder der Bestand des Arbeitsverhältnisses gefährdet sei.[811] Eine Abmahnung liegt dabei nicht schon allein deshalb vor, weil eine Maßnahme als solche bezeichnet wird. Vielmehr hat der Arbeitgeber die Drohung mit der Kündigung auch auszusprechen, weicht er auf Umschreibungen aus, hat er diese so zu wählen, dass die Kündigungsdrohung bei seinem konkreten Gesprächspartner auch mit Sicherheit ankommt.[812] Als abmahnungsberechtigte Personen kommen nicht nur Kündigungsberechtigte, sondern alle Mitarbeiter in Betracht, die befugt sind, verbindliche Anweisungen bezüglich des Ortes, der Zeit sowie der Art und Weise der arbeitsvertraglich geschuldeten Arbeitsleistung zu erteilen.[813]

585

Abzugrenzen ist die Abmahnung zur **Ermahnung**. Mit ihr besteht der Arbeitgeber ohne Androhung von zukünftigen Rechtsfolgen auf der Einhaltung vertraglicher Pflichten. Eine Ermahnung ist kündigungsrechtlich irrelevant.[814]

586

Die Abmahnung unterliegt nicht der Mitbestimmung des **Betriebsrats**.[815] Abmahnungen können mündlich oder schriftlich ausgesprochen werden; sie sind – soweit nicht einzel- oder kollektivvertraglich etwas anderes vereinbart worden ist – nicht formbedürftig. Die schriftliche Erteilung der Abmahnung ist aber in jedem Fall aus Beweisgründen zweckmäßig.[816] Bei Abmahnungen im Arbeitsverhältnis muss der Grundsatz der Verhältnismäßigkeit berücksichtigt werden. Die Abmahnung darf nicht unverhältnismäßig im Vergleich zu dem beanstandeten Verhalten sein.[817]

587

Die Wirksamkeit einer Abmahnung hängt nicht von einer vorherigen **Anhörung** des Arbeitnehmers ab, solange diese nicht durch Tarifvertrag vorgesehen ist.[818] Vor der Übernahme der Abmahnung in die Personalakte ist im Geltungsbereich des BAT jedoch der Arbeitnehmer nach § 13 Abs. 2 BAT anzuhören. Unterlässt der Arbeitgeber dies, ist die Abmahnung formell unwirksam. Zur Vorbereitung einer Kündigung reicht sie jedoch aus, da sie die erforderliche Warnfunktion aufweist und auch mündlich hätte ausgesprochen werden können.[819]

588

---

811 BAG AP Nr. 3 zu § 1 KSchG 1969 verhaltensbedingte Kündigung; APS-Dörner, § 1 KSchG Rn. 348.
812 APS-Dörner, § 1 KSchG Rn. 348.
813 BAG AP Nr. 3 zu § 1 KSchG 1969 verhaltensbedingte Kündigung.
814 Bauer/Lingemann/Diller/Hausmann, Formularbuch Arbeitsrecht, S. 389.
815 BAG NZA 1990, 193 ff., 195.
816 APS-Dörner, § 1 KSchG Rn. 366.
817 BAG AP Nr. 7 zu § 611 BGB Abmahnung.
818 ArbG Frankfurt NZA-RR 2003, 527 f.
819 Bauer/Lingemann/Diller/Hausmann, Formularbuch Arbeitsrecht, S. 391.

589 Der Arbeitgeber, der einen Arbeitnehmer wegen einer arbeitsvertraglichen Pflichtverletzung abmahnt, übt sein vertragliches Rügerecht aus. Es gibt keine „**Regelausschlussfrist**", innerhalb derer das Rügerecht ausgeübt werden muss.[820] Zahlreiche Abmahnungen wegen gleichartiger Pflichtverletzungen, denen keine weiteren Konsequenzen folgen, können die Warnfunktion der Abmahnungen abschwächen. Der Arbeitgeber muss dann die letzte Abmahnung vor Ausspruch einer Kündigung besonders eindringlich gestalten, um dem Arbeitnehmer klarzumachen, dass weitere derartige Pflichtverletzungen nunmehr zum Ausspruch einer Kündigung führen werden.[821]

590 Eine Abmahnung gegenüber einem Arbeitnehmer kann durch Zeitablauf wirkungslos werden. Dies lässt sich jedoch nicht anhand einer bestimmten Regelfrist (z.B. 2 Jahre), sondern nur aufgrund aller **Umstände des Einzelfalles** beurteilen.[822]

591 Zu beachten ist auch, dass die Abmahnung den Pflichtenverstoß **konsumiert**. Nach der Rechtsprechung des BAG hat die Abmahnung des Arbeitnehmers wegen nicht vertragsgerechten Verhaltens durch den Arbeitgeber je nach ihrem Inhalt und ihrer Zielsetzung unterschiedliche Funktionen. Sie kann mit dem Hinweis auf die Gefährdung von Inhalt und Bestand des Arbeitsverhältnisses bei künftigen gleichartigen Verletzungen der Vorbereitung einer Kündigung dienen (Warnfunktion). Der Arbeitgeber kann aber auch die Abmahnung in Ausübung seines vertraglichen Rügerechts (auch ohne ausreichende Warnfunktion), dem Grundsatz der Verhältnismäßigkeit entsprechend, als gebotene mildere Sanktion gegenüber der Kündigung erteilen (Sanktionscharakter). In beiden Fällen verzichtet der Arbeitgeber konkludent auf ein Kündigungsrecht wegen der Gründe, die Gegenstand der Abmahnung waren. Er kann eine spätere Kündigung deswegen nicht allein auf die abgemahnten Gründe stützen, sondern hierauf nur dann unterstützend zurückgreifen, wenn weitere kündigungsrechtlich erhebliche Umstände eintreten oder ihm nachträglich bekannt werden.[823]

592 Für den Arbeitnehmer besteht weder eine arbeitsvertragliche Nebenpflicht noch eine entsprechende Obliegenheit gegen die Richtigkeit einer Abmahnung gerichtlich vorzugehen. Hat der Arbeitnehmer davon abgesehen, die Berechtigung einer Abmahnung gerichtlich überprüfen zu lassen, ist er grundsätzlich nicht daran gehindert, die Richtigkeit der abgemahnten Pflichtwidrigkeiten in einem späteren Kündigungsschutzprozess zu bestreiten.[824]

3. Anspruch auf Entfernung der Abmahnung aus der Personalakte

593 Nach ständiger Rechtsprechung des BAG kann der Arbeitnehmer in entsprechender Anwendung der §§ 242, 1004 BGB die Entfernung einer zu Unrecht erteilten Abmahnung aus der Personalakte verlangen.[825] Nach Beendigung des Arbeitsverhältnisses hat der Arbeitnehmer keinen Anspruch mehr auf Entfernung einer zu Unrecht erteilten

---

820 BAG AP Nr. 96 zu § 611 BGB Fürsorgepflicht.
821 BAG AP Nr. 4 zu § 1 KSchG 1969.
822 BAG AP Nr. 17 zu § 1 KSchG 1969 verhaltensbedingte Kündigung.
823 BAG AP Nr. 3 zu § 1 KSchG 1969 Abmahnung.
824 BAG AP Nr. 18 zu § 1 KSchG 1969 verhaltensbedingte Kündigung.
825 BAG AP Nr. 13 zu § 611 BGB Abmahnung m.w.N.; APS-Dörner, § 1 KSchG Rn. 415 m.w.N.

Abmahnung aus der Personalakte. Ein solcher Anspruch kann aber dann gegeben sein, wenn objektive Anhaltspunkte dafür bestehen, dass die Abmahnung dem Arbeitnehmer auch noch nach Beendigung des Arbeitsverhältnisses schaden kann, dafür ist der Arbeitnehmer darlegungs- und beweispflichtig.[826] Der Anspruch des Arbeitnehmers auf Entfernung einer Abmahnung aus der Personalakte entfällt nicht nach § 70 BAT 6 Monate nach Kenntnis von der Abmahnung.[827]

Werden in einem Abmahnungsschreiben mehrere Pflichtverletzungen gleichzeitig gerügt und treffen davon nur einige (aber nicht alle) zu, so muss das Abmahnungsschreiben auf Verlangen des Arbeitnehmers vollständig aus der Personalakte entfernt werden und kann nicht teilweise aufrechterhalten bleiben. Dem Arbeitgeber ist aber überlassen, ob er stattdessen eine auf die zutreffenden Pflichtverletzungen beschränkte Abmahnung aussprechen will.[828]

4. Widerrufsanspruch

Auch nach der Entfernung einer Abmahnung aus der Personalakte ist nach der Rechtsprechung des BAG ein Arbeitnehmer nicht gehindert, einen Anspruch auf Widerruf der in der Abmahnung abgegebenen Erklärungen gerichtlich geltend zu machen.[829]

5. Mandatsannahme

Im Bereich der Mandatsannahme ist u.a. der Hinweis nach § 49b Abs. 5 BRAO sowie die Belehrung über die Kostentragungspflicht erforderlich (s. hierzu näher unter Rn. 168).

6. Weitere Mandatsführung

Insoweit ist zunächst die Einholung der Deckungszusage durch die Rechtsschutzversicherung von Bedeutung (s. oben unter Rn. 215). Auch macht es gerade bei Abmahnungen durchaus Sinn, zunächst den Auftrag auf eine außergerichtliche Tätigkeit zu beschränken und unter Darlegung der Rechtslage außergerichtlich den Arbeitgeber aufzufordern, die Abmahnung aus der Personalakte zu entfernen (s. insoweit zur gebührenrechtlichen Seite näher oben unter Rn. 217f.).

II. Klage

1. Inhalt der Klage

Die nicht fristgebundene Klage des Arbeitnehmers auf Entfernung einer Abmahnung aus der Personalakte muss den Anspruch des Arbeitnehmers auf Entfernung der Abmahnung aus der Personalakte darlegen. Häufig findet man in arbeitsgerichtlichen Verfahren um die Entfernung von Abmahnungen aus der Personalakte eine Regelung bereits im Gütetermin. Deshalb ist es aus Sicht des Arbeitnehmervertreters zwingend, bereits schon in der Klage, zumindest aber rechtzeitig vor dem Gütetermin, ausführlich zur Sache vorzutragen. Auch für den für den Arbeitgeber tätigen Anwalt, der die

---

826 BAG AP Nr. 13 zu § 611 BGB Abmahnung.
827 BAG AP Nr. 15 zu § 611 BGB Abmahnung.
828 BAG AP Nr. 5 zu § 611 BGB Abmahnung; APS-Dörner, § 1 KSchG Rn. 416.
829 BAG NZA 1999, 1037f.; a.A. ArbG München BB 2000, 1790.

Abmahnung verteidigen möchte, bedeutet dies, dass er ebenfalls seine Argumente spätestens im Gütetermin vorbringen muss, damit sinnvolle Einigungsgespräche dort möglich sind.

2. Gütetermin

599 In arbeitsgerichtlichen Verfahren um Entfernung einer Abmahnung aus einer Personalakte gibt es verschiedene **Ansatzpunkte für eine Einigung**. So kommt zum einen in Betracht, die Abmahnung in eine Ermahnung[830] abzumildern, um auf diese Weise die kündigungsrechtliche Relevanz der Rüge des Arbeitgebers zu beseitigen.

600 Lässt sich eine Einigung in dieser Richtung nicht erzielen, und beharren beide Seiten auf ihren Standpunkten, so bleibt immerhin noch die Möglichkeit, unter Aufrechterhaltung der jeweiligen Standpunkte den Verbleib der Abmahnung in der Personalakte zeitlich zu befristen.

601 **3. Muster: Vergleich – zeitliche Befristung des Verbleibs der Abmahnung in der Personalakte**

87

§ 1

Die Abmahnung vom ▬▬▬ verbleibt zunächst in der Personalakte des Klägers, wird jedoch spätestens am ▬▬▬ aus der Personalakte entfernt. In der Zwischenzeit bestehen beide Parteien ausdrücklich auf der Aufrechterhaltung ihrer jeweiligen Rechtsstandpunkte.

§ 2

Damit ist der vorliegende Rechtsstreit erledigt.

§ 3

Die Kosten werden gegeneinander aufgehoben.

4. Vollstreckung

602 Die Zwangsvollstreckung hinsichtlich des Anspruchs auf Entfernung der Abmahnung aus der Personalakte bestimmt sich nach § 888 ZPO.[831] Ob der arbeitsrechtliche Anspruch des Arbeitnehmers auf Entfernung eines Abmahnungsschreibens aus der Personalakte des Arbeitgebers sich auch auf andere Akten des Arbeitgebers erstreckt (z.B. Prozessakte), ist im Prozess über den Entfernungsanspruch zu entscheiden; diese Entscheidung kann nicht im Zwangsvollstreckungsverfahren nachgeholt werden.[832]

5. Streitwert und Anwaltsgebühren

603 Beim Streit über die Entfernung einer Abmahnung aus der Personalakte ist die Wertfestsetzung unterschiedlich. Überwiegend wird ein Wert von einem Monatsverdienst für den Regelfall festgesetzt.[833] Bei mehreren Abmahnungen kann nicht jeweils der

---

830 Zum Begriff s. näher oben unter Rn. 587.
831 APS-Dörner, § 1 KSchG Rn. 419.
832 LAG Köln NZA 2000, 960.
833 APS-Linck § 12 ArbGG Rn. 19.

volle Wert eines Bruttomonatsverdienstes festgesetzt werden.⁸³⁴ Nach dem LAG Hessen sind die erste und die zweite Abmahnung jeweils mit dem Betrag eines Bruttomonatsverdienstes zu bewerten, weitere Abmahnungen innerhalb eines Zeitraums von 6 Monaten ab dem Ausspruch/Zugang der ersten Abmahnung werden jeweils mit 1/3 des Betrags eines Bruttomonatsverdienstes angesetzt.⁸³⁵ Nach dem LAG Düsseldorf ist der Streitwert auf ein Monatseinkommen festzusetzen, wenn zwischen zwei Abmahnungen ein Zeitraum von mindestens 3 Monaten liegt, bei einem unter 3 Monaten liegenden Zeitraum ist der Wert auf 1/3 des auf diesen Zeitraum fallenden Einkommens zu bestimmen, dabei darf für eine einzelne Abmahnung der Betrag von 1/3 eines Monatseinkommens nicht unterschritten werden.⁸³⁶

Für die im gerichtlichen Verfahren auf Entfernung einer Abmahnung entstehenden Anwaltsgebühren gelten die Ausführungen zur Kündigungsschutzklage oben unter Rn. 341 ff. entsprechend.

6. Muster: Klage auf Entfernung der Abmahnung aus der Personalakte

An das

Arbeitsgericht ▄▄▄

In Sachen

▄▄▄ ./. ▄▄▄

[volles Rubrum]

zeige ich die Vertretung des Klägers an.

Namens und im Auftrag des Klägers erhebe ich

Klage

und beantrage:

Die Beklagte wird verurteilt, die Abmahnung vom ▄▄▄ aus der Personalakte des Klägers zu entfernen.

Zur

Begründung

führe ich aus:

I.

Der am ▄▄▄ geborene Kläger ist bei der Beklagten seit dem ▄▄▄ als ▄▄▄ beschäftigt. Maßgeblich ist der Arbeitsvertrag der Parteien vom ▄▄▄.

---

834 APS-Linck, § 12 ArbGG Rn. 20 a.
835 LAG Hessen NZA 2000, 960.
836 LAG Düsseldorf NZA-RR 1996, 391.

Beweis: Arbeitsvertrag vom ■■■, in Fotokopie anliegend (Anlage K 1)

II.

Unter dem Datum des ■■■ erteilte die Beklagte dem Kläger eine Abmahnung, in der ihm vorgeworfen wird, er habe am ■■■ um ■■■ Uhr den Vorgesetzten ■■■ angerufen und berichtet, dass die Säge, an der er arbeitete, nicht ordnungsgemäß funktioniere und ein herbeigerufener Schlosser einen Defekt am Hydraulikantrieb vermutet habe. Als daraufhin der Vorgesetzte ■■■ die Säge besichtigt und festgestellt habe, dass der Kläger ein falsches Sägeblatt in die Säge eingewechselt hatte, und daraufhin dem Kläger mitteilte, dass er von einem eingewiesenen Facharbeiter erwarte, das richtige Sägeblatt einzuwechseln, habe sich der Kläger sofort wild gestikulierend vor Herrn ■■■ aufgebaut und sich in lauter Tonlage verteidigt. Auch habe der Kläger im weiteren Verlauf Herrn ■■■ angeschrieen und mehrfach angerempelt und dabei geäußert, bei jeglichen Konsequenzen würde er Herrn ■■■ bis in die Privatsphäre verfolgen und Herrn ■■■ Schaden zufügen bis zu einem „Messer im Rücken".

Beweis: Abmahnung der Beklagten vom ■■■, in Fotokopie anliegend (Anlage K 2)

Die Abmahnung vom ■■■ ist dem Kläger jedoch zu Unrecht erteilt worden, nach der ständigen Rechtsprechung des BAG kann der Kläger somit in entsprechender Anwendung der §§ 242, 1004 BGB die Entfernung der Abmahnung aus einer Personalakte verlangen.

Denn der Vorfall vom ■■■ hat sich nicht wie in der Abmahnung vom ■■■ behauptet zugetragen. Bei der Unterredung zwischen dem Kläger und seinem Vorgesetzten am ■■■ hat der Kläger sich nicht „wild gestikulierend" vor Herrn ■■■ aufgebaut und sich in lauter Tonlage verteidigt, sondern der Kläger hat sich gegen einen in einen cholerischen Wutanfall ausgebrochenen Herrn ■■■ nur ruhig und mit leiser Stimme verteidigt.

Beweis:
1. Zeuge A. B., ■■■ Straße, ■■■ Ort
2. Zeuge C. D., ■■■ Straße, ■■■ Ort

Die Zeugen A.B. und C.D. sind die unmittelbaren Arbeitskollegen des Klägers und haben den gesamten angeblichen Vorfall mitbekommen.

Auch hat der Kläger Herrn ■■■ weder angerempelt noch ihm gedroht, Herrn ■■■ bis in die Privatsphäre zu verfolgen, auch von „Schaden zufügen" bzw. „Messer im Rücken" war von Seiten des Klägers nie die Rede.

Beweis:
1. Zeuge A. B., ■■■ Straße, ■■■ Ort
2. Zeuge C. D., ■■■ Straße, ■■■ Ort

Da die gegenüber dem Kläger ausgesprochene Abmahnung ihm zu Unrecht erteilt wurde, ist sie nach der Rechtsprechung des BAG aus der Personalakte zu entfernen.

Außergerichtlich hat der Kläger durch Anwaltsschreiben vom ■■■ die Beklagte unter Darstellung des richtigen Sachverhalts auffordern lassen, die Abmahnung vom ■■■ aus der Personalakte des Klägers zu entfernen.

Beweis: Durchschrift des Anwaltsschreibens vom ■■■, in Fotokopie anliegend (Anlage K 3)

Hierauf hat die Beklagte mit Schreiben vom ■■■ mitgeteilt, dass sie nicht daran denke, die Abmahnung aus der Personalakte des Klägers zu entfernen.

Beweis: Schreiben der Beklagten vom ■■■, in Fotokopie anliegend (Anlage K 4)

Daher ist nunmehr Klage geboten.

Rechtsanwalt

7. Muster: Klage auf Entfernung einer Abmahnung aus der Personalakte bei mehreren Rügen

An das

Arbeitsgericht ■■■

In Sachen

■■■ ./. ■■■

[volles Rubrum]

zeige ich die Vertretung des Klägers an.

Namens und im Auftrag des Klägers erhebe ich

Klage

und beantrage:

Die Beklagte wird verurteilt, die Abmahnung vom ■■■ aus der Personalakte des Klägers zu entfernen.

Zur

Begründung

führe ich aus:

I.

Der am ■■■ geborene Kläger ist bei der Beklagten seit dem ■■■ als Croupier in der Spielbank ■■■ tätig. Maßgeblich ist der Arbeitsvertrag der Parteien vom ■■■.

Beweis: Arbeitsvertrag vom ■■■, in Fotokopie anliegend (Anlage K 1)

Der Kläger ist als Tischchef eingesetzt, seine Aufgabe ist es, den Spielverlauf und die Tischcroupiers zu überwachen.

II.

Unter dem Datum des 14.06.2000 erteilte die Beklagte dem Kläger eine Abmahnung. Im Rahmen dieser Abmahnung wurde dem Kläger folgendes vorgeworfen:

„Sie haben am 31.12.2003 Ihren Platz als Spielleiter mit dem Platz des Drehers ohne Zustimmung der Saalleitung getauscht, obwohl Ihnen bekannt war, dass ein solcher Tausch der Zustimmung der Saalleitung bedurfte. Ihre Einlassung, Ihrem Kollegen B., der als Drehcroupier tätig war, sei unwohl gewesen, deshalb sei der Platzwechsel vorgenommen worden, ist unzutreffend. Herr B. war weder krank noch war ihm unwohl. Vielmehr haben Sie von sich aus den Platzwechsel aus eigenen, selbst gesetzten Motiven heraus durch Weisung gegenüber Herrn B. vorgenommen."

„Sie sind am 31.12.2003 nach Mitternacht mit einer gut gefüllten Flasche Sekt in der Hand, die von einem Gast ausgegeben war, durch den Spielsaal in Richtung Kantine gegangen, obwohl Ihnen bekannt ist, dass ein Croupier von Gästen keine Geschenke annehmen darf. Ihre Einlassung, der Sekt sei auf Anordnung des technischen Leiters neben Ihrem Chefstuhl abgestellt worden, ist unzutreffend."

„Sie haben am 01.01.2004 nach Ihrer Pause Ihren Vertreter mit dreiminütiger Verspätung abgelöst, obwohl Ihnen bekannt ist, dass nach der Dienstvorschrift Pünktlichkeit bei der Ablösung eine der selbstverständlichsten Pflichten ist. In allen drei Fällen haben Sie nachhaltig gegen Ihnen obliegende Dienstpflichten verstoßen, wobei gerade von Ihnen als Tischchef ein korrektes und diszipliniertes Verhalten erwartet wird. Ich mahne Sie ausdrücklich ab und bitte Sie, künftig die Ihnen obliegenden arbeitsvertraglichen Pflichten einzuhalten. Da ich nicht gewillt bin, weitere Verstöße gegen arbeitsvertragliche Pflichten hinzunehmen, weise ich Sie ausdrücklich darauf hin, dass Sie bei erneuter Verletzung Ihrer Dienstpflicht mit einer Änderungskündigung oder mit einer Kündigung Ihres Arbeitsverhältnisses rechnen müssen."

Beweis: Abmahnung der Beklagten vom 14.06.2004, in Fotokopie anliegend (Anlage K 2)

Zwar räumt der Kläger durchaus ein, dass er am 01.01.2004 seinen Vertreter nur mit dreiminütiger Verspätung abgelöst hat. Allerdings sind die beiden andere Vorwürfe, die sich am 31.12.2003 zugetragen haben sollen, nachweislich falsch.

So hat der Kollege B. dem Kläger durch den Kollegen C. mitteilen lassen, dass ihm unwohl sei und dass er dringend abgelöst werden müsse.

Beweis: A. C., ■■■ Straße, ■■■ Ort

Was den Vorfall mit der gut gefüllten Flasche Sekt anbelangt, so wusste der Kläger nichts davon, dass diese Falsche Sekt von einem Gast spendiert worden war. Vielmehr wurde die Flasche Sekt von dem dem Kläger vorgesetzten technischen Leiter des Casinos neben seinem Chefstuhl abgestellt mit dem Hinweis, der Kläger könne nunmehr auch in der Kantine Silvester feiern.

Beweis: A. B., b.b.

Der vorbenannte Zeuge A.B. ist der technische Leiter in der Spielbank ■■■ der Beklagten.

Werden in einem Abmahnungsschreiben mehrere Pflichtverletzungen gleichzeitig gerügt, treffen hiervon aber nicht alle zu, so muss nach der Rechtsprechung des BAG das Abmahnungsschreiben auf Verlangen des Arbeitnehmers vollständig aus der Akte entfernt werden und kann nicht teilweise aufrechterhalten bleiben (BAG AP Nr. 5 zu § 611 BGB Abmahnung).

Daher ist nunmehr die Abmahnung vom ■■■ vollständig aus der Personalakte des Klägers zu entfernen.

Der Kläger hat die Beklagte außergerichtlich durch Anwaltsschreiben vom ■■■ und unter Darlegung der Sach- und Rechtslage auffordern lassen, die streitbefangene Abmahnung aus seiner Personalakte zu entfernen.

Beweis: Durchschrift des Anwaltsschreibens vom ■■■, in Fotokopie anliegend (Anlage K 3)

Die Beklagte hat darauf jedoch trotz einer Erinnerung mit Anwaltsschreiben vom ■■■

Beweis: Anwaltsschreiben vom ■■■., in Fotokopie anliegend (Anlage K 4)

nicht reagiert, so dass nunmehr Klage geboten ist.

Rechtsanwalt[837]

K. Überstundenvergütung

I. Vorprozessuale Situation

1. Allgemeines

Klagen von Arbeitnehmern auf Überstundenvergütung haben vor den Arbeitsgerichten eher selten Erfolg. Dies hängt zum einen mit den hohen Anforderungen der Rechtsprechung an die **Darlegungs- und Beweislast** für den Arbeitnehmer zusammen, aber auch verhindern häufig tarifvertragliche Ausschlussfristen, dass im Nachhinein Überstundenvergütung, beispielsweise nach Beendigung des Arbeitsverhältnisses, rückwirkend für erhebliche Zeiträume eingeklagt wird. Häufig ergeben sich aber bei Klagen auf Überstundenvergütung, zumal wenn sie sich über einen längeren Zeitraum erstrecken, nicht unerhebliche Beträge.

607

2. Begriffsdefinition

Überstunden sind nach allgemeinem Verständnis die Arbeitsstunden, die über die Arbeitszeit hinausgehen, die für das jeweilige Arbeitsverhältnis aufgrund Tarifvertrags, Betriebsvereinbarung oder Arbeitsvertrag festgelegt sind.[838] Von **Mehrarbeit** spricht man, wenn die gesetzliche Arbeitszeit überschritten wird.[839] Teilzeitbeschäftigte haben keinen Anspruch auf Überstundenzuschläge bei bloßer Überschreitung der individuell vereinbarten Arbeitszeit, solange die regelmäßige werktägliche Arbeitszeit eines vollbeschäftigten Arbeitnehmers nicht überschritten wird.[840]

608

3. Mandatsannahme und weitere Mandatsführung

Erforderlich sind wiederum der Hinweis nach § 49b Abs. 5 BRAO sowie die Belehrung über die Kostentragungspflicht.[841] Zur Einholung der Deckungszusage bei der Rechtsschutzversicherung s. oben unter Rn. 215. Auch macht es bei einem Zahlungsanspruch gerichtet auf Überstundenvergütung durchaus Sinn, die Auftragserteilung zunächst auf die außergerichtliche Tätigkeit zu beschränken, um mit dem Arbeitgeber u.U. eine außergerichtliche Einigung zu erzielen.[842] Allerdings muss stets gründlich geprüft werden, dass nicht die Gefahr einer mehrstufigen Ausschlussfrist droht.

609

---

837 Sachverhalt wurde der Entscheidung des BAG in AP Nr. 5 zu § 611 BGB Abmahnung nachgebildet.
838 BAG NZA 1998, 1011 ff.
839 ErfKoArbR-Preis, § 611 BGB Rn. 609.
840 ErfKoArbR-Preis, § 611 BGB Rn. 614.
841 S. hierzu oben unter Rn. 168.
842 S. zu den gebührenrechtlichen Auswirkungen hierzu näher oben unter Rn. 217 f.

II. Klage

1. Klageantrag

610 Der Arbeitnehmer kann die Bezahlung von Überstunden oder Mehrarbeit im Wege einer Leistungsklage, gerichtet auf Zahlung eines für einen bestimmten Zeitraum geschuldeten Differenzbruttolohnes verfolgen. **Unzulässig** ist es, den Arbeitgeber im Wege einer **Stufenklage** zunächst auf Erteilung einer korrigierten Abrechnung zu verklagen und im Anschluss daran den Zahlungsanspruch zu beziffern. Der Anspruch auf Arbeitsvergütung ist als Hauptanspruch für erbrachte Arbeitsleistung vom Arbeitnehmer konkret darzulegen, soweit es ihm aufgrund der Umstände möglich ist, der Arbeitnehmer kann seine Darlegungs- und Beweislast nicht durch Erhebung einer Auskunftsklage in Form einer Klage auf Abrechnung umgehen.[843] Das BAG hat eine auf Abrechnung eines bestimmten Vergütungsanspruchs gerichtete Klage nur in Ausnahmefällen als zulässig anerkannt, und zwar insbesondere dann, wenn eine komplizierte Rechtslage der Vergütungsabrechnung zugrunde liegt.[844]

611 Der Arbeitnehmer kann die **Verzugszinsen** nach § 288 Abs. 1 Satz 1 BGB aus der in Geld geschuldeten Bruttovergütung verlangen.[845] Wenn Verzugszinsen geltend gemacht werden, muss die Fälligkeit und der Verzugsbeginn Monat für Monat substantiiert dargelegt werden. Dies erfordert bei Überstundenvergütung für einen längeren Zeitraum durchaus umfangreichen Vortrag.

612 Was die Höhe des Zinssatzes anbelangt, so gilt nach § 288 Abs. 2 BGB bei Rechtsgeschäften, an denen ein Verbraucher nicht beteiligt ist, ein Zinssatz von 8 Prozentpunkten über dem Basiszinssatz. Solange noch streitig ist, ob ein Arbeitnehmer „Verbraucher" ist, wird daher von manchen empfohlen, immer 8 Prozentpunkte einzuklagen, da ein mögliches Unterliegen allein wegen der Zinsen nach den §§ 4, 92 ZPO regelmäßig keine Kostennachteile hat.[846]

2. Darlegungs- und Beweislast

613 Der Arbeitnehmer, der im Prozess von seinem Arbeitgeber die Bezahlung von Überstunden fordert, muss, zumal wenn zwischen der Geltendmachung und der behaupteten Leistung ein längerer Zeitraum liegt, nach ständiger Rechtsprechung des BAG beim Bestreiten der Überstunden im Einzelnen darlegen, an welchen Tagen und zu welchen Tageszeiten er über die übliche Arbeitszeit hinaus tätig geworden ist. Ferner muss er eindeutig vortragen, ob die Überstunden vom Arbeitgeber angeordnet oder zur Erledigung der ihm obliegenden Arbeit oder vom Arbeitgeber gebilligt oder geduldet worden sind.[847] Dabei muss der Arbeitnehmer, der die Vergütung von Überstunden fordert, im Einzelnen darlegen, an welchen Tagen und zu welchen Tageszeiten er über die übliche

---

843 Meixner, Formularbuch Arbeitsgerichtsprozess, S. 535.
844 Meixner, Formularbuch Arbeitsgerichtsprozess, S. 535; BAG AP Nr. 19 zu § 47 BAT anlässlich eines komplizierten Berechnungsverfahrens des BAT.
845 BAG NZA 2001, 1195 ff.
846 Bauer/Lingemann/Diller/Hausmann, Formularbuch Arbeitsrecht S. 887; Meixner, Formularbuch Arbeitsgerichtsprozess, S. 540.
847 BAG AP Nr. 7 zu § 253 ZPO; BAG NZA 1994, 1035 ff.

Arbeitszeit hinaus gearbeitet hat. Auch muss er darlegen, welche geschuldete Tätigkeit er ausgeführt hat.[848] Dem Arbeitgeber obliegt es dann, dem Vortrag substantiiert entgegenzutreten. Erst anhand des konkreten Sachvortrags des Arbeitgebers kann das Gericht feststellen, welche Tatsachen streitig sind, anschließend ist es Sache des Arbeitnehmers, im Einzelnen Beweis für die geleisteten Stunden anzutreten.[849] Überstunden werden nicht nur in der Weise angeordnet, dass ihre Zahl und Lage im Voraus festgelegt werden, sondern häufig auch allgemein, dass ein bestimmter Arbeitsauftrag innerhalb einer bestimmten Zeit ohne Rücksicht auf Dienststunden durchgeführt werden muss.[850]

Von einer Genehmigung des Arbeitgebers der Überstunden ist dann auszugehen, wenn der Arbeitgeber die Überstunden seinem Kunden in Rechnung stellt.[851]   614

3. Verfahren, Güte- und Kammertermin

Was das weitere Verfahren anbelangt, so weist der Prozess um Überstundenvergütung des Arbeitnehmers gegenüber dem Kündigungsschutzverfahren keine wesentlichen Besonderheiten auf, so dass insoweit auf die Ausführungen unter oben Rn. 272 ff. verwiesen werden kann.   615

Aufgrund der hohen Anforderungen an die Darlegungs- und Beweislast sind häufig Prozesse um Überstundenvergütung bis zum Gütetermin noch nicht so gut aufbereitet, als dass eine aussagekräftige Einschätzung der Prozessaussichten vorgenommen werden könnte. Da anders als im Kündigungsschutzprozess für den Arbeitgeber auch kein sich ständig steigerndes Risiko, Annahmeverzugsvergütungsansprüche bedienen zu müssen, vorliegt, ist auch von daher die Motivation auf Arbeitgeberseite, im Gütetermin zu einer gütlichen Regelung zu kommen, bei Verfahren um Überstundenvergütung in vielen Fällen eher gering.   616

4. Streitwert und Anwaltsgebühren

Maßgeblich für die Streitwertbestimmung ist der eingeklagte Betrag. Was die Anwaltsgebühren anbelangt, so ergeben sich keine Unterschiede zu den Gebühren, die bei einer erstinstanzlichen Kündigungsschutzklage anfallen können. Bei normalem Verfahrensverlauf fallen eine 1,3 Verfahrensgebühr nach Nr. 3100 VV sowie eine 1,2 Terminsgebühr nach Nr. 3104 VV an. Hinsichtlich der weiteren Einzelheiten s. oben unter Rn. 341 ff.   617

5. Vollstreckung

Die Zwangsvollstreckung richtet sich nach den §§ 803-882a ZPO.[852] Auch eine Verurteilung zu einem Bruttobetrag ist ohne Weiteres vollstreckbar, da auch hier von dem zu vollstreckenden Betrag ohne Weiteres die Lohnsteuerabgaben bzw. die sozialversicherungsrechtlichen Beiträge in Abzug gebracht werden können, diese sind entweder   618

---

848 BAG NJOZ 2003, 1929 ff.; BAG AP Nr. 40 zu § 611 BGB Mehrarbeitsvergütung.
849 BAG AP Nr. 40 zu § 611 BGB Mehrarbeitsvergütung.
850 BAG AP Nr. 2 zu § 17 BAT; ErfKoArbR-Preis, § 611 BGB Rn. 615.
851 ArbG Limburg BB 2003, 778.
852 GMP/Germelmann, § 62 Rn. 42.

von dem Arbeitgeber abzuführen oder aber der Gerichtsvollzieher muss die Abführung dieser Beträge an die empfangsberechtigten Dienststellen besorgen. Zieht der Gerichtsvollzieher den gesamten Bruttobetrag ein, muss der Kläger für die Abführung von Steuern und Sozialbeiträgen sorgen, er ist insoweit Schuldner gegenüber Finanzamt und Sozialversicherungsträger.[853]

6. Muster: Klage auf Überstundenvergütung

An das

Arbeitsgericht ■■■

In Sachen

■■■ ./. ■■■

[volles Rubrum]

zeige ich die Vertretung des Klägers an.

Namens und im Auftrag des Klägers erhebe ich

Klage

und beantrage:

Die Beklagte wird verurteilt, an den Kläger ■■■ € brutto nebst Zinsen in Höhe von 8 Prozentpunkten über dem Basiszinssatz aus ■■■ € seit dem ■■■, aus weiteren ■■■ € ab ■■■, aus weiteren ■■■ € ab ■■■, aus weiteren ■■■ € ab ■■■

Zur

Begründung

führe ich aus:

I.

Der Kläger ist bei der Beklagten seit ■■■ als ■■■ beschäftigt. Maßgeblich ist der schriftliche Arbeitsvertrag der Parteien vom ■■■.

Beweis: Arbeitsvertrag vom ■■■, in Fotokopie anliegend (Anlage K 1)

Der regelmäßige monatliche Bruttolohn des Klägers beträgt ■■■ € bei einer 38-Stunden-Woche.

Beweis: wie oben

II.

Der Kläger musste in der Zeit von ■■■ bis ■■■ Überstunden leisten. Die Arbeitszeit des Klägers ist grundsätzlich von montags bis freitags jeweils von ■■■ bis ■■■ Uhr, mit einer Mittagspause von ■■■ in der Zeit von ■■■ bis ■■■. In der Zeit von ■■■ bis ■■■ wies die Beklagte

---

[853] GMP/Germelmann, § 46 Rn. 43.

den Kläger jedoch an, jeweils abends um eine Stunde länger, also bis ▬▬ Uhr, zu arbeiten. Hintergrund war, dass die Beklagte einen wichtigen Kundenauftrag zu bearbeiten hatte, der fristgebunden war und bei dessen Abwicklung sie in Verzug geraten war. Die Anordnung der Beklagten an den Kläger, in der Zeit von ▬▬ bis ▬▬ die erwähnten Überstunden zu leisten, erfolgte durch den Geschäftsführer XY am ▬▬, bei dieser mündlichen Anweisung an den Kläger war der nachstehend benannte Zeuge U.W. anwesend.

Beweis: U. W., ▬▬ Straße, ▬▬ Ort

In Ausführung der ihm erteilen Anweisung hat der Kläger in der Zeit von ▬▬ bis ▬▬ jeweils von montags bis freitags von ▬▬ bis ▬▬ Uhr gearbeitet. Im Einzelnen hat er dabei folgende Arbeiten ausgeführt [ggf. weitere Substantiierung mit Beweisantritt].

Es sind somit folgende Überstunden pro Monat angefallen:

▬▬
▬▬
▬▬

Der Kläger hat die aus den aufgelaufenen Überstunden resultierende Vergütung jeweils monatlich bei der Beklagten schriftlich unter Fristsetzung angemahnt.

Beweis:
1. Durchschrift des Schreibens des Klägers vom ▬▬, in Fotokopie anliegend (Anlage K 2)
2. Durchschrift des Schreibens des Klägers vom ▬▬, in Fotokopie anliegend (Anlage K 3)
3. Durchschrift des Schreibens des Klägers vom ▬▬, in Fotokopie anliegend (Anlage K 4)

In den vorgenannten Schreiben wurden der Beklagten die Zahlungsfristen gesetzt wie folgt:

▬▬
▬▬
▬▬

Beweis: wie oben

Die Beklagte hat gleichwohl hierauf keine Zahlung an den Kläger geleistet, sondern diesem nur mündlich mitteilen lassen, dass ihr Kunde für den eiligen Terminauftrag bislang ebenfalls noch nicht bezahlt habe.

Daher ist nunmehr Klage geboten.

Rechtsanwalt

L. Zeugnis

I. Vorprozessuale Situation

1. Allgemeines

Vielfach wenden sich Arbeitnehmer auch gegen das ihnen von ihrem Arbeitgeber erteilte Arbeitszeugnis. Unterschieden wird das **einfache Zeugnis**, welches nur die Art des Dienstverhältnisses und dessen Dauer dokumentiert, von dem **qualifizierten Zeug-**

620

nis, das sich auch auf Leistung und Verhalten des Arbeitnehmers im Arbeitsverhältnis erstreckt.⁸⁵⁴

621 Das Zeugnis soll einerseits dem Arbeitnehmer als Unterlage für eine Bewerbung dienen, andererseits einem Dritten, der die Einstellung des Zeugnisinhabers erwägt, unterrichten. Es muss alle wesentlichen Tatsachen und Bewertungen enthalten, die für die Gesamtbeurteilung des Arbeitnehmers von Bedeutung und für den Dritten von Interesse sind. Weder Wortwahl noch Satzstellung noch Auslassungen dürfen dazu führen, dass bei Dritten der Wahrheit nicht entsprechende Vorstellungen entstehen.⁸⁵⁵

2. Mandatsannahme und weitere Mandatsführung

622 Im Regelfalls empfiehlt es sich zunächst, den Arbeitgeber in einem außergerichtlichen Anschreiben aufzufordern, die erforderlichen Berichtigungen oder Ergänzungen im Zeugnis vorzunehmen. Scheitert dies, bleibt der Weg, den Arbeitgeber auf Berichtigung des Zeugnisses klageweise in Anspruch zu nehmen.

623 Hinsichtlich der übrigen im Zusammenhang mit Mandatsannahme und Mandatsführung zu beachtenden Gesichtspunkte wird auf die Ausführungen unter oben Rn. 168 ff. verwiesen.

II. Klage

624 Verweigert der Arbeitgeber die Ausstellung eines Zeugnisses oder erteilt er ein Zeugnis, das schon formell den gesetzlichen Anforderungen nicht entspricht, kann der Arbeitnehmer **Leistungsklage** mit dem Antrag erheben, ein einfaches oder qualifiziertes Zeugnis zu erteilen.⁸⁵⁶

625 Hat dagegen der Arbeitgeber ein den gesetzlichen Vorschriften formell genügendes Zeugnis bereits erteilt, ist eine Klage mit einem allgemeinen Leistungsantrag nicht möglich. Der Arbeitnehmer ist dann gehalten genau anzugeben, **welchen Wortlaut** das prozessual angestrebte Zeugnis zumindest in den abweichenden Punkten haben soll.⁸⁵⁷ Es kommen daher folgende Klageanträge grundsätzlich in Betracht:

626 **1. Muster: Klage auf Zeugniserteilung**

91

Die Beklagte wird verurteilt, dem Kläger ein Zeugnis zu erteilen, das sich auf Art und Dauer sowie Verhalten und Leistung während des Arbeitsverhältnisses erstreckt.

---

854 ErfKoArbR-Müller-Glöge, § 109 Gewerbeordnung Rn. 15.
855 BAG AP Nr. 1 zu § 73 HGB.
856 ErfKoArbR-Müller-Glöge, § 109 Gewerbeordnung Rn. 136.
857 ErfKoArbR-Müller-Glöge, § 109 Gewerbeordnung Rn. 137.

2. Muster: Klage auf Berichtigung eines Zeugnisses

Die Beklagte wird verurteilt, das dem Kläger am ▬▬▬ erteilte Zeugnis wie folgt zu ändern:

Das Zeugnis ist auf dem Firmenbriefpapier der Beklagten neu zu erstellen.

In Abs. ▬▬▬, Zeile ▬▬▬, ist das Wort „▬▬▬" in „▬▬▬" zu korrigieren.

Abs. ▬▬▬ des Zeugnisses wird wie folgt neu gefasst:

„Herr ▬▬▬ hat die ihm übertragenen Aufgaben stets zu unserer vollsten Zufriedenheit erledigt."

3. Vollstreckung

Die Vollstreckung eines der Klage stattgebenden Urteils erfolgt nach § 888 ZPO, da das Zeugnis eigenhändig unterschrieben werden muss, liegt eine unvertretbare Handlung vor.[858]

III. Streitwert

Der Anspruch des Arbeitnehmers auf Erteilung oder auf „Berichtigung/Ergänzung" eines Arbeitszeugnisses nach § 630 BGB wird regelmäßig unter Berücksichtigung der für den Kündigungsschutzprozess bestimmten Höchstgrenze von einem Vierteljahresverdienst mit einem Monatslohn bewertet, dabei kommt es auf den Umfang der vom Arbeitnehmer verlangten Änderungen nicht an. Gegenstand des Rechtsstreits ist, ob der Arbeitgeber den Zeugnisanspruch ordnungsgemäß erfüllt hat, erst mit der ordnungsgemäßen Erfüllung erlischt der Anspruch des Arbeitnehmers.[859]

IV. Anwaltsgebühren

Was die Anwaltsgebühren anbelangt, so ergeben sich keine Unterschiede zu den Gebührentatbeständen, die bei einer erstinstanzlichen Kündigungsschutzklage entstehen können. Bei normalem Verfahrensverlauf fallen eine 1,3 Verfahrengebühr nach Nr. 3100 VV sowie eine Terminsgebühr nach Nr. 3104 VV mit einem Gebührensatz von 1,2 an. Hinsichtlich der weiteren Einzelheiten s oben unter Rn. 341 ff.

---

[858] ErfKoArbR-Müller-Glöge, § 109 Gewerbeordnung Rn. 141 m.w.N.
[859] BAG AP Nr. 26 zu § 630 BGB.

§ 3 Gerichtliche Verfahren 2. Instanz und Anhörungsrüge

A. Anhörungsrüge

I. Allgemeines

631 Durch das Anhörungsrügengesetz[860] wurden die Vorgaben des Bundesverfassungsgerichts im Plenarbeschluss vom 30.04.2003,[861] in dem das Bundesverfassungsgericht Defizite des Rechtsschutzes bei der Verletzung des Verfahrensgrundrechts des Art. 103 Abs. 1 GG festgestellt und dem Gesetzgeber aufgegeben hatte, bis 31.12. eine Neuregelung zu schaffen, soweit dies nicht schon durch das Zivilprozessreformgesetz vom 27.07.2001 geschehen war, für den Bereich der Arbeitsgerichtsbarkeit durch die neue Vorschrift des § 78a ArbGG umgesetzt. Die Rüge der Verletzung rechtlichen Gehörs ist in der Arbeitsgerichtsbarkeit bei allen unanfechtbaren instanzbeendenden Entscheidungen in allen Rechtszügen anwendbar und eröffnet insoweit jedem Gericht die Möglichkeit der Selbstkorrektur. Aus Gründen der Rechtsklarheit hat der Gesetzgeber anstelle zahlreicher allgemeiner Verweisungen auf § 321a ZPO eine eigenständige Regelung in das ArbGG aufgenommen, dadurch sollte auch den prozessualen Besonderheiten im Arbeitsgerichtsverfahren Rechnung getragen werden.[862]

II. Tatbestandsvoraussetzungen

632 Nach § 78a Abs. 1 ArbGG ist auf die Rüge der durch die Entscheidung beschwerten Partei das Verfahren fortzuführen, wenn erstens ein Rechtsmittel oder ein anderer Rechtsbehelf gegen die Entscheidung nicht gegeben ist und zweitens das Gericht den Anspruch dieser Partei auf rechtliches Gehör in entscheidungserheblicher Weise verletzt hat. Gegen eine der Endentscheidung vorausgehende Entscheidung findet die Anhörungsrüge nicht statt.

633 Nicht statthaft ist die Anhörungsrüge, wenn ein Rechtsmittel oder ein anderer Rechtsbehelf gegeben ist. Zu den Rechtsbehelfen zählt auch die Nichtzulassungsbeschwerde nach § 72a ArbGG. Da die Nichtzulassungsbeschwerde nunmehr auch bei der Verletzung des Anspruchs auf rechtliches Gehör statthaft ist (§ 72 Abs. 2 Nr. 3 ArbGG), ist § 78a ArbGG in diesen Fällen nicht anwendbar. Der Gesetzgeber will damit den Rechtsbehelf des § 78a ArbGG und die erweiterte Nichtzulassungsbeschwerde deutlich voneinander abgrenzen.[863]

III. Verfahren

634 Nach § 78a Abs. 2 ArbGG ist die Rüge innerhalb einer Notfrist von 2 Wochen nach Kenntnis von der Verletzung des rechtlichen Gehörs zu erheben; der Zeitpunkt der Kenntniserlangung ist glaubhaft zu machen. Nach Ablauf eines Jahres seit Bekanntgabe der angegriffenen Entscheidung kann die Rüge nicht mehr erhoben werden.

---

860 BGBl. I 2004, 3220.
861 NJW 2003, 1924 ff.
862 BT-Drucks. 15/3706, 21.
863 BT-Drucks. 15/3706, 21.

Formlos mitgeteilte Entscheidungen gelten nach § 78a Abs. 2 Satz 3 ArbGG mit dem 3. Tage nach Aufgabe zur Post als bekannt gegeben. Nach § 78a Abs. 2 Satz 4 ArbGG ist die Rüge schriftlich bei dem Gericht zu erheben, dessen Entscheidung angegriffen wird. Die Rüge muss nach § 78a Abs. 2 Satz 5 ArbGG die angegriffene Entscheidung bezeichnen und das Vorliegen der in Abs. 1 Satz 1 Nr. 2 genannten Voraussetzungen darlegen.

Nach § 78a Abs. 3 ArbGG ist dem Gegner, soweit erforderlich, Gelegenheit zur Stellungnahme zu geben. **635**

Nach § 78a Abs. 4 Satz 1 ArbGG hat das Gericht **von Amts wegen** zu prüfen, ob die Rüge an sich statthaft und ob sie in der gesetzlichen Form und Frist erhoben ist. Mangelt es an einem dieser Erfordernisse, so ist die Rüge als unzulässig zu verwerfen (§ 78a Abs. 4 Satz 2 ArbGG). Ist die Rüge unbegründet, weist das Gericht sie zurück, § 78a Abs. 4 Satz 3 ArbGG. Die Entscheidung ergeht nach § 78a Abs. 4 Satz 4 ArbGG durch unanfechtbaren Beschluss, nach Satz 5 des Abs. 4 soll der Beschluss kurz begründet werden. **636**

Ist die **Rüge** hingegen **begründet,** so **hilft** das Gericht ihr **ab,** indem es das Verfahren fortführt, soweit dies aufgrund der Rüge geboten ist, § 78a Abs. 5 Satz 1 ArbGG. Das Verfahren wird in die Lage zurückversetzt, in der es sich vor dem Schluss der mündlichen Verhandlung befand, § 343 ZPO gilt entsprechend. In schriftlichen Verfahren tritt an die Stelle des Schlusses der mündlichen Verhandlung der Zeitpunkt, bis zu dem Schriftsätze eingereicht werden können, § 78a Abs. 5 Satz 4 ArbGG. **637**

Nach § 78a Abs. 6 Satz 1 ArbGG erfolgen die Entscheidungen nach § 78a Abs. 4 und Abs. 5 ArbGG unter Hinzuziehung der ehrenamtlichen Richter. Die ehrenamtlichen Richter wirken aber nach § 78a Abs. 6 Satz 2 ArbGG nicht mit, wenn die Rüge als unzulässig verworfen wird oder wenn sie sich gegen eine Entscheidung richtet, die ohne Hinzuziehung der ehrenamtlichen Richter erlassen wurde. Der Gesetzgeber will damit deutlich machen, dass über die Rüge grundsätzlich in gleicher geschäftsplanmäßiger Besetzung zu entscheiden ist wie in der Hauptsache.[864] **638**

Nach § 78a Abs. 7 ArbGG ist § 707 ZPO unter der Voraussetzung entsprechend anzuwenden, dass der Beklagte glaubhaft macht, dass die Vollstreckung ihm einen nicht zu ersetzenden Nachteil bringen würde. Dabei berücksichtigt die Verweisung die Besonderheit, dass im Arbeitsgerichtsverfahren die einstweilige Einstellung der Zwangsvollstreckung nur angeordnet werden darf, wenn der Beklagte glaubhaft macht, dass die Vollstreckung ihm einen nicht zu ersetzenden Nachteil bringen würde (vgl. § 62 Abs. 1 Satz 3 ArbGG).[865] **639**

IV. Anwaltsgebühren

Der Anwalt, der ausschließlich mit der Rüge nach § 78a ArbGG oder mit deren Abwehr beauftragt ist, verdient eine 0,5 Verfahrensgebühr nach VV Nr. 3330 und ggf. **640**

---

864 BT-Drucks. 15/3706, 21.
865 BT-Drucks. 15/3706, 22.

Mayer

eine Terminsgebühr ebenfalls mit dem Gebührensatz von 0,5 nach VV Nr. 3332. Für die bereits im Ausgangsverfahren tätigen Prozessbevollmächtigten fällt für die Anhörungsrüge keine gesonderte Vergütung an, die entsprechende Tätigkeit wird nach § 19 Abs. 1 Satz 2 Nr. 5 RVG vielmehr durch die Gebühren VV Nr. 3100ff. abgegolten.

V. Muster: Anhörungsrüge

An das

Arbeitsgericht ■■■

In Sachen

■■■ ./. ■■■

[volles Rubrum]

Az.: ■■■

zeige ich an, dass ich nach wie vor die Beklagte vertrete.

Namens der Beklagten erhebe ich

Rüge gemäß § 78a ArbGG wegen Verletzung des Anspruchs auf rechtliches Gehör

und beantrage:

Das Verfahren Arbeitsgericht ■■■, Az. ■■■, wird fortgeführt.

Zur

Begründung

führe ich aus:

Das Arbeitsgericht ■■■ hat durch Urteil vom ■■■ der Klage des Klägers gegen die Beklagte stattgegeben. Gegen dieses Urteil ist ein Rechtsmittel oder ein anderer Rechtsbehelf nicht gegeben, da keiner der Tatbestände eingreift, die in § 64 Abs. 2 ArbGG genannt sind. Der Wert des Beschwerdegegenstands liegt unter 600,00 €, die Berufung wurde auch im Urteil des Arbeitsgerichts ■■■ vom ■■■ nicht zugelassen. Es liegt auch keine Rechtsstreitigkeit über das Bestehen, das Nichtbestehen oder die Kündigung eines Arbeitsverhältnisses nach § 64 Abs. 2c ArbGG oder ein Versäumnisurteil nach § 64 Abs. 2d ArbGG vor.

Das Arbeitsgericht ■■■ hat den Anspruch der Beklagten auf rechtliches Gehör in entscheidungserheblicher Weise verletzt. Im Termin vom ■■■ wurde die mündliche Verhandlung geschlossen und Termin zur Verkündung einer Entscheidung anberaumt auf den ■■■ Im Kammertermin war seitens des Gerichts sehr ausführlich der Kläger darauf hingewiesen worden, dass er bislang noch keinen Beweis dafür angetreten und geführt habe, dass er die von ihm behaupteten Überstunden tatsächlich abgeleistet hat. Auch im Kammertermin vom ■■■ konnte der Kläger insoweit keinerlei Beweisantritt leisten.

Wie die Beklagte nunmehr durch das ihr gestern zugestellte, schriftlich abgefasste Urteil des Arbeitsgerichts ■■■ erfahren musste, hat der Kläger offenbar nach Ende des Kammertermins dem Gericht einen von dem Arbeitskollegen A.B. abgezeichneten Stundenzettel übersandt, in dem dem Kläger bestätigt wird, dass er die von ihm behaupteten Überstunden tatsächlich abgeleistet habe. Dieser Stundenzettel wurde vom Arbeitsgericht ■■■ dem Urteil zugrunde gelegt und die Beklagte zur Zahlung der vom Kläger eingeklagten Überstundenvergütung verurteilt. Die Beklagte hatte jedoch keine Gelegenheit, zu diesem Beweismittel des Klägers Stellung zu nehmen. Damit hat das Gericht den Anspruch der Beklagten auf rechtliches Gehör verletzt. Die Verletzung ist auch entscheidungserheblich, denn der Arbeitskollege A.B. hatte weder die rechtliche Stellung noch die Funktion im Betrieb der Beklagten, angebliche Überstunden des Klägers oder anderer Mitarbeiter zu dokumentieren, zum anderen sind dessen Angaben auch völlig unglaubwürdig, wegen Betrugs zu Lasten der Beklagten wurde er bereits fristlos entlassen, derzeit laufen gegen ihn mehrere Ermittlungsverfahren.

Gemäß § 78a Abs. 5 Satz 1 ArbGG ist somit das Verfahren fortzuführen.

Rechtsanwalt

B. Berufung

I. Allgemeines

Die Berufung ist ein **Instrument zur Fehlerkontrolle und -beseitigung** der Urteile der Arbeitsgerichte durch das LAG. Der Berufung kommt Suspensiveffekt (§ 707 ZPO) und Devolutiveffekt zu.[866] Die Berufung kann grundsätzlich **nur gegen Endurteile** des Arbeitsgerichts eingelegt werden. Nicht mit der Berufung anfechtbar ist ein Zwischenurteil, § 61 Abs. 3 ArbGG, da dieses wegen der Rechtsmittel nicht als Endurteil anzusehen ist. Betroffen werden hiervon das Grundurteil nach § 304 ZPO und das Zwischenurteil nach § 303 ZPO. Diese Entscheidungen können nur im Zusammenhang mit dem Endurteil angefochten werden, § 61 Abs. 3 ArbGG und § 512 ZPO.[867] Ist eine wirksame Verkündung der Entscheidung unterblieben oder leidet sie an schweren Mängeln, liegt kein Urteil vor. Es handelt sich dann um eine Nichtentscheidung oder um ein Scheinurteil, das keine Rechtswirkungen haben kann. Hierdurch wird das Verfahren nicht beendet, allerdings kann durch seine bloße Existenz das Scheinurteil für die Parteien problematisch werden, es ist daher wie eine wirksame Entscheidung anfechtbar, ein nicht verkündetes Urteil des Arbeitsgerichts kann daher, wenn es nach außen gedrungen ist, mit der Berufung angefochten werden, wenn dies im Übrigen statthaft wäre.[868] Wird eine Entscheidung fälschlicherweise nicht als Urteil, sondern als Beschluss bezeichnet oder wird ein streitiges Endurteil unzutreffend als Versäumnisurteil verkündet, gilt der Grundsatz der **Meistbegünstigung**. Eine Partei darf durch Fehler des Gerichts keine Nachteile in ihren prozessualen Rechten erleiden, es ist daher sowohl das richtige als auch das der Entscheidungsform entsprechende Rechtsmittel gegeben.[869] Ein Rechtsmittel ist jedoch nur dann gegeben, wenn auch gegen die in richtiger Form erlassene Entscheidung ein Rechtsmittel zulässig wäre, auch durch eine for-

642

---

866 ErfKoArbR-Koch, § 64 ArbGG Rn. 1.
867 GMP/Germelmann, § 64 Rn. 10.
868 GMP/Germelmann, § 64 Rn. 10.
869 GMP/Germelmann, § 64 Rn. 12; ErfKoArbR-Koch, § 64 ArbGG Rn. 4.

mell fehlerhafte Entscheidung des Gerichts kann eine Partei nicht einen Vorteil erlangen, der ihr sonst nicht gegeben wäre.[870]

643 § 64 Abs. 2 ArbGG zählt enumerativ vier Fälle auf, in denen gegen ein Urteil des Arbeitsgerichts Berufung eingelegt werden kann. Sind die dort genannten Voraussetzungen nicht gegeben, ist die Berufung unzulässig, dies gilt auch bei schwersten Gesetzesverstößen und greifbarer Gesetzeswidrigkeit.[871]

644 Nach § 64 Abs. 2a ArbGG ist die Berufung zulässig, wenn sie im Urteil des Arbeitsgerichts zugelassen worden ist. Die vier in § 64 Abs. 2 ArbGG genannten Tatbestände stehen unabhängig nebeneinander und dies bedeutet, dass es im Grundsatz einer besonderen Zulassung der Berufung nicht bedarf, wenn einer der drei anderen Tatbestände eingreift, nach denen die Berufung zulässig ist. Eine ausdrückliche Zulassungsentscheidung ist somit nur notwendig, wenn die Berufung nicht ohnehin schon aufgrund der anderen in § 64 Abs. 2 ArbGG genannten Tatbestände statthaft ist.[872] Eine Entscheidung über die Zulassung der Berufung hat von Amts wegen zu erfolgen. Eines Antrags einer der Parteien oder beider Parteien bedarf es nicht, sie können lediglich die Zulassung der Berufung anregen.[873]

II. Einlegung der Berufung

1. Allgemeines

645 Die Art und Weise der Berufungseinlegung wird durch § 66 ArbGG geregelt. Daneben gelten die Vorschriften der ZPO. § 66 Abs. 2 Satz 3 ArbGG stellt klar, dass die Vorschriften über die Zurückweisung der Berufung durch einstimmigen Beschluss im arbeitsgerichtlichen Berufungsverfahren nicht anzuwenden sind.[874]

2. Berufungsfrist

646 Die Frist für die Einlegung der Berufung beträgt nach § 66 Abs. 1 Satz 1 ArbGG einen Monat. Die Berufungsfrist kann weder verlängert noch abgekürzt werden, § 224 Abs. 1 ZPO.[875] Sie ist eine Notfrist (§ 517 Satz 2 ZPO), obwohl es der Gesetzgeber versäumt hat, in § 66 Abs. 1 Satz 1 ArbGG eine entsprechende Klarstellung aufzunehmen.[876] Die Fristberechnung richtet sich nach § 222 ZPO, §§ 187, 188 BGB.

647 Nach § 66 Abs. 1 Satz 2 ArbGG beginnt die Frist für die Einlegung der Berufung mit der Zustellung des in vollständiger Form abgefassten Urteils, spätestens aber mit dem Ablauf von 5 Monaten nach der Verkündung, zu laufen. Problematisch in arbeitsgerichtlichen Verfahren waren bislang stets die Fälle, in denen ein Urteil vom Arbeitsgericht zwar verkündet, in vollständiger Form abgefasst jedoch nicht zugestellt wurde. Da mangels Zustellung auch die nach § 9 Abs. 5 Satz 1 ArbGG erforderliche Rechts-

---

870 GMP/Germelmann, § 64 Rn. 12; ErfKoArbR-Koch, § 64 ArbGG Rn. 4.
871 ErfKoArbR-Koch, § 64 ArbGG Rn. 5.
872 GMP/Germelmann, § 64 Rn. 30.
873 GMP/Germelmann, § 64 Rn. 30 d.
874 ErfKoArbR-Koch, § 66 ArbGG Rn. 1.
875 GMP/Germelmann, § 66 Rn. 5.
876 GMP/Germelmann, § 66 Rn. 5; ErfKoArbR-Koch, § 66 ArbGG Rn. 7.

mittelbelehrung fehlte, begann nach der bisherigen Rechtsprechung des BAG im arbeitsgerichtlichen Verfahren mit Ablauf der 5-Monats-Frist (§ 516 ZPO a.F.) nicht die einmonatige Berufungsfrist, sondern wegen Fehlens der vorgeschriebenen Rechtsmittelbelehrung die Jahresfrist des § 9 Abs. 5 Satz 4 ArbGG zu laufen. Nach dieser Rechtsprechung lief ab der Zustellung die Berufungsfrist, wenn innerhalb von 16 Monaten nach Verkündung das Urteil mit ordnungsgemäßer Rechtsmittelbelehrung zugestellt wurde, bei späterer Zustellung blieb es bei einer Frist von insgesamt 17 Monaten für die Berufungseinlegung.[877] Nach der Neuregelung des Berufungsrechts durch das ZPO-ReformG wurde zweifelhaft, ob die bisherige Auffassung noch aufrechterhalten werden kann.[878] Das BAG hat in der Entscheidung vom 28.10.2004[879] Klarheit geschaffen und seine bisherige Rechtsprechung aufgegeben. Nach § 66 Abs. 1 Satz 2 ArbGG beginnen die Berufungs- und Berufungsbegründungsfrist, wenn ein arbeitsgerichtliches Urteil nicht vollständig abgefasst und zugestellt ist, spätestens mit Ablauf von 5 Monaten nach der Verkündung. Die Berufungsfrist endet dann 6 Monate nach der Verkündung des erstinstanzlichen Urteils; die Berufungsbegründungsfrist beträgt nach § 66 Abs. 1 Satz 1 ArbGG zwei Monate, so dass sie im Falle der Nichtzustellung des vollständig abgefassten Urteils nach der neuen Rechtsprechung des BAG 7 Monate nach der Verkündung abläuft.

3. Form der Berufungseinlegung

648 Die Einlegung der Berufung erfolgt innerhalb der Berufungsfrist bei dem dem Arbeitsgericht übergeordneten Landesarbeitsgericht. Die Form der Berufungseinlegung richtet sich im Einzelnen nach § 519 ZPO.[880] Nach § 519 Abs. 2 ZPO muss die Berufungsschrift enthalten:
- Die Bezeichnung des Urteils, gegen das die Berufung gerichtet wird;
- die Erklärung, dass gegen dieses Urteil Berufung eingelegt wird.

649 Dazu ist es erforderlich, dass angegeben wird, für und gegen wen das Rechtsmittel eingelegt wird.[881] Zur Bezeichnung des anzufechtenden Urteils sind das erstinstanzliche Gericht, Verkündungsdatum und Aktenzeichen der Entscheidung anzugeben. Fehlt eine dieser Angaben, ist dies unschädlich, wenn sich aus den übrigen Angaben oder den Anlagen der Berufungsschrift die angefochtene Entscheidung eindeutig bestimmen lässt.[882] Deshalb sollte der Ordnungsvorschrift des § 519 Abs. 3 ZPO, wonach mit der Berufungsschrift eine Ausfertigung oder beglaubigte Abschrift des angefochtenen Urteils vorgelegt werden soll, stets Folge geleistet werden, da sie manche mangelhafte Berufung retten kann.[883] Nicht erforderlich ist es im arbeitsgerichtlichen Verfahren, die ladungsfähige Anschrift des Rechtsmittelbeklagten oder seines Prozessbevollmächtigten in der Berufungsschrift anzugeben.[884]

---

877 ErfKoArbR-Koch, § 66 ArbGG Rn. 11.
878 Für die Beibehaltung z.B. ErfKoArbR-Koch, § 66 ArbGG Rn. 12; dagegen z.B. GMP/Germelmann, § 66 Rn. 15 a.
879 NJW 2005, 700 ff. = NZA 2005, 125 ff.
880 GMP/Germelmann, § 64 Rn. 48.
881 ErfKoArbR-Koch, § 66 ArbGG Rn. 5.
882 ErfKoArbR-Koch, § 66 ArbGG Rn. 5.
883 Zöller-Gummer/Heßler, Kommentar zur ZPO § 520 ZPO Rn. 38.
884 GMP/Germelmann, § 64 Rn. 52.

4. Muster: Berufungsschrift

An das

Landesarbeitsgericht ■■■

Berufung

In Sachen

G. W.,

■■■

Klägerin/Berufungsbeklagte

Prozessbevollmächtigte 1.Instanz: Rechtsanwälte ■■■ und Kollegen ■■■

gegen

A. B. GmbH

vertreten durch den Geschäftsführer Hermann Müller ■■■

Beklagte/Berufungsklägerin

Prozessbevollmächtigter: Rechtsanwalt Dr. XY ■■■

zeige ich an, dass die Beklagte/Berufungsklägerin weiterhin von mir vertreten wird, und lege namens und mit Vollmacht der Beklagten/Berufungsklägerin gegen das Urteil des Arbeitsgerichts ■■■ vom ■■■, Az. ■■■, zugestellt am ■■■,

Berufung

ein.

Antragstellung und -begründung bleiben einem gesonderten Schriftsatz vorbehalten. Eine Ausfertigung des Urteils ist beigefügt. Es wird gebeten, diese Ausfertigung alsbald zurückzusenden.

Rechtsanwalt

III. Berufungsbegründungsfrist

1. Dauer

Nach § 66 Abs. 1 Satz 1 ArbGG beträgt die Berufungsbegründungsfrist 2 Monate, die Frist beginnt nach § 66 Abs. 1 Satz 2 ArbGG mit der Zustellung des in vollständiger Form abgefassten Urteils, spätestens aber mit Ablauf von 5 Monaten nach der Verkündung. Im Falle der Nichtzustellung des vollständig abgefassten Urteils endet nach der neuen Rechtsprechung des BAG die Berufungsbegründungsfrist 7 Monate nach der Verkündung des Urteils.[885]

---

885 BAG Urteil vom 28.10.2004, NJW 2005, 700 ff. = NZA 2005, 125 ff.

2. Verlängerung

Nach § 66 Abs. 1 Satz 5 ArbGG kann die Frist zur Begründung der Berufung vom Vorsitzenden auf Antrag einmal verlängert werden, wenn nach seiner freien Überzeugung der Rechtsstreit durch die Verlängerung nicht verzögert oder wenn die Partei erhebliche Gründe darlegt. Über die Dauer der Fristverlängerung enthält § 66 Abs. 1 ArbGG keine ausdrückliche Bestimmung. Zu berücksichtigen ist aber, dass im arbeitsgerichtlichen Verfahren der besondere Beschleunigungsgrundsatz des § 9 Abs. 1 Satz 1 ArbGG gilt. Diesem Beschleunigungsgrundsatz würde es widersprechen, wenn man eine unbegrenzte Fristverlängerung für möglich halten würde, aus der Tatsache, dass in § 66 Abs. 1 ArbGG Berufungsfrist und Berufungsbeantwortungsfrist auf jeweils 1 Monat festgelegt worden sind und dass der Gesetzgeber eine mehrmalige Fristverlängerung nicht zugelassen hat, wird deutlich, dass auch in der Berufung das Verfahren besonders beschleunigt werden soll, eine Verlängerung über einen Monat hinaus kann daher grundsätzlich nicht in Betracht kommen.[886] Eine mehrmalige Verlängerung ist selbst dann ausgeschlossen, wenn bei der ersten Verlängerung der Zeitraum von 1 Monat noch nicht voll ausgeschöpft oder wenn das erstinstanzliche Urteil immer noch nicht mit Begründung zugestellt ist.[887]

652

Zu den **erheblichen Gründen** für eine Verlängerung der Berufungsbegründungsfrist zählen neben laufenden Vergleichsverhandlungen, Krankheit und Urlaub insbesondere eine besonders starke Arbeitsbelastung des Prozessbevollmächtigten.[888] Uneinheitlich ist die Meinung in der Kommentarliteratur, wie konkret die erheblichen Gründe, die eine rechtzeitige Berufungsbegründung hindern, dargelegt werden müssen. So wird einerseits vertreten, dass die bloß schlagwortartige Bezeichnung wie z.B. „Arbeitsüberlastung" oder „einer Vielzahl gleichzeitig ablaufender Fristen" nicht genüge. Erst wenn von dem Antragsteller die erheblichen Gründe für die Fristverlängerung vorgebracht und ggf. glaubhaft gemacht worden seien, sei Raum für eine Ermessensentscheidung des Gerichts. Der Auffassung, dass die pauschale Angabe „Arbeitsüberlastung" oder „Vielzahl gleichzeitig ablaufender Fristen" ausreichend wäre, könne nicht gefolgt werden. Eine Verlängerung sei außer in dem Fall der nicht eintretenden Verzögerung nur bei Vorliegen erheblicher Gründe zulässig, das setze aber voraus, dass sich der Richter ein Bild über den Verlängerungsgrund machen und diesen gegenüber dem Beschleunigungsgrundsatz und der eintretenden Verzögerung abwägen könne, dies setze aber eine gewisse Substantiierung der Verlängerungsgründe durch die Partei zumindest dann voraus, wenn Zweifel bestehen, ob die geltend gemachten Gründe tatsächlich vorliegen.[889] Nach anderer Auffassung ist es regelmäßig nicht erforderlich, dass die Gründe für die behauptete Belastung und ihre Auswirkungen auf das konkrete Verfahren besonders dargelegt und glaubhaft gemacht werden, ihre Substantiierung und ergänzende Glaubhaftmachung könne nur verlangt werden, wenn Anhaltspunkte dafür vorliegen, dass die angegebenen Gründe nicht zutreffen, das Risiko, dass einem Verlänge-

653

---

886 GMP/Germelmann, § 66 Rn. 31.
887 GMP/Germelmann, § 66 Rn. 32.
888 ErfKoArbR-Koch, § 66 ArbGG Rn. 18.
889 GMP/Germelmann, § 66 Rn. 33.

rungsantrag nicht entsprochen werde, trage aber der Berufungskläger, selbst wenn die dafür erforderlichen Voraussetzungen vorliegen.[890] In diesem Zusammenhang ist der Beschluss des **BAG vom 20.10.2004**, 5 AZB 37/04, von Bedeutung, wonach ein erheblicher Grund zur Verlängerung der Berufungsbegründungsfrist regelmäßig vorliege, wenn der Prozessbevollmächtigte eine besonders starke Arbeitsbelastung geltend mache. In dem dieser Entscheidung zugrunde liegenden Ausgangsverfahren hatte der Prozessbevollmächtigte des Klägers am letzten Tag der Berufungsbegründungsfrist mit um 23.26 Uhr beim Landesarbeitsgericht per Telefax eingegangenem Schriftsatz die Verlängerung der Berufungsbegründungsfrist um einen Monat beantragt. Zur Begründung hatte er ausgeführt, dass der bisherige Zeitraum aufgrund seiner Arbeitsüberlastung nicht ausreichend gewesen sei, was er anwaltlich versichere. Das LAG (Berlin) hatte den Verlängerungsantrag wenige Tage später durch Beschluss zurückgewiesen mit dem Hinweis, die Begründung des Antrags lasse nicht ausreichend erkennen, dass die angeführten Gründe erheblich seien, eine Ergänzung der Begründung – ggf. nach Hinweis des Vorsitzenden – sei nicht möglich gewesen, weil der Antrag erst am letzten Tag des Fristablaufs eingegangen sei. In dem sich in diesem Verfahren anschließenden Rechtsbeschwerdeverfahren hat sich das BAG auf den Standpunkt gestellt, dass ein Prozessbevollmächtigter grundsätzlich erwarten kann, dass einem Antrag auf Verlängerung der Berufungsbegründungsfrist entsprochen wird, wenn erhebliche Gründe im Sinne von § 66 Abs. 1 Satz 5 ArbGG vorgebracht werden. Zu den Gründen, die in der Gerichtspraxis im Allgemeinen als „erheblich" angesehen werden, zähle u.a. die – hier geltend gemachte – berufliche Überlastung bzw. besonders starke Arbeitsbelastung des Prozessbevollmächtigten. Regelmäßig sei es nicht erforderlich, die Gründe für die behauptete Belastung und ihre Auswirkungen auf das konkrete Verfahren besonders darzulegen. Wenn Anhaltspunkte dafür vorliegen, dass die pauschal vorgebrachten Gründe in Wahrheit nicht vorliegen, sei der Kammervorsitzende im Einzelfall nicht gehindert, eine Substantiierung der im Verlängerungsgesuch dargelegten Gründe zu verlangen. Dem Beschleunigungsgrundsatz nach § 9 Abs. 1 ArbGG sei dadurch genügt, dass die Berufungsbegründungsfrist nach § 66 Abs. 1 Satz 5 ArbGG nur einmal verlängert werden könne, zudem sei der Vorsitzende nach Vornahme einer am Einzelfall orientierten Ermessensausübung nicht verpflichtet, die Monatsfrist auszuschöpfen, er könne die Frist auch um einen kürzeren, unter Berücksichtigung der Antragsbegründung aber noch angemessenen Zeitraum verlängern.[891]

654 Da im Regelfall bereits schon mindestens Tage vor Ablauf der Berufungsbegründungsfrist erkennbar ist, ob die Berufungsbegründung fristgemäß fertiggestellt werden kann oder nicht, ist es empfehlenswert, den **Fristverlängerungsantrag** so **rechtzeitig** zu stellen, dass man noch eine schriftliche Entscheidung des Gerichts rechtzeitig vor Ablauf der Berufungsbegründungsfrist erhält. Darüber hinaus besteht auch die Möglichkeit, falls der Antrag auf Verlängerung der Berufungsbegründungsfrist später gestellt wird oder die schriftliche Verlängerung der Berufungsbegründungsfrist durch das LAG nicht eingeht, telefonisch bei Gericht nachfragen zu lassen, ob die Berufungsbegrün-

---

890 ErfKoArbR-Koch, § 66 ArbGG Rn. 19.
891 BAG NJW 2005, 173f. = NZA 2004, 1350f.

dungsfrist antragsgemäß verlängert worden ist und hierüber eine Aktennotiz anzufertigen. Ein völlig vermeidbares überflüssiges Risiko stellt es jedoch dar, wenn am letzten Tag der Frist außerhalb der üblichen Arbeitszeit bei Gericht ein Fristverlängerungsantrag gestellt wird, der Antrag ist zwar noch rechtzeitig gestellt, es ist aber dann nicht mehr möglich, sich zumindest eine telefonische Bestätigung über die Gewährung der Fristverlängerung erteilen zu lassen.

3. Muster: Antrag auf Verlängerung der Berufungsbegründungsfrist

655

An das

Landesarbeitsgericht ▪▪▪

In dem Rechtsstreit

▪▪▪ ./. ▪▪▪

Az.: ▪▪▪

beantrage ich,

die Frist zur Berufungsbegründung einmalig bis ▪▪▪ zu verlängern.

Zur

Begründung

trage ich vor:

Ich bin alleiniger Sachbearbeiter dieser Angelegenheit. Aufgrund zeitaufwendiger und zudem häufig auch auswärtiger Gerichtstermine und einer Verdichtung anderweitiger unaufschiebbarer Fristensachen war es dem Unterzeichner bislang noch nicht möglich, in dieser Angelegenheit die Berufungsbegründung zu fertigen. Ich bitte deshalb um einmalige Verlängerung der Berufungsbegründungsfrist, und zwar bis zum ▪▪▪.

Rechtsanwalt

IV. Frist zur Beantwortung der Berufung

1. Dauer

Die Berufungsbeantwortungsfrist beträgt ebenfalls 1 Monat, § 66 Abs. 1 Satz 3 ArbGG. Für die Berechnung gelten die gleichen Grundsätze wie bei der Berufungsfrist.[892] Die Frist beginnt mit der Zustellung der Berufungsbegründung.

656

Auch die Frist zur Berufungsbeantwortung kann nach § 66 Abs. 1 Satz 5 ArbGG auf Antrag einmal verlängert werden, wenn der Rechtsstreit durch die Verlängerung nicht verzögert wird oder wenn die Partei erhebliche Gründe darlegt. Für die Fristverlängerung gelten die gleichen Grundsätze wie bei der Verlängerung der Berufungsbegründungsfrist.[893]

657

---

892 S. oben Rn. 647.
893 Vgl. ErfKoArbR-Koch, § 66 ArbGG Rn. 20.

658 Über die Folgen der Nichtbeachtung der Berufungsbeantwortungsfrist enthält das Gesetz keine ausdrückliche Regelung. Nach § 67 Abs. 4 Satz 1 ArbGG ist jedoch gegenüber der 1. Instanz neues Vorbringen grundsätzlich in der Berufungsbeantwortung vorzutragen. Verspätetes Vorbringen kann somit nur unter den Einschränkungen des § 67 Abs. 4 Satz 2 ArbGG zugelassen werden.[894] Die Folgen der Nichtbeachtung der Berufungsbeantwortungsfrist sind somit weniger gravierend als die Folgen der nicht rechtzeitigen Berufungsbegründung, die Versäumung der Berufungsbeantwortungsfrist ist nur für die Präklusion von Vorbringen von Bedeutung.[895]

659 **2. Muster: Antrag auf Verlängerung der Frist zur Berufungsbeantwortung**

96

An das

Landesarbeitsgericht ■■■

In dem Rechtsstreit

■■■ ./. ■■■

Az.: ■■■

beantrage

ich,

die Frist zur Berufungsbeantwortung,

die nach Zustellung der Berufungsbegründung am ■■■

am ■■■ abläuft, um einen Monat zu verlängern bis zum ■■■

im Hinblick auf hiesige außerordentliche anderweitige Arbeits- und Terminsbelastung und zwischenzeitlichen Urlaubs.

Rechtsanwalt

V. Berufungsbegründung

1. Inhalt

a. Berufungsanträge

660 Die Berufungsbegründung muss nach § 520 Abs. 3 Nr. 1 ZPO, der über die Verweisung in § 64 Abs. 6 ArbGG Anwendung findet, die Erklärung enthalten, inwieweit das Urteil angefochten wird und welche Abänderungen des Urteils beantragt werden (Berufungsanträge). Die Berufungsanträge können jedoch auch bereits schon mit der Berufungsschrift in den Prozess eingeführt werden, nämlich dann, wenn die Berufung mit der Einlegung bereits gleichzeitig begründet wird. In der Regel bedarf es konkret gefasster Berufungsanträge. Eine Ausnahme gilt dann, wenn sich aus der Berufungsbe-

---

894 GMP/Germelmann, § 66 Rn. 24.
895 Vgl. auch ErfKoArbR-Koch, § 66 ArbGG Rn. 20.

gründung insgesamt eindeutig ergibt, inwieweit das arbeitsgerichtliche Urteil angefochten werden soll.[896]

b. Begründung im engeren Sinn

Zunächst gilt für die Berufungsbegründung ganz allgemein, dass sie auf den Streitfall zugeschnitten sein muss und im Einzelnen erkennen lassen muss, in welchen Punkten tatsächlicher oder rechtlicher Art sowie aus welchen Gründen der Berufungsführer das angefochtene Urteil für unrichtig hält.[897]

661

Ist die Entscheidung des Arbeitsgerichts auf zwei voneinander unabhängige selbständig tragende Gründe gestützt, muss **zu beiden Begründungen Stellung genommen werden**, setzt sich die Berufungsbegründung nur mit einer der beiden Erwägungen des Arbeitsgerichts auseinander, ist die Berufung insgesamt unzulässig.[898]

662

Strittig ist jedoch, welche Auswirkungen das ZPO-ReformG 2002 auf das arbeitsgerichtliche Berufungsverfahren hatte. Während nach der einen Auffassung „im Grunde" durch § 67 ArbGG für das arbeitsgerichtliche Verfahren der bisherige Zustand aufrechterhalten worden ist,[899] ist nach der anderen Auffassung durch das ZPO-ReformG 2002 die Funktion der Berufungsinstanz grundlegend umgestaltet worden.[900] Nach der strengeren Auffassung muss die Berufungsbegründung die Bezeichnung der Umstände, aus denen sich die Rechtsverletzung und deren Erheblichkeit für die angefochtene Entscheidung ergibt (§ 520 Abs. 3 Nr. 2 ZPO), enthalten. Die Berufungsbegründung muss die fehlerhafte Anwendung des Rechts durch das Arbeitsgericht im Einzelnen darstellen. Dabei ist anzugeben, inwieweit a) das erstinstanzliche Urteil die Rechtslage verkannt hat, d.h. regelmäßig ist die Rechtsnorm zu bezeichnen, deren fehlerhafte Anwendung gerügt wird. Dabei kann es sich auch um eine Vorschrift handeln, die das Arbeitsgericht aus Sicht des Berufungsführers zu Unrecht herangezogen hat. Sodann ist b) die Entscheidungserheblichkeit der Rechtsverletzung durch das Arbeitsgericht darzustellen, dabei muss aufgezeigt werden, dass sich bei zutreffender Rechtsanwendung aufgrund des bisherigen oder neuen Tatsachenstoffes eine andere, für den Berufungsführer günstige Entscheidung ergeben würde.[901]

663

Wenn die Tatsachenfeststellungen des Arbeitsgerichts angegriffen werden sollen, so muss die Berufungsbegründung die Bezeichnung konkreter Anhaltspunkte enthalten, die Zweifel an der Richtigkeit oder Vollständigkeit der Tatsachenfeststellungen im angefochtenen Urteil begründen und deshalb eine erneute Feststellung gebieten (§ 520 Abs. 3 Nr. 3 ZPO). Grundsätzlich hat das LAG die vom Arbeitsgericht festgestellten Tatsachen seiner Entscheidung zugrunde zu legen (§ 529 Abs. 1 Nr. 1 ZPO). Will der Berufungsführer geltend machen, dass das Arbeitsgericht den Tatsachenstoff nicht bzw. nicht vollständig oder unzutreffend berücksichtigt hat, muss er daher a) die aus

664

---

896 GMP/Germelmann, § 64 Rn. 54.
897 BAG AP Nr. 55 zu § 519 ZPO; GMP/Germelmann, § 64 Rn. 55; ErfKoArbR-Koch, § 66 ArbGG Rn. 14.
898 ErfKoArbR-Koch, § 66 ArbGG Rn. 14.
899 GMP/Germelmann, § 64 Rn. 53 b ff.
900 ErfKoArbR-Koch, § 66 ArbGG Rn. 26; Holthaus, Koch, RdA 2002, 140 ff., 152; LAG Sachsen NZA-RR 2003, 438 f.
901 Holthaus, Koch, RdA 2002, 140, 152 f.

seiner Sicht fehlerhafte oder unterbliebene Tatsachenfeststellung im Urteil und b) den Rechtsverstoß gegen das Verfahrensrecht bezeichnen sowie c) seine Entscheidungserheblichkeit aufzeigen. So ist z.B. anzugeben, warum das erstinstanzliche Gericht eine bestimmte Tatsache zu Recht oder zu Unrecht als streitig bzw. unstreitig angesehen hat und warum die Beweisaufnahme ein anderes Ergebnis gehabt haben soll.[902]

665 Was **neue Angriffs- und Verteidigungsmittel** anbelangt, so gilt § 520 Abs. 3 Nr. 4 ZPO im arbeitsgerichtlichen Verfahren nicht, insoweit enthält § 67 Abs. 2-4 ArbGG eine Sonderregelung.[903] Zu beachten ist aber, dass zulässiger neuer Vortrag nach § 67 Abs. 4 Satz 1 ArbGG grundsätzlich vom Berufungskläger in der Berufungsbegründung vorzubringen ist.

666 **2. Muster: Berufungsbegründung bei Begründung der Berufung mit späterem, gesondertem Schriftsatz und Berufung der Beklagten**

An das

Landesarbeitsgericht ■■■

Berufungsbegründung

In der Rechtssache

A. B. ./. C. D.

Az.: ■■■

beantrage

ich auf die eingelegte Berufung hin, das Gericht möge für Recht erkennen:

Auf die Berufung der Beklagten wird das Urteil des Arbeitsgerichts ■■■

vom ■■■, Az. ■■■, zugestellt am ■■■, im Kostenpunkt aufgehoben

und im Übrigen wie folgt abgeändert:

Die Klage wird abgewiesen.

Zur

Begründung

führe ich aus:

I.

Zu Unrecht hat das erstinstanzliche Gericht die Kündigung der Beklagten vom ■■■ für sozial ungerechtfertigt und damit für unwirksam gehalten. Die Beklagte erstrebt mit der Berufung die Aufhebung des erstinstanzlichen Urteils und die Abweisung der Klage des Klägers gegen die streitbefangene Kündigung vom ■■■

---

902 Holthaus, Koch, RdA 2002, 140, 152f.
903 Holthaus, Koch, RdA 2002, 140, 153.

II.

Das erstinstanzliche Gericht hat sich in seiner Entscheidung zunächst zutreffend darauf gestützt, dass ein dringendes betriebliches Erfordernis im Sinne von § 1 Abs. 2 Satz 1, 3. Alternative KSchG für die streitbefangene Kündigung vorliege. Zutreffend hat das erstinstanzliche Gericht auch ■■■

Zu Unrecht hat das erstinstanzliche Gericht jedoch gleichwohl die von der Beklagten ausgesprochene Kündigung als sozial ungerechtfertigt angesehen, weil die Beklagte lediglich vorgetragen habe, wegen der betrieblichen Notwendigkeit sei eine Weiterbeschäftigung zu den gleichen Bedingungen nicht möglich, ohne im Einzelnen darzulegen, aus welchen Gründen eine Umsetzung des Klägers nicht möglich ist.

Damit hat das Arbeitsgericht ■■■ das Recht verletzt (§ 546 ZPO). Die Rechtsverletzung ist auch erheblich für die angefochtene Entscheidung (§ 520 Abs. 3 Satz 2 Nr. 2 ZPO), denn das Arbeitsgericht hat die insoweit bestehende Darlegungs- und Beweislast verkannt und hat § 1 Abs. 2 Satz 4 KSchG falsch angewandt. Nach § 1 Abs. 2 Satz 4 KSchG hat zwar der Arbeitgeber die Tatsachen zu beweisen, die die Kündigung bedingen, so trifft ihn gemäß § 1 Abs. 2 Satz 4 KSchG die Darlegungslast dafür, dass eine Kündigung wegen Wegfalls des bisherigen Arbeitsplatzes durch dringende betriebliche Erfordernisse bedingt ist, ohne dass eine andere Beschäftigung möglich oder zumutbar wäre. Allerdings gilt insoweit – und dies hat das Arbeitsgericht verkannt – eine abgestufte Behauptungslast. Ihr Umfang ist davon abhängig, wie sich der Arbeitnehmer auf die Gründe der Kündigung einlässt. Bestreitet der Arbeitnehmer nur den Wegfall des Arbeitsplatzes, genügt der allgemeine Vortrag des Arbeitgebers, wegen der betrieblichen Notwendigkeit sei eine Weiterbeschäftigung zu den gleichen Bedingungen nicht möglich. Der Arbeitnehmer ist gehalten darzulegen, wie er sich eine anderweitige Beschäftigung vorstellt, falls sein bisheriger Arbeitsplatz tatsächlich weggefallen sein sollte, erst dann muss der Arbeitgeber eingehend erläutern, aus welchen Gründen eine Umsetzung nicht möglich ist (BAG AP Nr. 50 zu § 1 KSchG 1969 betriebsbedingte Kündigung). Im vorliegenden Fall hat der Kläger lediglich den Wegfall seines Arbeitsplatzes bestritten, irgendwelche weiteren Darlegungen, wie er sich eine anderweitige Beschäftigung im Betrieb der Beklagten vorstellt, falls sein bisheriger Arbeitsplatz tatsächlich weggefallen sein sollte, hat der Kläger im erstinstanzlichen Verfahren nicht vorgebracht. Deshalb hätte das erstinstanzliche Gericht bei korrekter Rechtsanwendung zu der Auffassung kommen müssen, dass von einer fehlenden Weiterbeschäftigungsmöglichkeit des Klägers auf einem freien Arbeitsplatz auszugehen ist.

Die Rechtsverletzung des erstinstanzlichen Gerichts ist auch erheblich für die angefochtene Entscheidung. Denn alle sonstigen Tatbestandsvoraussetzungen für eine betriebsbedingte Kündigung sind im vorliegenden Fall erfüllt. Zutreffend hat das erstinstanzliche Gerichts bereits schon festgestellt, dass ein dringendes betriebliches Erfordernis im Sinne von § 1 Abs. 2 Satz 1, 3. Alternative KSchG vorliegt. Bei richtiger Anwendung der geltenden abgestuften Behauptungslast zur Frage der Weiterbeschäftigungsmöglichkeit auf einem freien Arbeitsplatz hätte das erstinstanzliche Gericht ferner auch zu dem Schluss kommen müssen, dass von einer fehlenden Weiterbeschäftigungsmöglichkeit im Falle des Klägers auszugehen ist. Auch ist die von der Beklagten vorgenommene Sozialauswahl rechtlich nicht zu beanstanden ■■■ (ggf. näher ausführen).

Da sonstige durchgreifende Bedenken gegen die streitbefangene Kündigung nicht ersichtlich sind, hätte das erstinstanzliche Gericht bei korrekter Rechtsanwendung im vorliegen-

§ 3 Gerichtliche Verfahren 2. Instanz und Anhörungsrüge

den Fall die streitbefangene Kündigung als sozial gerechtfertigt beurteilen und die hiergegen gerichtete Kündigungsschutzklage des Klägers abweisen müssen.

III.

Ergänzend – aber nicht ersetzend – berufe ich mich noch auf das gesamte Vorbringen der Beklagten/Berufungsklägerin in 1. Instanz und die dortigen Beweisantritte.

IV.

Damit ist die Berufung der Beklagten/Berufungsklägerin vollumfänglich begründet.

Rechtsanwalt

3. Muster: Berufungsbegründung bei Begründung mit späterem Schriftsatz und Berufung des Klägers/der Klägerin

An das

Landesarbeitsgericht ■■■

Berufungsbegründung

In der Rechtssache

A. B. ./. C. D.

Az.: ■■■

beantrage

ich auf die eingelegte Berufung hin, das Gericht möge für Recht erkennen:

Das Urteil des Arbeitsgerichts ■■■ vom ■■■, Az. ■■■, zugestellt am ■■■, wird aufgehoben und es wird festgestellt, dass die Beklagte verpflichtet ist, der Klägerin, beginnend ab ■■■, Vergütung nach der Vergütungsgruppe V b BAT (hilfsweise V c BAT) zu zahlen zzgl. Zinsen in Höhe von 5 Prozentpunkten über dem EZB-Zinssatz seit Fälligkeit jeweils am Ende des betreffenden Kalendermonats.

Zur

Begründung

führe ich aus:

I.

Zu Unrecht hat das erstinstanzliche Gericht die Klage der Klägerin/Berufungsklägerin abgewiesen. Das erstinstanzliche Gericht hat sich dabei auf den Standpunkt gestellt, dass die von der Klägerin/Berufungsklägerin in Bezug genommene Vergütungsgruppe V b Fallgruppe 1a BAT gründliche, umfassende Fachkenntnisse und selbständige Leistungen erfordere. Anspruch auf die begehrte Vergütungsgruppe habe die Klägerin daher, wenn Arbeitsvorgänge in zeitlichem Umfang von mehr als 50 % das Tätigkeitsmerkmal der Selbständigkeit erfüllen würden. Diese Voraussetzungen seien jedoch nach Überzeugung der Kammer nicht gegeben, da zumindest die unter Nr. 1, 8, 9 und 12 der Tätigkeitsbeschreibung genannten Arbeitsvorgänge die Voraussetzungen hierfür nicht erfüllen ▄▄▄ (nunmehr sind die rechtlichen Erwägungen des erstinstanzlichen Gerichts darzustellen).

▄▄▄
▄▄▄
▄▄▄

Zu Unrecht ist das erstinstanzliche Gericht jedoch zu der Auffassung gelangt, dass den Darstellungen der Klägerin zu ihren Tätigkeiten, die unter die Arbeitsvorgänge der Nr. 1, 8, 9 und 12 der Tätigkeitsbeschreibung fallen, solche Gestaltungsspielräume bei der Durchführung der Arbeit und Herstellung des Arbeitsergebnisses nicht entnehmen ließen. Nach Auffassung des erstinstanzlichen Gerichts handle es sich insoweit um strikte Gesetzesanwendung durch die Entgegennahme von Urkunden und Erklärungen und danach die Vornahme gesetzlich angeordneter Eintragungen ▄▄▄

II.

Damit hat das Arbeitsgericht das Recht verletzt. Die Rechtsverletzung ist auch erheblich für die angefochtene Entscheidung, denn das Arbeitsgericht hat den Begriff der selbständigen Leistungen in der Vergütungsgruppe V Fallgruppe 1a BAT verkannt.

Zwar ist richtig – und die Klägerin/Berufungsklägerin hat auch nie derartiges behauptet –, dass das Tatbestandsmerkmal „selbständige Leistung" nicht mit dem Begriff „selbständig arbeiten" im Sinne von „allein arbeiten" verwechselt werden darf. Rechtsfehlerhaft ist jedoch der gedankliche Ansatz des Arbeitsgerichts ▄▄▄, dass sogenannte „strikte Gesetzesanwendung" per se nie eine „selbständige Leistung" im Sinne der tariflichen Regelung darstellen kann. Damit hat das Arbeitsgericht ▄▄▄ den Begriff der selbständigen Leistung in der Vergütungsgruppe V b Fallgruppe 1a BAT verkannt. Nach der Entscheidung des BAG ▄▄▄ [jetzt näher zur Rechtslage ausführen].

Die Rechtsverletzung des erstinstanzlichen Gerichts ist auch erheblich für die angefochtene Entscheidung, da bei Berücksichtigung der vom erstinstanzlichen Gericht als „strikte Gesetzesanwendung" qualifizierten Arbeiten die Klägerin/Berufungsklägerin Arbeitsvorgänge ausführt, die im zeitlichen Umfang von mehr als 50 % das Tätigkeitsmerkmal der Selbständigkeit erfüllen. Somit hat die Klägerin/Berufungsklägerin im Gegensatz zur Annahme des erstinstanzlichen Gerichts die Voraussetzungen für die in Bezug genommene Vergütungsgruppe V b Fallgruppe 1a erfüllt. Bei korrekter Rechtsanwendung hätte das erstinstanzliche Gericht somit der Klage der Klägerin/Berufungsklägerin in vollem Umfang stattgeben müssen.

III.

Doch selbst wenn man dem Ansatz nicht folgt, dass ▄▄▄ (nunmehr folgt die Begründung des Hilfsantrags).

IV.

Ergänzend aber nicht ersetzend berufe ich mich noch auf das gesamte Vorbringen der Klägerin/Berufungsklägerin in 1. Instanz und die dortigen Beweisantritte.

V.

Damit ist die Berufung der Klägerin/Berufungsklägerin vollumfänglich begründet.

Rechtsanwalt

VI. Anschlussberufung

668 Die Regelung des § 524 ZPO findet im arbeitsgerichtlichen Verfahren entsprechende Anwendung.[904] Die Einlegung der Anschlussberufung erfolgt durch Einreichung der **Anschlussberufungsschrift** bei dem Berufungsgericht. Zu beachten ist, dass die Anschlussberufung innerhalb der dem Berufungsbeklagten gesetzten **Frist** zur Berufungserwiderung eingelegt werden muss, § 524 Abs. 2 Satz 2 ZPO. Die Anschlussberufung muss in der Anschlussschrift begründet werden, § 524 Abs. 3 Satz 1 ZPO.

VII. Anwaltsgebühren im Berufungsverfahren

669 Das Berufungsverfahren stellt gebührenrechtlich nach § 15 Abs. 2 Satz 2 RVG eine **eigene Angelegenheit** dar. Wird er mit der Prüfung der Erfolgsaussicht einer Berufung beauftragt, so verdient er zunächst die Gebühr VV Nr. 2200 mit einem Gebührensatz von 1,0. Ist die Prüfung der Erfolgsaussichten der Berufung mit der Ausarbeitung eines schriftlichen Gutachtens verbunden, kann er nach dem Gebührentatbestand VV Nr. 2201 eine Gebühr von 1,3 berechnen. Sowohl die Gebühr VV Nr. 2200 wie auch die Gebühr nach VV Nr. 2201 sind auf die Verfahrensgebühr im Rechtsmittelverfahren anzurechnen, sofern derselbe Rechtsanwalt für das Rechtsmittelverfahren zuständig ist.[905]

670 Wird der Anwalt mit der Vertretung im Berufungsverfahren beauftragt, so entsteht die **Verfahrensgebühr nach VV Nr. 3200** mit einem Gebührensatz von **1,6**. Endet der Vertretungsauftrag im Berufungsverfahren vorzeitig, bevor der Rechtsanwalt das Rechtsmittel eingelegt oder einen Schriftsatz, der Sachanträge, Sachvortrag, die Zurücknahme der Klage oder Zurücknahme des Rechtsmittels enthält, eingereicht oder bevor er für seine Partei einen gerichtlichen Termin wahrgenommen hat oder liegt eine der im Gebührentatbestand VV Nr. 3201 Nr. 2 genannten Tätigkeiten vor, so beträgt die Verfahrensgebühr nach VV Nr. 3201 lediglich 1,1.

671 Ist der Anwalt mit der Einlegung der Berufung beauftragt, kommt er aber bei der pflichtgemäß vor der Einlegung vorzunehmenden Überprüfung der Erfolgsaussichten dieses Schritts zu dem Ergebnis, dass die Berufung keinerlei Erfolgsaussichten hat, ist es aus gebührenrechtlicher Sicht sicherlich sinnvoller, sofern der zugrunde liegende Auftrag dies hergibt, dem Mandanten dieses Ergebnis der Überprüfung der Erfolgsaussichten der Berufung in Form eines schriftlichen Gutachtens mitzuteilen, dann entsteht nämlich eine Gebühr von 1,3 nach VV Nr. 2101, wird das Prüfungsergebnis dem Mandanten hingegen nicht in Form eines schriftlichen Gutachtens mitgeteilt und entschließt er sich dann gemäß der anwaltlichen Empfehlung, keine Berufung einzulegen, hat ansonsten der Anwalt lediglich die Gebühr nach VV Nr. 3201 mit dem geringeren Satz von 1,1 verdient.

672 Des Weiteren fällt auch im Berufungsverfahren eine **Terminsgebühr** nach **VV Nr. 3202** an, diese entsteht wie in 1. Instanz mit einem Gebührensatz von **1,2**. In Säumnissituationen hängt die Höhe der Terminsgebühr davon ab, welche Partei im Berufungsver-

---

[904] GMP/Germelmann, § 64 Rn. 70.
[905] Mayer/Kroiß-Winkler, VV Nr. 2201 Rn. 29.

fahren säumig ist. Ist der Berufungskläger nicht erschienen oder nicht ordnungsgemäß vertreten und wird lediglich ein Antrag auf Versäumnisurteil oder zur Prozess- oder Sachleitung gestellt, so verdient der Anwalt des Berufungsbeklagten gemäß VV Nr. 3204 eine Terminsgebühr mit einem Gebührensatz von 0,5. Der Rechtsanwalt des Berufungsklägers erhält aber für den Fall des Nichterscheinens des Gegners die volle Gebühr nach VV Nr. 3202, im Hinblick auf die im Gegensatz zum Säumnisverfahren 1. Instanz und zum Säumnisverfahren nach § 539 Abs. 1 ZPO (Säumnis des Berufungsklägers) erforderliche umfangreichere Schlüssigkeitsprüfung nach § 539 Abs. 2 ZPO ist nach Auffassung des Gesetzgebers eine reduzierte Terminsgebühr nicht gerechtfertigt.[906]

Kommt es – was im arbeitsgerichtlichen Verfahren häufig der Fall ist – im Berufungsverfahren zu einer Einigung der Parteien, so entsteht die **Einigungsgebühr** nach VV Nr. **1004** mit einem Gebührensatz von **1,3**.

VIII. Kostenfestsetzung

1. Grundlagen

Der Ausschluss der Erstattungspflicht für die Anwaltskosten nach § 12a Abs. 1 Satz 1 ArbGG ist auf den 1. Rechtszug begrenzt. Die unterliegende Partei hat daher im Berufungsverfahren die dem Gegner entstandenen Anwaltskosten des Berufungsverfahrens zu erstatten.

2. Muster: Kostenfestsetzungsantrag

An das

Arbeitsgericht ■■■

Az. ArbG: ■■■

Az. LAG: ■■■

Kostenfestsetzungsgesuch

In Sachen

A. B. ./. C. D.

beantrage ich, gemäß Urteil des LAG ■■■ vom ■■■, die nachstehend geführten Kosten gemäß § 104 ZPO festzusetzen und auszusprechen, dass die festgesetzten Kosten ab Antragstellung mit 5 Prozentpunkten über dem Basiszinssatz nach § 247 BGB zu verzinsen sind.

Gegenstandswert: 14.400,00 €

1,6 Verfahrensgebühr nach VV Nr. 3200

Terminsgebühr VV Nr. 3202 Gebührensatz 1,2

---

906 Mayer/Kroiß-Maué, Nr. 3200-3205 VV Rn. 11.

Fahrtkosten zum Termin am 26.01.2005, 200 km

Abwesenheitsgeld für mehr als 4 Stunden

Auslagenpauschale

Mehrwertsteuer

Summe

Der Kläger ist nicht vorsteuerabzugsberechtigt, so dass die ausgewiesene Umsatzsteuer festzusetzen ist.

Rechtsanwalt

IX. Sofortige Beschwerde wegen verspäteter Absetzung des Berufungsurteils nach § 72 b ArbGG

1. Allgemeines

676 Der Gesetzgeber hat im **Anhörungsrügengesetz**[907] mit der neuen sofortigen Beschwerde in § 72b ArbGG außerhalb des Revisionsverfahrens die verfahrensrechtlichen Konsequenzen aus der Entscheidung des BVerfG vom 26.03.2001 gezogen.[908] Dieser Entscheidung lag ein arbeitsgerichtliches Verfahren zugrunde, in dem von einem LAG die Revision nicht zugelassen wurde und die Berufungsentscheidung in vollständiger Fassung erst mehr als 18 Monate nach der Verkündung der Beschwerdeführerin zugestellt wurde. Obwohl der absolute Revisionsgrund „Entscheidung ohne Gründe" (§ 547 Nr. 6 ZPO) vorlag, konnte die Beschwerdeführerin keine statthafte Beschwerde gegen die Nichtzulassung der Revision einlegen, da sie die Zulassungsvoraussetzungen gemäß § 72a Abs. 1 i.V.m. § 72 Abs. 2 ArbGG (grundsätzliche Bedeutung der Sache oder Divergenz) nicht darlegen konnte.[909] Das BVerfG hat in der genannten Entscheidung festgestellt, dass eine landesarbeitsgerichtliche Entscheidung, in der die Revision nicht zugelassen wurde und deren vollständige Gründe erst mehr als 5 Monate nach Verkündung unterschrieben der Geschäftsstelle übergeben worden sind, keine geeignete Grundlage mehr für das Revisionsgericht sein kann, um das Vorliegen von Revisionszulassungsgründen in rechtsstaatlicher Weise zu überprüfen. Ein LAG, das ein Urteil in vollständiger Form erst so spät absetze, erschwere damit für die unterliegende Partei den Zugang zu einer in der Verfahrensordnung eingeräumten Instanz in unzumutbarer, aus Sachgründen nicht mehr zu rechtfertigender Weise.[910]

677 Der Gesetzgeber will mit dem eingeführten Beschwerdeverfahren ein einfaches und – im Vergleich zu dem Weg über die Zulassungsbeschwerde – schnelleres Verfahren eröffnen, um sobald wie möglich die Sache vor dem Landesarbeitsgericht neu verhandeln zu können und eine mit Gründen versehene Entscheidung zu erhalten. Durch die Ausgestaltung des Beschwerdeverfahrens werde dem BAG eine zügige Beschlussfas-

---

907 BGBl. I 2004, 3220.
908 BVerfG NJW 2001, 2161.
909 BT-Drucks. 15/3706, 20f.
910 BVerfG NJW 2001, 2161 ff., 2162.

sung ermöglicht, die weder einer mündlichen Verhandlung noch der Hinzuziehung der ehrenamtlichen Richterinnen und Richter bedarf. Dadurch wird auch nach Auffassung des Gesetzgebers dem in der Arbeitsgerichtsbarkeit besonders ausgeprägten Grundsatz der beschleunigten Verfahrenserledigung Rechnung getragen.[911]

2. Tatbestandsvoraussetzungen

Nach § 72b Abs. 1 Satz 1 ArbGG kann das Endurteil eines Landesarbeitsgerichts durch sofortige Beschwerde angefochten werden, wenn es nicht binnen 5 Monate nach der Verkündung vollständig abgefasst und mit den Unterschriften sämtlicher Mitglieder der Kammer versehen der Geschäftsstelle übergeben worden ist. Auf § 72b Abs. 1 Satz 2 ArbGG findet § 72a ArbGG keine Anwendung. Damit will der Gesetzgeber klarstellen, dass gegen ein „Urteil ohne Gründe" nur das Rechtsmittel der sofortigen Beschwerde statthaft ist, erst wenn ein „Urteil mit Gründen" vorliegt, soll die Nichtzulassungsbeschwerde in Betracht kommen, wenn das LAG die Revision nicht zugelassen hat.[912]

678

3. Verfahren

Nach § 72b Abs. 2 Satz 1 ArbGG ist die sofortige Beschwerde innerhalb einer Notfrist von 1 Monat beim BAG einzulegen und zu begründen. Die Frist beginnt nach § 72b Abs. 2 Satz 2 ArbGG mit dem Ablauf von 5 Monaten nach der Verkündung des Urteils des LAG. Nach § 72b Abs. 2 Satz 3 ArbGG findet § 9 Abs. 5 ArbGG keine Anwendung, eine fehlende Rechtsmittelbelehrung hat somit für den Lauf der Frist keine Bedeutung.

679

Nach § 72b Abs. 3 Satz 1 ArbGG wird die sofortige Beschwerde unter Einreichung einer Beschwerdeschrift eingelegt. Die Beschwerdeschrift muss nach § 72b Abs. 3 Satz 2 ArbGG die Bezeichnung der angefochtenen Entscheidung enthalten sowie die Erklärung, dass Beschwerde gegen diese Entscheidung eingelegt werde. Nach § 72b Abs. 3 Satz 2 ArbGG kann die Beschwerde nur damit begründet werden, dass das Urteil des LAG mit Ablauf von 5 Monaten nach der Verkündung noch nicht vollständig abgefasst und mit allen Unterschriften sämtlicher Mitglieder der Kammer versehen der Geschäftsstelle übergeben worden ist.

680

Nach § 72b Abs. 4 Satz 1 ArbGG entscheidet das BAG über die sofortige Beschwerde ohne Hinzuziehung der ehrenamtlichen Richter durch Beschluss, der ohne mündliche Verhandlung ergehen kann. Nach § 72b Abs. 4 Satz 2 ArbGG soll dem Beschluss eine kurze Begründung beigefügt werden.

681

Ist die sofortige Beschwerde zulässig und begründet, so ist nach § 72b Abs. 5 Satz 1 ArbGG das Urteil des LAG aufzuheben und die Sache zur neuen Verhandlung und Entscheidung an das LAG zurückzuverweisen, nach § 72b Abs. 5 Satz 2 ArbGG kann die Zurückverweisung an eine andere Kammer des LAG erfolgen.

682

---

911 BT-Drucks. 15/3706, 21.
912 BT-Drucks. 15/3706, 21.

§ 3 Gerichtliche Verfahren 2. Instanz und Anhörungsrüge

683

4. Muster: Sofortige Beschwerde nach § 72b ArbGG

100

An das

Bundesarbeitsgericht

Hugo-Preuß-Platz 1

99084 Erfurt

In Sachen

E. W.,

■■■

Klägerin / Berufungsbeklagte / Beschwerdeführerin

Prozessbevollm. 2. Instanz: Rechtsanwälte ■■■ und Kollegen, ■■■

gegen

■■■
■■■
■■■

Beklagte / Berufungsklägerin / Beschwerdegegnerin

zeige ich an, dass ich weiterhin die Klägerin / Berufungsbeklagte / Beschwerdeführerin vertrete, und lege namens und mit Vollmacht der Klägerin / Berufungsbeklagten / Beschwerdeführerin

sofortige Beschwerde wegen verspäteter Absetzung des Berufungsurteils nach § 72b ArbGG

gegen das Urteil des LAG ■■■, Az. ■■■, verkündet am ■■■, ein.

Zur

Begründung

führe ich aus:

Das LAG ■■■ hat in der öffentlichen Sitzung vom 28.12.2004 ein Urteil verkündet, wonach auf die Berufung der Beklagten das Urteil des Arbeitsgerichts ■■■ vom ■■■, Az. ■■■, abgeändert wurde und die Klage der Klägerin gegen die Beklagte in vollem Umfang abgewiesen wurde.

Beweis: Ausfertigung des Sitzungsprotokolls der Sitzung des LAG ■■■ vom ■■■, im Original beigefügt

Seit der Verkündung dieses Urteils sind nunmehr 5 Monate und 1 Woche vergangen, nach wie vor ist das Urteil des LAG ■■■ noch nicht vollständig abgefasst und mit den Unterschriften sämtlicher Mitglieder der Kammer versehen der Geschäftsstelle übergeben worden.

Daher ist nunmehr die sofortige Beschwerde nach § 72b ArbGG geboten.

Rechtsanwalt

§ 4 Urteilsverfahren 3. Instanz

A. Revision

I. Allgemeines

Nach § 72 Abs. 1 Satz 1 ArbGG findet gegen ein Endurteil eines Landesarbeitsgerichts die Revision an das Bundesarbeitsgericht statt, wenn sie in dem Urteil des Landesarbeitsgerichts zugelassen oder vom Bundesarbeitsgericht nach einer erfolgreichen Nichtzulassungsbeschwerde nach § 72a Abs. 5 Satz 2 ArbGG zugelassen wurde.

684

Nach § 72 Abs. 2 ArbGG muss das LAG die Revision zulassen, wenn die Rechtssache grundsätzliche Bedeutung hat oder eine Divergenz vorliegt. Die Zulassung der Revision durch das LAG ist für das Bundesarbeitsgericht nach § 72 Abs. 3 ArbGG bindend. Die frühere Rechtsprechung des BAG, die eine Bindung bei offensichtlich fehlerhafter Zulassung aus nicht im Gesetz genannten Gründen verneinte, ist damit überholt.[913]

685

II. Frist

Hat das LAG die Revision zugelassen, so beträgt nach § 74 Abs. 1 Satz 1 ArbGG die Frist zur Einlegung der Revision **einen Monat**, die Frist für die **Begründung** der Revision **2 Monate**. Beide Fristen beginnen nach § 74 Abs. 1 Satz 2 ArbGG mit der Zustellung des in vollständiger Form abgefassten Urteils, spätestens aber mit Ablauf von 5 Monaten nach der Verkündung. Nach § 74 Abs. 1 Satz 3 ArbGG kann die Revisionsbegründungsfrist einmal bis zu einem weiteren Monat verlängert werden.

686

III. Muster

1. Muster: Revisionsschrift

687

An das

Bundesarbeitsgericht

Hugo-Preuß-Platz 1

99084 Erfurt

In Sachen

A. B.,

■■■

Kläger / Berufungskläger / Revisionskläger

Prozessbevollmächtigte: Rechtsanwälte K. S. und B. J., ■■■

gegen

---

913 GMP-Müller-Glöge, § 72 Rn. 38.

H. B. GmbH,

vertreten durch den Geschäftsführer Hermann Müller,

▰▰▰

Beklagte / Berufungsbeklagte / Revisionsbeklagte

Prozessbevollmächtigter: Rechtsanwalt Dr. X. Y., ▰▰▰

lege ich namens und in Vollmacht des Klägers / Berufungsklägers / Revisionsklägers gegen das Urteil des LAG ▰▰▰ vom ▰▰▰, Az. ▰▰▰, zugestellt am ▰▰▰,

Revision

ein.

Anträge und Begründung bleiben einem gesonderten Schriftsatz vorbehalten.

In der Anlage füge ich eine Ausfertigung der Entscheidung des LAG ▰▰▰ vom ▰▰▰ mit der Bitte um Rückgabe bei.

Wie sich daraus ergibt, hat das LAG die Revision zugelassen.

Rechtsanwalt

2. Muster: Revisionsbegründung

An das

Bundesarbeitsgericht

Hugo-Preuß-Platz 1

99084 Erfurt

In dem Revisionsverfahren

A. B. ./. C. D.

Az.: ▰▰▰

nehme ich Bezug auf die mit Schriftsatz vom ▰▰▰ eingereichte Revision und stelle nunmehr folgende

Anträge:
1. Das Urteil des LAG ▰▰▰ vom ▰▰▰, Az. ▰▰▰, zugestellt am ▰▰▰, wird aufgehoben.
2. Das Urteil des Arbeitsgerichts ▰▰▰ vom ▰▰▰, Az. ▰▰▰, wird abgeändert.
3. Die Beklagte wird verurteilt, an den Kläger ▰▰▰ € brutto nebst Zinsen in Höhe von ▰▰▰ aus dem sich hieraus ergebenden Nettobetrag seit dem ▰▰▰ zu bezahlen.

Begründung

I.

Der Kläger ▰▰▰ [Schilderung des Gegenstands der Revision].

Die Revision rügt die Verletzung materiellen Rechts durch das LAG, nämlich der Rechtsnormen ▄▄▄

II.

1. Landesarbeitsgericht und Arbeitsgericht verkennen die Vorschrift des § ▄▄▄ (Rüge ist nunmehr näher auszuführen).
2. Bei rechtsfehlerfreier Anwendung der Vorschrift des § ▄▄▄ hätten daher LAG und ArbG der Klage in vollem Umfang stattgeben müssen. Demgemäß ist das Urteil des Landesarbeitsgerichts aufzuheben und das Urteil des Arbeitsgerichts abzuändern.

III.

Gerügt wird aber auch das Verfahren des LAG (nunmehr ist im Einzelnen die Verfahrensrüge näher auszuführen; liegt kein absoluter Revisionsgrund im Sinne von § 547 ZPO vor, muss die Kausalität zwischen Verfahrensmangel und Ergebnis des Berufungsurteils dargelegt werden).[914]

▄▄▄
▄▄▄
▄▄▄

Rechtsanwalt

3. Muster: Antrag auf kostenpflichtige Zurückweisung der Revision

An das

Bundesarbeitsgericht

Hugo-Preuß-Platz 1

99084 Erfurt

In dem Revisionsverfahren

A. B. ./. C. D.

Az.: ▄▄▄

zeige ich an, dass ich die Beklagte/Berufungsbeklagte/Revisionsbeklagte auch im Revisionsverfahren vertrete und beantrage, die Revision kostenpflichtig zurückzuweisen.

Eine Begründung dieses Antrags erfolgt mit gesondertem Schriftsatz.

Rechtsanwalt

4. Muster: Schriftsatz mit Erwiderung auf die Revision

An das

Bundesarbeitsgericht

---

[914] BAG NZA 2004, 449 ff.

Hugo-Preuß-Platz 1

99084 Erfurt

In dem Revisionsverfahren

A. B. ./. C. D.

Az.: ▪▪▪

wird der mit Schriftsatz vom ▪▪▪ angekündigte Antrag auf Zurückweisung der Revision wie folgt begründet:

Die Angriffe der Revision können die zutreffenden Begründungen der beiden Vorinstanzen nicht erschüttern.

I.

Die Parteien streiten vorliegend über die Frage, ob ▪▪▪

II.

Auch die in der Revision vorgetragenen Argumente rechtfertigen den mit der Klage geltend gemachten Anspruch des Klägers nicht:
1. Der Kläger rügt zunächst ▪▪▪
   Diese Argumentation des Klägers greift jedoch bereits schon deshalb nicht durch, weil sie ▪▪▪
   Dieser Angriff der Revision greift daher nicht durch.
2. Des Weiteren wird in der Revisionsbegründung vom ▪▪▪ vom Kläger die These aufgestellt, dass das LAG verkannt habe, dass ▪▪▪
   Entgegen der Auffassung der Revision sind jedoch die rechtlichen Erwägungen des LAG im Urteil vom ▪▪▪ insoweit nicht zu beanstanden. Denn ▪▪▪
3. Der Kläger vertritt in der Revisionsbegründung vom ▪▪▪ ferner die Auffassung, das LAG habe übersehen, dass ▪▪▪
   Doch auch diese Argumentation des Klägers greift nicht durch. Maßgeblich ist ▪▪▪

III.

Nach alledem können die in der Revision vorgetragenen Argumente die zutreffenden Begründungen der beiden vorinstanzlichen Entscheidungen nicht erschüttern, so dass es bei der bisherigen Entscheidung verbleiben muss.

Die Revision ist wie beantragt zurückzuweisen.

Rechtsanwalt

IV. Anwaltsgebühren

691 Auch das Revisionsverfahren stellt eine **eigene Angelegenheit** dar, § 15 Abs. 2 Satz 2 RVG.

692 Wird der Anwalt mit der Vertretung im Revisionsverfahren beauftragt, entsteht die **Verfahrensgebühr nach VV Nr. 3206** mit einem Gebührensatz von **1,6**, bei vorzeitiger

Beendigung des Auftrags reduziert sich die Verfahrensgebühr nach VV Nr. 3207 auf den Gebührensatz von 1,1.

Die **Terminsgebühr** im Revisionsverfahren beträgt nach **VV Nr. 3210 1,5**, wird nur ein Termin wahrgenommen, in dem der Revisionskläger nicht ordnungsgemäß vertreten ist und lediglich ein Antrag auf Versäumnisurteil oder zur Prozess- oder Sachleitung gestellt, beträgt die Terminsgebühr nach VV Nr. 3211 nur 0,8.

B. Nichtzulassungsbeschwerde

I. Allgemeines

Vielfach sieht die vor dem LAG unterlegene Partei ihre vermeintlich **letzte „Rettung"** in einer Nichtzulassungsbeschwerde nach § 72a ArbGG, viele dieser Beschwerden haben jedoch vor dem BAG keinen Erfolg. Im Rahmen des Anhörungsrügengesetzes[915] hat der Gesetzgeber auch den Anwendungsbereich der Nichtzulassungsbeschwerde nach § 72a ArbGG erweitert. Während nach der bislang geltenden Rechtslage die Nichtzulassungsbeschwerde nur auf Divergenz im Sinne von § 72 Abs. 2 Nr. 2 ArbGG gestützt werden konnte, auf grundsätzliche Bedeutung jedoch nach § 72a Abs. 1 ArbGG nur dann, wenn die dort genannten Rechtsstreitigkeiten über Tarifverträge, Auslegung von Tarifverträgen und Rechtsstreitigkeiten über Arbeitskampfmaßnahmen und Betätigungsrechte der Vereinigungen vorlagen, hat der Gesetzgeber diese Einschränkung nunmehr fallen gelassen; die Nichtzulassungsbeschwerde ist nunmehr in allen Fällen statthaft, in denen eine entscheidungserhebliche Rechtsfrage grundsätzliche Bedeutung hat.[916]

II. Fristen

Nach § 72a Abs. 2 Satz 1 ArbGG ist die Nichtzulassungsbeschwerde beim Bundesarbeitsgericht innerhalb einer **Notfrist von 1 Monat** nach Zustellung des in vollständiger Form abgefassten Urteils schriftlich einzulegen. Nach § 72a Abs. 2 Satz 2 ArbGG soll der Beschwerdeschrift eine Ausfertigung oder beglaubigte Abschrift des Urteils beigefügt werden, gegen das die Revision eingelegt werden soll.

Nach § 72a Abs. 3 Satz 1 ArbGG ist die Beschwerde innerhalb einer **Notfrist von 2 Monaten** nach Zustellung des in vollständiger Form abgefassten Urteils zu begründen. Diese Begründungsfrist kann als Notfrist nicht verlängert werden.[917]

Im Zuge des bereits erwähnten Anhörungsrügengesetzes hat der Gesetzgeber ferner in § 72 Abs. 2 ArbGG die Revisionsgründe um einen dritten Grund erweitert. Nunmehr ist die Revision auch zuzulassen, weil ein absoluter Revisionsgrund gemäß § 547 Abs. 1-5 ZPO oder eine entscheidungserhebliche Verletzung des Anspruchs auf rechtliches Gehör geltend gemacht wird und vorliegt. Korrespondierend hierzu kann künftig auch die Nichtzulassungsbeschwerde auf die Darlegung des absoluten Revisions-

---

[915] BGBl. I 2004, 3220.
[916] BT-Drucks. 15/3706, 20.
[917] GMP-Müller-Glöge, § 72a Rn. 24.

698 Nach § 72a Abs. 3 Satz 2 ArbGG muss die Begründung der Nichtzulassungsbeschwerde die Darlegung der grundsätzlichen Bedeutung einer Rechtsfrage und deren Entscheidungserheblichkeit, die Bezeichnung der Entscheidung, von der das Urteil des Landesarbeitsgerichts abweicht oder die Darlegung eines absoluten Revisionsgrundes nach § 547 Nr. 1-5 ZPO oder der Verletzung des Anspruchs auf rechtliches Gehör und der Entscheidungserheblichkeit der Verletzung enthalten.

699 Nach § 72a Abs. 5 Satz 1 ArbGG ist das Arbeitsgericht zu einer Änderung seiner Entscheidung nicht befugt.

700 Nach § 72a Abs. 5 Satz 6 ArbGG wird mit der Ablehnung der Beschwerde durch das Bundesarbeitsgericht das Urteil des LAG rechtskräftig. Wird der Beschwerde stattgegeben, wird das Beschwerdeverfahren nach § 72a Abs. 6 Satz 1 ArbGG als Revisionsverfahren fortgesetzt. In diesem Fall gilt die form- und fristgerecht eingereichte Einlegung der Nichtzulassungsbeschwerde als Einlegung der Revision, § 72a Abs. 6 Satz 2 ArbGG, mit der Zustellung der Entscheidung beginnt nach § 72a Abs. 6 Satz 3 ArbGG die Revisionsbegründungsfrist.

701 Hat das Landesarbeitsgericht den Anspruch des Beschwerdeführers auf rechtliches Gehör in entscheidungserheblicher Weise verletzt, kann das BAG abweichend von Abs. 6 nach § 72a Abs. 7 ArbGG in dem der Beschwerde stattgebenden Beschluss das angefochtene Urteil aufheben und den Rechtsstreit zur neuen Verhandlung und Entscheidung an das LAG zurückverweisen.

III. Muster

702 **1. Muster: Nichtzulassungsbeschwerdeschrift**

An das

Bundesarbeitsgericht

Hugo-Preuß-Platz 1

99084 Erfurt

In Sachen

A. B. GmbH,

vertreten durch den Geschäftsführer Hermann Müller,

■■■

Beklagte / Berufungsklägerin / Beschwerdeführerin

Prozessbevollmächtigter: Rechtsanwalt Dr. X. Y., ■■■

gegen

G. W.

■■■

Kläger / Berufungsbeklagter / Beschwerdegegner

Prozessbevollmächtigte 2. Instanz: Rechtsanwälte ■■■ und Kollegen, ■■■

zeige ich an, dass die Beklagte / Berufungsklägerin / Beschwerdeführerin weiterhin von mir vertreten wird.

Namens und mit Vollmacht der Beklagten / Berufungsklägerin / Beschwerdeführerin lege ich wegen der Nichtzulassung der Revision im Urteil des Landesarbeitsgerichts ■■■ vom ■■■, Az. ■■■,

Nichtzulassungsbeschwerde

ein.

Die Begründung bleibt einem gesonderten Schriftsatz vorbehalten.

Eine Ausfertigung des Urteil des LAG ■■■ vom ■■■, Az. ■■■, ist beigefügt.

Rechtsanwalt

2. Muster: Nichtzulassungsbeschwerdebegründung bei Divergenz

An das

Bundesarbeitsgericht

Hugo-Preuß-Platz 1

99084 Erfurt

Im Nichtzulassungsbeschwerdeverfahren

in Sachen

A. B. GmbH ./. E. W.

Az.: ■■■

beantrage

ich auf die eingelegte Nichtzulassungsbeschwerde hin zu erkennen:

Die Revision gegen das Urteil des Landesarbeitsgerichts ■■■ vom ■■■, Az. ■■■, wird zugelassen.

Zur

Begründung

trage ich vor:

§ 4 Urteilsverfahren 3. Instanz

I.

Der Kläger war seit ▪▪▪ bei ▪▪▪ beschäftigt (es folgt eine Zusammenfassung des bisherigen Verfahrens).

▪▪▪

▪▪▪

In seinem Urteil hat das LAG ▪▪▪ die Revision nicht zugelassen. Hiergegen richtet sich die Nichtzulassungsbeschwerde.

II.

1. Das LAG ▪▪▪ hat in der Entscheidung vom ▪▪▪ der Klage des Klägers stattgegeben und die Berufung der Beklagten zurückgewiesen mit der Begründung, dass die Kündigung vom ▪▪▪ an ▪▪▪ scheitere, wobei die Beklagte ohne Erfolg einwende, dass ▪▪▪
Das LAG ▪▪▪ hat somit im Urteil vom ▪▪▪ unter der Ziff. I 1 c) der Entscheidungsgründe den Rechtssatz aufgestellt, dass ▪▪▪
Mit diesem Rechtssatz divergiert das LAG von der Entscheidung des Bundesarbeitsgerichts vom ▪▪▪, Az. ▪▪▪ (▪▪▪ Fundstelle). Denn in dieser Entscheidung hat das BAG den Rechtssatz aufgestellt, dass maßgeblich ▪▪▪
Die aufgezeigten Rechtssätze im Urteil des LAG ▪▪▪ vom ▪▪▪ und im Urteil des Bundesarbeitsgerichts vom ▪▪▪, Az. ▪▪▪, divergieren voneinander, denn das LAG fordert mit dem von ihm aufgestellten Rechtssatz für die Annahme der Betriebsstilllegung nicht lediglich die Auflösung der Produktionsgemeinschaft wie das BAG in der Entscheidung vom ▪▪▪, Az. ▪▪▪, sondern verlangt ▪▪▪
Das Urteil des LAG beruht auf dem von ihm aufgestellten Rechtssatz. Denn hätte das LAG den vom BAG im Urteil vom ▪▪▪, Az. ▪▪▪, aufgestellten Rechtssatz angewandt, hätte das LAG davon ausgehen müssen, dass ▪▪▪ Hätte das LAG den im Urteil des BAG vom ▪▪▪, Az. ▪▪▪, aufgestellten Rechtssatz zugrunde gelegt, wäre die Kündigung vom ▪▪▪ nicht an ▪▪▪ gescheitert.
Da sonstige durchgreifende Bedenken gegen die Kündigung vom ▪▪▪ nicht bestehen, hätte deshalb das LAG die Klage des Klägers insgesamt abweisen und damit der Berufung der Beklagten vollumfänglich stattgeben müssen.

2. Das LAG ▪▪▪ hat in der Entscheidung vom ▪▪▪ der Klage des Klägers stattgegeben und die Berufung der Beklagten zurückgewiesen mit der Begründung, dass die Kündigung vom ▪▪▪
Das LAG ▪▪▪ hat somit im Urteil vom ▪▪▪ unter ▪▪▪ der Entscheidungsgründe den Rechtssatz aufgestellt, dass ▪▪▪
Mit diesem Rechtssatz divergiert das LAG von der Entscheidung des BAG vom ▪▪▪, Az. ▪▪▪, (▪▪▪ Fundstelle). Denn in dieser Entscheidung hat das BAG den Rechtssatz aufgestellt, ▪▪▪

▪▪▪

▪▪▪

[Die Divergenz und die Erheblichkeit auch dieser Abweichung ist wie oben darzulegen].

III.

Nach alledem ist gemäß § 72a Abs. 1 i.V.m. § 72 Abs. 2 Nr. 2 ArbGG im vorliegenden Fall die Revision zuzulassen.

Rechtsanwalt

IV. Anwaltsgebühren

Das Nichtzulassungsbeschwerdeverfahren ist gegenüber dem Berufungsverfahren eine **eigene Angelegenheit**, § 15 Abs. 2 Satz 2 RVG.

704

Im Nichtzulassungsbeschwerdeverfahren fällt eine **Verfahrensgebühr nach VV Nr. 3506** mit einem Gebührensatz von **1,6** an.

705

Kommt es anschließend zur Durchführung des Revisionsverfahrens, so ist dies nach § 17 Nr. 9 RVG eine selbständige Angelegenheit, allerdings wird nach der Anmerkung zum Gebührentatbestand VV Nr. 3506 die Gebühr auf die Verfahrensgebühr für ein nachfolgendes Revisionsverfahren **angerechnet**. Im Endeffekt entsteht durch das Nichtzulassungsbeschwerdeverfahren keine zusätzliche Vergütung, wenn die Revision in voller Höhe durchgeführt wird, es bleibt allerdings eine gesonderte Postentgeltpauschale nach VV Nr. 7002.[918]

706

---

918 Hansens/Braun/Schneider, Praxis des Vergütungsrechts, Teil 8 Rn. 47.

Stichwortverzeichnis

Verweise erfolgen auf Randnummern

Abmahnung 439 ff.
Abmahnung, Klage auf Entfernung aus der Personalakte 584 ff.
- Allgemeines 584
- Anhörung des Arbeitnehmers 588
- Anspruch auf Entfernung aus der Personalakte 593 f.
- Anwaltsgebühren 604
- Ermahnung 586
- Grundlagen 585 ff.
- Gütetermin 599 f.
- Muster 605
- Klage auf Entfernung einer Abmahnung aus der Personalakte bei mehreren Rügen (Muster) 606
- Mitbestimmung des Betriebsrats 587
- Regelausschlussfrist 589
- Streitwert 603
- Vergleich zeitliche Befristung des Verbleibs der Abmahnung in der Personalakte (Muster) 601
- Vollstreckung 602
- Widerrufsanspruch 595
Absetzung des Berufungsurteils, sofortige Beschwerde wegen Verspätetung, nach § 72 b ArbGG 676 ff.
- Allgemeines 676 f.
- Sofortige Beschwerde nach § 72 b ArbGG (Muster) 683
- Tatbestandsvoraussetzungen 678
- Verfahren 679
Anfrage an den Arbeitgeber wegen Ausschlussfrist (Muster) 225
Anhörungsrüge 631 ff.
- Allgemeines 631
- Anwaltsgebühren 640
- Muster 641
- Tatbestandsvoraussetzungen 632 f.
- Verfahren 634 ff.
Annahmeverzugsvergütung, Antrag auf Zahlung (Muster) 261
Anschlussberufung 668
Anwaltsgebühren 71 ff., 340 ff.

- Anhörungsrüge 640
- Anrechnung 82 ff.
- Auskunft 74
- Definition der Geschäftsgebühr 98
- Einstiegsberatung 73 ff.
- Erstes Beratungsgespräch 76
- Gutachten 92
- Prüfung der Erfolgsaussicht eines Rechtsmittels 91 ff.
- Rat 74
  - Schriftliches Gutachten 91
  - Schwellengebühr 102
  - Schwierigkeit 105
  - Umfangreich 104
- Terminsgebühr 96
- Verbraucher 75
  - Besprechungen ohne Beteiligung des Gerichts 107
  - fernmündlich 108
  - Mitwirkung 107
  - mündlich 108
  - Prozessauftrag 107
  - zufällige Besprechung 108
ARB 2000 26
ARB 75 26
ARB 94 26
Ausforschungsbeweis 292
Ausschluss der Kostenerstattung 5
- Belehrung 7
- Materiell-rechtliche Wirkungen 5
- Prozessualer Kostenerstattungsanspruch 5
- Rechtsschutzversicherung 8
- Zwangsvollstreckungsverfahren 6
Ausschlussfristen 220 ff.
- Einstufige Ausschlussfrist 20
- Öffentlicher Dienst 222
- Zweistufige Ausschlussfrist 20

Beiordnung eines Rechtsanwalts nach § 11 a ArbGG 13
- Berufungsinstanz 14
- Einfache Mutwilligkeit 15

Stichwortverzeichnis

- Prozesskostenhilfeantrag 14
Beiordnung eines Rechtsanwalts nach
  § 111 a ArbGG, Antrag (Muster) 113
Berufung 642 ff.
- Allgemeines 642 ff.
- Anschlussberufung 668
- Antrag auf Verlängerung der Berufungsbegründungsfrist (Muster) 655
- Antrag auf Verlängerung der Frist zur Berufungsbeantwortung (Muster) 659
- Anwaltsgebühren 669 ff.
- Berufung des Klägers/der Klägerin (Muster) 667
- Berufungsanträge 660
- Berufungsbegründung 660 ff.
- Berufungsbegründung bei Begründung der Berufung mit späterem, gesondertem Schriftsatz und Berufung der Beklagten (Muster) 666
- Berufungsbegründung bei Begründung mit späterem Schriftsatz und Berufungsbegründung im engeren Sinn 661 ff.
- Berufungsbegründungsfrist 651 ff.
- Berufungsfrist 646 f.
- Berufungsschrift (Muster) 650
- Form der Berufungseinlegung 648 f.
- Frist zur Beantwortung der Berufung 656 ff.
- Kostenfestsetzung 674
- Kostenfestsetzungsantrag (Muster) 675
- Verlängerung der Berufungsbegründungsfrist 652 ff.
Betriebsbedingte Kündigung aus Sicht des Arbeitgebervertreters 480 ff.
- Anwaltsgebühren 488
- Klageerwiderung bei betriebsbedingter Kündigung (Muster) 490
- Klageerwiderung bei betriebsbedingter Kündigung wegen Betriebsstilllegung (Muster) 491
- Kostenfestsetzung 489
- Urteilsverkündung 487
- Verfahren bis zum Gütetermin 484
- Weiteres Verfahren bis zum Kammertermin 485 f.
- Zuständigkeit 483
Betriebsbedingte Kündigung aus Sicht des Arbeitnehmervertreters 452 ff.

- Änderungsangebot des Arbeitgebers (Muster) 475
- Anwaltsgebühren 478
- Außergerichtliches Auskunftsverlangen an den Arbeitgeber nach § 1 Abs. 3 Satz 1 2. Hs KSchG (Muster) 455
- Behauptungslast bei Sozialauswahl 468 f.
- Darlegungs- und Beweislast 458 ff.
- Darlegungs- und Beweislast bei dringendem betrieblichen Erfordernis nach § 1 Abs. 2 Satz 1 3. Alternative KSchG 460 ff.
- Darlegungs- und Beweislast Weiterbeschäftigungsmöglichkeit auf einem freien Arbeitsplatz 467
- Klage bei betriebsbedingter Kündigung (Muster) 472
- Kostenfestsetzung 479
- Mitteilungspflicht 453 f.
- Replik bei mangelhafter sozialer Auswahl (Muster) 473
- Replik bei Verletzung des Grundsatzes der Vorrangs der Änderungskündigung vor der Beendigung (Muster) 476
- Urteilsverkündung 477
Beweisaufnahme 294
Büroorganisation 165

Deckungsanfrage bei Kündigung für zunächst außergerichtliche Tätigkeit (Muster) 116
Deckungsanfrage, einfache (Muster) 115
Deckungszusage der Rechtsschutzversicherung, Einholung 215 f.
- Besondere Gebühren 215
Differenzverfahrensgebühr 343 ff.

Einfaches Zeugnis 620
Einigungsgebühr 377 ff.
Einschreibebrief 176
Elternzeit 393
Einwurfeinschreiben 177
Entgeltfortzahlungskosten 505 f.
E-Mail 180
Ersatzzustellung 178

Feststellungsinteresse, besonderes, Darlegung (Muster) 249
Fotokopiekosten 318

Gesundheitsprognose, negative 502 ff.
Gutachten, schriftliches 91
Gütetermin 271 ff.
- Anordnung des persönlichen Erscheinens 272 ff.
- Antrag auf Entbindung von der Verpflichtung zum persönlichen Erscheinen (Muster) 276
- Bedeutung 278 ff.
- Faustformel 285
- Ordnungsgeld 273
- Prozessbevollmächtigter als Vertreter nach § 141 Abs. 3 Satz 2 ZPO (Muster) 277
- Prozessvergleich in der Güteverhandlung (Muster) 289
- Taktik 282 ff.
- Terminsladung 271
- Terminsverlegungsantrag des Prozessbevollmächtigten (Muster) 275
- Vergleichsvorschlag 288
- Vertreter 274
- Widerruflicher Prozessvergleich 288
- Zurückweisung des Prozessbevollmächtigten 273

Integrationsamt 391
- Schreiben an die Rechtsschutzversicherung, (Muster) 117

Kammertermin 290 ff.
- Ausforschungsbeweis 292
- Beweisaufnahme 294
- Taktik 295 f.
- Übersendung des in vollständiger Form abgefassten Urteils (Muster) 301
- Übersendung des Sitzungsprotokolls mit am Ende des Terminstages verkündeter Entscheidung (Muster) 300
- Urteilsverkündung 297 ff.
- Vorbereitung 290 ff.
Klage 120
- Form 120
- Inhalt 120 f.
- Rubrum auf Beklagtenseite 124 ff.
- Rubrum auf Klägerseite 123
    - Beklagtenbezeichnung AG 150 f.
    - Beklagtenbezeichnung Einzelperson 133

- Beklagtenbezeichnung GbR 138 ff.
- Beklagtenbezeichnung Gewerkschaft 162 ff.
- Beklagtenbezeichnung GmbH 135 f.
- Beklagtenbezeichnung GmbH & Co. KG 146 f.
- Beklagtenbezeichnung Kommanditgesellschaft 152 ff.
- Beklagtenbezeichnung öffentlicher Dienst 160 f.
- Beklagtenbezeichnung OHG 142 ff.
- Beklagtenbezeichnung Partnerschaftsgesellschaft 148 f.
- Insolvenzverwalter 132
- richtiger Klagegegner 125
- Stationierungsstreitkräfte 127 ff.
Klagefrist des § 4 KSchG 169 ff.
- Einschreibebrief 176
- Einwurfeinschreiben 1
- E-Mail 180
- Ersatzzustellung 178
- SMS 180
- Telefax 179
- Übermittlung als einfache Briefsendung 175
- Übermittlung per Boten 174
- Urlaubsbedingte Abwesenheit 171
- Zugang 169 ff.
Klagefrist nach § 4 Abs. 1 Satz 1 KSchG 226 ff.
- Fristberechnung 227
- Geltungsbereich der Klagefrist 228
- Geltungsbereich des Kündigungsschutzgesetzes 231 ff.
Klageinhalt
- Örtliche Zuständigkeit 237 f.
- Punktueller Streitgegenstandsbegriff 211
- Schleppnetzantrag 245 ff.
Konsumtion 591
Kostenfestsetzung 318 ff.
- Ersparte Porto- und Telefonkosten 318
- Fotokopiekosten 318
- Kostenfestsetzungsantrag bei hypothetisch berechneten Reisekosten (Muster) 319
- Reisekosten, hypothetisch berechnete 318
Kostenprognose 4

Kostentragungspflicht nach § 12 a Abs. 1 ArbGG, Belehrung (Muster) 111
Krankheitsbedingte Kündigung 500 ff.
- Entgeltfortzahlung 505 f.
- Erhebliche betriebliche Störungen 504 ff.
- Grundlagen 500 ff.
- Gesundheitsprognose, negtative 502 ff.
- Interessenabwägung 507 f.
- Klage bei krankheitsbedingter Kündigung (Muster) 514
- Kurzerkrankungen, häufige 503
- Replik bei fehlerhafter Interessenabwägung 517
- Replik bei krankheitsbedingter Kündigung (unschlüssige negative Gesundheitsprognose) (Muster) 515
Kündigungserklärung (Landessprache) 184
Kündigungserklärung durch Bevollmächtigten 193 ff.
- Betriebsleiter 196
- Bürgermeister 197
- Personalabteilungsleiter 196
- Prokuristen 196
- Prozessbevollmächtigte, wenn die Parteien im Kündigungsschutzprozess (nur) über die Wirksamkeit einer bestimmten Kündigung streiten 197
- Prozessbevollmächtigter 196
- Rechtsanwalt, dessen formularmäßige Vollmacht sich auf außergerichtliche Verhandlungen aller Art und auf den Abschluss eines Vergleichs zur Vermeidung eines Rechtsstreits usw. beschränkt 197
- Referatsleiter innerhalb der Personalabteilung einer Behörde 197
- Sachbearbeiter einer Personalabteilung 197
- Unverzüglich 199
- Vollmachtsvorlage in beglaubigter Abschrift 194
- Vollmachtsvorlage in Faxkopie 194
- Vollmachtsvorlage in Fotokopie 194
- Zurückweisung 198
- Zwei Geschäftsführer, die nur zusammen zur Vertretung einer GmbH berechtigt sind 197

Kündigungsschutz bei Schwerbehinderten 207 ff.
- Form der Mitteilung 212
- Mitteilung der Gleichstellung bzw. deren Beantragung 208
Kündigungsschutzklage (Grundform) - (Muster) 266
Kündigungsschutzklage bei mehreren Kündigungen (Muster) 267
Kündigungsschutzklage bei mehreren Kündigungen, Schleppnetzantrag und Weiterbeschäftigungsantrag (Muster) 269
Kündigungsschutzklage mit Schleppnetzantrag (Muster) 268
Kündigungsschutzklage mit Schleppnetzantrag, Geltendmachung des Weiterbeschäftigungsanspruchs und Geltendmachung von Annahmeverzugsvergütungsansprüchen (Muster) 270
Kürzung der Geschäftsgebühr und Androhung einer Vorstandsbeschwerde, Schreiben an die Rechtsschutzversicherung (Muster) 118
Kurzerkrankungen, häufige 503

Mitteilung der erfolgten Antragstellung als Schwerbehinderter (Muster) 213
Mutterschutzrechtlicher Kündigungsschutz 202 ff.

Nachträgliche Mitteilung einer bestehenden Schwangerschaft an den Arbeitgeber nach § 9 Abs. 1 Satz 1 MuSchG (Muster) 206
Nachträgliche Zulassung der Kündigungsschutzklage nach § 5 KSchG 557 ff.
- Antrag auf nachträgliche Zulassung der Klage (Muster) 583
- Antragsschrift 576 ff.
- Anwendungsbereich 558
- Ausländischer Arbeitnehmer 565
- Betriebsrat 566
- Bevollmächtigter 567
- Darlegungs- und Beweislast 579
- Entscheidung 580 f.
- Fehlende Rechtsmittelbelehrung durch Arbeitgeber 564
- Form des Antrags 573
- Grundlagen 557

- Inhalt des Antrags 574 f.
- Krankheit 568
- Rechtsschutzinteresse 561
- Schlüssigkeit des Vortrags hinsichtlich § 1 Abs. 1 und § 23 KSchG 560
- Schuldlose Verhinderung an der rechtzeitigen Klageerhebung 562 ff.
- Streitwert 582
- Urlaub, Abwesenheit oder Haft 570 ff.
- Verspätete Klageerhebung 559

Nichtzulassungsbeschwerde 694 ff.
- Allgemeines 694
- Anwaltsgebühren 704 ff.
- Fristen 695 ff.
- Nichtzulassungsbeschwerdebegründung bei Divergenz (Muster) 703
- Nichtzulassungsbeschwerdeschrift (Muster) 702

Personenbedingte Kündigung aus Sicht des Arbeitgebervertreters 521 ff.
- Ablehnung des Änderungsangebots 541
- Änderungskündigung 536 ff.
- Annahme der Änderungskündigung unter Vorbehalt (Muster) 551
- Annahme des Änderungsangebots 539
- Annahme des Änderungsangebots unter Vorbehalt 540

Anwaltsgebühren 530, 547, 555
- Außergerichtliches Anschreiben an den erkrankten Arbeitnehmer (Muster) 532
- Grundlagen 536 ff.
- Klage gegen Änderungskündigung (Muster) 552
- Klage gegen Änderungskündigung bei Lohnkürzung (Muster) 553
- Klagebegründung bei krankheitsbedingter Kündigung mit negativer Gesundheitsprognose (Muster) 533

Kostenfestsetzung 531, 556
- Personenbedingte Kündigung bei lang anhaltender Krankheit (Muster) 534
- Prüfungsfolge 543
- Reaktionsmöglichkeiten des Arbeitnehmers 538
- Replik bei erstmaliger Behauptung einer positiven Gesundheitsprognose durch den Kläger im Prozess (Muster) 535
- Streitwert 546

- Urteilsverkündung 529, 554
- Urteilsverkündung
- Verfahren bis zum Gütetermin 527
- Verfahren bis zum Kammertermin 528
- Vorprozessuale Situation 521 ff.

Personenbedingte Kündigung aus Sicht des Arbeitnehmervertreters 492 ff.
- Anwaltsgebühren 519
- Besonderheiten bei der personenbedingten Kündigung 493 ff.
- Erhebliche Beeinträchtigung betrieblicher Interessen 496
- Interessenabwägung 499
- Kostenfestsetzung 520
- Negativprognose 495
- Urteilsverkündung 518
- Voraussetzungen der personenbedingten Kündigung 494 ff.
- Weiterbeschäftigung auf einem freien Arbeitsplatz oder sonstige mildere Mittel 497 ff.

Prozesskostenhilfe 16
- Gewerkschaftlicher Rechtsschutz 16

Prozesskostenhilfebewilligung mit hilfsweise gestelltem Antrag nach § 11 a ArbGG, Antrag auf (Muster) 114

Punktueller Streitgegenstandsbegriff 241

Qualifiziertes Zeugnis 620

Rechtsschutzversicherung 25 ff.
- Antrag 14
- Angebot eines Aufhebungsvertrages 45
- Arbeitgeberdarlehen 58
- Arten von Versicherungsfällen 42 ff.
- Betriebsbedingte Kündigung 51
- Deckungsvoraussetzungen, Überprüfung 40
- Freier Mitarbeiter 60
- Fristlose Kündigung 56
- Geschäftstätigkeit vor Klageerhebung 61 ff.
- Integrationsamt, Schreiben (Muster) 117

Kolorit 43, 50, 56
- Krankheitsbedingte Kündigung 52
- Kürzung der Geschäftsgebühr, Schreiben (Muster) 118

291

Stichwortverzeichnis

- Rechtsschutzformen mit Arbeitsrechtsschutz 27 ff.
- Rechtsverstoß ernstlich bevorstehend 44
- Schiedsgutachterverfahren 68
- Statusklärung 59 f.
- Stichentscheid 65 ff.
- Verdachtskündigung und Kündigung wegen einer Straftat 53 ff.
- Verfahren vor dem Integrationsamt 57, 117
- Verhaltensbedingte Kündigung 48 ff.
- Versicherungsfall 41
- Vorstandsbeschwerde 70

Reisekosten, hypothetisch berechnete 318
Revision 684 ff.
- Allgemeines 684 f.
- Antrag auf kostenpflichtige Zurückweisung der Revision (Muster) 689
- Anwaltsgebühren 691 ff.
- Frist 686
- Revisionsbegründung (Muster) 688
- Revisionsschrift (Muster) 687
- Schriftsatz mit Erwiderung auf die Revision (Muster) 690

Sachverhaltsklärung 18
Schiedsgutachterverfahren 68
- Tatsächliche Angaben 19
Schleppnetzantrag (Muster) 247
Schwangerschaft 392
Schwangerschaft, nachträgliche Mitteilung (Muster) 206
Schwellengebühr 102
Schwerbehindertenkündigungsschutz 207 ff.
- Form der Mitteilung 212
- Mitteilung der Gleichstellung bzw. deren Beantragung 208
SMS 180
Sorgfaltspflichten 17 f.
Streitwert bei Bestandsstreitigkeiten 320 ff.
- Bezugspunkt der Berechnung 322
- Einzelheiten der Berechnung 323
- Kündigungsschutzantrag in Kombination mit Zahlungsantrag (Muster) 339

- Kündigungsschutzklage – Streitwert durch Sachbezug mitgeprägt (Muster) 326
- Kündigungsschutzklage kombiniert mit Weiterbeschäftigungsantrag 331 ff.
- Kündigungsschutzklage (Muster) 325
- Kündigungsschutzklage und Schleppnetzantrag 329
- Kündigungsschutzklage und Schleppnetzantrag (Muster) 330
- Kündigungsschutzklage und Vergütungsansprüche 336 ff.
- Mehrere Kündigungen 327, (Muster) 239
- Weiterbeschäftigungsantrag als unechter Hilfsantrag (Muster) 335
- Weiterbeschäftigungsantrag (Muster) 334
- Vierteljahresverdienst 321

Telefax 179
Terminsgebühr 96, 360 ff.
- Entstehungsvoraussetzung 362 ff.
- Vergleich nach § 278 Abs. 6 ZPO 367

Überstundenvergütung 607 ff.
- Anwaltsgebühren 617
- Begriffsdefinition 608
- Darlegungs- und Beweislast 613
- Klage auf Überstundenvergütung (Muster) 619
- Klageantrag 610
- Streitwert 617
- Verzugszinsen 611 f.
- Vollstreckung 618
Unterschrift unter Kündigungserklärung 182 ff.

Verfahrensgebühr 340 f.
- Anrechnung bei anderweitiger Rechtshängigkeit 350 ff.
- Begrenzungsvorschrift des § 15 Abs. 3 RVG 346 ff.
- beschränkte Verfahrensgebühr 342
- Differenzverfahrensgebühr 343 ff.
Verhaltensbedingte Kündigung aus Sicht des Arbeitgebervertreters 381 ff.
- Abmahnung 439 ff.

Stichwortverzeichnis

- Angabe des Kündigungsgrundes 387 ff.
- Annahmeverzugsrisiko 396 ff.
- Ausschluss der vorläufigen Vollstreckbarkeit nach § 62 Abs. 1 Satz 2 ArbGG wegen nicht zu ersetzenden Nachteils, Antrag auf 444 ff.
- Ausschluss der vorläufigen Vollstreckbarkeit nach § 62 Abs. 1 Satz 2 ArbGG wegen nicht zu ersetzenden Nachteils, Antrag auf (Muster) 449
- Betriebsratsanhörung 390
- Böswillig unterlassener Zwischenverdienst 400 ff.
- Deutsche Gerichtsbarkeit 407 ff.
- Elternzeit 393
- Gütetermin 430 ff.
- Integrationsamt 391
- Internationale Zuständigkeit 411 ff.
- Klageerwiderung bei ordentlicher Kündigung aus verhaltensbedingten Gründen (Muster) 443
- Mandatsannahme 381
- Örtliche Zuständigkeit 419 ff.
- Rüge bei Kündigungsschutzklage unter Missachtung der gesetzlichen Prozessstandschaft der Bundesrepublik Deutschland nach dem Zusatzabkommen zum NATO-Truppenstatut 410
- Rüge der fehlenden internationalen Zuständigkeit (Muster) 418
- Rüge der örtlichen Unzuständigkeit (Muster) 422
- Schriftform 385 ff.
- Schriftsätzlicher Vortrag 427 ff.
- Schwangerschaft 392
- Verfahren und Kammertermin 434 ff.
- Verlegungsantrag (Muster) 426
- Vertretungsanzeige 423
- Vertretungsanzeige (Muster) 424
- Vollmachtsvorlage 389
- Wertgebührenhinweis und Belehrung über die Kostentragungspflicht 382

Verminderte Terminsgebühr Nr. 3105 VV 371 ff.

Verstoß gegen die Auslagepflicht des § 8 TVG 21

Verstoß gegen die Nachweispflicht des § 2 NachwG 21

Vollstreckung 302 ff.
- Antrag nach § 888 ZPO zur Vollstreckung eines Weiterbeschäftigungstitels (Muster) 317
- Ausschluss der vorläufigen Vollstreckbarkeit 303
- Außergerichtliche Aufforderung nach erstinstanzlichem Urteil (Muster) 316
- Bestimmtheit des Vollstreckungstitels 307 f.
- Nicht zu ersetzender Nachteil 304
- Ohne Möglichkeit der Weiterbeschäftigung 309 ff.
- Verfahren 314 f.
- Vorläufige Vollstreckbarkeit 302
- Weiterbeschäftigungsanspruch des Arbeitnehmers gegen Arbeitgeber 305

Vorläufige Vollstreckbarkeit 302

Vorstandsbeschwerde 70

Weiterbeschäftigungsantrag 250 ff., (Muster) 257

Wertgebührenhinweis 9 ff.
- Berufsrechtliche Folgen 12
- Erläuterungen 11
- Form 11
- Schadensersatzanspruch 12
- Streitwertberechnung 11
- Vor Übernahme des Auftrags 10

Wertgebührenhinweis nach § 49 b Abs. 5 BRAO (Muster) – ausführliche Fassung / Kurzfassung 112

Zeugnis 620 ff.
- Anwaltsgebühren 630
- Einfaches Zeugnis 670
- Klage 624 f.
- Klage auf Berichtigung eines Zeugnisses (Muster) 627
- Klage auf Zeugniserteilung (Muster) 626
- Qualifiziertes Zeugnis 620
- Streitwert 629
- Vollstreckung 628

Zurückweisung einer Kündigung wegen fehlender Vollmachtsvorlage (Muster) 200